Teatro Mágico da Cultura,
Crise Global e Oportunidades do Brasil

FÓRUM NACIONAL
EDIÇÃO EXTRAORDINÁRIA
Tema básico:
SOB O DOMÍNIO DA INSEGURANÇA (CRISE GLOBAL), GRANDE OPORTUNIDADE EM PETRÓLEO E DESENVOLVIMENTO CULTURAL ("TEATRO MÁGICO DA CULTURA")

3 e 4 de dezembro de 2008

PATROCÍNIO

GRANDES BENEMÉRITOS

BRASIL — UM PAÍS DE TODOS — GOVERNO FEDERAL

ipea - Instituto de Pesquisa Econômica Aplicada | BNDES - Ministério do Desenvolvimento, Indústria e Comércio Exterior | FINEP - Financiadora de Estudos e Projetos - Ministério da Ciência e Tecnologia - APOIO DO FNDCT | BANCO DO BRASIL

BR PETROBRAS | CAIXA | Eletrobrás | Banco do Nordeste — O nosso negócio é o desenvolvimento

CORREIOS - Ministério das Comunicações

BID - BANCO INTERAMERICANO DE DESENVOLVIMENTO | Telefónica | ODEBRECHT | VALE

IBMEC MERCADO DE CAPITAIS | SEBRAE | GERDAU | EMBRAER

CNI 70 ANOS | ANDRADE GUTIERREZ | Light | Bradesco

Sistema FIRJAN | FIRJAN CIRJ SESI SENAI IEL SEBRAE-RJ | SECRETARIA DE CULTURA DO ESTADO DO RIO DE JANEIRO | oi | CCR | ULTRA

PATROCINADOR ESPECIAL  FIESP / **Agradecimento: PREVI**

INSTITUTO NACIONAL DE ALTOS ESTUDOS - INAE
RUA SETE DE SETEMBRO, 71 - 8º ANDAR - CENTRO - CEP: 20050-005 - RIO DE JANEIRO / RJ
TEL.: (21) 2212-5200 - FAX: 2212-5214 - e-mail: inae@inae.org.br - site: www.inae.org.br

João Paulo dos Reis Velloso
coordenador

TEATRO MÁGICO DA CULTURA,
Crise Global e Oportunidades do Brasil

Eduardo Fernandes-Arias, Andrew Powell e Alessandro Rebucci
Affonso Celso Pastore e Maria Cristina Pinotti
Guilherme de Oliveira Estrella, Ricardo Latgé Milward de Azevedo e
José Miranda Formigli Filho • Adilson de Oliveira
Luiz Guilherme Schymura • João Luiz Silva Ferreira (Juca Ferreira)
Odilon Wagner • Paula Porta • Accor Services • Luiz Fernando de Almeida
Maria Silvia Bastos Marques • Carlos Augusto Calil
Luiz Carlos Barreto • Carlos Eduardo Guimarães • Vera Zaverucha
Bruno Wainer • Ícaro C. Martins • Manoel Rangel
Carlos Eduardo Rodrigues (Cadu) • Alfredo Bertini • Roberto Farias
Carlos Alberto Diniz (Cacá Diniz) • Nilson Rodrigues
Mário Diamante • Paulo Sérgio de Almeida
Claudia Marcia Ferreira e Marcia Sant'Anna • Helena Sampaio
Maria Laura Viveiros de Castro Cavalcanti • Barbara Heliodora
Aderbal Freire-Filho • Ecila Muteznbecher e Carmen Mello
Ney Piacentini • Rosely Boschini, Sergio Windholz, Marcílio Pousada,
Samuel Seibel, Sônia Jardim, Marcus Gasparian, Rui Campos e Roberto Feith
Carlos "KK" Mamoni Júnior • Luiz Fernando Benedini • Roberto Carvalho
Paulo Rosa • Annelise Godoy • Pe. José Roberto Devellard • Kcal Gomes
Pe. Jesus Hortal, S. J. • Maurício José Laguardia Campomori
Rodrigo de Almeida • Luiz Paulo Horta • Marcelo Beraba • Plínio Fraga
Tereza Cruvinel • Luis Erlanger • Marcelo Lins • Eliane Costa
Roberto Cavalcanti de Albuquerque e Antonio Pessoa

© João Paulo dos Reis Velloso, Eduardo Fernandes-Arias, Andrew Powell, Alessandro Rebucci, Affonso Celso Pastore, Maria Cristina Pinotti, Guilherme de Oliveira Estrella, Ricardo Latgé Milward de Azevedo, José Miranda Formigli Filho, Adilson de Oliveira, Luiz Guilherme Schymura, João Luiz Silva Ferreira (Juca Ferreira), Odilon Wagner, Paula Porta, Accor Services, Luiz Fernando de Almeida, Maria Silvia Bastos Marques, Carlos Augusto Calil, Luiz Carlos Barreto, Carlos Eduardo Guimarães, Vera Zaverucha, Bruno Wainer, Ícaro C. Martins, Manoel Rangel, Carlos Eduardo Rodrigues (Cadu), Alfredo Bertini, Roberto Farias, Carlos Alberto Diniz (Cacá Diniz), Nilson Rodrigues, Mário Diamante, Paulo Sérgio de Almeida, Claudia Marcia Ferreira e Marcia Sant'Anna, Helena Sampaio, Maria Laura Viveiros de Castro Cavalcanti, Barbara Heliodora, Aderbal Freire-Filho, Ecila Muteznbecher e Carmen Mello, Ney Piacentini, Rosely Boschini, Sergio Windholz, Marcílio Pousada, Samuel Seibel, Sônia Jardim, Marcus Gasparian, Rui Campos, Roberto Feith, Carlos "KK" Mamoni Júnior, Luiz Fernando Benedini, Roberto Carvalho, Paulo Rosa, Annelise Godoy, Pe. José Roberto Devellard, Kcal Gomes, Pe. Jesus Hortal, S. J., Mauricio José Laguardia Campomori, Rodrigo de Almeida, Luiz Paulo Horta, Marcelo Beraba, Plínio Fraga, Tereza Cruvinel, Luis Erlanger, Marcelo Lins, Eliane Costa, Roberto Cavalcanti de Albuquerque e Antonio Pessoa, 2009.

Reservam-se os direitos desta edição à
EDITORA JOSÉ OLYMPIO LTDA.
Rua Argentina, 171 – 3º andar – São Cristóvão
20921-380 – Rio de Janeiro, RJ – República Federativa do Brasil
Tel.: (21) 2585-2060   Fax: (21) 2585-2086
Printed in Brazil / Impresso no Brasil

Atendemos pelo Reembolso Postal

ISBN 978-85-03-01058-0

Capa: LUCIANA MELLO E MONIKA MAYER

Diagramação: ABREU'S SYSTEM EDITORAÇÃO ELETRÔNICA

Textos revisados segundo o novo Acordo Ortográfico da Língua Portuguesa.

CIP-BRASIL. CATALOGAÇÃO-NA-FONTE
SINDICATO NACIONAL DOS EDITORES DE LIVROS, RJ.

T248   Teatro mágico da cultura, crise global e oportunidades do Brasil / João Paulo dos Reis Velloso, coordenador; Eduardo Fernandez-Arias... [et al.]. – Rio de Janeiro: José Olympio, 2009.
Fórum comemorativo dos 20 anos do INAE
Textos apresentados na Edição Extraordinária do Fórum Nacional de dezembro de 2008

ISBN 978-85-03-01058-0

1. Indústria cultural – Aspectos econômicos – Brasil. 2. Brasil – Política cultural. 3. Incentivos fiscais – Legislação – Brasil. 4. Crise econômica. 5. Desenvolvimento econômico. I. Velloso, João Paulo dos Reis, 1931- . II. Instituto Nacional de Altos Estudos.

09-3849   CDD 306.40981
                                     CDU 316.77(81)

SUMÁRIO

Introdução
"Teatro mágico da cultura", crise global e oportunidades do Brasil — 11
João Paulo dos Reis Velloso

PRIMEIRA PARTE
SOB O DOMÍNIO DA INSEGURANÇA: CRISE GLOBAL E OPORTUNIDADE EM PETRÓLEO

A resposta multilateral à crise global e os países emergentes — 19
Eduardo Fernandez-Arias, Andrew Powell e Alessandro Rebucci

A crise de 2008 e o Brasil — 47
Affonso Celso Pastore e Maria Cristina Pinotti

Pré-sal: conhecimento, estratégia e oportunidades — 67
Guilherme de Oliveira Estrella, Ricardo Latgé Milward de Azevedo e José Miranda Formigli Filho

Pré-sal: oportunidade histórica — 79
Adilson de Oliveira

Considerações sobre a crise financeira e o pré-sal — 97
Luiz Guilherme Schymura

SEGUNDA PARTE
"TEATRO MÁGICO DA CULTURA", I:
BASES DA ESTRATÉGIA DE DESENVOLVIMENTO CULTURAL

Bases da estratégia: economia da cultura para o enfrentamento criativo da crise *João Luiz Silva Ferreira (Juca Ferreira)*	107
Nova lei de fomento à cultura: proposta do Ministério da Cultura	117
Considerações sobre o novo projeto de lei de fomento à cultura *Odilon Wagner*	149
Política cultural e as dimensões do desenvolvimento da cultura *Paula Porta*	173
"Vale-Cultura" *Accor Services*	193
Preservação do patrimônio cultural nos centros históricos *Luiz Fernando de Almeida*	201
Revitalização de áreas centrais de cidades brasileiras *Maria Silvia Bastos Marques*	211
Fome de cultura *Carlos Augusto Calil*	217

TERCEIRA PARTE
"TEATRO MÁGICO DA CULTURA", II:
DESDOBRAMENTOS DA ESTRATÉGIA (GRUPOS DE TRABALHO)

GT DE APOIO AO CINEMA BRASILEIRO

Por uma indústria de cinema autossustentável *Luiz Carlos Barreto*	231
Apoio ao cinema brasileiro *Carlos Eduardo Guimarães*	277

Uma análise do cinema brasileiro   281
Vera Zaverucha

Cinema brasileiro — mais oferta, menos ocupação   287
Bruno Wainer

Proposta do GT de cinema: uma contribuição   295
Ícaro C. Martins

Economia do cinema e do audiovisual: eixos estruturantes   299
Manoel Rangel

Público de cinema e teatro   303
Carlos Eduardo Rodrigues (Cadu)

Desenvolvimento audiovisual: uma proposta baseada
na segmentação dos mercados   313
Alfredo Bertini

Recursos para o cinema brasileiro   325
Roberto Farias

Indústria audiovisual: liberdade de decisão e busca de resultados   335
Carlos Alberto Diniz (Cacá Diniz)

Um novo paradigma para o fomento ao cinema brasileiro   341
Nilson Rodrigues

Audiovisual em desenvolvimento   349
Mário Diamante

Investimentos em cinema no Brasil (1997-2007)   355
Paulo Sérgio de Almeida

GT DE APOIO À CULTURA POPULAR

Políticas públicas para as culturas populares   369
Claudia Marcia Ferreira e Marcia Sant'Anna

Cultura popular: breves notas e proposições   381
Helena Sampaio

Duas ou três coisas sobre folclore e cultura popular — 387
Maria Laura Viveiros de Castro Cavalcanti

GT DE APOIO AO TEATRO

Algumas ideias sobre a situação do teatro — 399
Barbara Heliodora

O teatro hoje: uma introdução às questões de políticas públicas — 405
Aderbal Freire-Filho

Questões relativas à atividade teatral (visão da Associação dos Produtores de Teatro do Rio de Janeiro) — 411
Ecila Muteznbecher e Carmen Mello

Duas visões da cultura brasileira (e proposta para o teatro brasileiro da Cooperativa Paulista de Teatro) — 417
Ney Piacentini

Análise do setor teatral (visão da Associação dos Produtores Teatrais Independentes, São Paulo) — 427
Odilon Wagner

GT DE APOIO À INDÚSTRIA DO LIVRO

O apoio à indústria do livro — 437
Rosely Boschini, Sergio Windholz, Marcílio Pousada, Samuel Seibel, Sônia Jardim, Marcus Gasparian, Rui Campos e Roberto Feith

GT DE APOIO À MÚSICA (MPB E MÚSICA CLÁSSICA)

Apoio à música: pontos importantes — 447
Carlos "KK" Mamoni Júnior

Música e políticas públicas — 451
Luiz Fernando Benedini

Algumas considerações sobre a indústria da música — 461
Roberto Carvalho

Apoio à produção de música gravada   467
Paulo Rosa

O desenvolvimento cultural e o Programa Música em Ação   473
Annelise Godoy

QUARTA PARTE
CULTURA EM FAVELAS E APOIO DAS UNIVERSIDADES AO DESENVOLVIMENTO CULTURAL

DESENVOLVIMENTO CULTURAL EM FAVELAS: DEPOIMENTOS

O Centro Comunitário dos Morros Pavão-Pavãozinho
(Cidade do Rio de Janeiro)   503
Pe. José Roberto Devellard

A "Livroteca" Comunitária Guardiões do Pina, Recife (em palafita)   513
Kcal Gomes

APOIO DA UNIVERSIDADE AO DESENVOLVIMENTO CULTURAL: DEPOIMENTOS

A cultura está dentro da universidade   521
Pe. Jesus Hortal, S. J.

Cultura e universidade: a ideia de cidadania cultural   525
Mauricio José Laguardia Campomori

QUINTA PARTE
APOIO DA MÍDIA À CULTURA E RESPONSABILIDADE CULTURAL

APOIO DA MÍDIA AO DESENVOLVIMENTO CULTURAL: DEPOIMENTOS

Mídia e desenvolvimento cultural: um parto de dor   537
Rodrigo de Almeida

Cultura, alavanca do desenvolvimento   553
Luiz Paulo Horta

O jornalismo e a pluralidade da cultura 557
Marcelo Beraba

O apoio a oferecer é a nossa crítica 561
Plínio Fraga

APOIO DA TELEVISÃO AO DESENVOLVIMENTO CULTURAL

Televisão pública e cultura 569
Tereza Cruvinel

A televisão aberta deve contribuir para o progresso cultural 579
Luis Erlanger

Televisão por assinatura: a cobertura que a cultura merece 583
Marcelo Lins

Responsabilidade cultural das empresas: proposta da Petrobras 587
Eliane Costa

ANEXO
O ÍNDICE DE DESENVOLVIMENTO SOCIAL, IDS, 1970-2008

O IDS: análise da evolução social do Brasil (atualização para 2008) 595
Roberto Cavalcanti de Albuquerque e Antonio Pessoa

INTRODUÇÃO

"Teatro mágico da cultura", crise global e oportunidades do Brasil

*João Paulo dos Reis Velloso**

---

* Coordenador-geral do Fórum Nacional (Inae), presidente do Instituto Ibmec-Mercado de Capitais e professor da EPGE (FGV). Ex-ministro do Planejamento.

"TEATRO MÁGICO DA CULTURA", CRISE GLOBAL E OPORTUNIDADES DO BRASIL

O PRESENTE LIVRO publica o material relativo ao FÓRUM EXTRAORDINÁRIO realizado em dezembro do ano passado.

Divide-se ele em cinco partes.

A primeira discute o tema "SOB O DOMÍNIO DA INSEGURANÇA: CRISE GLOBAL E OPORTUNIDADE EM PETRÓLEO".

As demais partes referem-se ao "TEATRO MÁGICO DA CULTURA" ("Onde nada é o que parece"), na forma apresentada no livro *Steppenwolf* (*O lobo da estepe*), de Hermann Hesse.

Na parte II, temos as BASES DA ESTRATÉGIA DE DESENVOLVIMENTO CULTURAL.

Nela figuram a proposta do ministro da Cultura, Juca Ferreira, para as Diretrizes e Bases da Estratégia, e a Nova Lei de Incentivo à Cultura apresentada pelo seu Ministério.

De passagem, tem havido reações desfavoráveis à proposta do MinC, tanto da parte de produtores teatrais como de empresas que vêm usando o Incentivo Fiscal da Lei Rouanet (ver caderno "Ilustrada", da *Folha de S. Paulo*, 29/5/2009).

Além disso, há dois Projetos Especiais. De um lado, a proposta do Vale-Cultura, como instrumento de democratização da cultura. De outro, a proposta de revitalização do patrimônio cultural dos centros históricos das cidades brasileiras.

A propósito da temática cultural, gostaríamos de fazer algumas observações

A primeira é que CULTURA É DESENVOLVIMENTO. CULTURA É OPORTUNIDADE. Sem cultura, não há desenvolvimento.

Segunda: Cultura é barato. Daí, ser fácil ao governo (em sentido amplo: federal, estadual, municipal) promover o desenvolvimento cultural. Diferentemente de outras áreas econômicas e sociais.

Em terceiro lugar, pelas discussões havidas no Fórum, ficou claro haver duas visões do processo cultural, por parte dos próprios agentes culturais. A visão que considera a cultura *per se*, e se organiza mais sob a forma de cooperativas e outras instituições pouco voltadas para resultados econômico-financeiros (pelo menos, na definição de seus agentes).

E a visão que considera a cultura como "Indústria Criativa". O que não significa que deixe de ser lazer, satisfação, oportunidade.

As duas visões não são contraditórias. São complementares. E ambas são desenvolvimento. Logo, as duas têm que ser atendidas em qualquer forma de estratégia cultural.

Na parte III, são apresentadas as propostas dos Grupos de Trabalho constituídos especificamente para esse fim:

- GT de Apoio à Cultura Popular;
- GT de Apoio ao Cinema (Audiovisual, na verdade);
- GT de Apoio ao Teatro;
- GT de Apoio à Indústria do Livro;
- GT de Apoio à Música (MPB e Música Clássica).

Ao lado disso, há nessa temática uma Proposta Especial do Fórum Nacional: O Festival Internacional de Cinema do Rio de Janeiro (sugestão a seguir).

A parte IV focalizou CULTURA EM FAVELAS E APOIO DAS UNIVERSIDADES AO DESENVOLVIMENTO CULTURAL.

Nela são apresentados dois exemplos de ação cultural em favelas: o do Centro Comunitário da Paróquia da Ressurreição, nos morros Pavão e Pavãozinho (Rio de Janeiro) e o da Livroteca Guardiães do Pina, em palafita do Recife.

Na quinta parte, cobriram-se os temas do apoio da mídia ao desenvolvimento cultural e da responsabilidade cultural. Neste último caso, a ideia é que, assim como as empresas já têm programas de Responsabilidade Social, que haja também programas de Responsabilidade Cultural.

No final do livro, publica-se o texto relativo ao IDS – Índice de Desenvolvimento Social, lançado pelo Fórum, cobrindo, nesta oportunidade, o período 1970/2008 de autoria de Roberto Cavalcanti de Albuquerque – que criou o IDS – e de Antonio Pessoa.

PROPOSTA ESPECIAL FESTIVAL INTERNACIONAL DE CINEMA DO RIO DE JANEIRO

1. Modelo: Festival de Cannes, Festival de Berlim.
2. Época: primeira semana de fevereiro (ou última semana de janeiro) 2010/2011 (?).
3. Prêmios: Globo de Ouro (filme, diretor, protagonistas) (10 jurados, sendo 3 do Brasil).
   - Cruzeiro do Sul (10 jurados, sendo 7 do Brasil e Argentina).
4. Hospedagem: Copacabana Palace Hotel (e outros hotéis cinco estrelas).
5. Cinemas: Kinoplex Leblon (4 salas) e Espaço Ipanema (2 salas).
6. Patrocinadores: Distribuidoras americanas e europeias (e chinesas e japonesas) que mandarem filmes (para despesas de seus atores, diretores etc.).

E patrocinadores brasileiros: Petrobras, Banco do Brasil, BNDES etc.

PRIMEIRA PARTE
SOB O DOMÍNIO DA INSEGURANÇA: CRISE GLOBAL E OPORTUNIDADE EM PETRÓLEO

A resposta multilateral à crise global e os países emergentes*

Eduardo Fernandez-Arias**, Andrew Powell** e Alessandro Rebucci**

---
* As opiniões expressas neste artigo são dos autores e não representam a opinião do Banco Interamericano de Desenvolvimento, nem do seu Conselho Executivo.
** Do Banco Interamericano de Desenvolvimento, BID.

APRESENTAÇÃO

A FIM DE reagir de maneira eficaz à atual crise econômica mundial, as economias emergentes necessitam de uma assistência multilateral significativa. Vários países emergentes da Europa já estão em modo de "resolução de crise" e, atualmente, a ajuda volta-se para a contenção do *fallout*, porém, para a maior parte dos países da América Latina e do Caribe (ALC) ainda há tempo para que a "prevenção ativa" proporcione resultados significativos. Mas, os desafios continuam imensos. As necessidades totais de empréstimos do setor público das sete maiores economias da ALC são estimadas em cerca de US$ 640 bilhões para 2009-2010 e suas reservas brutas internacionais eram da ordem de US$ 450 bilhões no fim de junho de 2008 (BID, 2009a). Devido às fortes ligações comerciais com o epicentro da crise (Estados Unidos e Europa), a posição da Ásia emergente deverá, sem dúvida, ser pelo menos tão frágil quanto à dos países da ALC, embora haja uma base de confiança, sustentada pela posição das reservas do Japão e da China.

Entretanto, de acordo com inúmeras análises após a crise asiática, as economias emergentes são mais restritas em termos monetários, fiscais e de créditos de última instância do que os países industrializados.[1] O fato de que os títulos do governo não sejam vistos como ativos sem risco, sobretudo nessas circunstâncias é quase uma definição do que é ser emergente. Quando surge a probabilidade de uma crise interna, a tendência é a de que o fluxo financeiro volte-se para os ativos externos, uma vez que os investidores, sobretudo os mais importantes e sofisticados, buscam refúgios considerados mais seguros. Isto significa que uma política monetária anticíclica, por meio do uso direto dos balanços patrimoniais dos bancos centrais, como ocorre atualmente pelas

---

[1] Ver G20 (1998) sobre prevenção da crise.

economias avançadas, poderá desancorar as expectativas da inflação.[2] Contudo, isto também pressupõe um equilíbrio mais rígido entre as estabilidades financeira e monetária, à medida que as injeções de liquidez no sistema financeiro podem simplesmente alimentar a fuga de capitais, provocando depreciação cambial e instabilidade monetária. Além de ser uma contrapolítica fiscal cíclica que pode tornar-se cada vez mais cara e arriscada, à medida que as taxas de juros aumentam internamente, os prazos diminuem e a dívida expressa em divisas aumenta — partindo-se do pressuposto de que tais mercados permaneçam abertos. As reservas internacionais poderiam ser usadas, neste caso, ao custo de se exercer a opção de seguro que representam e, portanto, com o risco de maior probabilidade de uma interrupção ou de, posteriormente, um movimento especulativo. No limite, fundamentar-se apenas em ferramentas de política doméstica, dentro do país, poderá vir a piorar a situação, em vez de melhorá-la.

A discussão continua quanto à verdadeira causa da crise atual. Entretanto, quer seja considerada como sendo de natureza microeconômica e relacionada à sequência de falhas regulatórias no sistema financeiro mundial, ou quer seja fundamentalmente um fenômeno macroeconômico relacionado a desequilíbrios globais que alimentam o crescimento da habitação e as bolhas financeiras, é claro que esta crise não se iniciou nas economias emergentes. Além do mais, a crise é global e pode ser longa. Se houver uma brusca recuperação em "V", a dor, com certeza, será menos intensa. Todavia, no meio da grande incerteza que existe entre os analistas, parece cada vez mais plausível que a recuperação poderá ser mais lenta: pelo menos em "U" e, até mesmo, na mais preocupante recuperação em "L". Na medida em que os principais mercados financeiros não estão apresentando bom desempenho, as economias emergentes podem achar cada vez mais difícil enfrentar os riscos, tanto do setor público quanto privado. Financiar um déficit fiscal ou investimento é uma questão de fluxo, mas rolar os passivos em circulação é um problema de estoques. Quanto mais prolongada for a crise nos mercados financeiros, maior é a preocupação das economias emergentes em lidar com seus estoques de passivos e maior será o ajuste necessário, caso não se resolva a questão. Com certa semelhança com a crise asiática, este problema seria a contraparte de uma indispensável parada súbita.[3]

---

[2] Ver Calvo (2006) sobre política monetária em economias emergentes.
[3] Ver Cavallo e Izquierdo (2009).

A convicção de que os países, individualmente, são capazes (e deveriam ser capazes) de controlar a tempestade sozinhos, permanece tanto em alguns setores da comunidade política internacional como também, e, sobretudo, junto a alguns representantes do setor econômico dos países emergentes. Por outro lado, há o argumento frequentemente utilizado, de que os países deveriam ter-se preparado melhor para os dias ruins e, por outro, há forte resistência, por parte das autoridades financeiras de muitos países, em buscar imediatamente ajuda junto ao Fundo Monetário Internacional (FMI). Esses pontos de vista são contraditórios e limitados. É difícil argumentar que os países, individualmente, possam ter acumulado, nos bons tempos, tal quantidade de reservas, a ponto de poder proteger-se contra a possibilidade de um evento sistêmico, como a crise que se materializou atualmente — e, caso o pudessem certamente teriam sido acusados de adotarem políticas cambiais mercantilistas. Além do mais, o autosseguro é a segunda melhor opção por meio de cooperação internacional. Da mesma forma, a resistência em buscar um acordo com o FMI, nas circunstâncias atuais, é semelhante a um grupo de trapezistas que decidem não colocar uma rede de segurança, por receio de que o dono do circo possa vir a pensar que eles não têm as qualificações necessárias.[4]

O fato é que as economias emergentes são altamente heterogêneas. Abaixo, sugerimos uma categorização de trabalho bastante abrangente. Com base neste esquema, sugerimos o tipo de apoio multilateral que deveria ser disponibilizado e apresentamos argumentos de que deveria haver dois objetivos abrangentes para um apoio multilateral. O primeiro é reduzir a possibilidade de que um país venha a sofrer uma parada súbita de fluxo de capital, acarretando uma crise profunda, como resposta ao problema de ajuste de estoque. O segundo é maximizar o número de países que podem, com segurança, manter algum tipo de política fiscal anticíclica, tal como indicada pelo G20. Quanto maior o número de países que adotem tal política, mais eficientes elas se tornarão, na medida em que o limite de "vazamento" de um pacote global é zero. Além do mais, sugerimos uma divisão de trabalho entre o FMI e os Bancos de Desenvolvimento Multilateral, ao proporcionar um apoio multilateral.

---

[4] Há de se observar que, sem a rede de segurança, o público também estaria em perigo, da mesma forma que outros países poderiam ser afetados por uma crise do país vizinho que adotou um tipo de segurança.

Este artigo está organizado da seguinte maneira. Na seção II, fazemos uma análise de uma forte resposta multilateral à crise mundial nos mercados emergentes. Discutimos as modalidades de intervenção e os riscos associados, na seção III. O papel específico dos Bancos Multilaterais de Desenvolvimento é analisado na seção IV. A questão da viabilidade financeira de tal resposta multilateral é tratada na seção V. O artigo conclui com a discussão das questões ligadas à arquitetura financeira internacional, suscitadas pela crise mundial que não podem ser tratadas imediatamente, mas que deverão ser abordadas no futuro, assim que a crise for controlada.

POR QUE OS BANCOS MULTILATERAIS DEVERIAM INTERVIR?

A justificativa para uma intervenção multilateral em resposta à crise mundial nos mercados emergentes é evidente nos dias atuais. Contudo, a oposição a uma resposta forte e assertiva ainda é grande, tanto em alguns setores da comunidade política internacional como em alguns países. Isto é demonstrado pelos recursos financeiros relativamente tardios e limitados apresentados pelos países potencialmente credores para apoiar as instituições financeiras multilaterais, e também pela resistência com a qual os países emergentes pediram acesso a tais recursos. Portanto, vale a pena rever o caso, antes de discutir as modalidades e riscos de tal intervenção.

LIMITES DOS INSTRUMENTOS TRADICIONAIS DE POLÍTICA FINANCEIRA

À medida que as instituições financeiras do setor privado acumulam liquidez e os investidores buscam a segurança aparente das obrigações do governo dos Estados Unidos, há inúmeras restrições financeiras nas respostas à crise, por parte dos setores econômicos dos países emergentes. A resposta ideal à crise nas economias emergentes tem natureza semelhante à das economias mais avançadas. Entretanto, enquanto os Estados Unidos enfrentam sua pior crise financeira desde a Depressão, os custos de financiamento para o governo dos Estados Unidos estão, na verdade, diminuindo. Embora em menor grau, outros países avançados encontram-se em situação semelhante. Diferente dos países emergentes, que em geral, enfrentam taxas de juros mais elevadas na dívida interna do governo e maiores *spreads* com relação às taxas livres de risco de antes da crise — ambas significativamente mais altas do que nas economias industrializadas.

Uma aparente exceção é o Chile. Inicialmente, após o colapso de Lehmann Brothers, quando a crise tornou-se verdadeiramente mundial, pareceu haver uma fuga em direção à qualidade em busca dos títulos do governo chileno, em moeda local e em moeda local indexada à inflação. As taxas dos títulos internos chegaram a cair. Não há dúvida de que, sob inúmeros aspectos, o Chile é um caso isolado na América Latina, sobretudo por conta do baixo nível da sua dívida pública e da grande força das reservas do Banco Central e das reservas fiscais constituídas em divisas. Dada a reação no Chile a tal evento, não está claro se o país deveria continuar a ser chamado de economia emergente, pois, como visto acima, esta reação é a antítese do que, aparentemente, está acontecendo. Também é tentador sugerir uma nova resposta à antiga questão do nível ideal das reservas: em outras palavras, o nível em que a reação a um evento desta natureza seja a reação testemunhada no Chile. Como indicado acima, todavia, seria ineficiente o fato de todos os países terem tal nível de reservas. Ainda mais revelador, embora não ideal para todos, é o Chile ilustrar o poder potencial de acesso incondicional a um grande estoque de reservas, nas atuais circunstâncias.

Política fiscal

Reagir à crise com incentivos fiscais ou com políticas de apoio ao crédito quasi-fiscais, sem apoio multilateral não é possível, na maioria dos casos. Mesmo os países com políticas fiscais sustentáveis podem enfrentar um equilíbrio importante entre as políticas expansionistas e as considerações a respeito de liquidez. Como observado, apenas uma pequena parte das economias emergentes pode ser forte o suficiente tanto em termos de sustentabilidade fiscal como do ponto de vista de liquidez internacional para manter uma política fiscal expansionista sem risco. Na verdade, em alguns países, o ajuste fiscal, em comparação ao incentivo fiscal, será a "melhor" resposta à crise, sobretudo na falta de *backstop* multilateral, porque — sob certas circunstâncias, uma contração fiscal pode ser expansionista (Giavazzi e Pagano, 1989).

Para melhor compreender esta questão, vamos considerar o impacto potencial de duas opções de políticas fiscais em um país sem problemas de sustentabilidade fiscal: um, com posição neutra em relação ao ciclo de negócios (ou seja, não altera os gastos públicos nem as alíquotas fiscais, como resposta às pressões de recessão) e o outro com uma posição anticíclica (com aumento nos gastos públicos e/ou redução nas alíquotas fiscais). Como a política fiscal ativa implicará, em princípio, uma maior deterioração do déficit fiscal, este será adicionado às grandes necessidades de financiamento do país, afetando possivelmente de maneira negativa o vencimento e custo deste financiamento, isto é, vencimentos mais curtos, a taxas mais elevadas. Dessa forma, uma política fiscal anticíclica implica a deterioração dos índices de liquidez com relação a uma atitude de política fiscal neutra (BID, 2009a). Até os países com reservas internacionais suficientes para sustentar tais políticas, percebem o risco de usar uma parte importante da política de autosseguro.

Outros países da região talvez não possam se dar o luxo de levar em considerar tais *trade-offs*, ou só possam fazê-lo com riscos de agravação substancialmente mais altos. Na verdade, dadas as políticas fiscais pró-cíclicas adotadas em muitos países durante a fase expansionista do início deste século (em média os países da ALC-7 aumentaram os gastos públicos em cerca de US$ 0,80 adicional de receita entre os anos de 2003 e 2007, BID, 2008), concluir uma política anticíclica durante a fase de retração, o que significa que aumentar ainda mais os gastos, pode implicar uma dinâmica de dívida exponencial, provocando problemas de sustentabilidade fiscal. Nesses casos, as políticas fiscais anticíclica não seriam uma opção (ou uma opção *ex-post* extremamente cara), a não ser que haja um compromisso fiável de que, no futuro, a disciplina fiscal será ainda maior do que no passado.[5]

Outras formas de sustentar a futura disciplina fiscal também serviria o mesmo objetivo de relaxar a restrição de sustentabilidade fiscal. Por exemplo, há provas nos países G7 de que a política anticíclica discricionária é assimétrica e provoca viés de dívida, de modo diferente ocorre com os estabilizadores automáticos, como o seguro-desempenho (FMI, 2008). A ra-

---

[5] Como indicado, uma reforma primordial nessa direção seria a criação de um conselho fiscal independente, encarregado de estimar os equilíbrios fiscais estruturais adotados pelos governos e uma regra de orçamento que estabeleça objetivos prudentes para tais equilíbrios. Uma reforma fiável nesta direção ancorado realmente no futuro permitiria aos países e as instituições multilaterais a aprofundar melhor qualquer política ativa no presente.

zão é que os estabilizadores automáticos são temporários, mas as políticas discricionárias em geral não se desenvolvem após a recessão. É importante introduzir automaticidade na política fiscal (regras contingentes) de forma que a disciplina seja mais fiável. De maneira ampla, lidar com alguns dos desequilíbrios a longo prazo de tal déficit na seguridade social também ajudaria a apoiar a sustentabilidade e abrir mais espaço para uma ação fiscal durante a retração.

Política monetária

A maior parte dos países de mercados emergentes estão, atualmente, mais bem posicionados do que no passado, para permitir que a taxa cambial absorva o impacto inicial da crise mundial. Por exemplo, o coeficiente *fear of floating* da regra de política monetária de muitos mercados emergentes diminuiu de maneira significativa em muitos países (Talvi *et al.*, 2008). Isto deve-se, em parte, a uma menor exposição cambial, mas também à credibilidade da política monetária adquirida por meio da implementação de regimes de alvos de inflação flexíveis durante mais de uma década. No mesmo grupo de países, a velocidade com a qual os bancos centrais reagem aos choques (inversamente relacionada às medidas de compromisso com uma posição de política monetária) diminuiu, de maneira significativa, na maioria dos países que adotaram recentemente um regime de metas de inflação.

É importante observar uma maior flexibilidade na política no início da crise. Experiências anteriores sugerem que as condições iniciais são de suma importância em termos da flexibilidade necessária para minimizar a possibilidade de interrupções súbitas da atividade econômica — ou, pelo menos, mitigar o seu impacto. (Cavallo e Izquierdo, a ser publicado.) Ambas as teorias (por exemplo, Benigno *et al.* [2009] e Braggion, Christiano e Roldos [2005]) e, mais especificamente, os novos índices (Ortiz, Ottonello, Sturzenegger e Talvi [2009]) mostram que a capacidade de *perseguir* políticas monetárias expansionistas em períodos de turbulência financeira pode reduzir o tamanho das contrações de produção. A resposta da taxa cambial flexível poderia provocar vários benefícios adicionais, além de deixar mais espaço para outros usos das escassas reservas internacionais. Em primeiro lugar, impediria a perda da fatia do mercado no contexto em que uma pressão para baixo na taxa cambial nominal é global. E em segundo lugar, pode ajudar a conter o impacto deflacionário da queda do preço das *commodities* nos casos em que poderia surgir uma pressão de deflação (Catao e Chang, 2008).

Entretanto, a flexibilidade da taxa cambial não é uma panaceia. Ao contrário de episódios anteriores de parada súbita no país, agora trata-se de um evento global. Nem todos os países depreciam a natureza global do choque, isto significa que as desvalorizações podem não apresentar efeitos expansionistas significativos, mesmo na ausência de efeitos no balanço patrimonial. Para grande parte das economias emergentes, mesmo se a resposta de uma taxa cambial flexível pudesse ser adotada, isto faria com que a economia precisasse de um instrumento adicional de política para ajudar a conter a defasagem de produção provocada pelo choque externo.

Na verdade, a natureza do choque impõe uma restrição importante. Primeiro, o caráter global de interrupção enfrentado pelos mercados de capital dos países emergentes e a preocupação com relação aos sistemas financeiros em todo o mundo limitam o uso do sistema financeiro como veículo para a aplicação de política monetária anticíclica. Os bancos de muitos países emergentes mantêm grandes volumes de liquidez e não devem responder a uma redução das taxas de juros para expandir o crédito, como o fariam em tempos normais. Da mesma forma, a redução na liquidez, ou nas reservas obrigatórias também pode ser atingida, com níveis mais altos de liquidez, em vez de aumento do crédito.[6] Além disso, na medida em que o choque sofrido pelos mercados emergentes tem um componente permanente (ou seja, a desalavancagem não é temporária), também não seria desejável a resposta de uma política monetária que tenha por objetivo a preservação de equilíbrio pré-choque. Mas, em alguns países, a diminuição do *benchmark* das taxas de juros pode embasar as valorizações de ativos que apresentam maior risco e também reduzir o custo total de empréstimos das pessoas físicas e das empresas, e chegar a conter a possibilidade de uma insolvência generalizada. Através deste canal, a política monetária pode contribuir de maneira efetiva para conter os transbordamentos negativos do setor imobiliário para o setor financeiro da economia (Mishkin, 2009). Entretanto, esse possível benefício

---

[6] As defasagens da política monetária podem ser menores nos mercados emergentes do que nas economias avançadas, por isso são mais efetivas (Catao *et al.*, 2008). Contudo, a duração mais curta dos contratos financeiros, que, possivelmente, fundamentam este fato estilizado, torna essas economias vulneráveis aos aumentos bruscos dos prêmios de risco. Isto sugere que as fricções financeiras podem transformar-se em restrições mais fortes nessas economias.

deve ser comparado ao risco em potencial do efeito das taxas de juros mais baixas nos fluxos de capital.

Um segundo limite é imposto pelo receio de perder credibilidade ao tentar usar diretamente o balanço patrimonial do Banco Central em moeda local para reagir ao choque. Um instrumento adicional poderoso através do qual os bancos centrais das economias avançadas estão respondendo à crise é o uso direto do seu balanço patrimonial para substituir os mercados e intermediários que estão comprometidos, chamado de afrouxamento quantitativo. Isto significa emprestar diretamente em moeda local e de maneira potencialmente ilimitada ao setor privado, em comparação ao relaxamento das condições de financiamento do sistema financeiro central local, por meio de sinais de preço para implementar uma posição monetária mais flexível. O grande desafio na implementação de tal política é saber como impedir as expectativas de inflação de saírem do controle. Além disso, os riscos da desancoragem das expectativas de inflação é muito maior nos mercados emergentes por causa das instituições de políticas mais fracas e suas histórias passadas de instabilidade monetária. Desta forma, nos mercados emergentes, um afrouxamento quantitativo agressivo na moeda local inevitavelmente *set off* expectativas inflacionistas e, assim, dilapidando a credibilidade recente conquistada da luta contra a inflação e provocando uma fuga para moedas mais seguras. Nos mercados emergentes, o afrouxamento quantitativo (ou mais convencionalmente, empréstimo de última instância) deve ser feito em moeda forte, usando-se reservas próprias ou emprestadas (Calvo, 2006).[7]

A maioria dos bancos centrais com metas de inflação fora dos países europeus emergentes diminuíram sua taxa de referência alinhada com a inflação, que está em queda no mundo todo. Ao contrário das economias mais avançadas, à medida que a inflação diminuiu, há espaço para que os bancos centrais dos países emergentes busquem reduções adicionais da taxa de juros, dentro das estruturas de metas de inflação. Análises recentes da melhor política a ser adotada na presença de fricções financeiras sugerem, inclusive, que uma contração das condições do mercado financeiro doméstico deve ser feita com uma resposta acima do normal a defasagem de produção (e.g., Curdia e Woodford, 2008). O Banco Central deve considerar a viabilidade

---

[7] Calvo (2009) indica que, para ser eficaz, um regulador financeiro global deve ser criado juntamente com um empréstimo de última instância global, em analogia com o acordo institucional prevalecendo em nível nacional.

de aplicar tal redução, com relação à fuga de capital e à instabilidade da taxa cambial, quando for uma restrição na estrutura da política monetária.

BENEFÍCIOS DA INTERVENÇÃO MULTILATERAL

Após rever os limites da capacidade individual dos países em reagir à crise mundial, agora passamos a discutir os possíveis benefícios da uma reação com apoio multilateral. É necessário um empréstimo anticíclico junto a agências multilaterais para sustentar o acesso às finanças externas após uma retração excessiva do mercado. Ao fazer isto, a intervenção multilateral compensa as necessidades de financiamento de curto prazo e cobre os riscos de liquidez enquanto subsistir a perturbação temporária do mercado. Este tipo de intervenção permite a contenção, ao mínimo, dos danos que poderiam ser provocados por uma crise de liquidez e diminuiu as restrições nas políticas internas, durante a retração. Por exemplo, a intervenção multilateral pode reforçar as reservas internacionais, liberando-as para usos políticos ou para financiar diretamente a política fiscal anticíclica.

Além de compensar parcialmente o choque externo sofrido por cada país e capacitar as políticas internas, a intervenção multilateral aborda as dimensões sistêmicas que são cruciais em uma crise mundial. Em primeiro lugar, o financiamento multilateral abundante para enfrentar a crise é desejável do ponto de vista individual do país e, especialmente, de uma perspectiva global. Enquanto o regime de comércio internacional permanecer aberto, existem externalidades positivas advindas de uma demanda agregada sustentada. Além de que, o crescimento resultante do incentivo fiscal aumenta com o número de países que o adotam, pois, ao fim, não há perda de efetividade devida a um transbordamento internacional provocado por um pacote global. Embora a demanda total dos países emergentes possa ser pequena, estes tendem a ter uma propensão marginal maior ao consumo da renda e, portanto, os pacotes de incentivo fiscal podem ser mais eficientes. Os países emergentes também têm uma tendência maior a importar, podendo aumentar as perdas, mas caso muitos países adotem tais pacotes, este problema será menor e, na verdade, tais perdas implicam que, em particular, os países avançados receberão ajuda. Dessa forma, nas circunstâncias atuais, é melhor pecar por oferecer financiamento demais do que por ajustar em demasia. O interessante é que, ao contrário do caso tradicional do livre comércio unilateral, os pacotes fiscais protecionistas, ou, no limite, o fracasso em aplicar políticas de incentivo fiscal por causa de perdas de importação, podem ser mais interessantes para os países, individualmente. Isto reforça a necessidade de que as instituições multilaterais se defendam contra o protecionismo, mesmo no caso de economias mais equilibradas.

Em segundo lugar, mesmo se os transbordamentos positivos do incentivo financeiro forem insignificantes, a ameaça de grandes transbordamentos negativos, como resultado da crise econômica mundial é fiável e iminente, como nos ensinou a Grande Depressão e as recentes iniciativas de um país indicam. As pressões para aumentar o protecionismo comercial e as desvalorizações competitivas em um contexto mundial de economia deflacionada estão aumentando e podem acarretar uma espiral descontrolada de guerra comercial, em nível global (Banco Mundial, 2009). O protecionismo cresce como uma resposta da política interna anticíclica à crise, em uma tentativa de aumentar a demanda e a produção internas. Numa recessão mundial, esta resposta é globalmente desastrosa, mas pode ser benéfica, do ponto de vista individual. As multilaterais podem lutar contra isto, em duas frentes. Primeiro, elas podem oferecer financiamento para apoiar as economias individuais, assim como ao sistema mundial de comércio. Segundo, elas podem oferecer financiamento em situações de crises, como condição para se evitar respostas de políticas mais radicais. Há um forte argumento para a ação segundo as instituições multilaterais que consigam internalizar os transbordamentos internacionais.

As instituições multilaterais têm a possibilidade de se opor ao protecionismo da política fiscal nesta recessão global e, ao mesmo tempo, incentivar pacotes que, em outras ocasiões, seriam descartados ou reduzidos pelas autoridades porque a demanda elevada provoca um "vazamento" na economia interna. Trata-se também de uma oportunidade para que as instituições multilaterais coordenem a ação de estímulo global. Do ponto de vista do país, um pacote de incentivos que restrinja os gastos com produtos com alto valor interno agregado (em outras palavras, que impeça o gasto com importações) tem um alto fator multiplicador do PIB e pode parecer mais benéfico em termos de reativação do PIB (apesar da sua ineficiência, como é o caso com qualquer outra barreira comercial). Isto seria adequado em caso de recessão nacional, mas não no caso de recessão mundial, como a atual, porque a reativação de um PIB deprimido no resto do mundo é também muito valioso do ponto de vista global.

As instituições multilaterais deveriam recear a possibilidade de que haja um retrocesso da reforma política devido à instabilidade, a fim de tomar as providências necessárias. A comunidade internacional deve ter cuidado em recompensar as boas políticas implementadas no passado adotando medidas para ajudar a evitar ajustes externos indesejáveis em um momento de recessão global que pode vir a desgastar a base política ou econômica que lhe dá suporte. Entretanto, em muitos países, as políticas macroeconômicas ainda não foram suficientemente anticíclicas durante os anos de *boom* econômico para criar o espaço necessário a fim de responder de maneira rápida e eficaz à retração econômica mundial. Igualmente, nesses casos, a condicionalidade das instituições multilaterais pode ajudar a assegurar que as intervenções políticas que possam ser benéficas no curto prazo não se tornem obstáculos importantes à retomada do crescimento da renda e da produtividade no médio a longo prazo, como indicado pelo Banco Internacional de Desenvolvimento – BID (2009b).

DE QUE MANEIRA DEVEM INTERVIR AS INSTITUIÇÕES MULTILATERAIS?

Na fase atual da retração, há um prêmio para quem é rápido e determinado. Há um consenso de que a falta de confiança e a incerteza elevada sobre o risco sistêmico provoca o colapso da atividade econômica mundial e do comércio internacional. Portanto, é importante mover-se rapidamente e de forma agressiva, para impedir o *loop* de *feedback* negativo que transformará condições financeiras mais restritas em uma recessão mundial mais profunda. Além disso, agir logo no início é desejável à luz do fato de que os países tradicionalmente credores nas instituições multilaterais de financiamento enfrentam desafios para administrar suas próprias respostas fiscais à crise, assim como as posições políticas contrárias aos programas de suporte do setor financeiro. A situação já atingiu um ponto em que as necessidades fiscais internas das economias avançadas começarão a impedir as possibilidades de apoio aos países emergentes.

Um primeiro papel importante da intervenção multilateral é fornecer um *backstop* para a liquidez ou um empréstimo de última instância — ver Calvo (2009) em uma nota recente sobre o assunto. Um contra-argumento tradicional é implicar um risco moral. Contudo, vários artigos argumentam que isto não é necessariamente verdadeiro. Morris e Shin (2003) e Corsetti *et al.* (2006) sugerem que se um empréstimo de última instância fornecer suficiente liquidez para que, combinado a uma política fiscal adequada, possa remover um "movimento especulativo-equilíbrio" negativo, então, na realidade, os incentivos daquela política fiscal "adequada" serão elevados e não reduzidos.[8] Arozemena e Powell (2003) desenvolvem um jogo repetido e mostram que, partindo-se do princípio de que um empréstimo de última instância pode punir os países ao remover o seu *backstop*, o equilíbrio é atingido sem risco moral, mas com a proteção de liquidez que impede o surgimento de "*runs*".[9] Uma característica interessantes de todos esses modelos teóricos é que o financiador de última instância nada precisa desembolsar. O acesso ao *backstop* permite aos países passar a dívida aos mercados privados, eliminando a necessidade de desembolso.

Um segundo contra-argumento é o de que a dívida de risco aparece por uma razão e, por isso, o envolvimento das instituições multilaterais deve substituir a disciplina dos vencimentos a curto prazo por algo diferente (Jeanne, 2008). No contexto da crise atual, a maior probabilidade de um movimento especulativo (ou seja, disciplina) não reflete o mau comportamento de um país tanto quanto o contexto global e, portanto, mostra os limites da disciplina, quando o choque é sistêmico. Na mesma linha, D'Amato, Grubisic e Powell (1997) e Levy-Yeyati, Peria e Schmuckler (2009) sugerem que a disciplina de mercado tem um limite *in banking* quando os choques são sistêmicos.

Uma segunda função das instituições multilaterais é a de ajudar a fornecer incentivo fiscal global e, de modo simultâneo, impedir que um risco crescente de problemas ou dificuldades com liquidez vivenciados nos últimos meses se transforme em problemas de solvência, que seriam muito mais difíceis de serem resolvidos.

---

[8] Nesses modelos, um "jogo global" com pressupostos específicos quanto ao conhecimento dos financiadores sobre os fundamentos e sobre outros financiadores, oferece suporte a um equilíbrio ímpar. Ver Werning em uma crítica interessante sobre esses pressupostos.

[9] A versão de um período deste jogo é aquela em que o *trade-off* para o empréstimo de última instância deve fornecer proteção de liquidez, ao custo de um risco moral. A característica interessante é que o único equilíbrio se encontra nas estratégias mistas que representam a tensão entre (digamos) o FMI, que deseja oferecer a ajuda, mas o país, ao saber que a ajuda é incondicional, fica tentado a adotar estratégias mais arriscadas. Uma "estratégia de punição mínima" oferece um equilíbrio ímpar no jogo repetido.

Ao mesmo tempo, as bases da atual retração global pode provocar, *de per se*, problemas de solvência. A possível permanência de algumas das mudanças observadas — como, por exemplo, a queda no crescimento mundial, insustentavelmente alto, e ainda a desalavancagem prevista nos mercados financeiros mundiais — implica alterações estruturais, não cíclicas, que exijam ajustes para se atingir o equilíbrio a médio prazo, de menor crescimento. A cláusula de financiamento que não considere o ajuste necessário aumentaria a necessidade de ajuste posterior e também provocaria o efeito inverso.

Dessa maneira, as instituições financeiras internacionais possuem múltiplas funções nas circunstâncias atuais e a função específica a ser desempenhada dependerá da situação no país em questão. Essas funções incluem (a) o *backstop* da liquidez, (b) fornecer financiamento a longo prazo, especialmente para financiar políticas fiscais anticíclicas e/ou proteger gastos fiscais específicos (alterando, dessa forma, a composição das despesas fiscais) e (c) facilitar o ajuste fiscal. A seguir, sugerimos uma categorização dos países, a fim de descrever o possível papel das instituições multilaterais em cada um deles. Os dois objetivos abrangentes de suporte são reduzir a possibilidade de uma crise e tentar maximizar o número de países que podem contribuir para o esforço global em prol do incentivo fiscal. Um terceiro objetivo que consideramos importante é o de assegurar a criação de políticas fiscais e de despesas que sejam apropriadas.

1. PAÍS COM ESPAÇO FISCAL E SEM PROBLEMAS DE LIQUIDEZ (COM GRANDES RESERVAS E/OU ACESSO NORMAL ASSEGURADO AO CRÉDITO)

Em caso de autossuficiência financeira, o país poderá implementar políticas internas adequadas, sem apoio da instituição multilateral. Na prática, a ausência de problemas de liquidez nesta crise é, muito provavelmente, acompanhada por uma situação fiscal com espaço suficiente para levar em consideração todas as políticas fiscais e quasi-fiscais anticíclicas, em contraste com a necessidade de uma retração fiscal ou ajuste para manter a sustentabilidade fiscal. Nesses casos, as instituições multilaterais devem insistir em pacotes de incentivo não protecionistas, sem, entretanto, intervir, a fim de preservar os recursos para os outros casos enumerados abaixo.

2. País com espaço fiscal, mas com potenciais problemas de liquidez

Alguns países podem ser considerados como possuindo espaço fiscal para adotar uma política anticíclica, a partir do ponto de vista de solvência, porém enfrentar altos custos de financiamentos e ter pouca liquidez (reservas insuficientes e uma estrutura de dívida que não elimine os riscos de liquidez). Nesses casos, as instituições multilaterais podem ter, pelo menos, duas funções importantes. A primeira é que elas podem disponibilizar financiamento a longo prazo (ou garantias suficientes para que os países possam obter financiamentos a longo prazo) a fim de melhorar a estrutura de vencimento da dívida e reduzir os riscos de liquidez. Isto é particularmente importante para financiar qualquer tipo de incentivo fiscal, de forma que não deteriore a posição de liquidez do país. A segunda é que as instituições podem fornecer um *backstop* para reservas que aumentem, basicamente, o acesso à liquidez internacional. Com relação à regra de Guidotti-Greenspan, se não houver nada de diferente, isto significaria, respectivamente, reduzir o denominador (a quantidade de obrigações vencendo em um ano) e aumentar o numerador (o estoque de reservas internacionais). Atualmente, os Bancos Multilaterais de Desenvolvimento (BMDs) fornecem financiamento com prazo mais longo, portanto sua vantagem comparativa encontra-se na primeira função. A segunda função é uma função a ser exercida naturalmente pelo FMI. No caso de um país com espaço fiscal, haveria a possibilidade de acesso à nova Linha de Crédito Flexível (Flexible Credit Line — FCL) ou a um programa de High Access Precautionary.[10] Neste caso, a intervenção multilateral não deve estar ligada ao pacote de política fiscal que é financiado, exceto para assegurar que ele não seja protecionista e que esteja alinhado com o esforço multilateral sendo coordenado.

3. País sem nenhum espaço fiscal e com potenciais problemas de liquidez

Infelizmente, muitos países emergentes simplesmente não possuem o espaço fiscal necessário para levar a cabo uma política fiscal anticíclica e deve,

---

[10] Deve-se observar que, embora o país possa utilizar as reservas internacionais para apoio orçamentário, ambas as funções são formalmente equivalentes do ponto de vista financeiro. Em tais condições, a função dos BMDs nesta equação é de assegurar qualquer espaço fiscal que haja, usado de maneira adequada em operações saudáveis. Para que a opinião dessas instituições seja ouvida, é necessário que elas tenham recursos comprometidos.

sem dúvida, ser impedido de tentar fazê-lo. Muitos países precisam ajustar sua política fiscal a fim de reduzir os déficits, dado o impacto negativo da crise mundial sobre os preços de produtos de exportação, o que provoca a redução das receitas fiscais. Nesses casos, as instituições multilaterais também podem oferecer um *backstop* para as reservas e financiamentos a prazo mais longo, mas tal possibilidade deve ser oferecida com base em uma regra típica "nenhuma dívida nova". Em outras palavras, o financiamento multilateral deve substituir a dívida de mercado — e não ser acrescentado a ela. No caso de países nos quais o ajuste é necessário, o financiamento multilateral pode ajudar o cumprimento dos requisitos de financiamento do setor público para evitar os custos de um ajuste abrupto, dentro, porém, de uma estrutura destinada a reduzir a fragilidade e a recuperar a sustentabilidade fiscal. Para tanto, são necessários envelopes de orçamentos acordados que permitam o ajuste gradativo para um novo equilíbrio a médio prazo do orçamento. Nesta modalidade, a ajuda deve ser *non-precautionary* com uma condição de avaliação *ex-post*.

Neste caso também, fornecer um *backstop* para reservas é a função natural do FMI. Países nesta categoria não devem se qualificar para o FCL, mas deveriam buscar uma modalidade *stand by* tradicional. O FMI também é a agência encarregada de avaliar a situação fiscal e orientar a respeito do esforço necessário de ajuste macroeconômico. Também neste caso, os BMDs apresentam uma vantagem comparativa ao fornecer financiamento de desenvolvimento a longo prazo e devem trabalhar com os países para assegurar que os recursos sejam utilizados da maneira mais eficiente e eficaz possível. Por exemplo, eles enfocam a eficácia de desenvolvimento do investimento público e da política de desenvolvimento, assim como nas reformas estruturais que fomentam o crescimento e a disciplina fiscal. Além disso, os gastos que protegem os grupos vulneráveis devem ser mantidos, na medida do possível.

4. País com problemas mais sérios de sustentabilidade

Um menor grupo de países apresenta problemas mais sérios com relação à sustentabilidade das políticas, por causa dos seus níveis de débito. A crise atual coloca os países desta categoria em uma posição bastante difícil. Em algum ponto, trata-se de determinar se se deve ajustar de maneira mais agressiva ou conjugar um ajuste menor com uma reestruturação da dívida —

complicando as instituições multilaterais. Será que elas devem emprestar aos países que possam vir a enfrentar uma reestruturação da dívida ou devem se abster, o que, muito possivelmente, forçaria a reestruturação? A falta de uma estrutura na atual arquitetura financeira internacional para países que passam por uma reestruturação da dívida faz com que as instituições multilaterais sejam relutantes em suspender o financiamento. Entretanto, em algum ponto, a reestruturação pode tornar-se inevitável e, em geral, é melhor reestruturar cedo do que tarde. Além do mais, se os principais mercados financeiros estão fechados, a reestruturação pode não significar custos severos a curto prazo. De qualquer modo, fica claro que a intervenção multilateral em um país com problemas de solvência, precisa observar tanto uma estrutura de ajuste fiscal ajustada quanto uma possível reestruturação da dívida.

Em resumo, em uma fase de retração iminente, não se justifica uma avaliação *ex-post* rígida, salvo nos casos de insolvência, nos quais há pouco incentivos no uso da liquidez de maneira produtiva. Nesses casos, a tradicional avaliação *ex-post* ainda é justificada, a fim de assegurar a eficácia da ajuda financeira aos países. Além disso, o financiamento deve ser oferecido com base em avaliação *ex-ante* nos termos dos conceitos liberais de "bom desempenho" e "estrutura sustentável". Os ganhos obtidos com o avanço da agenda de reforma por meio de condicionalidades (obter uma concessão de condicionalidade, em troca de ajuda) são mínimos, se comparados ao risco de se impedir o sucesso de um apoio rápido à crise, mediante os atrasos ou falta de cooperação.

Uma condicionalidade *ex-ante* implícita é apropriada. Para recompensar as boas políticas do passado, as multilaterais deveriam emprestar mais e de maneira mais livre do que no passado, desde que tal ajuda seja acompanhada de um monitoramento adequado, para que as políticas não sejam desvirtuadas e que a ajuda seja produtiva (Jeanne, Ostry e Zettlemayer, 2008). Países com dívidas importantes que sejam capazes de acatar políticas de disciplina fiscal no futuro e economizar na subsequente fase de alta do ciclo, devem receber níveis mais altos de financiamento, por causa de sua sustentabilidade fiscal elevada. Neste caso, o financiamento adicional deve ser condicionado a condições que preservem e potencializem uma sustentabilidade a médio prazo.

No entanto, uma exceção é a condição segundo a qual todos os tipos de ajuda financeira multilateral sejam destinadas a países que não adotem medidas protecionistas. Esta condição de proteção justifica-se, porque no contexto de uma crise mundial o protecionismo para salvaguardar a demanda local pode ser do interesse individual de cada país, porém às custas do interesse coletivo. Dessa maneira, o esforço deveria ser feito para impedir a adoção de medidas radicais da prosperidade internacional.

A recente mudança nos instrumentos de crédito do FMI concorre precisamente neste sentido. Talvez até um pouco demais, pois na prática será difícil diferenciar as condicionalidades nos países-membros, enquanto alguns casos ainda poderiam beneficiar-se do dispositivo de compromisso fornecido pela condicionalidade *ex-post* tradicional.

QUAL É O PAPEL ESPECÍFICO DOS BANCOS MULTILATERAIS DE DESENVOLVIMENTO?

Em razão dos empréstimos anticíclicos com vencimentos a médio e a longo prazos que oferecem, os BMDs têm um papel de apoio na função essencial do FMI de *backstop* a liquidez. Nos países menores, os BMDs também podem ter como meta cobrir a balança de pagamentos e oferecer suporte orçamentário geral, inclusive o financiamento de intermediação financeira interna, em um nível sistêmico. Além da sua função de apoio, os BMDs têm funções específicas relativas à eficácia do desenvolvimento de financiamentos multilaterais.

Um objetivo estratégico dos BMDs é o de ajudar a estabelecer políticas de composição de gastos adequadas e, quando houver garantia, políticas de aumento de gastos, a fim de proteger os programas sociais e incentivar o crescimento da produtividade a médio prazo. Por exemplo, um objetivo específico dos BMDs é o de proteger o grande progresso social conquistado nos últimos anos, oferecendo ajudas financeiras bem direcionadas aos programas de proteção social mais eficazes. Isto seria crucial para ajudar a criar políticas econômicas que sejam politicamente sustentáveis, até que a economia mundial se torne mais estável e retome o crescimento. Os BMDs também podem evitar incentivos perversos, sobretudo no mercado de trabalho, que provocariam o aumento da informalidade, com efeitos negativos para o crescimento a médio prazo. Outras áreas de enfoque prioritário são os investimentos de infraestrutura. A proteção de programas de investimento nacionais de grande porte pode fornecer uma estabilização automática adicional para a economia, durante a retração e também lançar as bases para uma recuperação tranquila, a partir do momento em que haja a retomada do crescimento da demanda em todo o mundo. Estes objetivos aplicam-se não apenas ao governo central, mas também aos governos regionais.

Os BMDs enfocam as reformas estruturais voltadas para o desenvolvimento, mediante empréstimos baseados em política, como, as reformas políticas e institucionais que têm por objetivo fomentar a produtividade e o crescimento do setor privado, assim como a reforma do estado, a fim de melhor cumprir a sua função de desenvolvimento, incluindo a disciplina fiscal. Os BMDs podem assegurar que as medidas "transitórias", por exemplo, as políticas de crédito quasi-fiscais sejam verdadeiramente transitórias. De maneira mais geral, os BMDs podem ter como foco a reforma das instituições fiscais, a fim de assegurar a disciplina e a segurança fiscais, em apoio aos objetivos de desenvolvimento. Enquanto o FMI é a agência encarregada de definir e de monitorar o envelope orçamentário a curto prazo, os BMDs têm por objetivo as reformas que vão gerar melhores estruturas para a política fiscal.

Por fim, os BMDs podem ser parceiros eficientes de doadores bilaterais que desejam ajudar a obter uma coordenação da massa crítica, a partir de um plano para tratar das necessidades financeiras cíclicas, inclusive assumindo o papel de canal financeiro, em seu nome, sem qualquer ônus sobre o balanço patrimonial.

É VIÁVEL AUMENTAR SUBSTANCIALMENTE OS EMPRÉSTIMOS MULTILATERAIS?

Prevenir ou apoiar os ajustes externos no mundo desenvolvido, a partir de programas bem direcionados, financiados por instituições multilaterais pode ser viável, mesmo no atual nível de capitalização, desde que o financiamento excepcional temporário prometido na última reunião do G20 seja plenamente materializado. Por exemplo, emprestar financiamento ao incentivo fiscal e oferecer *backstop* à liquidez, a cerca de 2 ou 3 pontos percentuais do PIB, é irrisório em comparação à defasagem que ocorreria caso o colapso financeiro se materializasse no futuro próximo, com pacotes de médias históricas da ordem de 5 ou 10 pontos percentuais do PIB. Ainda assim, o financiamento é endógeno à gravidade da crise. Por esta razão, é útil refletir sobre outras formas de ampliar a demanda e conter o fornecimento de recursos para a intervenção multilateral, qualquer que seja o tamanho do envelope, a qualquer momento que seja.

Para ampliar a oferta de financiamento multilateral, as instituições financeiras multilaterais devem, na medida do possível, utilizar seus balanços patrimoniais de maneira criativa. Em um processo de desalavancagem mundial e de deterioração global do crédito, os BMDs poderiam utilizar o seu *status* de credor preferencial, combinado com a sua capacidade de afetar as normas regulatórias internacionais, em nível global, para alavancar, temporariamente, o seu balanço patrimonial para além dos critérios normais. A opção possível é que os países façam isso individualmente, emprestando diretamente a pessoas físicas ou jurídicas insolventes e, dessa maneira, aumentar a probabilidade de maiores problemas futuros para os países.

Ademais, o sistema atual de acordos de seguro bilaterais entre economias emergentes sistematicamente importantes e todos os bancos centrais do G3 deve ser reforçado. Por exemplo, o Brasil e o México na região da ALC, buscariam acordos com o Banco Central Europeu e o Banco Central do Japão, semelhantes àqueles firmados com o Fundo de Desenvolvimento do Banco Mundial (FED). Da mesma forma, há espaço para fortalecer os acordos sub-regionais, como o Fundo Latino-Americano de Reserva (Flar) e a Cooperação Andina de Fomento (CAF), como complemento e não como substituto da assistência multilateral. Embora a experiência dos países asiáticos demonstre que, a não ser que os países acumulem sistemas de proteção de dimensões globais, os acordos regionais não podem proteger, de maneira eficaz, contra os choques globais.

De maneira mais geral, há duas fontes distintas de liquidez externa que devem ser recicladas para os mercados de capital global, por meio de acordos institucionais. A primeira é a tradicional reciclagem de moeda forte dos países sub-representados no sistema multilateral, mas que possuem um grande estoque de reservas de divisas. A segunda é por meio da reciclagem dos fundos G3 que são atraídos pela fuga em direção à qualidade. Ambos os tipos de reciclagem, tal como nos anos 1970 com os petrodólares, podem ser canalizados através do FMI, assim como faz o Japão, os Estados Unidos, os países da zona do euro e alguns outros países. Entretanto, existem propostas alternativas como as de estabelecer pisos nos preços dos ativos dos mercados emergentes, semelhantes aos que são implementados para os ativos tóxicos nos Estados Unidos. Os dois mecanismos de reciclagem podem oferecer acordos que sirvam aos objetivos de ambos os lados no contexto de uma crise mundial.

Como indicamos anteriormente, uma forma de conter a demanda do financiamento multilateral é usar a crise como uma oportunidade para fazer reformas institucionais e estabelecer um compromisso viável para fortalecer os futuros equilíbrios fiscais, nos mesmos moldes que uma estrutura fiscal. Para tanto, seria necessário criar uma agência independente e respeitável para produzir e revelar a posição estrutural das contas fiscais, de maneira a fazer com que seja organizado um debate nacional sobre os agregados fiscais baseado nessas estimativas estruturais. Os benefícios são claros. Em primeiro lugar, é eficiente, porque permite a estabilização das alíquotas fiscais e dos gastos públicos. Em segundo lugar, porque aumentaria o espaço de sustentabilidade e permitiria um âmbito mais amplo para uma resposta anticíclica na retração atual, ou por meio de um pacote de incentivos ou de um ajuste menos profundo, se fosse o caso. Em terceiro lugar, atrairia mais financiamento do mercado. Além destes benefícios, o momento é apropriado do ponto de vista econômico. A implementação de uma base estrutural fiscal neste momento de retração não acompanharia um ajuste do equilíbrio fiscal, como aconteceria nos períodos de forte expansão, e sim como uma expansão amistosa.

Várias outras ações poderiam ajudar a conter o custo da intervenção multilateral. Em primeiro lugar, é importante convencer os países a utilizar as instituições multilaterais o mais rápido possível. É necessário exercer uma pressão de grupo: as economias emergentes que exercem liderança no G20 poderiam ser incentivadas a ir ao FMI mais cedo, enquanto que os grandes doadores bilaterais devem estabelecer como condição *sine qua non* para a ajuda, sobretudo agora que o arsenal de instrumentos de crédito do FMI foi modificado na direção correta. Os BMDs devem ser o intermediário para facilitar este processo, em vez de serem usados como alternativa para evitar o recurso ao FMI. Nas circunstâncias atuais, o chamado problema de estigma é ilusório. Como bem ilustram os recentes casos do México e da Polônia, a economia mundial atinge um momento em que os mercados aplaudiriam iniciativas semelhantes e observariam de maneira complacente os países que tomam um atitude pró-ativa.

Também é importante priorizar os países e atividades, reconhecer a importância sistêmica e ajustar o tamanho do país com a fonte adequada de suporte. Há noções operacionais aplicáveis da vulnerabilidade do país, mas as circunstâncias atuais exigem a noção de "importância sistêmica". Em outras palavras, é necessário distinguir os países que são sistematicamente importantes ou as atividades que são sistematicamente importantes em certos países. Precisamos diferenciar os países grandes dos pequenos, para tratá-los de maneira diferenciada, porque as magnitudes são grandes demais, em países sistematicamente importantes.

No contexto de qualquer das modalidades de apoio fiscal discutidas acima — reservas ou suporte orçamentário — existem riscos de que a intervenção permaneça inadequada, se for limitada às questões fiscais. Como existem demandas que competem entre si para os estoques limitados das reservas estrangeiras, ou linhas de crédito em moeda forte, a questão é saber como priorizá-las. As reservas oficiais são necessárias para reduzir a velocidade de mudança da taxa de câmbio e equilibrar a adoção de medidas de equilíbrio da taxa cambial. Elas também devem ser usadas para rolar a dívida do setor público vencendo em divisas (e, possivelmente, em moeda local quando a monetarização da dívida provocar riscos inflacionários importantes). A liquidez cambial pode ser necessária para oferecer crédito ao setor privado que, anteriormente, era fornecido por residentes estrangeiros ou locais, ou ainda para facilitar a rolagem dos riscos do setor privado, caso o choque viesse a se prolongar. Em episódios anteriores de paradas súbitas, por exemplo, demonstrou-se crucial apoiar o crédito comercial (como no caso do Brasil em 2002).[11] Na atual conjuntura, proteger a oferta de crédito interno às pequenas e médias empresas, que podem ser excluídas do mercado, parece ser muito importante. Por fim, entre outros usos possíveis das reservas, temos a disponibilização da liquidez cambial para o setor bancário, caso esteja sob pressão (na rubrica de depósitos do balanço patrimonial, como foi o caso do Uruguai em 2002) ou da retirada das linhas de crédito cambiais.

Na prática, com escassos recursos em moeda forte, o apoio deve ser priorizado. Além do incentivo fiscal e do *backstop* da liquidez, é necessário preservar o fluxo de crédito privado. Neste contexto, as instituições multilaterais podem apoiar as políticas financeiras de financiamento direcionado,

---

[11] A proteção dos créditos comerciais foi vital durante as paradas súbitas, pois o seu desaparecimento restringe ainda mais a disponibilidade de dívidas no mercado interno.

através dos bancos públicos ou privados. Uma iniciativa financiada por instituições multilaterais possui mais possibilidade de sucesso, pois as iniciativas por parte dos países talvez experimentem escassez de moeda, antes que a crise chegue ao fim. Como os países estão direcionando os empréstimos para economias que apresentam um número mais importante de insolvência, é possível que, assim que os recursos se esgotarem, a situação se torne ainda pior.

Para evitar tal situação, é importante evitar o acordo institucional utilizado no regime de comércio internacional, no qual o progresso (ou a sua ausência) com a liberalização multilateral foi sobrecarregado por uma proliferação de acordos comerciais bilaterais. Nesta conjuntura, a ajuda financeira bilateral vinculada pode ser um terreno fértil para um protecionismo oculto por parte do doador. As instituições multilaterais devem permanecer no ponto principal, garantir um terreno equilibrado e exigir que os acordos bilaterais submetam-se aos princípios comuns.

O FUTURO

A reforma plena e a recapitalização das instituições financeiras multilaterais não se implementariam a tempo para evitar a disseminação da crise atual e deve ser um objetivo a ser perseguido no período após a crise. A conjuntura dos dias de hoje não proporciona o tempo necessário para modificar a arquitetura financeira internacional, mas não se devem perder de vista as deficiências do sistema quando chegar o momento da implementação da reforma pós-crise.

O aumento secular na integração financeira internacional demanda a recapitalização do sistema, sem considerar a necessidade de intervir em resposta à crise atual. Entretanto, esta crise expôs de maneira clara os riscos associados à noção que um papel mais ativo dos mercados de capital privado justifica a eliminação da intervenção do setor público, sob a forma de crédito e fiscalização multilateral. A natureza global desta crise que afeta todos os países e em todas as regiões, simultaneamente, embora de maneiras diferenciadas, isto reforça os argumentos deste artigo e seu caráter urgente.[12]

---

[12] Recentes análises teóricas dos créditos multilaterais e comerciais confirmam a otimização social do primeiro, por causa da característica pró-cíclica do segundo (Boz, 2009).

A estrutura de governo do sistema multilateral também é inadequada. O sistema monetário internacional evoluiu no sentido de que os países que aceitaram a globalização e agora se encontram em posições amplas e contínuas de credores internacionais apresentam tão pouca participação que não têm o incentivo ou a segurança necessários para participar plenamente, inclusive colocando recursos suficientes à disposição do sistema. Por outro lado, os países que estão progressivamente menos integrados no mundo econômico, continuam a ser representados em excesso no sistema por conta de fórmulas mecânicas desatualizadas e obscuras que determinam tal representação. Deste modo, o G20 representa um desenvolvimento interessante e é um fórum natural para debates entre as nações credores e as nações captadoras.

É também necessário rever, com urgência, as políticas multilaterais de prevenção e de solução de crise. Deve-se fomentar a emergência de produtos de seguros no país, voltados para a prevenção de crises. A maneira mais eficiente de securitizar o financiamento anticíclico para países em necessidade não é por meio de empréstimos multilaterais *ex-post*, e sim através da criação *ex-ante* de contratos contingentes que ofereçam financiamento anticíclicos privados. Apenas para citar dois exemplos, os contratos contingentes que transferem recursos aos países no caso de preços baixos de exportação ou de racionamento generalizado de crédito nos mercados financeiros internacionais provocariam estabilizadores financeiros automáticos. As instituições financeiras multilaterais têm uma função a desempenhar para ajudar a desenvolver tais instrumentos, que produziriam um aumento de contingente na exposição do seu balanço patrimonial, em troca de uma redução do capital necessário ao fornecimento de financiamentos anticíclicos. Se o setor privado obter sucesso em se comprometer a participar nesses esquemas de seguros de países, o capital multilateral necessário para enfrentar as necessidades anticíclicas seria minimizado.[13] O financiamento anticíclico baseia-se, obviamente, no pressuposto de pagamentos pró-cíclicos — o que implica condições de créditos mais adequados para equilibrar os fluxos cíclicos necessários e mais transparência com relação ao objetivo anticíclico dessas funções.

---

[13] Argumentou-se que os empréstimos contingentes privados deveriam ter como efeito a diminuição dos tetos de crédito por parte dos credores privados, em previsão de futuros superendividamento, sem modificar o problema fundamental. Neste caso, os derivativos que não criam dívida, mas que simplesmente transferem recursos *ex-post*, como os seguros ou *swaps*, podem ser mais atrativos.

Por último, as discussões sobre acordos institucionais para solucionar a crise devem ser retomadas seriamente. Ainda permanece um espaço não preenchido na arquitetura financeira internacional com relação à reestruturação da dívida e a solução anunciada pela comunidade internacional de Cláusulas de Ação Coletiva parece inadequada para lidar com esses casos. Isso implica que naqueles países nos quais a crise ainda provoca a necessidade de reestruturar as obrigações da dívida, a "pena" será mais severa do que o "crime" cometido, e muito mais sofrida do que se uma técnica de resolução abrangente fosse adotada, nos mesmos moldes de um procedimento de recuperação falimentar eficiente. Ainda há muito a fazer, como, infelizmente, deverá tornar-se evidente, caso a economia mundial não se recupere de maneira relativamente rápida e a reestruturação da dívida se tornar necessária em casos críticos.

REFERÊNCIAS BIBLIOGRÁFICAS

BENIGNO, G., CHEN, H., OTROK, C. REBUCCI, A., YOUNG, E. R. (2009). "Optimal Stabilization Policy with Occasionally Binding Financial Frictions", manuscrito ainda não publicado.

BOZ, E. (2009). "Sovereign Default, Private Sector Creditors and the IFIs", IMF Working Paper n. 09/46.

CALVO, G. (2009). "Lender of Last Resort: Put It on the Agenda", *Vox Column*, 23 de março.

CATAO, L., CHANG, A. (2009). "Food prices and monetary policy", manuscrito ainda não publicado.

_____, PAGAN, A., LAXTON, D. (2008). "Monetary Transmission in an Emerging Targeter: The case of Brazil", IMF WP/08/191, agosto.

CAVALLO, E., IZQUIERDO, A. (2009). "Dealing with an International Credit Crunch: Policy Responses to Sudden Stops in Latin America", IDB Press.

CORSETTI, G., GUIMARAES, B., ROUBINI, N. (2006). "International lending of last resort and moral hazard: A model of IMF's catalytic finance," *Journal of Monetary Economics*, Elsevier, vol. 53(3), p. 441-471, abril.

CÚRDIA, V., WOODFORD, M. (2009). "Credit frictions and optimal monetary policy," BIS Working Papers 278.

D'AMATO, L., GRUBISIC, E., POWELL, A. (1997). "Contagion, Banks Fundamentals or Macroeconomic Shock? An empirical Analysis of the Argentine 1995 Banking Problems," Working Paper n. 2. Disponível em www.bcra.gov.ar

G20 (1998). "Report on the Working Group on International Financial Crises", outubro, em http://www.bis.org/publ/othp01.htm

IDB (2008). "All that glitters May not be gold: Assessing Latin America's Recent Macroeconomic Performance", IDB Press.

_____ (2009a). "Policy Trade-offs for Unprecedent Times: Confronting the Global Crisis, in Latin America and the Caribbean", IDB Press.

_____ (2009b). "Social and Labor Market Policies for Tumultuos Times: Confronting the Global Crisis in Latin America and the Caribbean", IDB Press.

GAMBERONI, E., NEWFARMER, R. (2009). "Trade Protection: Incipient but Worrisome Trends", *Trade Notes*, International Trade Department, siteresources.worldbank.org/NEWS/Resources/Trade_Note_37.pdf, The World Bank.

JEANNE, O. (2008). Debt maturity and the International Financial Architecture, *American Economic Review*.

_____, OSTRY, J., ZETTLEMAYER, J. (2008). "A Theory of International Crisis Lending and IMF Conditionality".

MISKIN, F. (2009). Is Monetary Policy Effective During Financial Crises?, NBER WP n. w14678.

MORRIS, S., SHIN, H. S. (2003). "Catalytic Finance: When Does it Work?", Cowles Foundation Discussion Paper n. 1400.

POWELL, A., AROZAMENA, L. (2003). "Liquidity protection versus moral hazard: the role of the IMF," *Journal of International Money and Finance*, Elsevier, vol. 22(7), p. 1041-1063, dezembro.

ORTIZ, A., OTTONELLO, P., STURZENEGGER, F., TALVI (2009). In CAVALLO, E., IZQUIERDO, A. (eds.), "Dealing with an International Credit Crunch: Policy Responses to Sudden Stops in Latin America", IDB Press.

SERGIO, L. S., LEVY-YEYATI, E., PERIA, M. S. M. (2004). "Market Discipline under Systemic Risk: Evidence from Bank Runs in Emerging Economies," *Econometric Society*, Latin American Meetings 318.

A crise de 2008 e o Brasil
Affonso Celso Pastore* e Maria Cristina Pinotti**

---
* Professor da Universidade de São Paulo e da EPGE (FGV). Ex-presidente do Banco Central.
** Economista.

A ILUSÃO DE QUE A VULNERABILIDADE EXTERNA HAVIA DESAPARECIDO

NESTES ÚLTIMOS ANOS, assistimos a muitas crises internacionais que afetaram a economia brasileira. Três delas — a crise mexicana em 1995; a crise do sudeste asiático em 1997; e a crise russa, em 1998 — atingiram o Brasil quando o país ainda se encontrava no regime de câmbio fixo, com déficits públicos elevados acarretando um crescimento não sustentável da dívida pública, elevando a probabilidade de um *default*, e provocando paradas bruscas de ingressos de capitais. Em todos aqueles episódios, o Banco Central foi obrigado a elevar fortemente a taxa real de juros para evitar uma maciça fuga de capitais e a consequente crise cambial. A taxa Selic em termos reais atingiu 25,9% ao ano em 1995, 38,6% ao ano em 1997, e apesar da elevação para níveis próximos aos das duas crises anteriores, em 1998 a política monetária não foi suficiente para impedir a crise cambial, obrigando o Brasil a uma mudança de regime de política econômica. Com aqueles níveis de juros reais, era inevitável que o país sofresse recessões, que ocorreram em todas aquelas crises, e que em grande parte explicam o medíocre desempenho do crescimento econômico. O Brasil era vulnerável ao contágio de crises externas.

Em 1999, o Brasil mudou a política econômica. Primeiro, aderiu ao regime de câmbio flutuante. O abandono da âncora cambial impôs a definição de uma nova âncora nominal para estabilizar a inflação, tendo sido escolhido o regime de metas de inflação, exigindo que o Banco Central mantivesse um grau razoável de "independência no uso dos instrumentos", mesmo sendo legalmente não independente, e carregando em seu passivo os resultados de anos de inflações descontroladas. Para eliminar a "dominância fiscal" e garantir o declínio da relação dívida/Produto Interno Bruto (PIB), foi adotado um regime fiscal com metas explícitas para o superávit fiscal primário.

Era uma mudança radical com relação aos regimes de política econômica dos períodos anteriores, e o novo regime foi submetido ao duro teste da transição do governo de Fernando Henrique Cardoso para o governo Lula. Enquanto o mercado duvidava da adesão de Lula à nova disciplina fiscal e monetária, vivemos um crescente desequilíbrio — com a elevação dos prêmios de risco para níveis indicativos de *default* — e uma nova "parada brusca" de fluxos de capitais — com a diferença de que desta vez ela não era proveniente de um "contágio" de uma crise externa, e sim de uma crise de confiança gerada domesticamente. Naquele ponto, o Brasil estava em uma encruzilhada: ou provava que, independentemente de quem assumisse o governo, o compromisso com o novo regime de política econômica era total, ou sucumbiria debaixo de uma crise perene, como vem ocorrendo com a Argentina. Lula compreendeu que não havia opções, reafirmou o compromisso com os três pontos fundamentais do novo regime macroeconômico, e rapidamente o Brasil retornou ao equilíbrio.

O compromisso do governo Lula não se restringiu às palavras da "carta aos brasileiros", mas foi comprovado por ações consistentes, das quais não se desviou nos últimos anos. Embora os gastos públicos tenham crescido a taxas exageradamente altas no governo, o cumprimento, ou mesmo a superação, das metas de superávit primário garantiram a queda contínua da relação dívida/PIB. Em adição, a acumulação de reservas e a desdolarização da dívida pública doméstica tornaram o governo credor em dólares, rompendo a ligação entre os movimentos do câmbio real e a dinâmica da dívida pública. Depreciações cambiais não mais elevavam a relação dívida/PIB. Além da acumulação de reservas, caiu a dívida externa, fazendo com que a relação entre as reservas e as amortizações de dívida a curto prazo (1 ano) se elevasse fortemente, garantindo a liquidez externa do país, afastando o fantasma de um *default* externo. Finalmente, contrariamente a todas as suposições de que um governo "de esquerda" seria contrário à austeridade monetária, o Banco Central continuou de fato independente, operando livremente a taxa de juros para atingir as metas de inflação, garantindo com isso o controle da inflação completamente livre de interferências políticas.

A partir destes resultados, acreditava-se que o Brasil deixaria de ser vulnerável ao contágio de crises externas. Por esta razão, alguns acreditaram que a atual crise internacional não atingiria o Brasil. Afinal, tínhamos um nível elevado de reservas, com uma dívida externa baixa e uma dívida pública cadente em relação ao PIB e desdolarizada. Mas este "otimismo" ignorava ingenuamente — que mesmo com condições macroeconômicas semelhantes e também favoráveis — muitos países desenvolvidos não estavam livres do "contágio" desta crise. Isso porque não estávamos diante de uma parada brusca de ingresso de capitais como ocorreu em outros episódios, e sim de um fenômeno muito mais virulento, combinado a uma crise bancária sistêmica que atingiu os Estados Unidos e a Europa. A crise iniciou um processo de desalavancagem que reduziu o estoque mundial de crédito e encolheu os fluxos de capitais para os mercados emergentes, ao lado de recessões severas nos países desenvolvidos e de desacelerações no crescimento dos países emergentes. Nossa vulnerabilidade surgiu a partir de dois canais: o dos preços internacionais de *commodities* — dos quais as exportações brasileiras dependem de uma forma muito rígida — e o dos fluxos de capitais — que determina o déficit possível nas contas correntes —, que, por sua vez, condiciona a taxa de investimento e a própria taxa de crescimento econômico brasileiro.

Quando ocorria um *default* de dívida em um mercado emergente, afetando os fundos de ativos que não somente tinham posições de títulos de dívida soberana deste país, como de todos os demais mercados emergentes, alavancando-as com empréstimos, ocorreria também: a) uma venda precipitada de todos estes ativos; b) a explosão dos prêmios de risco; c) crises nos balanços de pagamentos de outros mercados emergentes. Por este caminho, a crise em um país se transmitia para todos os demais emergentes, porém imediatamente surgiam algumas forças estabilizadoras. A primeira delas vinha do fato de que os mercados financeiros de países desenvolvidos — Estados Unidos, Europa e Japão — continuavam operando normalmente e com crescimento econômico vigoroso. Os "fundos" de ativos poderiam realizar perdas em ativos de mercados emergentes, mas continuavam se beneficiando potencialmente do aumento dos preços dos ativos em países desenvolvidos, bem como de taxas internacionais de juros muito baixas, que estimulavam o vigoroso crescimento norte-americano e, em menor escala, na Europa. A segunda vem do fato de que quando os países emergentes entravam em crise surgia o Fundo Monetário Internacional (FMI), com recursos suficientes para estabilizar seus balanços de pagamentos, mediante a adoção de medidas de estabilização macroeconômica que os colocariam novamente dentro da normalidade.

O que ocorreu, contudo, não foi uma simples parada súbita de fluxos de capitais gerada pelo contágio de um outro país emergente, e sim um distúrbio gerado no centro do sistema econômico mundial. É uma crise bancária sistêmica atingindo os países industrializados, gerada pela insolvência de um grande número de instituições financeiras de porte elevado nos Estados Unidos e na Europa, que leva: a) a uma generalizada queda no estoque do crédito, provocando o encolhimento dos fluxos de capitais para os mercados emergentes; b) a uma forte desaceleração em todas as economias, reduzindo o total das exportações mundiais e os preços internacionais de *commodities*. O Brasil está, de fato, muito mais resistente às crises do primeiro tipo, produzidas pelo contágio de um mercado emergente sobre os demais, mas é vulnerável a esta crise maciça que se iniciou com o estouro da "bolha" imobiliária e com a sua propagação para o lado real das economias desenvolvidas e emergentes através de uma crise financeira sistêmica e de uma recessão em escala mundial.

A NATUREZA DA CRISE E SUAS CONSEQUÊNCIAS

Os anos seguidos de taxas de juros muito baixas nos Estados Unidos acarretaram uma valorização enorme dos preços dos ativos. Esta valorização era visível nas bolsas de valores ao redor do mundo; nos preços das *commodities*; e nos preços dos imóveis dos Estados Unidos. Não faltaram advertências de que estávamos assistindo a uma crise no setor imobiliário norte-americano, com os preços de mercado das casas crescendo acima de seu *valor fundamental,* mas este diagnóstico estava longe de se levar a um consenso. A dúvida, talvez, surgia da dificuldade de se identificar quando os preços seguem uma "bolha". É fácil identificá-la depois que estoura, mas é extremamente difícil identificá-la antes.

Por isso, acreditava-se estar diante de um *novo paradigma* na economia mundial, no qual seria possível sustentar não somente aqueles preços em seus novos níveis como também as taxas mais elevadas de crescimento econômico em níveis persistentemente mais elevados do que os históricos. Não faltavam hipóteses *plausíveis* justificando este otimismo, sem considerar que as explicações *otimistas* são sempre preferidas em relação às que apontam riscos. Por exemplo, a crescente importância da China na economia mundial garantia este novo *paradigma*, permitindo que os Estados Unidos sustentassem taxas reais de juros permanentemente mais baixas frente as históricas. Era o paradigma do regime de "Bretton-Woods II". Afinal, com o câmbio fortemente desvalorizado, a China exportava *desinflação* para os Estados Unidos, o que possibilitava ao Federal Reserve manter as taxas reais de juros em níveis muito baixos. O excesso de consumo nos Estados Unidos transbordava para seu déficit comercial e levava a outros persistentes e crescentes nas contas-correntes mas este não era um problema, porque poderia ser perfeitamente financiado pela mesma China, que para exportar aquela *desinflação,* mantinha uma moeda depreciada, gerando superávits nas contas-correntes, transformando-a em exportadora de capitais, que eram investidos na compra de títulos do Tesouro dos Estados Unidos, financiando o déficit nas contas-correntes dos Estados Unidos. A China, por seu lado, não teria qualquer interesse em reduzir seus superávits, garantindo que os Estados Unidos continuassem mantendo níveis elevados de consumo, sem qualquer inflação, não preocupando-se com os déficits.

Além da crença de que os juros reais poderiam persistir indefinidamente mais baixos do que os valores históricos, havia uma segunda característica. Vivemos durante aqueles anos, o que se convencionou chamar, na literatura, de *The Great Moderation*. Este era um período no qual, entre outras características, as volatilidades dos ativos financeiros atingiram níveis baixos, comparativamente a quaisquer outros períodos históricos recentes. Ora, volatilidade baixa é sinônimo de risco baixo, o que constitui um convite ao aumento do grau de alavancagem, combinado com um grau baixo de supervisão sobre um largo espectro de instituições financeiras, somado à crença de que esta baixa supervisão era benéfica ao crescimento, porque induzia o florescimento de *inovações financeiras* benéficas para o crescimento, isto criou o nicho ecológico no qual começaram a germinar as sementes da atual crise. A alavancagem elevada combina-se muito bem com a elevação dos preços dos ativos, multiplicando os lucros, mas o inverso tem efeitos devastadores. Quando a queda de preços se combina com alavancagens elevadas, e esta prática é generalizada, o sistema financeiro se expõe a uma crise, e a amplifica quando os preços dos ativos declinam.

Neste ponto é importante distinguir entre uma crise de *liquidez* e uma crise de *solvência*. Bancos captam recursos como depósitos à vista, emprestando-os a prazos mais longos. Como seu ativo não tem a liquidez do seu passivo, quando são vítimas de uma corrida bancária tornam-se *ilíquidos*, e caso não fossem os Bancos Centrais atuando como financiadores de última instância, estas crises de liquidez produziriam a quebra de instituições e uma enorme instabilidade no sistema bancário. Buscas bancárias podem ocorrer mesmo em um sistema bancário muito sólido, com todos os bancos rentáveis e perfeitamente *solventes*, com seu ativo superior ao passivo. A simples crença de que um banco (ou mais bancos) pode(m) quebrar dispara uma corrida bancária, podendo gerar uma crise de liquidez com uma componente de profecia que se autorrealiza. Mas podem ser resolvidas, basta que o Banco Central atue de acordo com as regras enunciadas por Walter Bagehot no século XIX: emprestando livremente aos bancos, contra bons colaterais, e a taxas de juros penalizantes.

Algo diferente, contudo, ocorre diante de uma crise de solvência. Bancos com posições alavancadas em ativos cujos preços repentinamente se estabilizam em um nível significativamente mais baixo daqueles aos quais foram comprados podem ser expostos à insolvência, e certamente isto ocorrerá se houver a combinação de alavancagens elevadas com quedas permanentes e grandes dos preços dos ativos. Neste caso, os bancos centrais podem prover liquidez à vontade que não eliminarão o problema. A intervenção dos governos é bem mais complexa, pois a simples injeção de liquidez não elimina a *insolvência* daquelas instituições. Ou seja, a *base de capital* do sistema bancário é insuficiente para absorver os prejuízos derivados da queda dos preços dos ativos dos quais os bancos detêm posições alavancadas.

Excluída a hipótese de deixar a crise ter livremente o seu curso, que como comprovam as experiências históricas produz grandes custos econômicos e sociais, resta aos governos agirem de duas formas: comprarem aqueles ativos cujos preços declinaram, ou elevar diretamente a base de capital do sistema bancário. No decorrer da atual crise assistimos a propostas baseadas nestes dois princípios. A primeira, do secretário Paulson dos Estados Unidos, com o seu programa de compra de ativos com componentes *tóxicas*, possui semelhança com o programa japonês de saneamento bancário dos anos 1990. Na segunda proposta do ministro Gordon Brown, os governos assumiriam compromissos de: a) capitalizar o sistema bancário; b) impedir a quebra de qualquer instituição financeira importante; e c) garantir todos os depósitos. Não queremos entrar na discussão dos méritos da proposta Paulson, que estava desde o início fadada ao fracasso, bastando lembrar que após a sua aprovação os preços dos ativos caíram de forma descontrolada, num claro atestado de que havia condições intransponíveis para a sua aplicação, que ela seria incapaz de evitar o desencadear de toda a crise bancária sistêmica. A reação dos mercados é um atestado eloquente de sua inadequação. A proposta-Brown era mais direta, estancava a hemorragia e assim foi vista pelos mercados, tranquilizando mas sem extinguir o pânico existente antes de sua aceitação pela maioria dos países. Imagine que há um plano ordenado de evacuação do prédio, isto não garante que todos se salvem, nem que o prédio voltará a funcionar a curto ou a médio prazos, como era antes do incêndio. A proposta-Brown indicou um caminho, mas esse caminho não é nem curto, nem suave, nem livre de custos. E no final, o mundo será muito diferente daquele antes da crise.

Mesmo antes do início da fase mais aguda da crise bancária sistêmica já havia sinais claros de desaceleração na economia mundial, aos quais se adicionaram forças liberadas na crise, como a paralisação do crédito bancário. O desemprego dos Estados Unidos já superou a marca de 6,5%, que é maior que o máximo atingido na recessão de 2001, igualando-se ao atingido nas recessões de 1991 (quase 8%), ou de 1973 (perto de 9%). A Europa já mostra dois trimestres consecutivos de crescimento negativo do PIB. Os claros sinais de desaceleração da economia Chinesa perderam a ilusão de que poderia ocorrer um *decoupling*, com o vigor do crescimento chinês evitando uma maior desaceleração da economia mundial. O desempenho dos países no Leste Europeu também não traz nenhum alento. Rússia e Índia enfrentam problemas econômicos e políticos sérios, reduzindo ainda mais o alento.

OS REFLEXOS SOBRE A ECONOMIA BRASILEIRA

Há dois canais pelos quais a economia brasileira é atingida neste episódio: o do encolhimento dos fluxos de capitais, dos quais o país depende para manter os déficits nas contas-correntes e assim permanecer elevada a taxa de investimento; e o dos preços internacionais de *commodities*, que determinam a velocidade à qual suas exportações podem se elevar.

A Europa está em recessão, e nos Estados Unidos ela será provavelmente ainda mais profunda que a europeia. Estamos diante de uma crise financeira sistêmica internacional, que provoca uma enorme desaceleração, cujo resultado é a queda do estoque mundial de crédito. O encolhimento do crédito acentua a recessão nos países industrializados e conduz à queda dos ingressos de capitais em mercados emergentes, quer na forma de investimentos estrangeiros diretos; quer na forma de empréstimos de médio e longo prazo ao governo e às empresas; ou de investimentos em ações. Além disso, ainda que o crescimento chinês sofra apenas uma pequena desaceleração — um quadro cada vez menos provável — evitando com isso uma propagação mais forte da recessão do mundo industrializado sobre os países emergentes, a recessão nos países industrializados reduz as exportações mundiais e deprime os preços internacionais de *commodities*. Este é um quadro oposto ao que presidiu o desempenho da economia brasileira nos últimos anos.

Detalhemos este ponto. No Brasil, a formação bruta de capital fixo é extremamente dependente das importações, como mostram os valores de sua movimentação e a formação bruta de capital fixo, no Gráfico 1. Dependemos diretamente de máquinas e equipamentos importados para a realização dos investimentos, e mesmo as máquinas e equipamentos produzidos domesticamente dependem da importação de matérias-primas e de partes componentes.

Por sua vez, nos últimos anos as importações somente mantiveram uma taxa acelerada de crescimento devido ao aumento das exportações, gerada pelos preços médios em dólares, que decorreu do crescimento dos preços internacionais de *commodities*. No Gráfico 2, mostramos as duas fontes de crescimento do valor em dólares das exportações: o *quantum* físico; e os seus preços médios em dólares. Não somente o crescimento das exportações desde 2002 deve-se predominantemente ao aumento dos seus preços em dólares, como a partir de 2005, praticamente não há aumento do *quantum*, com a totalidade do crescimento do valor, em moeda norte-americana dessas vendas; provocado pelo aumento de preços. No Gráfico 3, mostramos que os preços em dólares das exportações dependem dos preços internacionais de *commodities*, beneficiando-se do ciclo de crescimento que atualmente está se invertendo, e que conduzirá à queda dos preços médios das exportações brasileiras. Os preços internacionais de *commodities* causam as variações nos valores médios em dólares das exportações brasileiras, mas este efeito não é imediato, ocorrendo com ajustes graduais ao longo do tempo. Por isso, estes preços ainda não mostraram um declínio comparável ao da queda dos valores das *commodities*, apesar do declínio que se acentuará nos próximos meses.

GRÁFICO 1
IMPORTAÇÕES E FORMAÇÃO BRUTA DE CAPITAL FIXO

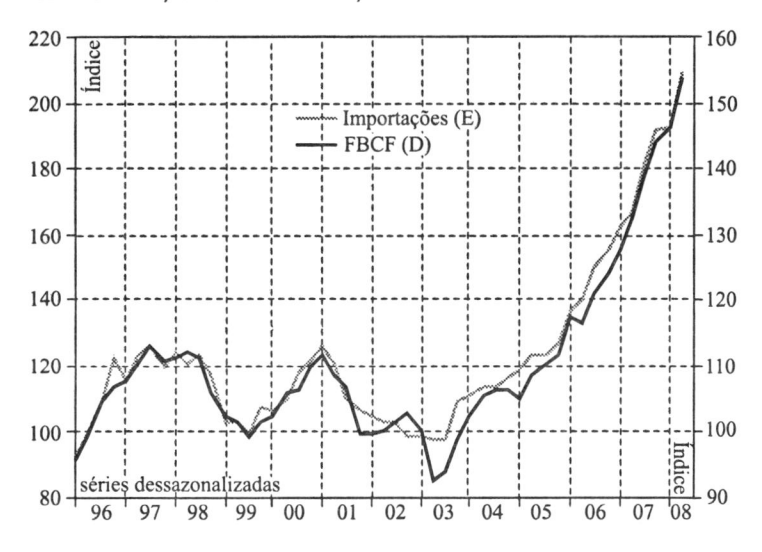

séries dessazonalizadas — Importações (E) — FBCF (D)

O crescimento acelerado das exportações permitiu o aumento, também acelerado, das importações. Esta relação produz uma noção sobre o canal de transmissão. Como a formação bruta de capital fixo é dependente das importações, e o crescimento destas foi em grande parte facilitado pelo aumento das exportações, segue-se que o ciclo de elevação dos preços internacionais de *commodities* está por trás do ciclo de elevação da taxa de crescimento do PIB brasileiro nos últimos anos. Começamos a assistir um processo de queda dos preços médios em dólares das exportações, que pela sua magnitude indica que muito provavelmente as importações em 2009 terão um valor em dólares *menor* do que em 2008. Menores exportações interferirão com as importações, reduzindo sua capacidade de crescimento (ou mesmo gerando sua queda), o que direta ou indiretamente desestimula a formação bruta de capital fixo.

Mas esta é uma visão extremamente mecânica, e demanda um aprofundamento. Partimos da noção de que a aceleração do crescimento requer a elevação do aumento da taxa de investimentos em proporção ao PIB. De fato, assistimos nos últimos anos a um aumento progressivo da taxa de investimentos, medida pelo quociente entre a formação bruta de capital fixo e o PIB. Ela passou de um nível tão baixo quanto 13% do PIB, em torno da

GRÁFICO 2
EXPORTAÇÕES — *QUANTUM* E PREÇOS

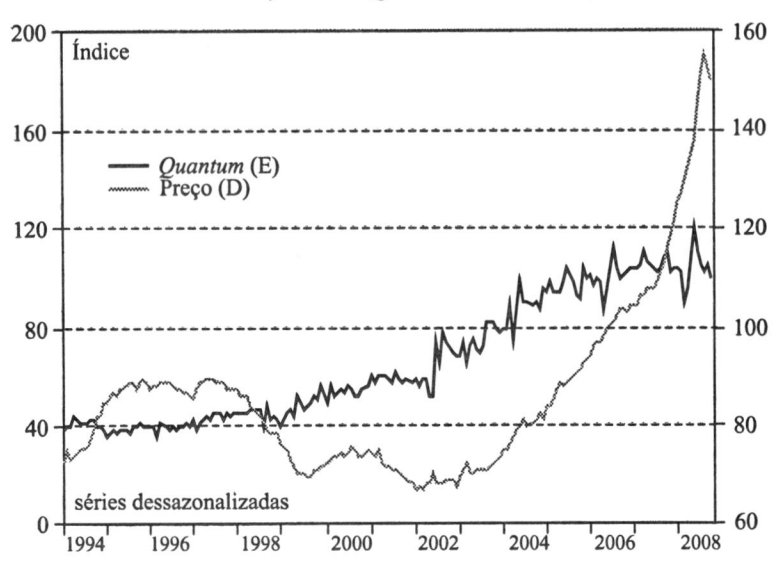

— *Quantum* (E)
~~~ Preço (D)

séries dessazonalizadas

GRÁFICO 3
PREÇOS DE *COMMODITIES* E DE EXPORTAÇÃO

— Índice CRB de *Commodities* (E)
~~~ Índice de Preços das Exportações (D)

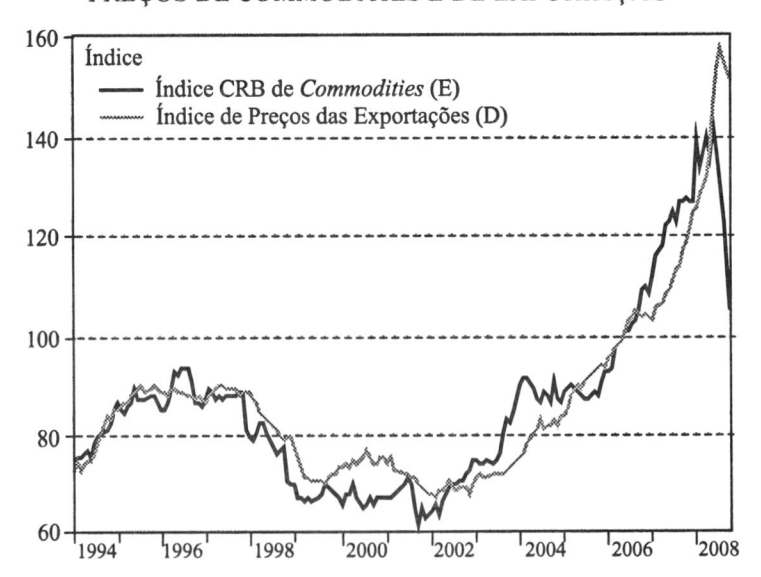

recessão de 2001/2003, para próximo de 19% do PIB, no terceiro trimestre de 2008. Porém, esta elevação teve consequências sobre as contas-correntes. Dada a grande estabilidade das outras duas componentes da absorção total doméstica — o consumo das famílias e o consumo do governo — as variações nas contas-correntes em proporção ao PIB provocam predominantemente variações na formação bruta de capital fixo em relação ao PIB. É evidente a correlação inversa entre as duas séries mostradas no Gráfico 4.

Nestes últimos anos assistimos a um processo com características claras. Inicialmente elevamos a taxa de investimentos sem sofrer nenhuma restrição imposta por limites nas contas-correntes, e isto somente foi possível porque o país conseguiu atrair o suficiente ingresso de capitais que financiasse estes déficits nas contas-correntes. Mas o ingresso de capitais foi ainda maior, permitindo não somente a acumulação de reservas internacionais, que reduziram os riscos associados ao país, impulsionando ainda mais os ingressos de capitais, como também levou à progressiva valorização do câmbio real. Esta valorização, que poderia ter prejudicado as exportações, esteve longe de fazê-lo, porque foi compensada pela vigorosa subida dos preços internacionais de *commodities*, elevando os preços médios das exportações e impulsionando o seu crescimento. Por outro lado, o câmbio real mais valorizado bara-

GRÁFICO 4
CONTAS-CORRENTES E FORMAÇÃO BRUTA DE CAPITAL FIXO

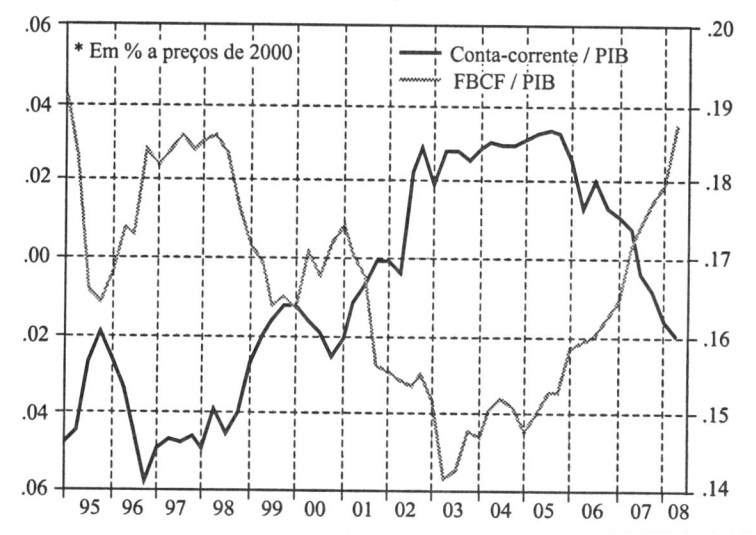

teou as importações e, consequentemente, os preços relativos das máquinas, equipamentos e componentes, ajudando a estimular os investimentos.

O *círculo virtuoso* de crescimento dos últimos anos não se deve apenas aos méritos do novo regime de política econômica, implantado no governo Fernando Henrique Cardoso e seguido no governo Lula. Deve-se, também, ao fato de que as baixas taxas de juros nos EUA e o crescimento chinês permitiram um ciclo de forte elevação dos preços internacionais de *commodities*, que impulsionou as exportações. As baixas taxas internacionais de juros, contudo, são a causa por trás dos vigorosos ingressos de capitais no Brasil, permitindo financiar déficits crescentes nas contas-correntes ao lado de um câmbio real em progressiva valorização, incentivando a formação bruta de capital fixo. Não crescemos mais somente em razão dos méritos da política econômica do governo, mas porque vivemos em meio ao crescimento internacional.

Mas este ciclo internacional chegou abruptamente ao fim. Quais são suas consequências? Estamos assistindo a uma mudança fundamental no comportamento do câmbio real, no Brasil, que será permanentemente mais depreciado do que anteriormente. Duas forças explicam essa depreciação: o encolhimento dos ingressos de capitais, que obrigam a uma queda nos déficits nas contas-correntes; e os preços de *commodities* mais baixos, que desestimulam as exportações. Em princípio, um câmbio real mais depreciado estimularia as exportações, mas não é o que ocorre quando consideramos os movimentos inversos entre o câmbio real e os preços em dólares das exportações brasileiras, que seguem os preços internacionais de *commodities*. Nos últimos anos, esse aumento dos preços das exportações foi maior do que a valorização do câmbio real, elevando a sua rentabilidade, e agora há o movimento inverso, que desestimula as exportações, reduzindo a velocidade de seu crescimento, ou mesmo provocando sua queda.

Embora, em condições normais, o Brasil pudesse perfeitamente financiar déficits nas contas-correntes até maiores do que os atuais, não podemos supor que estamos diante de uma situação normal, sequer que as condições favoráveis dos últimos anos voltarão a prevalecer no futuro. No momento, o Brasil não enfrenta apenas uma redução de fluxos de capitais, que é o movimento que deve predominar a médio prazo, e sim uma saída líquida de capitais, que não conduz a uma depreciação cambial ainda maior devido às intervenções do Banco Central. O Banco Central pode e deve intervir para evitar a volatilidade excessiva da taxa cambial, porém não pode e não deve impedir que o câmbio real se ajuste à nova realidade dos fluxos de capitais, porque são eles que determinarão o tamanho do déficit possível nas contas. Com essas intervenções, o Banco Central pode retardar o ajuste na taxa cambial, mas se tentasse persistentemente impedir o seu ajuste, acentuaria o desequilíbrio, em vez de corrigi-lo. O exemplo atual da Rússia mostra o caminho que não deve ser seguido.

Para que haja o ajuste necessário nas contas-correntes é preciso que ocorra uma queda da demanda total doméstica em relação ao PIB. O aumento dessa demanda doméstica acima do crescimento do PIB, nos últimos anos, ocorreu predominantemente devido às elevadas taxas da formação bruta de capital fixo. O câmbio real se valorizou, barateando as importações de máquinas e equipamentos, o que estimulou os investimentos e acelerou o crescimento econômico. Agora há o movimento inverso: o câmbio real se deprecia encarecendo as importações de máquinas e equipamentos, desestimulando os investimentos.

LIMITAÇÕES IMPOSTAS À POLÍTICA FISCAL

O que o governo deveria fazer diante da inexorável desaceleração do crescimento produzida pelo atual choque externo? Cortar os gastos públicos e elevar a sua poupança, ou elevar os seus gastos praticando uma política contracíclica?

É difícil negar que mesmo diante do "resgate" do sistema financeiro norte-americano e da estabilização da turbulência bancária na Europa, assistiremos a uma grande "desaceleração" no sistema financeiro mundial. O encolhimento do crédito muda as perspectivas de fluxos de capitais e de comportamento dos preços internacionais de *commodities*. Primeiro, os investimentos estrangeiros diretos e em ações diminuem, que seguido da queda de outros fluxos de capitais. Segundo, com a queda dos preços internacionais de *commodities* o crescimento das exportações deverá se desacelerar, gerando depreciação do câmbio real, para a qual contribui também o encolhimento nos ingressos de capitais. A depreciação cambial é boa para os exportadores, porém encarece as importações de máquinas e equipamentos que, direta e indiretamente, entram na formação bruta de capital fixo, desacelerando o crescimento.

Contudo, não podemos subestimar o papel que o mercado de capital teve, nos últimos anos. Muitos projetos de investimentos somente se realizaram devido aos recursos obtidos em IPO's e em elevações de capital na Bolsa de Valores. Contrariamente ao que ocorria no passado, quando as empresas brasileiras captavam recursos de estrangeiros em bônus, correndo o risco de câmbio, desde o momento em que os fluxos de estrangeiros foram predominantemente através do mercado de ações, o risco de câmbio foi incorrido pelos donos das ações. Caíram os riscos de "perdas de capital" derivados dos efeitos de uma depreciação cambial incidindo sobre um passivo dolarizado. Esta queda de riscos, associada à maior disponibilidade de capitais, incentivou os investimentos na formação bruta de capital fixo. Além disto, a forte elevação da taxa de investimentos dos últimos anos contou com a contribuição de empréstimos externos às empresas. Para aferir a importância destes empréstimos no financiamento dos investimentos, basta lembrar que desde dezembro de 2005 o valor em dólares da dívida externa do setor privado dobrou.

Mas há quem discorde, e aposte na continuidade dos investimentos estrangeiros diretos, ou até em sua elevação. Um destes argumentos é em razão da qualidade de seu ajuste no balanço de pagamentos e à desdolarização da dívida pública, uma vez que o Brasil tem uma posição vantajosa com relação aos demais mercados emergentes, ganhando uma parte dos investimentos estrangeiros diretos. No entanto, os maiores "doadores" de investimentos diretos para o Brasil são as empresas dos Estados Unidos e Europa, que sofreram uma recessão profunda, reduzindo seus lucros e limitando seriamente sua capacidade de realizar investimentos no exterior. Este efeito é ampliado pelo encolhimento do crédito bancário, ao qual poderiam recorrer para tomar empréstimos para a realização dos investimentos diretos.

Em adição, em um cenário de desaceleração do crescimento mundial, de queda de preços internacionais de *commodities*, e de maior aversão ao risco, deve cair a capacidade de mobilizar recursos através do mercado de capitais. Finalmente, diante de um câmbio real mais depreciado, crescem os custos das importações que direta e indiretamente são necessárias para os bens de capital que são incorporados no processo produtivo.

Esta análise nos mostra que a reação correta do governo não é praticando políticas contracíclicas, e sim cortando os seus gastos e elevando a poupança do setor público. Por quê? O déficit em contas-correntes nada mais é do que o excesso dos investimentos sobre as poupanças totais (pública e privada), e a elevação da poupança pública abriria o espaço para manter um pouco mais elevada a taxa de investimentos. Se, no entanto, o governo decidir-se pela adoção de políticas contracíclicas, estará reduzindo o espaço para os investimentos privados, ocasionando déficits maiores nas contas, o que combinado com o encolhimento dos fluxos de capitais e à queda dos preços internacionais de *commodities* levará a uma maior depreciação cambial e à maior inflação. No curto prazo, todos poderão sentir-se melhor se o governo anunciar que "impedirá" uma desaceleração do crescimento. Mas o resultado final não seria o prometido pelo governo.

A nova realidade da economia internacional impõe ao Brasil: um câmbio real mais depreciado; uma queda na demanda total doméstica necessária para reduzir o déficit nas contas-correntes; uma queda na taxa de crescimento econômico. Quanto maior for o encolhimento necessário nas contas maior será a queda na demanda total doméstica, e maior a desaceleração do crescimento. O câmbio real será tanto mais depreciado quanto maior forem a contração nos fluxos de capitais e a queda nos preços internacionais de *commodities*.

Um quadro como este requer uma política fiscal mais austera, com uma tendência contracionista do lado dos gastos correntes, e não políticas que estimulem o consumo privado e do governo.

ALGUMAS TENDÊNCIAS

No meio da insegurança e do medo desencadeados pela atual crise internacional, há um conjunto de informações com todas as características de "boas notícias". A eleição de Barack Obama para presidente dos Estados Unidos, coloca no poder um líder que forma uma equipe econômica competente e experiente, à altura dos desafios que terá de enfrentar. O Federal Reserve vem usando todos os caminhos possíveis para elevar a eficácia da política monetária, e há um espaço enorme para o uso da política fiscal, que certamente será utilizado pelo próximo presidente. A gravidade da crise fez brotar uma coordenação informal das políticas econômicas dos países afetados. Duas foram as contribuições do Reino Unido em "abrir caminhos". A primeira proposta para enfrentar a crise financeira surgiu do primeiro-ministro Gordon Brown, que superou a "ideológica" e ineficaz proposta do secretário Paulson, e que acabou sendo rapidamente seguida pela maioria dos países, inaugurando uma nova fase da crise na qual instituições financeiras *importantes* não quebram mais. A segunda, em propor um pacote fiscal da ordem de 1% do PIB com o objetivo de estimular a deprimida economia britânica, somou-se à artilharia pesada do Banco da Inglaterra que vem reduzindo agressivamente a taxa de juros. Na União Europeia caminha na mesma direção. Lá a coordenação fiscal entre os vários países é mais difícil, mas é possível, e vem apresentando avanços, ao lado da queda contínua da taxa de juros. A forte desaceleração da economia chinesa, cuja taxa de crescimento do PIB segundo a OECD deverá cair para 7,5% em 2009, também levou o governo a propor um pacote fiscal de estímulo à economia, e o Banco da China recentemente derrubou a taxa de juros em 100 pontos base. Será que esta receita de estímulo fiscal e monetário abundante deveria ser seguida por todos os países? Estaria o Brasil se atrasando para corrigir sua rota?

Diante da forte desaceleração a que está sujeita, a China pode e deve usar vigorosamente a política fiscal, fundamentalmente porque não depende de ingressos de capitais para financiar suas contas-correntes. Ao contrário, é um país com superávits nessas contas e, portanto, é um exportador de capitais. Se o governo elevar os gastos públicos, expandindo vigorosamente a absorção, apenas reduzirá o superávit nas contas-correntes e exportará um pouco menos de capitais para o resto do mundo. São mudanças que não alteram sua taxa cambial, e cujo resultado inequívoco é a expansão da demanda e do crescimento do PIB. Os Estados Unidos têm déficits nas contas-correntes, mas gozam do privilégio de ter o mundo disposto a financiar déficits crescentes. A Europa não tem a agilidade da China e dos Estados Unidos quanto à utilização da política fiscal. Ela é uma união monetária, com uma política monetária única, mas com políticas fiscais razoavelmente independentes entre os países. Apesar disso, há um esforço de coordenação, como o anunciado pelo atual presidente Barroso, da União Europeia, que caminhará na mesma direção dos esforços de China, Reino Unido e Estados Unidos. As ações tomadas pelos Estados Unidos, Reino Unido, China e União Europeia mostram o caminho para a superação da crise, mas não indicam que o final está próximo. Há em marcha um processo contínuo de desalavancagem no sistema financeiro, que continua contraindo o crédito internacional e reduzindo os fluxos de capitais. Há uma recessão mundial, com uma dinâmica própria que indica um processo longo de ajuste. Há uma luz no fim do túnel, mas o túnel é muito longo.

Se, no Brasil, o governo tentar elevar os gastos públicos para, em uma visão keynesiana estreita ativar a economia, colherá a queda da formação bruta de capital fixo e a sua desaceleração. Por quê? Além de sermos essencialmente diferentes da China, dependemos dos fluxos de capitais e dos preços internacionais das *commodities*, que na recessão mundial declinam. Com isso caem as exportações e o câmbio real se deprecia, o que prejudica as importações, das quais a formação bruta de capital fixo é extremamente dependente. O aumento da absorção através do aumento dos gastos públicos eleva o déficit nas contas-correntes, que não pode crescer devido à restrição dos fluxos de capitais, disparando uma depreciação cambial que encarece as importações e a formação bruta de capital fixo, reduzindo ambas.

O governo deveria limitar-se ao que fez até aqui: cuidar do suprimento de linhas de exportação e da normalização do crédito bancário. A curto prazo, uma desaceleração do crescimento é inevitável. Se ela for aceita, o Brasil estará se ajustando adequadamente à crise, e ao sair dela terá condições de liderar o grupo dos BRICs. Mas para isto é preciso que o governo atue com o horizonte de estadista, e não com a visão míope de maximizar os benefícios de curto prazo. Isto requer cortes de gastos públicos de consumo, deixando o espaço aberto para os investimentos privados, e não o aumento daqueles gastos através de políticas contracíclicas.

E O FUTURO?

O Brasil encontra-se em uma situação privilegiada. De duas formas provamos as virtudes da austeridade fiscal: de uma independência de fato do Banco Central capitaneando o regime de metas de inflação e do regime de câmbio flutuante. A primeira surgiu para construir as bases para o forte crescimento com a estabilidade de preços, apesar da reclamação contra as taxas de juros e contra a valorização do real. A segunda surge agora, com a capacidade de superar, melhor do que muitos outros países, os efeitos da atual crise.

São fatores que indicam que podemos sair desta crise com um vigor maior do que os demais países emergentes. Quando comparamos o Brasil com Argentina, e todos os demais populistas da América Latina, observamos nossa grande vantagem; também não temos os mesmos custos do México, que se atrelou aos Estados Unidos. O desempenho atual brasileiro supera o dos países do leste europeu e da própria Rússia, que vem cometendo erros de política econômica, perdendo rapidamente as reservas para tentar evitar uma inevitável depreciação do rublo. Mas para que esta visão se concretize, é preciso prosseguir no mesmo caminho, resistindo à tentação das políticas contracíclicas.

Pré-sal: conhecimento, estratégia e oportunidades

Guilherme de Oliveira Estrella*, Ricardo Latgé Milward de Azevedo** e José Miranda Formigli Filho***

---

* Diretor de Exploração e Produção da Petrobras.
** Coordenador da Diretoria de Exploração e Produção da Petrobras.
*** Gerente-executivo de Exploração e Produção Pré-sal.

INTRODUÇÃO

A PESQUISA DE petróleo na margem continental do sudeste do Brasil confirma a presença de uma extensa camada de rocha permo-porosa com petróleo e gás natural, designada pré-sal.

Anunciada ao Brasil pelo presidente Lula em novembro de 2007, a descoberta do pré-sal pela Petrobras é o coroamento do esforço da sociedade brasileira em construir uma empresa estatal destinada a assegurar o suprimento deste vital insumo energético para o país. Mais do que uma reserva estratégica de energia, o volume de petróleo e gás natural já anunciado no pré-sal oferece escala para formular um novo modelo de desenvolvimento tecnológico, científico e industrial no Brasil, de modo soberano e autóctone. Possibilitando assim a melhoria na educação e da condição de vida de milhões de brasileiros, em face das oportunidades de emprego e os tributos que gerarão.

São apresentadas nesse artigo informações de caráter mais geral sobre o pré-sal, sua gênese, a riqueza que contém e as ideias que são discutidas no âmbito da Petrobras para extrair petróleo e gás com menores custos econômicos e ambientais.

O QUE É O PRÉ-SAL E EM QUE CONTEXTO GEOLÓGICO SE FORMOU?

Pré-sal é de fato um termo ambíguo, de caráter genérico, que indica algo anterior à existência de um sal. É também uma palavra de forte sonoridade e já consagrada pela sociedade brasileira, o que recomenda aos técnicos sua adoção como nome próprio, cabendo apenas oferecer informações sobre o seu correto significado na geologia do petróleo, a fim de não causar confusões conceituais. Assim, para os geólogos, o pré-sal é uma unidade de rocha-reservatório de composição calcária ligada a ações microbianas, posicionada sob espessa camada de sal e localizada na porção distal das bacias de Santos, Campos e Espírito Santos (Figura 1).

FIGURA 1
DISTRIBUIÇÃO DOS RESERVATÓRIOS PRÉ-SAL

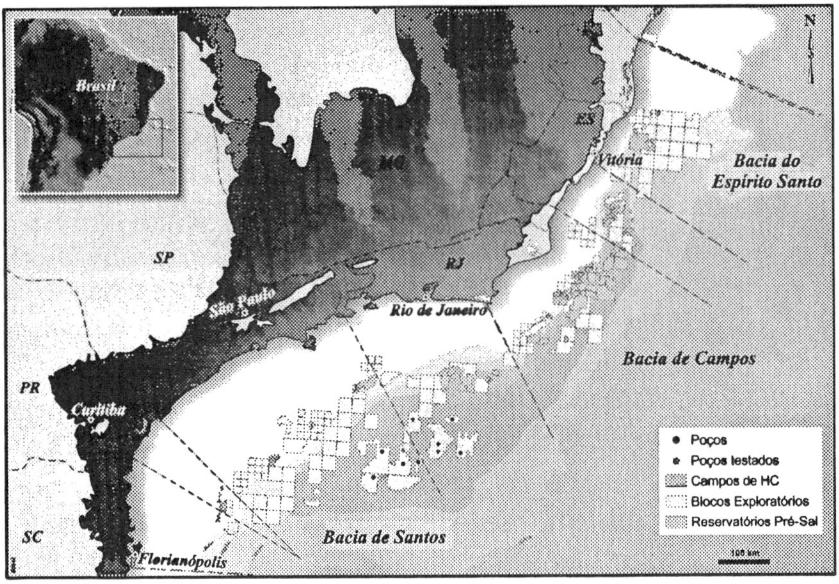

FONTE: Petrobras.

Formado entre 123 e 113 milhões de anos (Ma), em um período da história da Terra conhecido como Cretáceo, o pré-sal vincula-se a uma segunda fase do processo de fragmentação do Gondwana, o grande continente que agregava a América do Sul à África. Tem origem, portanto, na tectônica de placas, um dinâmico mecanismo que, ao longo dos milhões de anos do planeta, ocasiona movimentação e alterações aos diferentes segmentos (placas continentais ou placas oceânicas) que compõem a crosta terrestre, incluindo a destruição e formação de continentes e oceanos.

Cabe aqui uma divagação a respeito do conhecimento desse processo da tectônica de placas, que é relativamente recente. A teoria consolidou-se em face de levantamentos geológicos e geofísicos do assoalho marinho por potências bélicas, preocupadas em utilizá-lo como camuflagem e para prevenirem-se de ações de submarinos protegidos na geografia irregular do fundo do mar. Estes levantamentos mostram centenas de lineamentos subparalelos, praticamente ortogonais a cadeias vulcânicas nos centro dos oceanos (cadeias meso-oceânicas), da qual se distanciavam simetricamente faixas de rochas vulcânicas com orientações magnéticas ora normais, ora inversas. Comprovou-se deste modo que havia uma dinâmica no assoalho marinho, revivendo a teoria de 1910, do geofísico alemão Alfred Wegner, da união entre a África e a América do Sul em um passado remoto, apoiado na similitude dos contornos das margens atlânticas destes continentes (Figura 2).

FIGURA 2
FEIÇÕES ESTRUTURAIS DO ASSOALHO OCEÂNICO

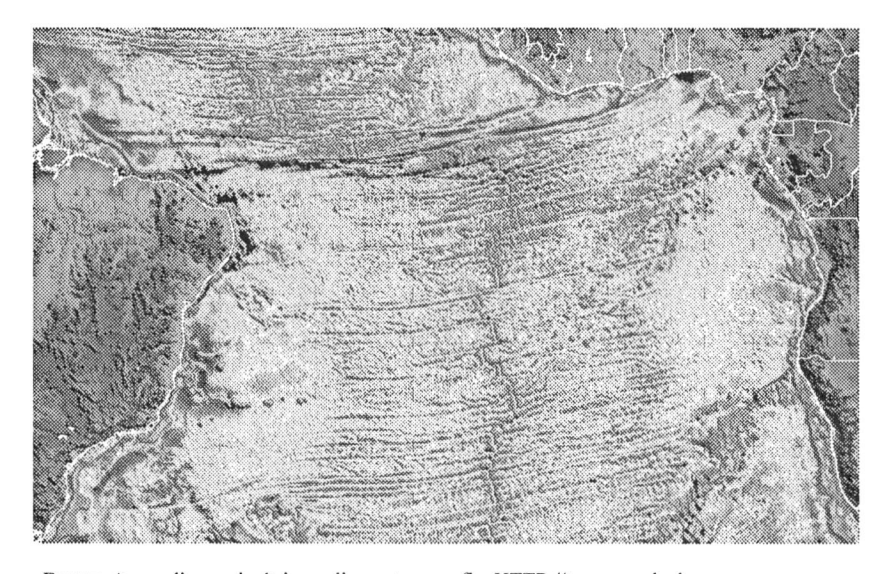

FONTE: Anomalia gravimétrica ar livre e topografia, HTTP://topex.ucsd.edu.

Antes da formação do pré-sal, houve um período de intenso tectonismo e fragmentação do Gondwana. Estes movimentos abriram fossas com direção preferencial Norte-Nordeste x Sul-Sudoeste (NNE-SSW) que, preenchidas por água, formaram lagos com profundidades e composições diferenciadas (Figura 3). Em determinados momentos foram criadas condições para a proliferação explosiva de vida fitoplanctônica nesses lagos, cujos restos, depois de mortos, foram soterrados, vindo a formar as camadas geradoras de petróleo e gás natural.

FIGURA 3
FASE LACUSTRE INSTALADA SOBRE O
CONTINENTE GONDWANA

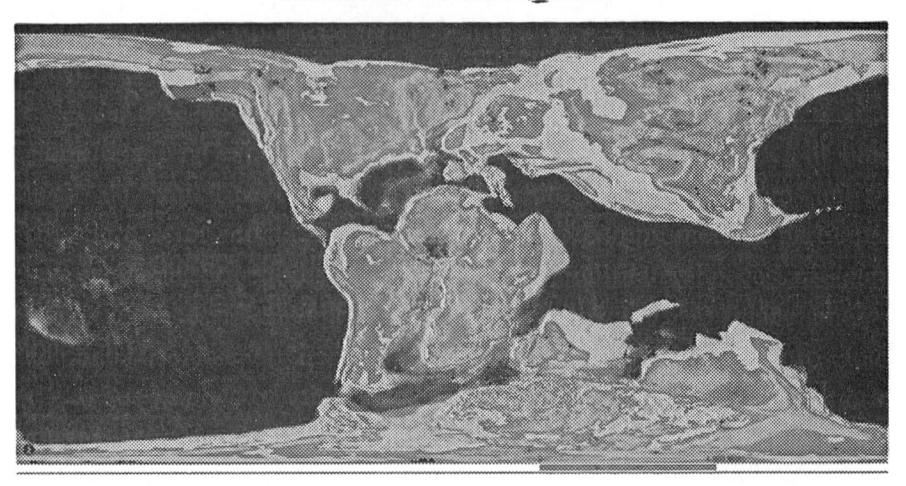

FONTE: HTTP://www.scotese.com.br/license.htm.

A evolução da dinâmica da crosta levou à interligação desses lagos com um oceano próximo, formando um estreito e alongado golfo, com um fundo relativamente plano na sua porção sul, se estendendo de onde hoje está a cidade de Florianópolis até Vitória. Instalada uma condição de relativa estabilidade, este golfo inundado criou as condições ambientais ideais para que florescessem organismos microbianos formadores das rochas carbonáticas constituintes dos reservatórios do pré-sal — os microbiolitos.

Um modelo recente, similar ao que ocorreu ao tempo da formação do pré-sal é encontrado na Lagoa Salgada, no litoral do norte fluminense (Foto 1). A Foto 2 compara seções desta rocha do Recente com outra obtida em testemunho de um poço da Petrobras que atravessou o pré-sal.

Sobre esses carbonatos bioconstruídos ocorre um espesso pacote de evaporitos, formados principalmente por halita (NaCl) e níveis delgados e esparsos de sais mais nobres. A presença destes evaporitos demonstra o recrudescimento das condições climáticas, o isolamento e evaporação do corpo d'água que ocupava aquele antigo golfo, legando a precipitação de sais. Estima-se que o processo de deposição de sal durou não mais do que um milhão de anos, um período muito curto em termos de tempo geológico. É relevante dizer também que a espessura maior do sal na porção distal tem a contribuição de massas dessas rochas que se deslocaram por gravidade da porção oeste, onde estavam em níveis topográficos mais altos. Este processo chamado de halocinese é muito comum devido à elevada plasticidade dos evaporitos.

Foto 1
FORMAÇÃO DE MICROBIOLITOS NA LAGOA SALGADA

Foto cedida pelos autores

Foto 2
MICROBIOLITO DA LAGOA SALGADA (À ESQUERDA) E DE UMA SEÇÃO TESTEMUNHADA DO PRÉ-SAL (À DIREITA)

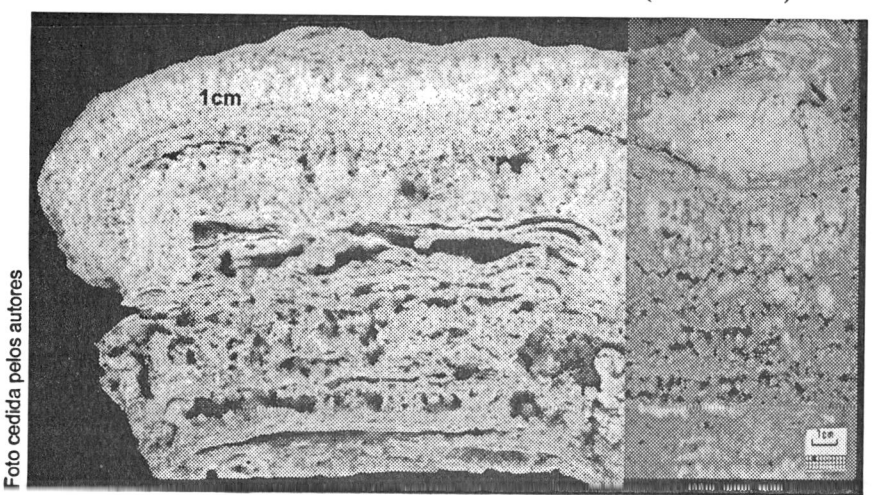

Foto cedida pelos autores

Fechando os cerca de 130 milhões de anos de história da sucessão de rochas que preenchem as bacias da margem sudeste brasileiras estão os estratos marinhos, acumulado nos últimos 112 milhões de anos. São sedimentos que registram a evolução de um mar raso até as profundidades abissais do Atlântico sul atual. O formato sigmoidal do pacote sedimentar, comum em margens passivas como a Atlântica, e a redução da heterogeneidade litológica em direção à bacia compõem o conjunto de elementos responsáveis pelos distintos sistemas petrolíferos para as seções pré e pós-sal nas bacias de Santos, Campos e Espírito Santo (Figura 4).

FIGURA 4
SEÇÃO ESQUEMÁTICA MOSTRANDO OS DOIS SISTEMAS PETROLÍFEROS DAS BACIAS DA MARGEM SUDESTE — O DO PÓS-SAL, À ESQUERDA, QUE EXPLICA AS ACUMULAÇÕES TRADICIONAIS DA BACIA DE CAMPOS, E OS CAMPOS GIGANTES DO PRÉ-SAL DA BACIA DE SANTOS À DIREITA

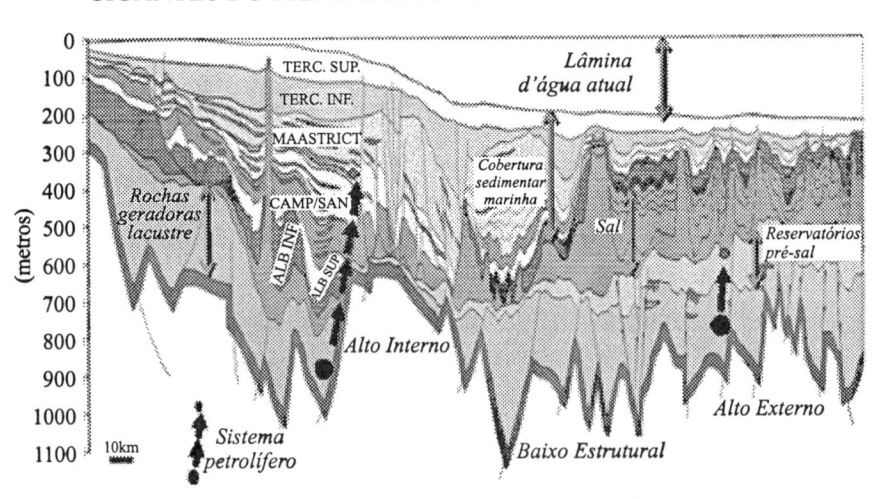

O sistema petrolífero do pré-sal tem como rochas geradoras os folhelhos ricos em matéria orgânica acumulados na fase lacustre. Os reservatórios são os carbonatos microbiolitos, na qual a espessa camada de sal funciona como selo. Há, neste caso, um exemplo ideal para acumulação de petróleo e gás natural, com o contato direto da rocha geradora com o reservatório e este recoberto por sal, um dos selos mais eficientes.

Por sua vez, o sistema petrolífero do pós-sal tem também como rochas geradoras os folhelhos ricos em matéria orgânica acumulados na fase lacustre. Os reservatórios são bem mais diversificados e posicionados em níveis estratigráficos mais jovens; a maior parte deles são arenitos turbidíticos, depositados por fluxos de densidades no talude e sopé da plataforma continental. O selo é estabelecido por argilas que se acumulam depois de cessados o processo de turbulência. Diferentemente do outro caso, aqui há um longo percurso a ser percorrido pelos fluidos da geradora ao reservatório, sendo comum a utilização de zonas de falhas nestes deslocamentos. Naturalmente o petróleo fica mais exposto ao ataque de bactérias que se "alimentam" das frações mais leves, deixando-o mais viscoso, com grau API menor.

ESTRATÉGIA DE DESENVOLVIMENTO DO PRÉ-SAL

Em virtude do pouco tempo passado desde a confirmação dos grandes volumes de óleo e gás natural no pré-sal, a Petrobras empreendeu uma série de ações para obter informações que levem à antecipação da produção no menor prazo possível. A importância dada pela empresa é de tal ordem que foi criada uma gerência executiva para pensar soluções para o pré-sal. Procura-se, neste caso, seguir a experiência bem-sucedida na Bacia de Campos onde, por meio de ações sinérgicas envolvendo diversas áreas de competência, sob uma coordenação única, a empresa conseguiu rapidamente adequar tecnologias e mobilizar logística, além de recursos críticos, para colocar em produção os campos descobertos.

No momento, o planejamento para o desenvolvimento das atuais descobertas no pré-sal prevê três fases. A primeira destina-se à coleta de informações dinâmicas por meio dos testes de longa duração (TLD) em Jubarte, na porção capixaba da Bacia de Campos, e em Tupi, na Bacia de Santos, além da implantação do Projeto Piloto de Tupi.

O TLD de Jubarte é realizado no poço 1-ESS-103, em lâmina d'água de 1.300m e conectado ao FPSO P-34. Produz mais de 10 mil bopd do pré-sal, desde setembro de 2008. O TLD de Tupi entrou em operação em março de 2009 e é destinado também a obter informações sobre o comportamento do reservatório do pré-sal. Será realizado com apenas um poço conectado a um Floating Production Storage and Offloading (FPSO), instalado em lâmina d'água de 2.170m, com capacidade de processo de 30 mil bopd e queima no *flare* de até 1MM m³/dia — não há, neste caso, como evitar a queima de gás. Coletando óleo com grau API entre 28-42°.

Ainda associado à primeira fase de desenvolvimento do pré-sal, o Projeto Piloto de Tupi tem por objetivo principal investigar mecanismos de recuperação secundária. Será realizado por um FPSO com capacidade para 100 mil bopd e a compressão de 4MMm³/dia de gás natural para a Plataforma de Mexilhão. A previsão é de que o FPSO estará fundeado em uma lâmina d'água de 2.145 m e conectado a 5 poços produtores, 2 injetores de água e 1 injetor de CO_2. O óleo a ser coletado varia de 20-30° API.

A segunda fase de desenvolvimento do polo pré-sal na Bacia de Santos, com ênfase não apenas em Tupi, também nas outras acumulações descobertas, operará até 2017. Contempla a adoção do sistema de completação submarina convencional e a padronização de Unidades Estacionárias de Produção (UEP's) do tipo FPSO nos seus respectivos equipamentos de superfície, sempre que possível. Até lá serão pensadas soluções não convencionais como completação seca; produção de gás liquefeito embarcado; armazenamento em cavernas de sal; aumento do fator de recuperação com CO_2 de áreas vizinhas e logística não convencional, dentre outras oportunidades, que constituirão o desenvolvimento da terceira fase de desenvolvimento do polo.

A Figura 5 apresenta um quadro esquemático das principais ações pensadas para a produção do petróleo do pré-sal.

FIGURA 5
FASES E CRONOGRAMAS COM VISTA À PRODUÇÃO
DO PETRÓLEO E GÁS DO PRÉ-SAL

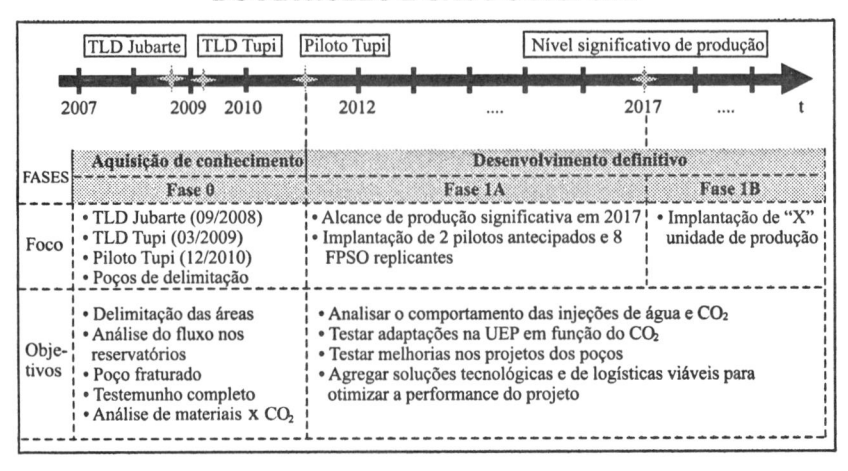

	TLD Jubarte / TLD Tupi / Piloto Tupi	Nível significativo de produção	
	2007 2009 2010	2012 .... 2017 .... t	
FASES	Aquisição de conhecimento	Desenvolvimento definitivo	
	Fase 0	Fase 1A	Fase 1B
Foco	• TLD Jubarte (09/2008) • TLD Tupi (03/2009) • Piloto Tupi (12/2010) • Poços de delimitação	• Alcance de produção significativa em 2017 • Implantação de 2 pilotos antecipados e 8 FPSO replicantes	• Implantação de "X" unidade de produção
Objetivos	• Delimitação das áreas • Análise do fluxo nos reservatórios • Poço fraturado • Testemunho completo • Análise de materiais x CO_2	• Analisar o comportamento das injeções de água e CO_2 • Testar adaptações na UEP em função do CO_2 • Testar melhorias nos projetos dos poços • Agregar soluções tecnológicas e de logísticas viáveis para otimizar a performance do projeto	

Tanto do ponto de vista tecnológico-industrial como financeiro, a Petrobras tem plena condição para exploração e produção do petróleo e gás natural do pré-sal, pautado numa progressividade do aproveitamento dos diferentes campos que o compõem. Não é razoável pensar na necessidade de uma explotação rápida de todo o pré-sal, correndo o risco do que se convencionou chamar de "Doença Holandesa". O ganho de escala oferecido pelo pré-sal permite que se planeje um aproveitamento pleno destas jazidas, integrando uma ampla rede de fornecedores de equipamentos e serviços nacionais, com tecnologias desenvolvidas para este fim e, efetivamente, transformando esta riqueza em um conjunto de benefícios para a sociedade brasileira que se prolongue por várias gerações.

Assim, a adoção de um processo escalonado na produção dessa riqueza assegurará o equilíbrio financeiro necessário à Petrobras realizar não só a explotação do pré-sal, como também de todo o seu portifólio de projetos já definidos. O Plano Estratégico da empresa para o período 2008-2012 prevê investimentos de US$ 65,1 bilhões destinados a Exploração e Produção (E&P), sendo US$ 13,8 bilhões em exploração e US$ 51,3 bilhões em produção.

Há outros aspectos altamente relevantes para o Brasil decorrentes do anúncio da descoberta do pré-sal. Um deles está na oportunidade que oferece em termos de avanço na pesquisa e desenvolvimento, com geração de conhecimentos e expansão de programas tecnológicos. Isto permite à Petrobras ampliar e buscar ainda mais sinergias com universidades e institutos de pesquisas nacionais e estrangeiras. O ganho de escala e os desafios de elaborar novas soluções para unidades, sistemas e polos de produção, com materiais e equipamentos concebidos para a excepcionalidade de se produzir petróleo e gás a 300km da costa, permitem articulações para desenvolver tecnologias e integrá-las a cadeias industriais instaladas no Brasil. Com isto, expande-se o papel das empresas de engenharia, em especial a engenharia de projeto dirigida à indústria naval e correlatas, como as de grandes equipamentos Nuclebrás Equipamentos Pesados (Nuclep), as de eletroeletrônico e robótica, dentre outras. Amplia-se desta forma a possibilidade do pré-sal tornar-se um multiplicador de oportunidades de emprego, com formação de mão de obra especializada e, em última análise, um estímulo ao estudo e à melhoria na formação da juventude brasileira.

Finalmente, mas não menos importante, cabe afirmar que a descoberta e discussão alcançada pelo pré-sal na sociedade oferecem a oportunidade de que amplas parcelas do povo brasileiro venham a compreender o que representa a independência energética para a soberania de um povo. A confirmação do baixíssimo risco exploratório no pré-sal colocou, na ordem do dia, a mudança no marco regulatório para o setor de petróleo, incluindo se deve ou não haver o direito à propriedade do óleo produzido. Afinal, todos os estudos sobre perspectivas para a matriz energética mostram que as energias fósseis manterão a hegemonia no cenário das próximas décadas. O Brasil está em uma situação privilegiada, com uma matriz energética diversificada, praticamente autóctone, e com potencial para incorporar ou ampliar a participação de outras fontes menos poluidoras. Assim, admitindo que o petróleo continue tendo excepcional importância no cenário energético mundial, a descoberta do pré-sal abre grandes oportunidades para o desenvolvimento industrial, tecnológico e científico, de forma a assegurar o direito a uma vida digna para todos os brasileiros.

Pré-sal: oportunidade histórica

*Adilson de Oliveira**

* Professor do Instituto de Economia da UFRJ.

INTRODUÇÃO

A CRISE ECONÔMICA global anuncia um período de dificuldades para a economia brasileira. Os sinais de desaceleração do ritmo de crescimento, tais como a queda brusca no consumo de eletricidade em novembro de 2007, multiplicam-se. Para evitar o aprofundamento da crise, o governo adotou medidas sucessivas que objetivam manter o nível de atividade. Porém sua margem de manobra é limitada pela necessidade de manter o equilíbrio macroeconômico.

No plano externo, as quedas nos preços e na demanda de *commodities* sugerem forte redução no superávit comercial. Paralelamente, a crise internacional dificulta o acesso aos financiamentos externos. No plano interno, os efeitos fiscais da redução da atividade econômica sugerem a necessidade de serem adotadas medidas de contenção dos gastos públicos. Porém, é necessário preservar investimentos destinados à remoção de funis sociais e econômicos que inibem o crescimento econômico. Nesse cenário de dificuldades, parece difícil olhar nosso futuro com otimismo. No entanto, os campos supergigantes da camada pré-sal da plataforma continental oferecem razões para não nos deixarmos contaminar pelo pessimismo global.

O desenvolvimento desses campos oferece condições objetivas não apenas para afastar o fantasma de crise em nosso suprimento energético como também abre oportunidade para exportações crescentes de petróleo nas próximas décadas. A ampla disponibilidade de energia relativamente barata exercerá forte atração de investimentos privados, especialmente aqueles intensivos em energia. O saldo comercial derivado das importações de petróleo reduzirá a pressão nas contas externas, facilitando o investimento externo. A receita fiscal derivada da produção de petróleo aumentará a capacidade de investimento do setor público. Essas são vantagens comparativas relevantes para a economia brasileira.

Diferentemente de outras *commodities*, o mundo permanece ávido por novos fornecedores de hidrocarbonetos (petróleo e gás natural), especialmente se provenientes de zonas seguras de suprimento. Ainda que a demanda desses combustíveis sofra alguma queda, fruto da crise econômica, a economia mundial permanecerá fundamentalmente dependente dos hidrocarbonetos nas próximas décadas. A construção da infraestrutura necessária para o suprimento de fontes alternativas de energia substitutas do petróleo demanda tempo e investimentos pesados. Dessa forma, a demanda internacional pela oferta brasileira de petróleo é praticamente inesgotável, especialmente se orientada para os países da Organização para Cooperação e Desenvolvimento Econômico (OCDE).

Os pessimistas argumentarão que o preço atual do petróleo não é o mesmo preço absurdo vigente em meados de 2008. No entanto, o preço atual do barril (US$ 45) é praticamente 100% acima do patamar vigente no início da presente década. Dificilmente o preço do barril cairá abaixo desse patamar na próxima década, pois o custo incremental da produção do barril de petróleo nos países da OCDE situa-se em patamar superior a US$ 50. Preservado o regime tributário atual, o custo de produção do barril de petróleo no pré-sal deverá se situar em patamar inferior aos US$ 35. Ganhos de escala e de aprendizado, como ocorreram na bacia de Campos, permitirão reduzir ainda mais os custos de produção do pré-sal. Portanto, não há que ter dúvidas: o óleo do pré-sal é muito convidativo do ponto de vista econômico. E a estratégia de parcerias com empresas internacionais, adotada pela Petrobras, ajudará a atrair o financiamento necessário para o desenvolvimento dos campos do pré-sal.

A perspectiva de incremento paulatino e sustentado na produção brasileira de hidrocarbonetos oferece uma vasta janela de oportunidades para o desenvolvimento social e econômico do Brasil. As dificuldades na conta-corrente serão minimizadas pelo fluxo de financiamento externo para a expansão da produção e pelas exportações de petróleo. A produção de hidrocarbonetos gerará aumento significativo na receita fiscal, sem que seja necessário incrementar a carga tributária. Essa receita adicional oferece espaço para a desoneração de cadeias produtivas, preservando a expansão dos investimentos na infraestrutura social e econômica. Diversas oportunidades para a oferta de equipamentos e serviços serão criadas pelos efeitos indutores para trás da cadeia produtiva petrolífera. Milhares de empregos qualificados serão oferecidos aos brasileiros. A comunidade científica e tecnológica terá muitas oportunidades para exercer sua criatividade.

O SIGNIFICADO DO PRÉ-SAL

Desde o segundo quartil do século XX, o Brasil sonha com a identificação de megajazidas de ouro negro, similares às encontradas na bacia do Orenoco. Marlim e Albacora, na bacia de Campos, os primeiros campos gigantes brasileiros, tornaram o país um produtor relevante de petróleo, e alcançamos a autossuficiência no suprimento de petróleo. Porém, na medida em que a bacia de Campos chegou à sua maturidade, identificar novas bacias produtoras de óleo passou a ser indispensável para sustentar a autossuficiência do suprimento do mercado doméstico.

Com o apoio de novas tecnologias de prospecção sísmica, a Petrobras iniciou estudos na bacia de Santos no princípio da presente década. Os estudos geofísicos sugeriram bom potencial petrolífero na camada geológica abaixo do sal. Porém eram necessárias perfurações profundas, muito caras, para chegar aos reservatórios identificados pelos geólogos. A Petrobras e seus parceiros internacionais assumiram, felizmente, os riscos exploratórios. Os resultados ultrapassaram as expectativas mais otimistas: *foi encontrada a maior bacia petrolífera dos últimos 50 anos, em termos internacionais.*

A camada pré-sal estende-se pelas bacias de Santos, de Campos e do Espírito Santo, cobrindo a costa do Paraná até o sul da Bahia. Todos os poços exploratórios realizados até o momento, em distintas partes dessa vasta região, indicaram a presença de recursos petrolíferos importantes. Estimativas da imprensa internacional indicam que a área denominada Pão de Açúcar tem reservas que somariam 33 bilhões de barris, volume superado apenas pelos campos de Gawar e Great Burgan, descobertos na primeira metade do século passado (Gráfico 1). A Petrobras divulgou estimativas preliminares para as reservas dos campos Tupi, Júpiter e Iara. Somadas, elas ultrapassam os 12 bilhões de barris. Atualmente, as reservas brasileiras somam cerca de 14 bilhões de barris.

GRÁFICO 1
HISTÓRICO DE CAMPOS GIGANTES

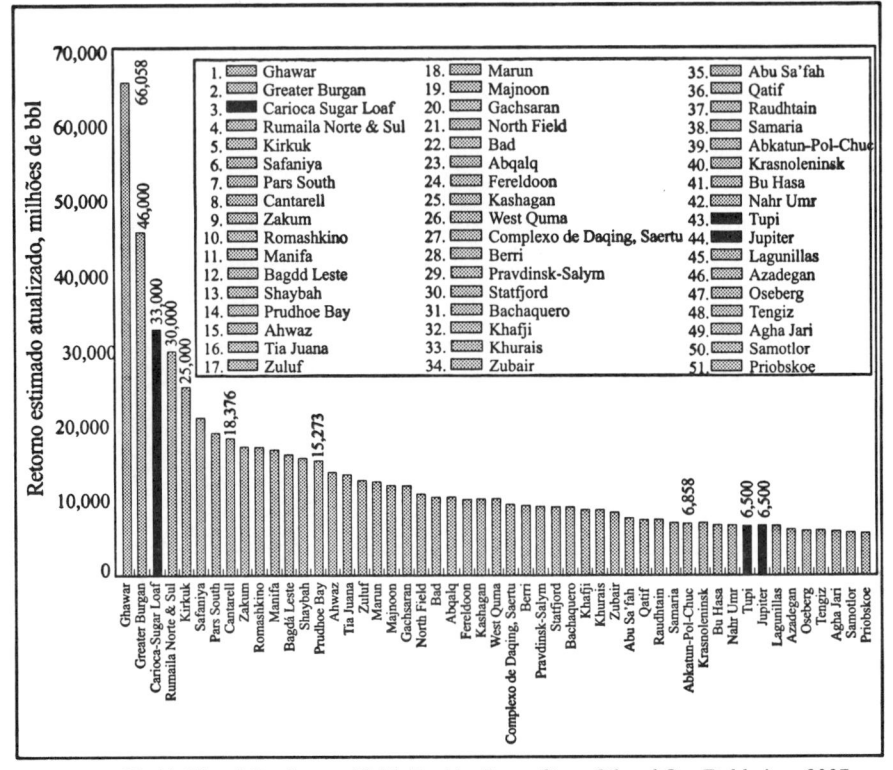

1. Ghawar	18. Marun	35. Abu Sa'fah
2. Greater Burgan	19. Majnoon	36. Qatif
3. Carioca Sugar Loaf	20. Gachsaran	37. Raudhtain
4. Rumaila Norte & Sul	21. North Field	38. Samaria
5. Kirkuk	22. Bad	39. Abkatun-Pol-Chuc
6. Safaniya	23. Abqalq	40. Krasnoleninsk
7. Pars South	24. Fereldoon	41. Bu Hasa
8. Cantarell	25. Kashagan	42. Nahr Umr
9. Zakum	26. West Quma	43. Tupi
10. Romashkino	27. Complexo de Daqing, Saertu	44. Jupiter
11. Manifa	28. Berri	45. Lagunillas
12. Bagdd Leste	29. Pravdinsk-Salym	46. Azadegan
13. Shaybah	30. Stattjord	47. Oseberg
14. Prudhoe Bay	31. Bachaquero	48. Tengiz
15. Ahwaz	32. Khafji	49. Agha Jari
16. Tia Juana	33. Khurais	50. Samotlor
17. Zuluf	34. Zubair	51. Priobskoe

FONTE: "World Oil and Condensate Fields Ranking", em *Giant Oil and Gas Fields*, jan., 2007.

As reservas contidas no pré-sal ainda não foram adequadamente contadas, porém as estimativas das reservas prováveis indicam um volume recuperável próximo dos 100 milhões de barris. Esse volume é similar aos existentes na Venezuela, na Rússia, no Iraque e no Irã. Com essas reservas, o Brasil entra no seleto grupo dos países megaprodutores de hidrocarbonetos. Nas estimativas do Departamento de Energia (DoE), a produção brasileira de petróleo deverá atingir 5,7 milhões de barris diários em 2030, colocando o país na posição de quarto produtor mundial de petróleo naquele ano (Tabela 1). Esses números deixam clara a mudança na escala da indústria brasileira do petróleo.

TABELA 1
EVOLUÇÃO PREVISTA PARA A PRODUÇÃO DE PETRÓLEO

		1990	2006	2015	2030
1	Arábia Saudita	7,0	10,7	11,9	13,7
2	Rússia	10,1	9,7	11,4	13,5
3	Estados Unidos	9,7	8,2	9,9	9,8
4	Brasil	0,8	2,1	3,6	5,7
5	Canadá	2,0	3,3	4,4	5,3
6	Mar Cáspio	1,1	2,3	4,2	5,1
7	Irã	3,1	4,1	4,0	4,5
8	China	2,8	3,8	3,9	4,1
9	Iraque	2,1	2,0	2,2	4,0
10	Algéria	1,3	2,1	3,1	4,0
11	Nigéria	1,8	2,4	3,1	3,5
12	Venezuela	2,3	2,8	2,6	3,5
13	Outros	22,2	30,7	31,4	35,8
	Total Mundial	66,3	84,2	95,7	112,5

FONTE: US Department of Energy.

Nossa indústria petrolífera desenvolveu-se durante cinco décadas, relativamente isolada do resto do mundo. Assentada no monopólio estatal do petróleo, a Petrobras estruturou o sistema de transformação do óleo bruto e a distribuição dos derivados em todo o território nacional. Alcançada a autossuficiência, as relações da indústria brasileira do petróleo com o mundo exterior ficaram limitadas a trocas marginais de combustíveis excedentes e à importação de equipamentos e serviços não ofertados no país, essencialmente por problemas de escala. O pré-sal modifica radicalmente esse cenário.

O ritmo de incremento previsto para a produção de petróleo nas próximas décadas será sensivelmente superior ao ritmo de crescimento do consumo doméstico. Dessa forma, o excedente exportável de petróleo será crescente, situação que muda radicalmente a posição brasileira na geopolítica energética em termos regionais e, em certa medida, também em termos globais. Regionalmente, o Brasil deixará de ser dependente de importações de energia dos países vizinhos. Em termos globais, as exportações líquidas de hidrocarbonetos deverão equiparar-se às exportações venezuelanas a partir de 2020. Em um mundo ávido por fontes seguras de suprimento de hidrocarbonetos, a oferta brasileira abrirá espaço para a negociação da inserção brasileira na economia global em condições mais favoráveis.

A forte expansão de toda a infraestrutura de produção e movimentação de hidrocarbonetos do pré-sal cria para o Brasil a oportunidade de consolidar sua liderança tecnológica e desenvolver liderança na indústria parapetrolífera.[1] Nessa condição, o parque industrial brasileiro ficará credenciado para exportar equipamentos, serviços e tecnologias para outras zonas produtoras de petróleo, especialmente na América Latina e no continente africano.

CENÁRIO 2025

A perspectiva de curto prazo sugere um cenário pouco otimista para a economia global. Infelizmente, o Brasil não deixará de sofrer os efeitos da desaceleração da economia mundial. No entanto, é praticamente consensual que as condições macro e microeconômicas brasileiras permitirão ao país sofrer com menor intensidade os efeitos da crise global. Os dados do Instituto Brasileiro de Geografia e Estatística (IBGE) indicam forte redução no nível de atividade industrial em novembro e dezembro de 2007, porém o Banco Central sugere que a taxa de crescimento da economia brasileira ficará próxima de 3% em 2009.

Superada a fase aguda da crise global, é razoável estimar a retomada do ritmo de crescimento de 4% ao ano, em linha com o potencial de expansão da economia brasileira. O país reúne condições privilegiadas para relançar sua economia: parque industrial moderno, agroindústria de ponta, abundância de água e energia, sistema financeiro operacional, inflação sob controle, espaço para redução da taxa de juros. Caso esse ritmo de crescimento se confirme, a demanda de petróleo aumentará por volta de 3,5% ao ano. Toda produção de petróleo superior a essa expansão do consumo será destinada ao mercado externo.

A forte escalada no preço do petróleo dos últimos anos (Gráfico 2) gerou forte impulso nos investimentos das empresas petrolíferas. A queda brusca ocorrida no final de 2008 deverá reduzir os estímulos para investir, porém os cenários de especialistas indicam a estabilização do preço do barril no patamar de US$ 60, desde que a fase aguda da crise econômica seja ultrapassada. Os pesados investimentos realizados na exploração das areias asfálticas canadenses, cujo custo de produção do barril situa-se acima dos US$ 50, justificam essa expectativa.

---

[1] O conjunto de empresas especializadas, fornecedoras de bens e serviços para a indústria do petróleo, é denominado indústria parapetrolífera.

GRÁFICO 2
CENÁRIOS PARA O PREÇO DO PETRÓLEO
(US$/BARRIL)

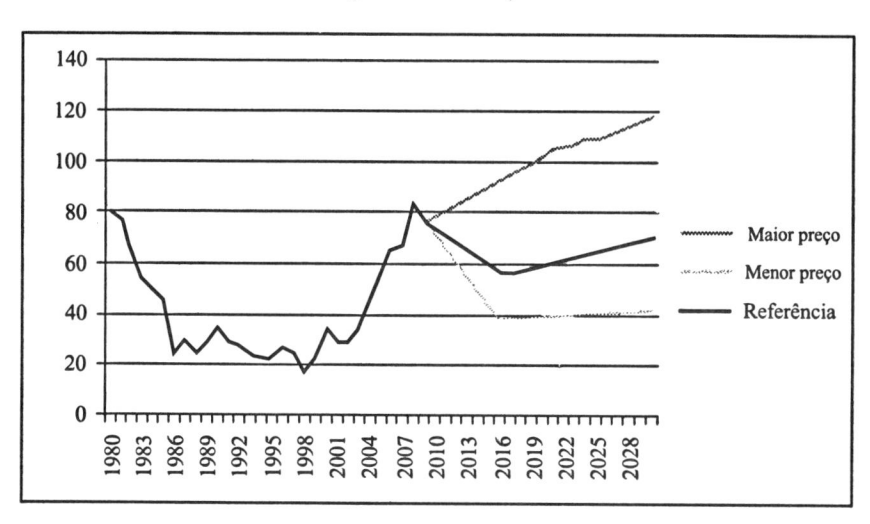

FONTE: US Department of Energy.

Nesse patamar de preço, 45,1 bilhões de barris serão incorporados às reservas brasileiras no período 2009-2025 (Tabela 2) para elevar a produção para o nível previsto pelo DoE já em 2025 (preservando reservas suficientes para sustentar esse nível de produção por 15 anos). Caso o preço do petróleo estacione em um menor patamar (US$ 46), 36,3 bilhões de barris deverão ser incorporados às reservas para atingir o patamar de produção estimado pelo DoE em 2030 (sempre preservando reservas para sustentar essa produção por 15 anos). Esses números indicam que os recursos já identificados no pré-sal permitem suprir esses cenários.

Tabela 2
CENÁRIO INCORPORAÇÃO DE RESERVAS
(MILHÕES DE BARRIS)

	US$ 46/bl	US$ 62/bl
2009-2014	9,3	11,0
2015-2019	11,1	14,3
2020-2025	15,9	19,8
Total	36,3	45,1

FONTE: IE/UFRJ.

O Gráfico 3 apresenta duas trajetórias para o incremento da produção de petróleo, para níveis distintos de preço médio do petróleo nas duas próximas décadas (US$ 46 e US$ 62). O Gráfico 4 indica o comportamento provável da balança comercial dos hidrocarbonetos (petróleo mais gás natural), enquanto o Gráfico 5 apresenta estimativas para a receita fiscal derivada da produção petrolífera nos dois cenários. Essas estimativas sugerem a emergência de janelas cambial e fiscal durante as duas próximas décadas, configurando uma oportunidade excepcional para avançar na superação dos gargalos sociais e econômicos brasileiros. Os desafios a vencer situam-se nos planos tecnológicos, financeiros e, sobretudo, industriais.

GRÁFICO 3
PRODUÇÃO DE PETRÓLEO
(MIL BARRIS/DIA)

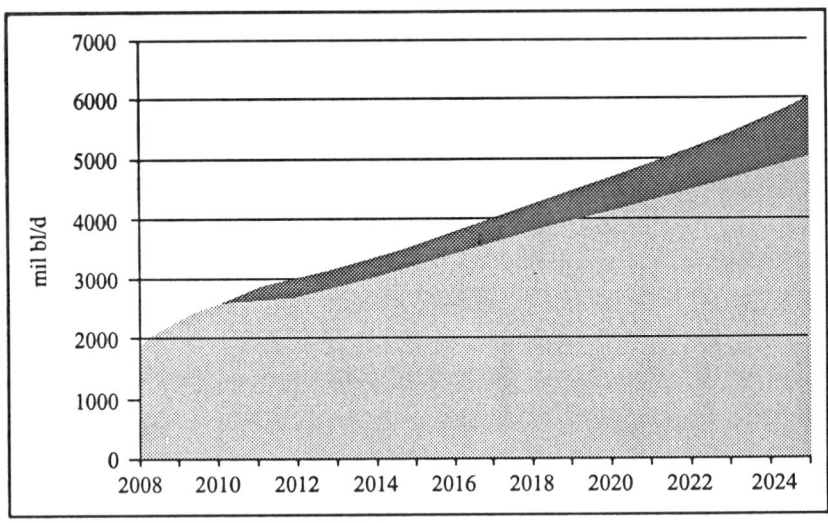

FONTE: IE/UFRJ.

DESAFIOS DO PRÉ-SAL

O óleo encontrado no pré-sal encontra-se em condições relativamente desfavoráveis. O campo Tupi está situado a mais de 200km da costa, em lâmina d'água superior a 2.000m e a mais de 5km da crosta terrestre, abaixo de uma extensa camada de sal. Essas condições são bastante distintas daquelas em que atualmente o petróleo é produzido na plataforma continental brasileira. Em muitos aspectos, são condições sem paralelo no resto do mundo. A retirada do óleo presente no pré-sal exigirá inovações tecnológicas.

GRÁFICO 4
JANELA CAMBIAL
(US$ BILHÕES)

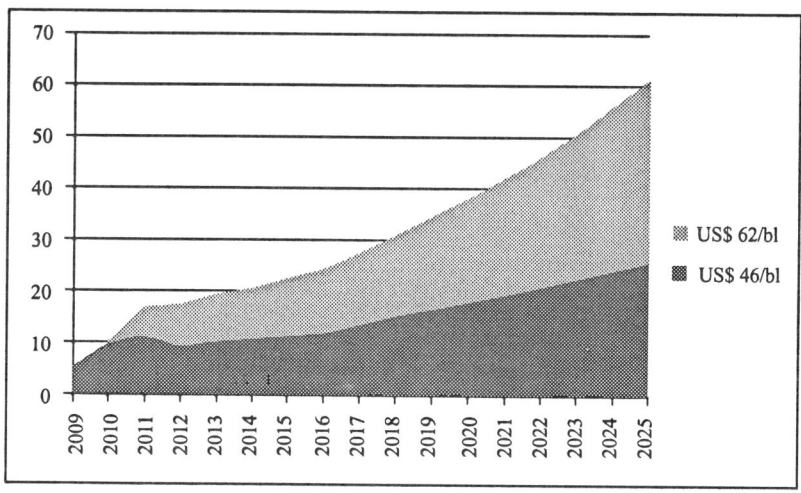

FONTE: IE/UFRJ.

GRÁFICO 5
JANELA FISCAL
(R$ BILHÕES)

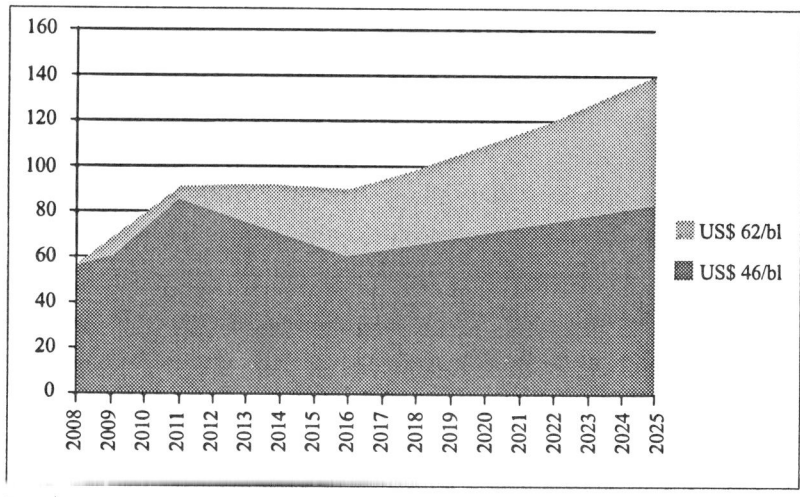

FONTE: IE/UFRJ.

A Petrobras vem adotando, com sucesso, estratégia tecnológica incremental para o desenvolvimento da produção de petróleo na plataforma continental brasileira, como pode ser visualizado na Figura 1. Com o apoio dos programas Procap 1000 e Procap 2000, coordenados pelo Centro de Pesquisas da Petrobras (Cenpes), o conhecimento acumulado na superação das dificuldades encontradas em determinada etapa exploratória foi utilizado para gerar inovações que viabilizaram a produção em condições mais adversas. Passo a passo, a Petrobras adquiriu o conhecimento que lhe permitiu ganhar a liderança tecnológica na produção de petróleo em águas profundas.

FIGURA 1
ESTRATÉGIA TECNOLÓGICA: INOVAÇÕES INCREMENTAIS

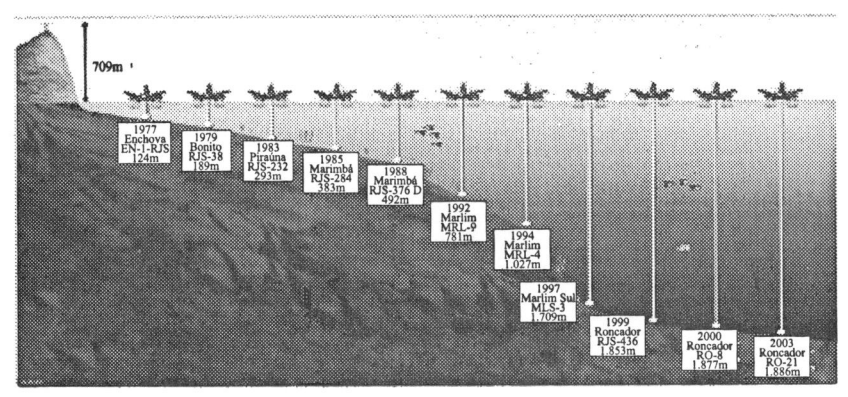

FONTE: Petrobras.

Essa estratégia é preservada para o pré-sal na primeira fase de desenvolvimento da produção (fase 1A), como pode ser visualizado na Figura 2. A Petrobras indica que as tecnologias utilizadas serão essencialmente as mesmas atualmente em uso, com adaptações principalmente em termos de resistência dos materiais. Essa estratégia permitirá levar a produção do pré-sal a um patamar significativo em 2017. Nessa primeira fase, os desafios tecnológicos para o desenvolvimento do pré-sal são perfeitamente superáveis com o nível de conhecimento atual.

FIGURA 2
ESTRATÉGIA DE DESENVOLVIMENTO PARA O PRÉ-SAL

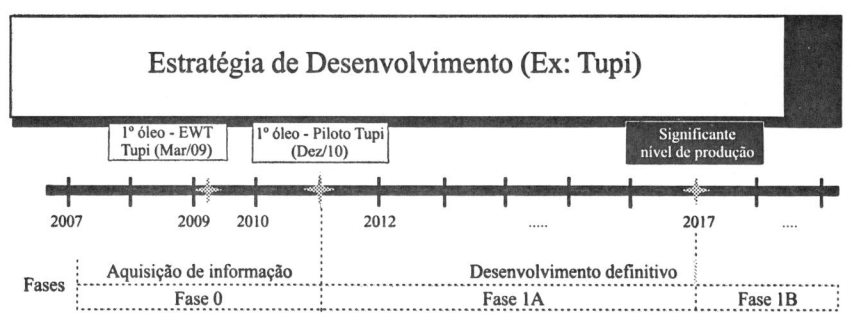

Estratégia de Desenvolvimento (Ex: Tupi)

	1º óleo - EWT Tupi (Mar/09)	1º óleo - Piloto Tupi (Dez/10)		Significante nível de produção	
	2007	2009 2010	2012	2017	....
Fases	Aquisição de informação		Desenvolvimento definitivo		
	Fase 0		Fase 1A		Fase 1B

FONTE: Petrobras.

A partir de 2017 (fase 1B), planeja-se o uso de um conjunto novo de tecnologias que resultarão do conhecimento acumulado na fase 1A. Novos tipos de plataformas e nova infraestrutura para a operação dos campos deverão reduzir custos de investimento, aumentando a rentabilidade dos campos e, eventualmente, o espaço para a tributação adicional.

Os investimentos na produção de petróleo têm prazo relativamente longo de maturação. Após a identificação de reservas, são necessários entre 7 e 10 anos para colocar em plena produção uma nova bacia petrolífera. Por essa razão, o comportamento do preço do barril no curto prazo, ainda que determinante para definir o ritmo de produção das reservas, é pouco relevante para as decisões de investimento no desenvolvimento de novas bacias. As empresas petrolíferas programam seus investimentos baseadas em expectativas de longo prazo. Os cenários de preço apontados pelos especialistas sugerem forte motivação das empresas petrolíferas para investirem no pré-sal (Gráfico 1).

Estimativas de agentes do mercado financeiro indicam a necessidade de investir aproximadamente US$ 10 para cada barril a ser produzido no pré-sal. Os investimentos necessários para atingir os níveis de produção indicados acima somariam entre US$ 363 e US$ 451 bilhões no período que se estende até 2025. Porém essa estimativa supõe os custos de investimento atuais, utilizando tecnologias conhecidas. Há boas razões para crer que esse custo deverá reduzir-se significativamente ao longo do desenvolvimento do pré-sal:

1. Ainda que os testes de longa duração não tenham terminado, os dados preliminares sugerem que a produtividade dos poços do pré-sal é superior à dos campos do pós-sal.
2. A dimensão e a concentração geográfica dos campos encontrados criam muitas oportunidades para substanciais ganhos de escala.
3. Um novo ciclo de inovações tecnológicas está em gestação com promessas de reduções significativas no custo de investimento.
4. O preço do aço, componente importante dos custos setoriais, depois de atingir seu pico, está refluindo para menor patamar.
5. A queda do preço do petróleo para patamar razoável desaquece a demanda por equipamentos e serviços para atender ao esforço de exploração das empresas de petróleo.

É, portanto, razoável estimar uma redução de, pelo menos, 10% no custo de investimento estimado pelo mercado, a partir de meados da próxima década. Nesse patamar de custo para o investimento, o financiamento necessário para alcançar os níveis de produção sugeridos acima cairia para valores entre US$ 337,4 e US$ 418,9 bilhões entre 2009 e 2025 (Tabela 3). No período 2009-2015, a demanda de investimentos oscilaria entre US$ 111,5 e US$ 134,5 bilhões.

TABELA 3
NECESSIDADE DE FINANCIAMENTO E&P
(US$ BILHÕES)

Período	US$ 46/bl	US$ 62/bl
2009-2015	13,9	25,4
2016-2020	14,9	17,4
2021-2025	9,9	26,7
Total	38,7	69,5

FONTE: IE/UFRJ.

No ambiente atual de crise global do crédito, não será fácil obter esse financiamento. Contudo, é preciso ter presente que a indústria do petróleo caracteriza-se por operar segundo regras contábeis que incentivam o esforço exploratório, ao permitir a amortização acelerada dos investimentos. Essa situação possibilita que as empresas petrolíferas financiem a maior parte de seus investimentos com recursos oriundos de seu fluxo de caixa. A Petrobras, por exemplo, em seu histórico recente, tem autofinanciado aproximadamente 87% dos seus investimentos.

Além disso, as empresas de petróleo viveram nos últimos anos um período de extrema bonança, que lhes permitiu acumular fundos vultosos em caixa. Esses recursos serão canalizados para oportunidades que ofereçam rentabilidade adequada e segurança jurídica para o investimento. O pré-sal é o melhor candidato para receber boa parte do portifólio de investimentos de empresas petrolíferas, especialmente nos campos em que elas atuam em parceria com a Petrobras.[2]

Antes do anúncio da descoberta do pré-sal, a Organização da Indústria do Petróleo (Onip) identificou que investimentos na ordem de US$ 14 bilhões anuais estavam programados pelas empresas petrolíferas para a exploração no período 2008-2012. Para desenvolver o pré-sal, esse montante terá que crescer entre 50% e 80%. Preservado o patamar de autofinanciamento recente da Petrobras, o pré-sal exigirá que as empresas petrolíferas obtenham entre US$ 39 e US$ 69 bilhões de terceiros para financiar o pleno desenvolvimento da bacia no período 2009-2025. Nessas circunstâncias, o sistema financeiro terá que colocar à disposição da indústria brasileira do petróleo, em média, entre US$ 2 e US$ 4 bilhões anuais. Não é, obviamente, uma pequena quantia, porém, em condições regulatórias adequadas e com o apoio das parceiras da Petrobras, o desafio financeiro será vencido.

O maior desafio enfrentado pelo pré-sal é a capacitação industrial e tecnológica do parque produtivo brasileiro para atender à demanda de bens e serviços dos projetos do pré-sal. Estudo recente preparado pelo Instituto de Economia da UFRJ para o Programa de Mobilização da Indústria do Petróleo e Gás Natural (Prominp) identificou que a indústria parapetrolífera brasileira não reúne condições suficientes para atender, no plano industrial e, principalmente, tecnológico, à demanda de bens e serviços que emergirá do desenvolvimento previsto para a produção brasileira de petróleo e gás natural no horizonte 2025.[3]

As empresas estudadas indicaram dispor de capacidade instalada para atender à demanda atual de bens e serviços, porém necessitam realizar sig-

---

[2] Em recente visita ao Brasil, o presidente mundial da British Gas anunciou a decisão de investir US$ 5 bilhões no pré-sal.
[3] De Oliveira, A. (coord.). *Indústria parapetrolífera brasileira: competitividade, desafios e oportunidades*. Disponível em www.prominp.com.br, acessado em 18/1/2009.

nificativa expansão de capacidade para satisfazer os planos de expansão da produção de hidrocarbonetos. O financiamento dessa expansão é um aspecto que merece particular atenção das autoridades governamentais.

O estudo permitiu identificar que, contrariamente a seus concorrentes internacionais, os fornecedores brasileiros investem muito pouco em inovação tecnológica. No caso das filiais de empresas multinacionais, esse esforço é realizado em suas matrizes. A fonte central de informação tecnológica dos fornecedores é a Petrobras. Os fornecedores não estão articulados com o sistema científico e tecnológico brasileiro, situação que não apenas limita os ganhos sinérgicos do conhecimento acumulado para a indústria parapetrolífera como também inibe a difusão do conhecimento adquirido para outros setores da economia. É indispensável a formulação de uma política de apoio à inovação para a indústria parapetrolífera, que terá seu epicentro no desenvolvimento de capacitação das empresas domésticas de engenharia.

Sem um programa agressivo de fomento à produção doméstica de equipamentos e serviços para a indústria do petróleo, assentado na articulação ativa dos fornecedores com o sistema científico e tecnológico nacional, o desenvolvimento do pré-sal terá custo elevado, particularmente, em termos de divisas, e sua execução será retardada.

CONCLUSÃO

Diferentemente de outras *commodities*, a demanda por petróleo oriundo de zonas produtoras seguras, como é o caso do Brasil, permanecerá aquecida. O preço do petróleo, apesar de ter diminuído do patamar absurdo vigente em meados de 2008, deve permanecer em valor bastante superior aos custos de produção do pré-sal. Preservado um regime regulamentar adequado, o pré-sal oferece oportunidade histórica para o Brasil atravessar a grave crise econômica atual em condições relativamente favoráveis.

Os benefícios para a sociedade brasileira decorrentes do desenvolvimento do pré-sal são muitos e diversificados: melhor posicionamento geopolítico; consolidação de equilíbrios macroeconômicos duramente conquistados; recursos disponíveis para a superação de injustiças sociais; desenvolvimento da capacitação tecnológica e industrial.

O desenvolvimento do pré-sal apresenta desafios relevantes, em termos tecnológicos, financeiros e industriais. No entanto, todos eles podem ser vencidos com políticas adequadas que não sejam inibidoras do investimento e sejam promotoras de inovações. Atenção particular deve ser dada à expansão articulada da cadeia de fornecedores para a indústria do petróleo, elo essencial para o sucesso social e econômico do pré-sal.

Considerações sobre a crise financeira e o pré-sal
Luiz Guilherme Schymura*

* Diretor do Instituto Brasileiro de Economia da Fundação Getulio Vargas.

No INÍCIO DA década de 1960, mais precisamente meses antes do golpe militar de 1964, o então presidente da República João Goulart, concedia aumento generalizado de salários. Ao perceber a ação de Jango, o jornalista e, à época, governador do antigo estado da Guanabara, Carlos Lacerda, disparou sobre os rumos que a economia brasileira tomaria: "Só tem certeza de alguma coisa quem estiver muito mal informado."

Creio que a assertiva de Carlos Lacerda reflita a visão de muitos economistas no que tange ao momento atual. Há muitas dúvidas quanto ao futuro da economia global e, mais especificamente, da economia brasileira. Naturalmente, as notícias do cenário internacional que recebemos não são animadoras. De um lado, tudo indica que os fundamentos da economia brasileira estejam sólidos — que nosso sistema financeiro indica que não foi abalado pela crise financeira internacional. Por outro lado, há indicadores que sinalizam uma acentuada desaceleração da economia brasileira. Assim, a maneira como nossa *main street* — termo que se popularizou entre os economistas para designar o setor não financeiro da economia — será atingida nos próximos anos ainda não está clara. As incertezas quanto ao futuro de nossa economia estão mais ligadas aos efeitos da crise em nosso balanço de pagamentos. Questões relativas: (a) à intensidade e à duração da perda de renda no primeiro mundo, isto é, qual será o tamanho e por quanto tempo perdurará a recessão nos EUA e na Europa?; (b) ao comportamento de economias de países em desenvolvimento que cresciam de forma acentuada como Índia, Rússia e, principalmente, China. Em outras palavras, qual será a intensidade da desaceleração destas economias?; (c) à abertura dos mercados ao comércio internacional, ou seja, haverá uma onda protecionista internacional? As respostas a estas indagações são informações fundamentais para que possamos traçar um cenário para nosso balanço de pagamentos e, consequentemente, para nossas principais variáveis econômicas.

Histórico

Os momentos de dificuldade, muitas vezes, trazem oportunidades. No entanto, para identificá-las, é preciso, primeiramente, que se realize uma análise retrospectiva e haja um melhor entendimento da origem do processo. No caso específico, a crise foi deflagrada na economia americana, como consequência de dois fatores: o modelo demagógico de criação do mercado de hipotecas *subprime*, através do qual a população de baixa renda poderia realizar o sonho da casa própria. Embora a proposta fosse mais do que louvável, carece de uma definição clara da origem dos recursos, ou seja, qual seria a fonte de financiamento do programa, e; a falta de uma regulação adequada no mercado financeiro americano que propiciasse um melhor controle de risco da carteira de ativos das instituições financeiras.

Quanto ao primeiro aspecto, a pressão política para criação do mercado de hipotecas *subprime* foi iniciada no governo Clinton, e ganhou vigor no governo Bush. Segundo a demagogia reinante, as agências hipotecárias gigantes Fannie Mae e Freddie Mac deveriam relaxar seus critérios de concessão de crédito. A ideia era tornar viável o acesso à casa própria a pessoas que anteriormente seriam excluídas. Embora privadas, as agências sempre tiveram uma garantia implícita do governo americano, o que as tornava, para muitos analistas, entidades paraestatais, e, certamente, submissas às orientações do Poder Executivo.

No segmento *subprime*, são acolhidos tomadores de crédito hipotecário com episódios de inadimplência ou de retomada do imóvel no passado recente, ou que tenham passado por falência pessoal (possível nos Estados Unidos), ou até que gastem 50% ou mais da sua renda com o serviço da dívida. Há boa documentação sobre a força do *lobby* de boa parte da classe política na luta pela massificação da casa própria.

Para piorar o cenário, o sistema financeiro, aproveitando-se do momento político, construiu uma engrenagem que estabelecia um vínculo entre o ganho do banco e o valor do imóvel, na forma de uma multa que o mutuário teria de pagar quando renegociasse em condições mais vantajosas o contrato. Desta forma, a instituição que concedia o crédito tornava-se sócia do ganho de capital do mutuário, e era estimulada não só a ampliar o leque de tomadores, incorporando créditos cada vez mais duvidosos, mas também a refinanciar estes clientes de risco em condições mais frouxas, acompanhando a valorização das residências.

Não resta dúvida de que, quando o preço das casas parou de subir no primeiro semestre de 2006, houve uma piora no desempenho dos produtos estruturados a partir de hipotecas *subprime*. Evidentemente, este impacto tornou-se mais drástico quando as residências começaram a se desvalorizar, a partir do início de 2007. E não faltaram sinais de que uma "corrente da felicidade" se instalara no mercado residencial americano. De 2001 a 2007, registrou-se um movimento simultâneo de aumento da inadimplência, ajustada para características observáveis, e do preço das casas, numa indicação preocupante de que a valorização dos imóveis e a deterioração na concessão do crédito eram fenômenos inter-relacionados.

Lição

A falha de regulação que acarretou a crise bancária nos Estados Unidos chama a atenção para a importância das regras do jogo nas economias capitalistas. A crise americana também aponta para um mundo de crédito mais escasso, com volume menor de capitais disponíveis para os países emergentes e uma aversão ao risco mais acentuada. Neste cenário, países como o Brasil, que apresentam uma necessidade estrutural e histórica de poupança externa nos períodos de crescimento econômico mais acelerado são duramente atingidos. A título de ilustração, nos 61 anos decorridos desde 1947, segundo os dados do Banco Central, o Brasil teve déficit em conta-corrente em 49 deles, e superávit em apenas 12 — sendo que cinco correspondem ao período 2003-2007. Estes dados não deixam dúvidas quanto à nossa dependência da poupança externa.

Com os vastos compromissos sociais e previdenciários da despesa pública, e, por consequência, com uma carga tributária elevada para uma nação em desenvolvimento, é igualmente evidente que o Estado brasileiro não tem capacidade financeira para realizar todos os investimentos exigidos. Desta forma, é imprescindível a presença da poupança externa para que possamos crescer, de forma sustentável, a taxas superiores a 4% ao ano. O problema, porém, é como atraí-la em um ambiente internacional tão combalido.

Na verdade, a dificuldade reside em sensibilizar investidores a aportar vultosos recursos em nossa economia no ambiente institucional ora em vigor. Não podemos esquecer que muitos dos segmentos econômicos têm a peculiaridade de serem "politicamente sensíveis", como é o caso do setor de exploração e produção de petróleo, uma vez que as reservas de petróleo do país estão em jogo. Nestes casos, uma das consequências é o forte incentivo para que o governo exproprie o investidor depois que este tenha incorrido em pesados investimentos. Neste contexto, a apreensão dos agentes é natural, tendo em vista que esclarece até quando o governo (atual e seus sucedâneos) manterá os compromissos previamente contratados. A melhor solução para este problema é criar instrumentos que dificultem o governo de desrespeitar o que havia sido formalmente acordado. Em outras palavras, neste contexto, o governo deve estar de "mãos atadas". Assim, a melhor política parece ser a constituição da regulação efetiva dos mercados em cima de marcos regulatórios respeitando as seguintes premissas: regras claras, de modo que não haja mais de uma interpretação das "regras do jogo"; e regras estáveis, evitando que haja mudanças bruscas no que fora previamente acordado. Desta maneira, transmitir-se-á a impressão de um Estado que mira um horizonte de longo prazo, e não o ciclo eleitoral.

Com isso, talvez não seja possível, devido à gravidade da crise externa, atrair vultosos recursos estrangeiros para nosso país no curto-prazo. Mas, certamente, depois de superada a atual turbulência internacional, o Brasil seria uma excelente opção de investimento.

PRÉ-SAL

Para finalizar, no que tange ao pré-sal, gostaria de trazer um aspecto para reflexão. Ao longo dos últimos anos, grosso modo, a taxa de investimento no Brasil tem girado em torno de 18% do Produto Interno Bruto (PIB), mais recentemente chegou à casa de 19% do PIB. O que representa, em termos financeiros de hoje, em geral, R$ 500 bilhões. Deste montante, o investimento em Exploração e Produção (E&P) de petróleo tem representado nos últimos 3 anos 5% do total do investimento, isto é, aproximadamente, R$ 25 bilhões. Quando do anúncio da possibilidade de exploração e produção de petróleo na camada do pré-sal, os números relativos ao volume de recursos que seriam aportados, exclusivamente, no investimento em E&P do pré-sal têm sido bastante expressivos. A título de exemplo, imaginemos que fosse possível um aporte adicional de R$ 25 bilhões no ano de 2009, em investimentos exclusivos no pré-sal.[1] Isto significaria uma elevação da nossa taxa de investimento em quase um ponto percentual do PIB.

Pelo que já foi exposto, é difícil acreditar — com o atual cenário internacional tenebroso — que consigamos aumentar a taxa de investimento em 2009. Assim, por simples aritmética, para que o tão esperado investimento no pré-sal, em 2009, se concretize, outros setores da economia brasileira serão penalizados com uma queda em seus investimentos.

OPORTUNIDADE

Em suma, com a queda acentuada do preço do barril de petróleo e com a restrição de crédito devido à crise internacional, não seria agora o momento propício para que estabelecêssemos, de forma clara, o modelo regulatório a ser adotado para exploração e produção do pré-sal?

---

[1] Especialistas trabalham com montantes que variam conforme o preço do barril de petróleo. O professor Adilson de Oliveira, da Universidade Federal do Rio de Janeiro (UFRJ), estima que com o barril ao preço de US$ 46, o investimento em 2009 será de US$ 12,5 bilhões.

SEGUNDA PARTE

"TEATRO MÁGICO DA CULTURA", I: BASES DA ESTRATÉGIA DE DESENVOLVIMENTO CULTURAL

Bases da estratégia: economia da cultura para o enfrentamento criativo da crise

*João Luiz Silva Ferreira (Juca Ferreira)**

* Ministro da Cultura.

ESTE FÓRUM NACIONAL nos informa, a cada dia, o teor e a dimensão da crise econômica e consequentemente, o próprio enfrentamento dessa crise, que ganhou uma dinâmica de *work in progress*.

Desta maneira, já aprendemos que um modelo de intersecção entre política e economia entrou em colapso, com uma dinâmica e uma velocidade próprias; exemplificado pela vitória de Barack Obama na potência nocauteada.

Isto implica que a crise não é só econômica, mas também conceitual. Por esta razão, vivemos o sentimento de ausência de modelos, faltam-nos respostas eficazes, utópicas ou pragmáticas, que substituam o paradigma de desenvolvimento que era tão absoluto até meses atrás.

É neste contexto que a complexidade econômica e política da cultura surge como catalisador precioso a qualificar a reação da economia política, na qual, a princípio, a cultura é um dos setores com maior força econômica. Em 2003, um estudo do Banco Mundial já apontava que as atividades ligadas à cultura correspondiam, naquele momento, a 7% do PIB mundial, concorrendo com as participações das indústrias bélica e petrolífera.

Entre 2000 e 2005, as atividades culturais tiveram um surto de crescimento de 8,5% em média, indicando taxas superiores aos demais setores.

As "atividades culturais" se definem por uma variedade ampla, contemporânea e fronteiriça a diversos outros setores. E o conceito de "economia da cultura" também não se limita apenas ao cinema, à televisão, ao teatro, à música, à dança, aos museus e à indústria do livro. Estes são os setores clássicos dos quais chamamos indústrias culturais, setores que exibiram inquestionável centralidade na disputa geopolítica do século XX e foram um dos ramos econômicos estratégicos da hegemonia norte-americana desse período.

O termo economia da cultura se refere também a um vasto leque de atividades contemporâneas como a moda, o *design*, os *videogames*, as animações, os conteúdos para televisão e rádio, além de infinitas novas formas de produção, fruição e consumo dos conteúdos culturais por meio da internet.

São confecções econômicas intrinsecamente relacionadas às novas tecnologias, cuja potência de geração de valor está atrelada aos parâmetros legais, nacionais e internacionais, do direito autoral, do *copyright* e da propriedade intelectual.

A economia da cultura também envolve os valores econômicos despertados a partir dos conhecimentos tradicionais: as festas, o artesanato, os saberes medicinais de altíssimos valores simbólicos, culturais e também econômicos. Trata-se de insumos cujas benesses econômicas devem ser compartilhadas com as sociedades que os geraram, dentro de um modelo dinâmico e sustentável.

Todos esses setores compõem a definição da Conferência das Nações Unidas sobre Comércio e Desenvolvimento (Unctad) das indústrias criativas, que já despontam como um ramo predominante de um futuro próximo. As atividades culturais compõem o tripé da economia criativa, formado sobretudo pela criatividade científica e a tecnológica.

São as atividades culturais, contudo, que possuem a maior efervescência econômica — e é este atributo que mais as imbrica nas discussões cruciais que este livro porta. Basta atentarmos para o impacto causado pelos conteúdos audiovisuais, fotográficos, bibliográficos e musicais na dinâmica dos *downloads* e *uploads* por todo o mundo. É esta força que convida empresários ousados a buscar novos modelos de negócios. É esta força que ganhará um novo impacto com a terceira geração de celulares, quando a TV digital caberá na palma da mão e a interação por meio de conteúdos culturais terá proporção global incrível.

A economia criativa possui ainda fôlego de investimento a longo prazo, pois os conteúdos culturais suscitam agregação de valor perene. Ela incita a um modo de consumo mais individualizado, distinto da cultura de massa, que é caracterizada pelo *broadcasting* e pelos *blockbusters* — cujos padrões comerciais impelem a altíssimos investimentos, afoitos por retorno a curto prazo. Investimentos estes que, pelo menos, nesse quadro de crise, se mostram inviáveis ou difíceis.

O consumidor cultural do futuro é diferente. Ele vê e ouve o que almeja no horário e na forma que desejar e estabelece o seu cardápio de programas priorizando os *downloads* que considera mais relevantes. Ou seja, saímos do mercado de massa para entrar no mercado de nichos. Este perfil de consumidor já é a mais perfeita tradução do que são nossos filhos.

Pesquisa recente do Instituto Brasileiro de Opinião Pública e Estatística (Ibope) retratou um decréscimo de cerca de 50% no hábito de assistir televisão por parte dos mais jovens. Esta queda alimenta um crescimento inversamente proporcional da internet, nas milhares de *lan houses* dos nossos municípios.

A economia criativa, portanto, abre inúmeros caminhos. Percebe-se a vasta gama de conteúdos culturais que podemos produzir e comercializar tanto para o mercado interno, quanto para exportação.

No modelo ainda hegemônico das indústrias culturais, nossa fragilidade está na distribuição dos conteúdos brasileiros. Esse filão é monopólio das *majors* — que distribuem músicas, filmes e livros mundo afora. A passagem paulatina para uma era de hegemonia da economia criativa traz a chance histórica de mudar os modelos de distribuição de conteúdos culturais. Desta maneira na proposta de reformulação da lei de financiamento à cultura — a Lei Rouanet — enfatizamos a necessidade de consolidar fundos setoriais robustos, nos quais possamos redefinir o papel do Estado nos rumos do desenvolvimento econômico e cultural do Brasil.

ROUANET: MODERNIZAR PARA DEMOCRATIZAR

Em uma pesquisa recente, a Organização das Nações Unidas (Unesco) apontou que os conteúdos culturais da América Latina correspondem a apenas 4% do comércio mundial de produtos culturais. Este quadro exige políticas impactantes ancoradas no Mercosul. Paralelamente é preciso organizar o nosso mercado interno.

Em 2006, lançamos a linha mestra do nosso Programa para o Desenvolvimento da Economia da Cultura (Prodec). Este será o nosso principal programa de investimentos e está dividido em quatro grandes eixos. Encomendamos pesquisas estratégicas para consolidar os indicadores econômicos e as estatísticas para o setor cultural; já criamos junto aos bancos públicos regionais linhas de microcrédito para os empresários de cultura; incentivaremos os novos modelos de negócios e também investiremos na formação e capacitação de mão de obra no setor cultural.

O Ministério da Cultura está atento e atuante frente às mudanças pelas quais passam a economia mundial e o setor cultural. Precisamos, contudo, de mais ousadia e de uma orquestração mais dinâmica entre os órgãos do governo para definirmos as metas do desenvolvimento brasileiro para a economia da cultura.

Tornou-se uma máxima de mercado a necessidade de inserir a cultura na pauta do desenvolvimento nacional. Trata-se de um estado de espírito coletivo sem o qual nenhuma forma de desenvolvimento se materializará — a provar isso, um dos axiomas colocados neste fórum postula exatamente que o desenvolvimento moderno exige a soma de pessoas, criatividade e conhecimento.

Para que nosso objetivo se cumpra e para que as forças produtivas da economia da cultura se emancipem ao patamar das congêneres de outros países precisaremos de uma pauta governamental na qual o Ministério de Desenvolvimento, Indústria e Comércio; o Ministério da Ciência e Tecnologia; o Ministério de Relações Exteriores; o Ministério da Educação; da Fazenda e do Planejamento trabalhem harmonicamente nesse setor.

A cultura pode oferecer muito mais do que um bom negócio. Ela pode disseminar ainda o hábito democrático e incrementar a nossa prática como cidadãos.

Portanto, para complementar as preocupações da política econômica, criamos o programa Mais Cultura. Este programa possibilita que as populações desfavorecidas tenham algum contato com produtos culturais alternativos às suas realidades. Somente a cultura e as práticas culturais podem erradicar o analfabetismo funcional e suscitar o prazer da leitura — apontando para a possibilidade concreta do desenvolvimento. E apontando também para um benefício adicional: um mundo que preza o convívio com o diferente e aposta sem medo em um desenvolvimento sustentável.

O melhor modelo de desenvolvimento não é apenas aquele que oferece um equilíbrio entre oferta e demanda, nem aquele que apenas dispara o PIB de uma nação — o que é sem dúvida muito importante. O melhor modelo é aquele no qual nos perguntamos de antemão quais serão os benefícios que o desenvolvimento trará ao espírito de uma nação, de que forma e em que grau ele concorrerá para a sensação de bem-estar do país. Esta junção entre a forma e o conteúdo do desenvolvimento pode ser facilmente encontrada na riqueza cultural única que o Brasil resguarda. Este caminho — o caminho das políticas para a economia da cultura — pode ser uma das formas mais salutares de unir desenvolvimento econômico com dignidade, cidadania e autoestima.

Nesse sentido, o Ministério da Cultura elaborou, em parceria com outros órgãos do governo federal, o projeto de lei que segue ao Congresso Nacional para análise. Seus objetivos estratégicos são adequar o financiamento à cultura no país às diretrizes do Plano Nacional de Cultura e da Convenção sobre a proteção e promoção da diversidade das expressões culturais, da Unesco, da qual o Brasil é país signatário. Apenas democratizando o acesso aos recursos públicos federais será possível preservar e fomentar a diversidade cultural, que constitui um dos patrimônios mais ricos da nossa nação. Fator que nos diferencia no mundo como brasileiros e nos destaca no cenário internacional como potência capaz de estar na vanguarda da nova economia criativa mundial. Além de ser um direito tão essencial aos cidadãos como o saneamento e a educação.

O pilar central da proposta de reforma, se nos fosse necessário destacar apenas uma mudança, é o fortalecimento do mecanismo de financiamento por meio do Fundo Nacional de Cultura (FNC). Batizada com o sobrenome do grande antropólogo, filósofo e ministro Sérgio Paulo Rouanet, que idealizou seus contornos, a Lei 8.313/91 tornou-se conhecida nos meios artísticos apenas por uma parte de seu todo. A Lei Rouanet traçou três formas de financiamento: uma pelas mãos diretas do Estado — o Fundo Nacional de Cultural (FNC) —, outra, pelo mercado — o Fundo de Investimento Cultural e Artístico (Ficart) — e, por fim, uma parceria entre esses dois financiadores da cultura — a renúncia fiscal. Esse último modelo, incentivaria a criação de um mecenato empresarial no Brasil, e a criação de um setor cultural empreendedor também no campo econômico.

Passados quase 18 anos de sua vigência, a lei, no entanto, foi praticamente tomada por uma de suas partes. Em 2007, para citar o último exemplo de dados consolidados dos quais dispomos, a modalidade de renúncia fiscal foi responsável por 73% de todo o apoio federal à cultura. O Fundo Nacional, outra parte desse tripé, injetou apenas 12% de todo o incentivo federal. O restante é dividido por outras formas de financiamento.

Mas é momento de reequilibrar essas formas de apoio, *a priori*, pela superação da falsa relação estabelecida em anos anteriores entre incentivo do Estado à cultura e controle estatal sobre conteúdo. Ao longo dos últimos anos, o Ministério da Cultura mostra sua gestão clara e transparente dos recursos federais. São prova disso a instituição paritária, entre sociedade civil e governo, do Conselho Nacional de Política Cultura (CNPC), ao final de 2007, e o amadurecimento da Comissão Nacional de Incentivo à Cultura (CNIC), em que os setores artísticos elegem seus representantes que apreciarão os projetos que buscam respaldo do ministério para captação via renúncia fiscal.

Na vida política contemporânea, o Estado é o ambiente mais amplo e democrático de discussão e elaboração de ações com alcance em escala, para toda a sociedade, sendo receptivo às demandas sociais e atendendo as instâncias que discutirão e implementarão as diretrizes de financiamento para incentivar a diversidade cultural brasileira.

Na aplicação da atual Lei Rouanet, durante esta gestão, é muito clara a equidade que marca a aplicação direta do dinheiro público. Dos recursos orçamentários finalísticos do Ministério da Cultura, nenhuma região concentrou mais de 30% das verbas. Já na modalidade renúncia, a Região Sudeste recebe 60% dos recursos, enquanto toda a Região Nordeste fica com apenas 6%. Esses dados, de 2007, já consideram o investimento per capita, o que anula o argumento usado algumas vezes de explicar a concentração de recursos pela conhecida concentração populacional brasileira.

Mesmo tendo essas vantagens comparativas em relação a equidade regional e transparência social, o FNC mantém o papel coadjuvante ao qual já foi referido. A hipertrofia desse tipo de financiamento é facilmente explicada pela atratividade encontrada em sua fórmula inicial, aprofundada por alterações subsequentes à lei — que ampliaram as formas de renúncia para até 100% do valor do projeto. As empresas ganham retorno de imagem por um marketing cultural incentivado pela não tributação. As facilidades iniciais colocadas por esse mecanismo devem agora migrar, após quase duas décadas, para um modelo que incentive o empreendedorismo cultural.

Para realizar essa transformação, surge uma diversificação dos mecanismos que podem ser utilizados pelo FNC — hoje restrito ao convênio entre Estado e associações sem fins lucrativos. Dentre as novas formas previstas no projeto, destacam-se o microcrédito a empresas de produção cultural; parcerias público-privadas para empreendimentos em conjunto entre mercado e Estado; e investimento em empresas e projetos com associação aos resultados econômicos para retorno ao FNC, seguindo o modelo dos fundos de financiamento à pesquisa científica e tecnológica.

Com o objetivo de incentivar a produção cultura a alcançar a ponta em que ela é necessária, também está prevista na lei a possibilidade de transferência do FNC para fundos estaduais e municipais. Como contrapartida, o projeto exige que o repasse feito pelo governo federal não seja superior a 25% do valor total do fundo local. O Ministério da Cultura também apoiará a formação de conselhos municipais e estaduais de cultura, que possam fazer o controle social da aplicação do recurso.

A estratégia conta com o fortalecimento do FNC como principal instrumento de ação do governo federal na área cultural, por suas características de maior equidade e transparência, expostos acima. Para robustecer o fundo, o projeto prevê ainda sua segmentação por linguagens artísticas. São elas o Fundo Setorial da Memória e Patrimônio Cultural Brasileiro; o Fundo Setorial do Livro e Leitura; o Fundo Setorial da Cidadania, Identidade e Diversidade Cultural; e o Fundo Setorial das Artes, para apoiar, dentre outras, o teatro, o circo, a dança, as artes visuais e a música. Essas iniciativas somam-se ao já bem-sucedido Fundo Setorial do Audiovisual, criado por meio da Lei nº 11.437, de 2006.

Para alimentar o FNC, composto em seus diversos segmentos, estão previstos recursos orçamentários do Ministério da Cultura, além de doações de empresas privadas; 1% da arrecadação dos Fundos de Investimentos Regionais; 3% da arrecadação bruta dos concursos de prognósticos, loterias federais e similares; e o retorno dos resultados econômicos provenientes dos investimentos em empresas e projetos feitos com esses recursos.

Na modalidade de renúncia fiscal, hoje responsável por mais de 70% dos recursos da Rouanet, haverá um escalonamento maior das faixas de incentivo. Em vez de apenas contar com 30% ou 100% de renúncia, haverá novas faixas e os critérios não serão mais definidos por lei. Atualmente, a música clássica tem, por determinação legal, sempre 100%, e a música popular, sempre 30%. Essa rigidez legal dificulta a implementação de políticas específicas a um setor em determinadas conjunturas econômicas e imprevisíveis no momento de elaboração legal.

Por fim, o Vale-Cultura, também previsto na mesma lei, será capaz de estimular o apoio de um público estimado de 120 milhões de trabalhadores — o total de empregados das empresas classificadas em lucro real. Com valor de face em R$ 50, o Vale-Cultura terá 20% de seu total financiado pelo Estado, sendo o restante repartido entre empregador e empregado.

Com essa série de medidas, que serão ainda ajustadas em diálogo com o Congresso Nacional e a sociedade civil, o governo federal pretende dar às empresas da área cultural uma gama de opções de financiamento, incluindo novas modalidades, já testadas com sucesso em outras áreas da produção de conhecimento.

Haverá, portanto, um marco legal moderno e arrojado, capaz de traduzir em ganhos de qualidade de vida o patrimônio mais rico que temos ao lado da biodiversidade, a diversidade de visões, narrativas e vivências que nos diferencia no mundo como brasileiros e que são um dos principais motivos de respeito de nosso país no exterior. E fomentar a economia criativa, área em que o Brasil possui características ímpares para assumir a vanguarda em pesquisa e produção.

Nova lei de fomento à cultura:
proposta do Ministério da Cultura

PROJETO DE LEI DE INCENTIVO À CULTURA

CASA CIVIL DA PRESIDÊNCIA DA REPÚBLICA

DESPACHO DA MINISTRA
CONSULTA PÚBLICA
PROJETO DE LEI

A MINISTRA DE ESTADO CHEFE DA CASA CIVIL DA PRESIDÊNCIA DA REPÚBLICA torna público, nos termos do art. 34, inciso II, do Decreto nº 4.176, de 28 de março de 2002, projeto de lei que institui o Programa de Fomento e Incentivo à Cultura (Profic), e dá outras providências.

O texto em apreço encontra-se disponível, também, no seguinte endereço da Internet: http://www.planalto.gov.br/ccivil_03/consulta_publica/consulta.htm

A relevância da matéria recomenda a sua ampla divulgação, a fim de que todos possam contribuir para o seu aperfeiçoamento. Eventuais sugestões poderão ser encaminhadas, até o dia 6 de maio de 2009, à Casa Civil da Presidência da República, Palácio do Planalto, 4º andar, sala 3, Brasília-DF, CEP 70.150-900, com a indicação "Sugestões ao projeto de lei que institui o Programa de Fomento e Incentivo à Cultura (Profic), e dá outras providências", ou pelo e-mail: profic@planalto.gov.br

Dilma Rousseff

PROJETO DE LEI

Institui o Programa Nacional de Fomento e Incentivo à Cultura (Profic), e dá outras providências.

O Congresso Nacional decreta:

CAPÍTULO I
DO PROFIC

Seção I
Disposições preliminares

Art. 1. Fica instituído o Programa Nacional de Fomento e Incentivo à Cultura (Profic), com a finalidade de mobilizar recursos e aplicá-los em incentivos a projetos culturais que concretizem os princípios da Constituição, em especial os dos arts. 215 e 216, em cumprimento às diretrizes do Plano Nacional de Cultura e da Convenção sobre a proteção e promoção da diversidade das expressões culturais, da Unesco, da qual o Brasil é país signatário.

Art. 2. Integrarão o Profic, dentre outros, os seguintes mecanismos:

    I – Fundo Nacional da Cultura — FNC;
    II – Incentivos a projetos culturais via renúncia fiscal;
    III – Vale Cultura, criado por lei específica;
    IV – Fundo de Investimento Cultural e Artístico (Ficart).

Parágrafo único. Os mecanismos de que trata este artigo serão implementados sob as seguintes modalidades de execução, dentre outras:

    I – financiamento não-retornável;
    II – transferências para fundos públicos, estaduais e municipais de cultura;
    III – contratos e parcerias com entidades sem fins lucrativos;
    IV – empréstimos;

V – investimento em empresas e projetos, com associação aos resultados econômicos;
VI – parcerias público-privadas.

Art. 3. O Profic promoverá o desenvolvimento cultural e artístico, o exercício dos direitos culturais e o fortalecimento da economia da cultura, considerando:

I – a expressão cultural dos diferentes indivíduos, grupos e comunidades das diversas regiões do país e a necessidade de apoiar sua difusão;
II – as diferentes linguagens artísticas, garantindo suas condições de realização, circulação, formação e fruição nacional e internacional;
III – a preservação e o uso sustentável do patrimônio cultural brasileiro em suas dimensões material e imaterial;
IV – a ampliação do acesso da população à fruição e à produção dos bens e serviços culturais e sua plena liberdade de expressão;
V – o desenvolvimento da economia da cultura, a geração de emprego, ocupação e renda;
VI – as atividades culturais afirmativas que busquem erradicar todas as formas de discriminação e preconceito;
VII – os arranjos produtivos locais da cultura e as expressões da cultura popular;
VIII – a relevância das atividades culturais de caráter inovador ou experimental;
IX – a necessidade de formação, capacitação e aperfeiçoamento de recursos humanos para a produção e a difusão cultural;
X – a valorização da língua portuguesa e das diversas línguas e culturas que formam a sociedade brasileira;
XI – a difusão e a valorização das expressões culturais brasileiras no exterior, assim como o intercâmbio cultural com outros países;
XII – a valorização de artistas, mestres de culturas tradicionais, técnicos, pesquisadores e estudiosos da cultura brasileira;
XIII – a valorização da diversidade cultural da humanidade.

Seção II
Da Participação da Sociedade na Gestão do Profic

Art. 4. O Profic observará as diretrizes estabelecidas pela Comissão Nacional de Incentivo à Cultura — CNIC, órgão colegiado do Ministério da Cultura, com composição paritária entre governo e sociedade civil, presidida pelo Ministro da Cultura e composta por pelo menos um representante de cada um dos comitês gestores dos fundos setoriais, todos escolhidos dentre os representantes da sociedade civil.

Parágrafo único. Ficam criados, no âmbito da CNIC, comitês gestores setoriais com participação da sociedade civil, cuja composição, funcionamento e competências serão definidos em regulamento.

Art. 5. Compete à CNIC:

I – definir diretrizes, normas e critérios para utilização dos recursos do Profic, de acordo com um plano de ação bienal, e em consonância com o Plano Nacional de Cultura;
II – aprovar a programação orçamentária e financeira dos recursos do Profic e avaliar a sua execução;
III – aprovar seu regimento interno.

§1º. Com a finalidade de promover a gestão operacional integrada dos recursos do Profic, a CNIC poderá instituir Comitês de Coordenação para os diferentes mecanismos.
§2º. Os recursos do Profic serão concedidos a projetos culturais que resultem em bens culturais de exibição, utilização e circulação públicas, vedada a sua destinação a coleções particulares ou circuitos privados que estabeleçam limitações de acesso.
§3º. O disposto no parágrafo anterior não se aplica aos financiamentos realizados pelos Ficarts.

CAPÍTULO II
DO FUNDO NACIONAL DA CULTURA

Seção I
Da constituição e gestão

Art. 6. O Fundo Nacional da Cultura (FNC), criado pela Lei nº 7.505, de 2 de julho de 1986 e ratificado pela Lei nº 8.313, de 23 de dezembro de 1991, vinculado ao Ministério da Cultura, fica mantido como fundo de natureza contábil e financeira, com prazo indeterminado de duração, de acordo com as regras definidas na presente lei.

Art. 7. O FNC será administrado pelo Ministério da Cultura, na forma estabelecida no regulamento.

Art. 8. Ficam criadas no FNC as seguintes categorias e programações específicas, denominadas:

I – Fundo Setorial das Artes, para apoiar, dentre outras, o teatro, o circo, a dança, as artes visuais e a música;
II – Fundo Setorial da Cidadania, Identidade e Diversidade Cultural;
III – Fundo Setorial da Memória e Patrimônio Cultural Brasileiro;
IV – Fundo Setorial do Livro e Leitura;
V – Fundo Global de Equalização.

Parágrafo único. Integrará o FNC, o Fundo Setorial do Audiovisual, nos termos da Lei nº 11.437, de 28 de dezembro de 2006.

Seção II
Dos recursos e suas aplicações

Art. 9. São receitas do FNC:

I – dotações consignadas na lei orçamentária anual e seus créditos adicionais;
II – doações voluntárias;
III – legados;

IV – subvenções e auxílios de entidades de qualquer natureza, inclusive de organismos internacionais;
V – saldos não utilizados na execução dos projetos financiados com recursos do Profic;
VI – devolução de recursos determinados pelo não cumprimento ou desaprovação de contas de projetos custeados pelos instrumentos de financiamento do Profic;
VII – 1% da arrecadação dos Fundos de Investimentos Regionais a que se refere a Lei nº 8.167, de 16 de janeiro de 1991, obedecida na aplicação a respectiva origem geográfica regional;
VIII – 3% da arrecadação bruta dos concursos de prognósticos e loterias federais e similares cuja realização estiver sujeita a autorização federal, deduzindo-se este valor dos montantes destinado aos prêmios;
IX – reembolso das operações de empréstimo realizadas por meio do FNC, a título de financiamento reembolsável, observados critérios de remuneração que, no mínimo, lhes preserve o valor real;
X – retorno dos resultados econômicos provenientes dos investimentos em empresas e projetos feitos com recursos do FNC;
XI – resultado das aplicações em títulos públicos federais, obedecida a legislação vigente sobre a matéria;
XII – conversão da dívida externa com entidades e órgãos estrangeiros, unicamente mediante doações, no limite a ser fixado pelo Ministério da Fazenda, observadas as normas e procedimentos do Banco Central do Brasil;
XIII – recursos provenientes da arrecadação da Loteria Federal da Cultura, criada por lei específica;
XIV – saldos de exercícios anteriores;
XV – produto do rendimento de suas aplicações em programas e projetos, bem como nos fundos de investimentos referidos no art. 34 desta lei;
XVI – empréstimos de instituições financeiras ou outras entidades;
XVII – doações e legados, nos termos da legislação vigente;
XVIII – outras receitas que lhe vierem a ser destinadas.

§1º. Os recursos de que tratam os incisos VIII e XIII serão depositados em instituição financeira federal responsável por sua arrecadação, diretamente em contas específicas na forma do regulamento desta lei.

§2º. Os recursos previstos no inciso XIII serão destinados, em sua integralidade, ao Fundo Setorial das Artes.

§3º. Os recursos previstos nos incisos IX e X serão creditados em conta específica junto a instituições financeiras federais designadas, na forma do regulamento desta lei.

§4º. As receitas previstas neste artigo não contemplarão o Fundo Setorial de Audiovisual, que se regerá pela Lei nº 11.437, de 2006.

Art. 10. Do atribuído a cada Fundo Setorial, no mínimo 80% será destinado a iniciativas da sociedade, ficando o restante para projetos prioritários a serem definidos pela CNIC.

Art. 11. Os recursos do FNC serão aplicados nas seguintes modalidades:

I – não reembolsáveis, na forma do regulamento, para:

   a) apoio a programas, ações e projetos culturais;
   b) equalização de encargos financeiros e constituição de fundos de aval nas operações de crédito.

II – reembolsáveis, destinados ao estímulo da atividade produtiva das empresas de natureza cultural e pessoas físicas, mediante a concessão de empréstimos;

III – investimento, por meio de associação a empresas e projetos culturais, com participação econômica nos resultados.

§1º. As transferências de que trata o inciso I do *caput* deste artigo dar-se-ão preponderantemente, por meio de editais de seleção pública de projetos.

§2º. Nos casos previstos nos incisos II e III do *caput*, o Ministério da Cultura definirá com os agentes financeiros credenciados a taxa de administração, os prazos de carência, os juros limites, as garantias exigidas e as formas de pagamento.

§3º. Os riscos das operações previstas no parágrafo anterior serão assumidos, solidariamente, pelo FNC e pelos agentes financeiros credenciados, na forma que dispuser o regulamento.

§4º. A taxa de administração a que se refere o §2º não poderá ser superior a 3% dos recursos disponibilizados para o financiamento.

§5º. Para o financiamento de que trata o inciso II, serão fixadas taxas de remuneração que, no mínimo, preservem o valor originalmente concedido.

Art. 12. Fica autorizada a composição financeira de recursos do Fundo Nacional da Cultura com recursos não-incentivados de empresas privadas para copatrocínio de programas e ações culturais de interesse estratégico para o desenvolvimento das cadeias produtivas da cultura, assim considerado pela CNIC.

Art. 13. É vedada a utilização de recursos do FNC com despesas de manutenção administrativa do Ministério da Cultura e de suas entidades vinculadas.

Art. 14. As despesas operacionais, de planejamento, prospecção, acompanhamento, avaliação e divulgação de resultados relativos ao financiamento de atividades culturais, incluídas a aquisição ou a locação de equipamentos e bens necessários ao cumprimento dos objetivos do FNC, não poderão ultrapassar 5% dos recursos arrecadados, observado o limite fixado anualmente por ato da CNIC.

Art. 15. A transferência de recursos do FNC aos fundos públicos de estados, municípios e Distrito Federal, para cofinanciamento, destinar-se-á aos programas oficialmente instituídos, de seleção pública de projetos culturais, que atendam a pelo menos uma das seguintes finalidades:

I – defesa e valorização do patrimônio cultural local;
II – atendimento à produção cultural em áreas culturais com menos possibilidades de desenvolvimento com recursos próprios;
III – formação de pessoal para a gestão da cultura;
IV – democratização do acesso a bens, serviços e produtos culturais;
V – valorização da diversidade cultural, étnica e regional.

§1º. A transferência prevista neste artigo está condicionada à existência, nas respectivas unidades federadas, de órgão colegiado, oficialmente instituído, em que a sociedade civil tenha representação no mínimo paritária.

§2º. Os critérios de investimento de recursos do FNC deverão considerar a participação da unidade da federação na distribuição total de recursos federais para a cultura, com vistas a promover o equilíbrio territorial no investimento.

§3º. A participação do FNC nos fundos estaduais, municipais e do Distrito Federal não poderá ser superior à proporção de quatro partes do FNC para cada parte depositada pelo ente federado.

Art. 16. Com a finalidade de garantir a participação comunitária, de artistas e criadores no trato oficial dos assuntos da cultura e na organização nacional sistêmica da área, o Governo Federal estimulará a institucionalização de Conselhos de Cultura no Distrito Federal, nos estados e nos municípios.

Parágrafo único. Fica criado o Sistema Nacional de Informações de Fomento e Incentivo à Cultura, que deverá reunir e difundir as informações relativas ao fomento cultural nos três níveis da Federação.

Art. 17. O FNC alocará recursos nos fundos setoriais, que receberão entre dez e 30% da dotação global, conforme orientação da CNIC.

§1º. Além dos recursos oriundos da dotação global do Fundo Nacional da Cultura, os fundos setoriais poderão receber, na forma da lei, contribuições e outros recolhimentos, depositados em instituição federal responsável por sua arrecadação, diretamente em contas específicas.

§2º. Ficam excluídos dos limites de que trata o *caput* deste artigo a arrecadação própria prevista no parágrafo anterior.

§3º. O FNC alocará parte de seus recursos em seu Fundo Global de Equalização, a ser utilizado em investimentos setoriais e ações transversais, conforme definido pela CNIC, observado o disposto no plano bienal do Profic.

Art. 18. O FNC financiará até 80% do custo total de projetos culturais sem fins lucrativos.

§1º. Nos casos em que houver alta relevância cultural e disponibilização de acesso público e gratuito, segundo regulamentação específica aprovada pela CNIC, o financiamento do projeto cultural poderá ser integral.

§2º. O proponente deve comprovar que dispõe do montante complementar ao aportado pelo FNC ou que está habilitado à obtenção de financiamento por outra fonte.

§3º. Poderão ser considerados, para efeito de totalização do valor descrito no parágrafo anterior, bens e serviços economicamente mensuráveis.

§4º. Os projetos apresentados por entidades privadas sem fins lucrativos poderão acolher despesas administrativas de até 15% de seu custo total.

CAPÍTULO III
DA DOAÇÃO E DO COPATROCÍNIO INCENTIVADOS

Art. 19º. A União facultará às pessoas físicas e às pessoas jurídicas tributadas com base no lucro real a opção pela aplicação de parcelas do Imposto sobre a Renda, a título de doações ou copatrocínios, por meio de doações ao FNC nos termos do art. 9, XVIII ou do apoio direto aos projetos e ações culturais aprovados pelo Ministério da Cultura, até o quinto ano da promulgação desta lei, conforme a Lei nº 11.768, de 14 de agosto de 2008, art. 93, §2º, nas seguintes condições:

I – pessoa física — dedução de valores despendidos com doações ao Fundo Nacional de Cultura, nos termos do inciso XVIII do art. 9, ou com copatrocínio de projetos culturais aprovados pelo Ministério da Cultura, observado o disposto no art. 22 da Lei nº 9.532, de 10 de dezembro de 1997;

II – pessoa jurídica tributada com base no lucro real — dedução de valores despendidos com doações ao FNC nos termos do inciso XVIII do art. 9, ou em patrocínio ou copatrocínio de projetos culturais aprovadas pelo Ministério da Cultura, sendo que o total da dedução, conjuntamente com as deduções previstas na Lei nº 8.685, de 6 de setembro de 1993, e na Medida Provisória nº 2.228-1, de 20 de julho de 2001, não poderá exceder a 2% do lucro operacional.

Art. 20. Além das hipóteses previstas no artigo anterior, poderão ser deduzidas do imposto de renda devido, nas condições descritas nos incisos I e II do art. 19, conforme sua natureza, as despesas efetuadas por contribuintes pessoas físicas ou pessoas jurídicas, tributadas com base no lucro real, com o objetivo de conservar, preservar ou restaurar patrimônio material edificado de sua propriedade ou sob sua posse legítima, tombado pelo Poder Público Federal, desde que o projeto de intervenção tenha sido aprovado pelo Ministério da Cultura, conforme dispuser o regulamento.

Art. 21. Para os fins desta Lei, considera-se:

I – doação: a transferência de numerário a projetos culturais aprovados pelo Ministério da Cultura com dedução dos valores doados do Imposto de Renda devido nos seguintes percentuais:

a) no caso das pessoas físicas, 80% das doações;
b) no caso das pessoas jurídicas tributadas com base no lucro real, 40% das doações.

II – copatrocínio incentivado: parceria entre União e iniciativa privada, com a aplicação de recursos públicos federais, por meio de renúncia fiscal, a projetos culturais aprovados pelo Ministério da Cultura, com dedução dos valores neles aportados, nos percentuais estabelecidos na forma dos arts. 24 e 32 desta lei.

Parágrafo único. Para os fins deste artigo, equiparam-se a doações, nos termos do regulamento:

I – a hipótese prevista no art. 20 desta lei;
II – a transferência, previamente aprovada pelo Ministério da Cultura, de bem imóvel do patrimônio de contribuinte do Imposto de Renda, pessoa física ou pessoa jurídica, tributada com base no lucro real, para o patrimônio de pessoa jurídica de natureza cultural sem fins lucrativos;

III – a transferência, previamente aprovada pelo Ministério da Cultura, de bem móvel, de reconhecido valor cultural, do patrimônio de contribuinte do Imposto de Renda, pessoa física ou pessoa jurídica, para o patrimônio de pessoa jurídica de natureza cultural sem fins lucrativos.

§1º. O valor dos bens móveis ou imóveis doados corresponderá:

I – no caso de pessoa jurídica:

a) se integrante do ativo permanente, ao valor constante de sua escrituração comercial;
b) se não integrante do ativo permanente, ao custo de aquisição ou produção.

II – no caso de pessoa física, o valor constante de sua declaração de ajuste anual.

§2º. Quando a doação for efetuada por valor superior aos previstos no §1º deverá ser apurado ganho de capital com base na legislação vigente.

Art. 22. São vedados a doação e o copatrocínio incentivados a pessoa ou instituição vinculada ao copatrocinador ou doador.

§1º. Consideram-se vinculados ao copatrocinador ou doador:

a) qualquer pessoa jurídica da qual seja titular, administrador, gerente, acionista majoritário ou sócio, na data da operação, ou nos doze meses anteriores;
b) a pessoa jurídica de que seu cônjuge, companheiro (a), parentes em linha reta e colateral até o terceiro grau, inclusive os afins e dependentes, seja titular, administrador, gerente, acionista ou sócio, na data da operação, ou nos doze meses anteriores;
c) seu cônjuge, companheiro (a), parentes em linha reta e colateral até o terceiro grau, inclusive os afins e dependentes;

d) qualquer pessoa física que seja titular, administradora, acionista ou sócia de pessoa jurídica vinculada ao copatrocinador ou doador ou da qual ele seja titular, administrador, gerente, acionista ou sócio, na data da operação, ou nos doze meses anteriores.

§2º. Não se aplicam as regras deste artigo às pessoas jurídicas de direito privado sem fins lucrativos e com finalidade cultural criadas pelo copatrocinador, desde que formalmente constituídas, na forma da legislação em vigor e com planos anuais de atividades aprovados pelo Ministério da Cultura, devendo o copatrocinador destinar ao FNC ou projetos desvinculados da atuação de sua instituição, ao menos 20% dos recursos nela aplicados.

Art. 23. Os limites da dedução sobre o imposto de renda devido, quando da utilização dos mecanismos de incentivo fiscal, previstos nesta lei, obedecerão aos seguintes percentuais:

I – pessoa física — dedução de valores no limite de 6% do imposto devido na declaração de ajuste anual;
II – pessoa jurídica tributada com base no lucro real — dedução de valores despendidos no limite de 4% do imposto de renda devido.

§1º. A dedução de que trata o inciso I do *caput*:

I – está limitada ao valor pago no ano-calendário a que se referir a declaração;
II – aplica-se somente ao modelo completo de Declaração de Ajuste Anual;
III – observados os limites específicos previstos nos arts. 21, inciso II, 23, inciso I, 24, e 37, desta lei, a dedução do imposto devido, fica sujeita ao limite de 6% conjuntamente com as deduções de que trata o art. 22 da Lei nº 9.532, de 10 de dezembro de 1997;
IV – não poderá exceder ao valor do imposto apurado na forma do art. 11 da Lei nº 9.250, de 26 de dezembro de 1995.

§2º. Observados os limites específicos de que tratam os arts. 23, 24 e 37 e o disposto no §4º do art. 3 da Lei nº 9.249, de 26 de dezembro de 1995, a soma das deduções de que tratam os mesmos arts. 23, 24 e 37 e das deduções de que tratam os arts. 1º e 1º-A da Lei nº 8.685, de 20 de julho de 1993, e os arts. 44 e 45 da Medida Provisória nº 2.228-1, de 6 de setembro de 2001 (Audiovisual) não poderá exceder a 4% do imposto sobre renda devido pela pessoa jurídica.

§3º. A pessoa jurídica não poderá abater as doações ou copatrocínios como despesa operacional.

Art. 24. As propostas aprovadas pelo Ministério da Cultura poderão possibilitar ao copatrocinador a dedução de imposto de renda de 30, 60, 70, 80, 90 e 100% dos valores despendidos, na forma e condições previstas no art. 32.

Art. 25. O Ministério da Cultura publicará anualmente, no *Diário Oficial da União*, até 30 de abril, o montante captado no ano-calendário anterior, devidamente discriminado por proponente, doador e copatrocinador.

Art. 26. Os projetos que buscam copatrocínio incentivado poderão acolher despesas de elaboração, captação, administração e comunicação, nos termos do regulamento.

Parágrafo único. A soma dessas despesas não poderá superar 30% do total do projeto.

Art. 27. As pessoas jurídicas sem fins lucrativos de natureza cultural que desenvolvam atividades permanentes, assim consideradas pela CNIC, deverão apresentar plano anual de atividades, para fins de utilização dos mecanismos da doação e do copatrocínio, nos termos definidos em regulamento.

Art. 28. A CNIC, conforme parâmetros definidos em decreto, fixará os limites de incentivo a projetos que contemplem programas, ações ou atividades de caráter permanente executados diretamente pelo poder público ou por organizações do terceiro setor em ações que beneficiem diretamente o poder público.

Parágrafo único. Consideram-se ações ou atividades de caráter permanente, para os fins deste artigo:

I – manutenção de equipamentos culturais pertencentes ao poder público;

II – ações criadas pelo poder público, inerentes ao seu exercício institucional.

Art. 29. Os recursos provenientes de copatrocínios incentivados deverão ser depositados e movimentados em conta bancária específica, aberta em instituição financeira federal credenciada pelo Ministério da Cultura, devendo a respectiva prestação de contas ser apresentada nos termos do regulamento desta lei.

CAPÍTULO IV
DA APRESENTAÇÃO E ANÁLISE DE PROJETOS

Art. 30. Os projetos culturais previstos nesta lei serão apresentados, analisados e aprovados pelo Ministério da Cultura.

Parágrafo único. Para cumprimento do disposto neste artigo, o Ministério da Cultura poderá contratar peritos e instituições especializadas para elaboração de pareceres técnicos que subsidiem a análise dos projetos culturais.

Art. 31. A aplicação dos recursos previstos nesta lei não poderá ser feita por intermediação.

Art. 32. Os projetos passarão por um sistema de avaliação que contemplará a acessibilidade do público, aspectos técnicos e orçamentários, baseado em critérios transparentes e que nortearão o processo seletivo.

§1º. Os critérios de avaliação serão aprovados pela CNIC, com a colaboração dos Comitês Gestores, e publicados até 90 dias antes do início do processo seletivo.

§2º. Os projetos que concorrem ao copatrocínio serão submetidos a sistema de pontuação que indicará seu enquadramento em um dos percentuais de renúncia fiscal previstos no art. 24.

Art. 33. A aprovação dos projetos somente terá eficácia após publicação de ato oficial, na forma e condições estabelecidas em regulamento.

Parágrafo único. Da decisão caberá recurso no prazo de dez dias úteis, a partir da publicação.

CAPÍTULO V
DO ESTÍMULO ÀS ATIVIDADES CULTURAIS ECONOMICAMENTE SUSTENTÁVEIS

Art. 34. Fica autorizada a constituição de Fundos de Investimento Cultural e Artístico (Ficarts), sob a forma de condomínio fechado, sem personalidade jurídica, caracterizando comunhão de recursos destinados à aplicação em projetos culturais e artísticos, e administrados por instituição financeira autorizada a funcionar pelo Banco Central do Brasil.

§1º. O patrimônio dos Ficarts será representado por quotas emitidas sob a forma escritural, alienadas ao público com a intermediação da instituição administradora do Fundo.

§2º. A administradora será responsável por todas as obrigações do Fundo, inclusive as de caráter tributário.

Art. 35. Compete à Comissão de Valores Mobiliários autorizar, disciplinar e fiscalizar a constituição, o funcionamento e a administração dos Ficarts, observadas as disposições desta lei e as normas aplicáveis aos fundos de investimento.

Parágrafo único. A Comissão de Valores Mobiliários comunicará a constituição dos Ficarts, bem como das respectivas administradoras, ao Ministério da Cultura.

Art. 36. Os bens e serviços culturais a serem financiados pelos Ficarts serão aqueles considerados sustentáveis economicamente, baseados em avaliação das instituições financeiras credenciadas.

§1º. É vedada a aplicação de recursos do Ficart em projetos que tenham participação majoritária de quotista do próprio Fundo.

§2º. Não serão beneficiadas pelo mecanismo de que trata este capítulo as iniciativas contempladas no Capítulo VII da Medida Provisória nº 2.228-1, de 2001, alterada pela Lei nº 11.437, de 2006.

Art. 37. Até o período previsto no art. 19, *caput*, as pessoas físicas e pessoas jurídicas tributadas pelo lucro real poderão deduzir do imposto de renda devido até 30% do valor despendido para aquisição de cotas dos Ficarts, observado os limites referidos no art. 23.

Parágrafo único. Somente são dedutíveis do imposto devido as quantias aplicadas na aquisição de cotas dos Ficarts:

I – pela pessoa física, no ano-calendário a que se referir a declaração de ajuste anual;
II – pela pessoa jurídica, no respectivo período de apuração de imposto.

Art. 38. A dedução de que trata o art. 23 incidirá sobre o imposto devido:

I – no trimestre a que se referirem os investimentos, para as pessoas jurídicas que apuram o lucro real trimestral;
II – no ano-calendário, para as pessoas jurídicas que, tendo optado pelo recolhimento do imposto por estimativa, apuram o lucro real anual;
III – no ano-calendário, conforme ajuste em declaração anual de rendimentos para a pessoa física.

§1º. Em qualquer hipótese, não será dedutível a perda apurada na alienação das cotas dos Ficarts.
§2º. A pessoa jurídica que alienar as cotas dos Ficarts somente poderá considerar como custo de aquisição, na determinação do ganho de capital, os valores deduzidos na forma do *caput* deste artigo na hipótese em que a alienação ocorra após cinco anos da data de sua aquisição.

Art. 39. A aplicação dos recursos dos Ficarts far-se-á, exclusivamente, por meio de:

> I – contratação de pessoas jurídicas com sede no território brasileiro, tendo por finalidade exclusiva a execução de bens e serviços culturais;
> II – participação na produção de bens e na execução de serviços culturais realizados por pessoas jurídicas de natureza cultural com sede no território brasileiro.

Art. 40. As quotas dos Ficarts, emitidas sempre sob a forma nominativa ou escritural, constituem valores mobiliários sujeitos ao regime da legislação em vigor.

> §1º. Considera-se ganho de capital a diferença positiva entre o valor de cessão ou resgate da quota e o custo médio atualizado da aplicação, observadas as datas de aplicação, resgate ou cessão, nos termos da legislação pertinente.
> §2º. O ganho de capital será apurado em relação a cada resgate ou cessão, sendo permitida a compensação do prejuízo havido em uma operação com o lucro obtido em outra, da mesma ou diferente espécie, desde que de renda variável, dentro do mesmo exercício fiscal.
> §3º. Os rendimentos e ganhos de capital a que se refere o *caput* deste artigo, quando auferidos por investidores residentes ou domiciliados no exterior, sujeitam-se à tributação pelo imposto sobre a renda, nos termos da legislação aplicável a esta classe de contribuintes.

CAPÍTULO VI
DAS INFRAÇÕES E PENALIDADES

Seção I
Das infrações

Art. 41. Constitui infração aos dispositivos desta Lei:

I – auferir o copatrocinador ou doador qualquer vantagem financeira ou material em decorrência do copatrocínio ou da doação;
II – agir o copatrocinador, o doador ou o proponente de projeto com dolo, fraude ou simulação na utilização dos incentivos nela previstos;
III – desviar para finalidade diversa da fixada nos respectivos programas, projeto ou atividade, os recursos, bens, valores ou benefícios obtidos com base desta lei;
IV – adiar, antecipar ou cancelar, sem justa causa, programa, projeto ou atividade beneficiada pelos incentivos.
V – deixar o copatrocinador, o doador ou o proponente de projeto de mencionar a utilização de recursos previstos nesta lei ou de dar os créditos ao Ministério da Cultura, quando da divulgação dos bens culturais e das campanhas institucionais;
VI – deixar o copatrocinador, o doador ou o proponente do projeto de utilizar as logomarcas do Ministério da Cultura e dos mecanismos de financiamento previstos nesta lei, ou fazê-lo de forma diversa da estabelecida no manual de identidade visual do Ministério da Cultura.

Seção II
Das penalidades

Art. 42. As infrações aos dispositivos desta lei, sem prejuízo das demais sanções cabíveis, sujeitarão:

I – o doador ou o copatrocinador ao pagamento do valor atualizado do imposto sobre a renda não recolhido, além das penalidades e demais acréscimos previstos na legislação tributária;
II – o infrator ao pagamento de multa de até a duas vezes o valor da vantagem auferida indevidamente.
III – o infrator à perda ou suspensão de participação em linhas de financiamento em estabelecimentos oficiais de crédito;
IV – o infrator à proibição de contratar com a administração pública pelo período de até dois anos;
V – o infrator à suspensão ou proibição de fruir de benefícios fiscais instituídos por esta lei pelo período de até dois anos.

Parágrafo único. O proponente do projeto, por culpa ou dolo, é solidariamente responsável pelo pagamento do valor previsto no inciso I do *caput*.

Art. 43. Constitui crime utilizar-se fraudulentamente dos benefícios de que trata esta lei.
Pena — reclusão de seis a doze meses e multa de que trata o inciso II do art. 42.

Art. 44. Para os efeitos desta Lei, consideram-se solidariamente responsáveis por inadimplência ou irregularidade verificada as pessoas físicas e jurídicas envolvidas na operação inadimplente ou irregular.

CAPÍTULO VII
DISPOSIÇÕES FINAIS

Art. 45. Fica instituído o Programa de Fomento às Exportações de Bens e Serviços Culturais (Procex), no âmbito do Ministério da Cultura, em coordenação com os Ministérios da Fazenda, do Desenvolvimento, Indústria e Comércio Exterior e das Relações Exteriores, e com o Banco Nacional de Desenvolvimento Econômico e Social.

Art. 46. Fica constituída a Câmara de Comércio de Bens e Serviços Culturais que analisará e proporá diretrizes das políticas de desenvolvimento das exportações de bens e serviços culturais, composta por dez membros, sendo cinco representantes da sociedade e um representante de cada órgão previsto no art. 45.

Art. 47. O Ministério da Cultura estabelecerá premiação anual com a finalidade de estimular e valorizar as melhores práticas de agentes públicos e privados dos mecanismos de fomento previstos nesta lei.

Art. 48. Fica mantida a Ordem do Mérito Cultural, instituída pelo art. 34 da Lei nº 8.313, de 1991, sendo que as distinções serão concedidas pelo Presidente da República, em ato solene, a pessoas que, por sua atuação profissional ou como incentivadoras das artes e da cultura, mereçam reconhecimento.

Art. 49. O Ministério da Cultura e demais órgãos da Administração Pública Federal poderão dispor dos bens e serviços culturais financiados com recursos públicos para fins não comerciais e não onerosos, após o período de três anos de reserva de direitos de utilização sobre a obra.

Parágrafo único. A disposição dos bens tratados neste artigo para fins educacionais, igualmente não onerosos, poderá se dar após o período de um ano e seis meses de reserva de direitos de utilização sobre a obra.

Art. 50. O Ministério da Cultura disciplinará a comunicação e uso de marcas do Profic.

Parágrafo único. Nas ações de copatrocínio incentivado haverá relação direta entre a participação com recursos não incentivados do agente privado e sua visibilidade na ação copatrocinada, segundo critérios objetivos estipulados em regulamento.

Art. 51. Os incentivos de que trata esta Lei ficam limitados, no ano de sua entrada em vigor, aos limites de renúncia constantes da Lei de Diretrizes Orçamentárias e da Lei de Orçamento Anual, referentes aos incentivos extintos.

Art. 52. O Poder Executivo, no prazo de 120 dias, a contar da data de sua publicação, regulamentará a presente lei.

Art. 53. Esta lei entra em vigor na data de sua publicação.

Art. 54. Revogam-se:

- I – a Lei nº 8.313, de 23 de dezembro de 1991 e o Decreto nº 5.761, de 27 de abril de 2006;
- II – a Lei nº 9.312, de 5 de novembro de 1996;
- III – a Lei nº 9.999, de 30 de agosto de 2000;
- IV – a Lei nº 11.646, de 10 de março de 2008;
- V – o art. 6 da Lei nº 8.849, de 28 de janeiro de 1994;
- VI – o art. 9 da Lei nº 11.483, de 31 de maio de 2007.

Brasília,

NOVA LEI DE FOMENTO À CULTURA

MULTIPLICAÇÃO DOS MECANISMOS

UM TRAJETO DE DISCUSSÃO QUE CHEGA A SUA ETAPA DECISIVA

Foram seis anos de debate com o setor artístico, acúmulo interno e gestão do atual modelo de fomento à cultura. Já em 2003, o Ministério da Cultura percorreu o Brasil organizando o seminário Cultura para Todos, com o objetivo de rediscutir a lei. Ano passado, a discussão seguiu com o Fórum Nacional de Financiamento da Cultura, que reuniu gestores estaduais e municipais.

As milhares de contribuições foram tabuladas e são a base da contribuição apresentada agora. O ministro Juca Ferreira, logo após sua posse, ainda rodou as capitais de São Paulo, Rio de Janeiro e Salvador a fim de explicar as linhas gerais da proposta.

Diálogo não faltou. Tampouco a transparência para expor os andamentos dos projetos, que encontram-se na internet. O objetivo político de alterar a Lei de Fomento não foi escondido da sociedade. Está no programa de governo da eleição do presidente Luiz Inácio Lula da Silva, em 2002 e foi reiterado diversas vezes pelo então ministro Gilberto Gil e já na posse de Juca Ferreira. Esta atuação não é precipitada. A proposta permanecerá 45 dias para a consulta pública e depois seguirá ao Congresso Nacional, casa onde todos os setores econômicos e sociais têm voz e têm vez.

RENÚNCIA FISCAL: UM MODELO DESIGUAL E ESGOTADO

A aprovação pelo Congresso Nacional, em 1991, da Lei nº 8.313 definiu normas para o financiamento federal à cultura brasileira. Ao longo de sua existência, o projeto idealizado pelo então ministro Sérgio Paulo Rouanet injetou, mesmo que de forma indireta através da renúncia fiscal, R$ 8 bilhões na cultura brasileira. Ele foi responsável pela retomada da produção cultural após a extinção do Ministério da Cultura — que transformou-se em secretaria no governo de Fernando Collor e depois voltou a ser criado. Além disso, gerou empreendimentos como o Museu do Futebol e o Museu da Língua

Portuguesa; realizou festas populares, como o carnaval; ampliou eventos, como a Mostra Internacional de Cinema de São Paulo; e, principalmente, pela sobrevivência financeira de milhares de produtores e artistas.

No entanto, seu principal instrumento, a renúncia fiscal, mostrou-se incapaz de dar conta da diversidade da cultura brasileira. É intrínseco ao mecanismo de renúncia ser:

- Concentrador: de 2003 a 2007, 3% dos proponentes concentraram 50% do volume captado.
- Desigual: em 2007, as regiões Sul e Sudeste ficaram com 80% da verba captada. O Centro-Oeste ficou com 11%, o Nordeste com 6% e ao Norte restou apenas 3%.
- Baixa participação de empresas: De cada R$ 10 captados, apenas R$ 1 é dinheiro privado. Os outros nove são de renúncia.
- Baixa percepção da aplicação de recursos públicos: Poucas vezes, o cidadão tem conhecimento da atividade cultural que foi realizada exclusivamente com o dinheiro público.
- Alto custo operacional e tempo de espera: Em 2007, apenas 50% dos projetos aprovados pelo Ministério, conseguiram captação com as empresas. Mais de 3 mil projetos transitaram pelo sistema de avaliação, consumindo tempo dos funcionários do Ministério e tempo de espera dos produtores, os quais chegaram a um fim com sucesso.

Esse mesmo número — 3 mil projetos aprovados sem captação — mostra que o mecanismo da renúncia é insuficiente para dar conta da diversidade de demandas da sociedade brasileira para a produção cultural. E mostra que é impossível fazer política pública apenas por meio da renúncia. Com o atual momento de crise econômica que afeta as empresas, só uma mudança da lei viabiliza o financiamento à cultura. É chegado o instante de superar esse modelo.

UM NOVO MODELO DE FOMENTO PARA UM NOVO MOMENTO HISTÓRICO

Passados 17 anos da criação da lei, o Brasil mudou muito. O Estado não é mais visto como vilão do desenvolvimento econômico social, mas sim como seu principal incentivador. Fato que se comprova nesses tempos de crise mundial.

O Brasil melhorou consideravelmente seus dados qualitativos de educação, que incluiu, em condições econômicas mais dignas, cerca de 20% da população. Também se consolidou a percepção de que as políticas de Estado devem atender todos os 190 milhões de brasileiros, incentivando todas as manifestações culturais em todas as regiões do país.

Nesses 17 anos, as economias criativas ganharam destaque e as novas tecnologias permitiram um acesso mais fácil tanto às manifestações culturais quanto à produção de obras de arte, em suas mais variadas formas.

Diante dessa nova realidade, as formas de financiamento previstas na lei, que se centraram na renúncia fiscal, estão saturadas. E geram insatisfação generalizada no meio artístico. Não apenas entre os excluídos do financiamento, como até daqueles que conseguem, a duras penas, garantir seu sustento fazendo uma via crucis, batendo de porta em porta em departamentos de marketing das empresas.

DIVERSIFICAR O FINANCIAMENTO PARA ATENDER AS PESSOAS

A proposta do Programa de Financiamento e Incentivo à Cultura (Profic) diversifica as formas de acesso aos recursos públicos. Isso permitirá uma democratização do acesso dos artistas e produtores ao dinheiro público, com formas contemporâneas de fomento, já testadas em outras áreas do conhecimento. Como é o caso do financiamento retornável ao fundo, que já é realizado no apoio à produção científica, e também no Fundo Setorial do Audiovisual (FSA), instituído pelo Ministério da Cultura no ano passado. Aliás, o FSA é um exemplo prático do que pretende-se fazer, com financiamento a diferentes etapas do processo produtivo, e garantir a participação social dos diversos setores envolvidos. A nova lei irá criar conselhos setoriais em todos os fundos. Isso tornará as linhas de ação de cada fundo uma resposta imediata às demandas do setor.

Essa diversificação e reforço dos conselhos garantirá o fortalecimento do Fundo Nacional de Cultura (FNC), hoje existente, mas pouco robusto. Mesmo com todas as deficiências que possui, o fundo já traz em si melhores características que a renúncia: distribuição dos recursos mais equânime por região, maior transparência das decisões, mais bem segmentado por linguagens, com maior controle social que a renúncia. O microcrédito, as Parcerias Público-Privada e o Vale-Cultura são outras formas de incentivo que estão no projeto e podem viabilizar uma nova aliança entre poder público e mercado, para a constituição de uma economia criativa sólida no país. Com esse modelo, nascem novos estímulos ao investimento do setor privado — sempre bem-vindo — e apoio a projetos culturais mesmo quando não são aprovadas pela seleção de patrocinadores. O Estado já oferece financiamento direto à pesquisa científica no país.

Suponha que o financiamento à ciência dependa exclusivamente da boa vontade dos patrocinadores. Assim, essas novas formas de financiamento não se extinguem, mas, pelas atratividades que possuem, ganharão em breve a centralidade das políticas públicas de cultura.

1. Fortalecer o Fundo Nacional de Cultura

Um dos mecanismos de financiamento previsto pela Lei Rouanet é o FNC. No entanto, o fundo possui um peso muito menor que a isenção fiscal — tendo cerca de R$ 280 milhões em 2007, contra 1,2 bilhão de renúncia. O governo pretende fortalecê-lo setorizando-o por áreas artísticas; oferecendo mais recursos, com maior participação social por meio dos conselhos. O primeiro exemplo foi o Fundo Setorial do Audiovisual.

Com a lei, serão criados:

- Fundo Setorial das Artes — para apoiar, dentre outras, o teatro, o circo, a dança, as artes visuais e a música.
- Fundo Setorial do Livro e Leitura.
- Fundo Setorial da Cidadania, Identidade e Diversidade Cultural.
- Fundo Setorial da Memória e Patrimônio Cultural Brasileiro.

Esses quatro fundos setoriais se associarão ao existente Fundo Setorial do Audiovisual. Além desses, haverá um Fundo Global de Equalização, para financiar ações transversais.

Pelo projeto, cada fundo terá seu próprio conselho gestor, formado por representantes do setor, o que proverá melhor capacidade de avaliação, devido ao seu conhecimento especializado. Além das fontes previstas na lei atual, a nova lei prevê a captação de recursos da Loteria Federal da Cultura, que será negociada com a Caixa Econômica Federal.

Onde eu estou na reforma?

Teatro e dança — Com um público inferior ao cinema, essas duas linguagens possuem dificuldade de conseguir patrocínio de empresas interessadas no retorno de imagem. Com um fundo voltado especificamente a elas, inclusive com uma fonte de recursos exclusiva, terão uma fonte adicional de financiamento a mais para seus espetáculos, além de economizar tempo de busca por patrocínio.

2. FUNDO ASSOCIADO AO EMPREENDEDORISMO

O modelo atual de fomento só permite uma opção: doação a fundo perdido da verba do FNC. O Ministério da Cultura vai manter esse tipo de financiamento, mas quer diversificar as formas de apoio do fundo, oferecendo diferentes possibilidades para diferentes condições.

- Associação aos resultados: O FNC para associar-se, de maneira inovadora, a empreendimentos. Poderá coproduzir projetos em que o proponente colocar uma contrapartida. A seleção dos empreendimentos será feita de forma transparente, pelo conselho, e seu principal efeito será alavancar a economia da cultura. Em caso de sucesso econômico do empreendimento, a parte proporcional ao aporte público, retorna ao fundo.
- Crédito: A nova lei prevê que o FNC poderá oferecer empréstimo e empreendimentos culturais. Para isso, ele irá se associar a instituições capacitadas para oferecer crédito.
- Parcerias Público-Privadas (PPPs): O FNC poderá injetar dinheiro nestas parcerias. O mecanismo servirá para a construção de espaços culturais em que houver interesse de empresas.

Onde eu estou na reforma?

Empreendedorismo cultural — Projetos que já possuem uma parte da verba para um empreendimento poderão alavancar seu investimento inicial associando-se ao fundo. Isso altera o conceito de trabalhar apenas "por projeto". Assim, busca-se o financiamento via renúncia por cada um.

3. PARTICIPAÇÃO — TRANSPARÊNCIA

A participação dos setores culturais na definição dos projetos de renúncia fiscal é fato, por meio da Comissão Nacional de Incentivo à Cultura (CNIC). O Ministério da Cultura quer aprofundar essa participação, aprovando uma lei que fortaleça essa comissão passando a ter mais poder e determinando também a atuação do FNC — e não apenas da renúncia.

Além disso, o Ministério considera que a melhor forma de participação é a composição com um representante do comitê gestor de cada fundo setorial, sendo a única exceção o Fundo Nacional das Artes, que, por representar diversas expressões, terá três representantes no conselho. A função do conselho será estabelecer diretrizes para editais e aprovar projetos apresentados para serem financiados nas diferentes modalidades. A ampliação da participação dos setores artísticos na definição dos critérios, evitará qualquer risco de dirigismo, seja estatal ou privado.

4. REPASSE PARA FUNDOS ESTADUAIS

O Ministério quer permitir a transferência de recursos do FNC para os estados, municípios e Distrito Federal, para cofinanciamento de projetos culturais. Com isso, será possível descentralizar melhor os recursos, chegando à periferia, onde ele se faz mais necessário. O projeto de lei prevê que o repasse seja condicionado à existência, no governo estadual ou local, de um conselho em que a sociedade tenha representação de, no mínimo, 50%. Com isso, o cidadão poderá fiscalizar se o dinheiro é corretamente aplicado.

5. MAIOR FLEXIBILIDADE DE COTAS DE ISENÇÃO

Atualmente, a Lei Rouanet tem um formato rígido, que permite apenas duas cotas de renúncia de 30% ou 100%, para pessoas jurídicas, além de predeterminar somente a algumas expressões artísticas o direito a acessar o valor integral da renúncia. Além disso, a maior parte dos projetos tem 100%

do valor da renúncia. Assim, a participação do setor privado em políticas públicas não pode ser feita somente com dinheiro público.

O Ministério da Cultura quer um maior número de faixas de dedução: 30%, 60%, 70%, 80%, 90% e 100% dos valores despendidos. Os critérios para cada cota serão definidos, anualmente, pela CNIC, o que permitirá a criação de critérios claros e públicos, definidos em parceria com os próprios setores. Também serão analisados por um corpo de pareceristas externos ao Ministério. É deste modo que funciona a pesquisa científica no Brasil. Ao mesmo tempo, isto permitirá que qualquer produção artística alcance 100% de renúncia, e exigirá que as empresas aumentem sua participação.

Onde eu estou na reforma?

Música popular — atualmente, somente música clássica pode captar financiamento com o valor integral da renúncia. Com o fim de critérios rígidos definidos por lei, a CNIC terá maior liberdade para defini-los. E todos poderão chegar a 100%, inclusive a música popular.

6. Promoção da Exportação de Cultura

A nova lei cria o Programa de Fomento às Exportações de Bens e Serviços Culturais (Procex), em parceria com o Ministério do Desenvolvimento da Indústria e Comércio, Ministério das Relações Exteriores, Ministério da Fazenda, e Banco Nacional de Desenvolvimento Econômico e Social (BNDES). Este programa será executado pela Câmara de Comércio de Bens e Serviços Culturais, que será formada por dez membros: um representante de cada um dos órgãos do governo envolvidos e cinco representantes do setor.

A Câmara vai propor diretrizes e ações para o desenvolvimento das exportações de bens e serviços culturais. Esta proposta fará com que a difusão da cultura brasileira no exterior passe a ser tratada com a importância merecida para o nosso desenvolvimento econômico.

7. Vale-Cultura

A proposta do Ministério da Cultura para o Vale-Cultura é de um valor mensal de R$ 50. O governo dará renúncia fiscal para 30% de seu valor, o empregador pagará 50% e o trabalhador, 20%. O Vale-Cultura, que será criado por lei específica, poderá ser utilizado para acesso às artes visuais; artes cênicas; audiovisual; humanidades; música; e patrimônio cultural.

Onde eu estou na reforma?

Cidadão — Segundo o cálculo do governo, o Vale-Cultura tem o potencial para atingir 12 milhões de pessoas — volume de pessoal empregado nas empresas de lucro real. Além de facilitar o acesso às atividades culturais para quem geralmente não possui condições para pagar por um ingresso de teatro ou por um livro, o Vale-Cultura será uma potente alavanca para a economia da cultura. Se todos os 12 milhões de trabalhadores que tenham direito ao Vale-Cultura fizerem uso dele, serão R$ 600 milhões por mês injetados diretamente na economia da cultura.

Considerações sobre o novo projeto de lei de fomento à cultura

*Odilon Wagner**

---

* Presidente da Associação dos Produtores Teatrais Independentes, APTI.

O OBJETIVO DESTE texto é apresentar nossas considerações sobre o Projeto de Lei (PR) elaborado pelo Ministério da Cultura (MinC) com vistas à revogação da Lei nº 8.313/91 (Lei Rouanet) e modificação do sistema de financiamento da cultura no âmbito da União Federal.

O Projeto de Lei, atualmente em fase de consulta pública, ainda não foi enviado ao Congresso Nacional, portanto não lhe foi conferido número específico que o identifique durante sua tramitação nas duas Casas Legislativas — se e quando isto vier a acontecer.

Antes de analisarmos especificamente as disposições contidas no PL em apreço, convém fazermos algumas considerações introdutórias para situar a elaboração do PL no contexto das alterações legislativas e regulamentares ocorridas em relação ao sistema de financiamento à cultura, atualmente vigente, do qual a Lei Rouanet é o principal diploma.

INTRODUÇÃO E HISTÓRICO

A promulgação da Lei Rouanet, no ano de 1991, aconteceu como consequência da pressão exercida pelo setor cultural junto ao governo federal após a extinção, entre os anos de 1990 e 1991, das principais estruturas federais voltadas ao fomento e estruturação de políticas em matéria cultural, dentre as quais o próprio Ministério da Cultura, a Fundação Nacional de Arte (Funarte) e a Embrafilme, empresa estatal voltada à atuação no mercado de produção e distribuição de obras cinematográficas.

Em termos de conteúdo, a Lei Rouanet consubstancia o marco legal em torno do qual se estruturaram todas as políticas públicas voltadas à proteção e difusão da cultura brasileira, em cumprimento dos arts. 215 e 216 da Constituição Federal de 1988.

Ao longo de seus 17 anos de existência, o Programa Nacional de Apoio à Cultura — Pronac instituído pela Lei Rouanet foi objeto de diversas alterações, de nível legal ou regulamentar. Abaixo apresentamos em síntese o histórico destas alterações, como forma de se visualizar a evolução do Pronac e entender sua conformação atual:

1991 — Lei nº 8.313/91 (Lei Rouanet) — Estabelece o Pronac a partir de três pilares: Fundo Nacional de Cultura — FNC (fundo público), Fundos de Investimento Cultural e Artístico — Ficart (fundos privados) e Mecenato (renúncia fiscal).

1995 — Decreto nº 1.494/95 — O primeiro decreto a regulamentar efetivamente o Pronac em seu conjunto, determinando regras para o funcionamento do FNC, Ficart e Mecenato, além de regras específicas para a eleição dos membros da Comissão Nacional de Incentivo à Cultura (CNIC) representativos da sociedade civil, conforme previsões contidas na Lei Rouanet.

1995 — Portaria Conjunta MinC/MF nº 01/1995 — Portaria destinada à regulamentação da fruição, pelas pessoas físicas e jurídicas, dos incentivos fiscais previstos pela Lei Rouanet no sistema do Mecenato. Elaborada em conjunto com o Ministério da Fazenda, representou esforço no sentido de controle e fiscalização quanto à utilização dos recursos oriundos de renúncia fiscal.

1997 — Lei nº 9.532/97 — Dentre outras disposições estabelece o limite de 4% do IR devido para dedução das doações feitas por pessoas jurídicas na modalidade Mecenato (separando tal limite das doações feitas nos termos do Programa de Amparo ao Trabalhador — PAT e daquelas feitas para os Fundos da Criança e do Adolescente).

1997 — Portaria nº 219 — Tem por objeto a regulamentação do uso das marcas de identificação do apoio concedido pelas ferramentas de financiamento que compõem o Pronac na divulgação dos projetos apoiados.

1998 — Portaria MinC nº 46 — Primeiro diploma a estabelecer de forma minuciosa as regras para aprovação de projetos culturais e fiscalização pelo MinC quanto à utilização dos recursos públicos utilizados tanto no âmbito do FNC quanto do Mecenato, sobretudo em termos de prestação de contas (estabelecendo prazos, regras e formulários específicos para tais procedimentos).

1999 — Lei nº 9.874/99 — Alterou diversos dispositivos da Lei Rouanet e criou a possibilidade de abatimento de 100% dos valores investidos em projetos por pessoas físicas ou jurídicas, no caso de patrocínio ou doação a projetos que previssem iniciativas em áreas culturais específicas (como artes plásticas ou artes cênicas, música erudita ou instrumental, produção de obras audiovisuais de curta ou média metragens). Criou também a possibilidade de que empresas financiem projetos de instituições culturais sem fins lucrativos por ela criados.

2000 — Lei nº 9.999/2000 — Aumenta para 3% o percentual da receita obtida com concursos de prognósticos e loterias federais a ser repassado ao FNC.

2006 — Decreto nº 5.761/2006 — Revogou o Decreto nº 1.494/95 e modificou as regras relativas à aprovação de projetos na modalidade Mecenato. A principal alteração é consequência da modificação da competência da CNIC, à qual, no regime do Decreto nº 1.494/95 competia a aprovação dos projetos na modalidade Mecenato e que, no regime do Decreto nº 5.761/2006, passou apenas a subsidiar a decisão do Ministério da Cultura.

2007 — Portaria nº 09 (06.03.2007) — Passou a exigir que os recursos captados pela modalidade Mecenato fossem movimentados exclusivamente em instituição financeira oficial (Banco do Brasil). A partir de tal portaria, cabe ao MinC a abertura das contas-corrente específicas dos projetos aprovados (tarefa que antes cabia ao proponente). Estabeleceu, ainda, a necessidade de abertura de duas contas, uma para captação de recursos e outra para a movimentação dos recursos captados, aumentando sobremaneira a burocracia envolvida na gestão destes recursos para os projetos culturais.

*** — Critérios da CNIC — Em algum momento durante o ano de 2007 (não se pode precisar por se tratar de ato informal, sequer publicado no *Diário Oficial da União*), foi publicado no sítio de internet do Ministério da Cultura ato contendo uma série de critérios norteadores da aprovação de projetos culturais na modalidade Mecenato. Tais critérios revelavam o objetivo de restringir o acesso aos recursos de renúncia fiscal, estabelecendo limites e vedações não previstas seja pela própria Lei Rouanet seja pelo decreto que a regulamenta.

2008 — Lei nº 11.646 — Altera a Lei Rouanet para fazer incluir a possibilidade de utilização da modalidade Mecenato para a construção de salas de cinema em municípios com menos de 100 mil habitantes.

2008 — Portaria nº 04 (26/2/2008) — Modifica as regras para apresentação e instrução de projetos culturais submetidos ao Ministério da Cultura, aumentando significativamente a exigência de documentos e informações para ingresso de projetos nas modalidades FNC e Mecenato. Dentre tais disposições, proibiu que os proponentes fossem representados por instrumento de procuração na prática de diversos atos junto ao Ministério.

2008 — Portaria nº 54 (04/9/2008) — Diante de reiteradas críticas do setor cultural editou-se esta portaria cujo objetivo foi revogar parte das exigências trazidas pela Portaria nº 4. Em que pese divulgada como um "processo de desburocratização" para a apresentação de projetos ao MinC, na realidade apenas minimizava o grande número de exigências feitas pela Portaria nº 4, editada anteriormente, mantendo-se parte de tais exigências, inclusive a proibição à representação por instrumento de procuração.

Em suma, o PL ora analisado não pode ser entendido senão como parte de um processo histórico-legislativo, que tem no ano de 2006 uma nítida mudança: se analisarmos detidamente o movimento legislativo ocorrido em torno da Lei Rouanet em sua promulgação até o ano de 2006, notaremos que todos os atos legislativos ou regulamentares foram editados com o objetivo de tornar evidente o Pronac e aumentar as ferramentas de financiamento à cultura disponíveis.

A partir de 2006 (com a edição do Decreto nº 5.761/06), contudo, verifica-se a inversão da tendência vigente até então, que a partir deste ponto as iniciativas normativas passaram a voltar-se contra a ampliação das ferramentas de financiamento[1] e, sobretudo, contra a ampliação da modalidade Mecenato,[2] com a criação de sucessivas regras que ora visavam à diminuição

---

[1] A exceção aqui é feita à Lei nº 11.646/2008, que amplia a possibilidade de uso da modalidade Mecenato prevista pela Lei Rouanet. No entanto, o faz apenas para municípios com menos de 100 mil habitantes, o que inibe a participação da iniciativa privada no processo. Não se tem notícia de que projetos desse tipo tenham sido levados a cabo.

[2] Note-se que, enquanto a partir de 2006 verifica-se movimento normativo no sentido contrário à ampliação das ferramentas de financiamento à cultura como um todo, no campo da produção audiovisual o sentido é exatamente o inverso: a Lei nº 11.437/2006 promoveu a ampliação dos incentivos concedidos pelos Funcines, além de criar dois novos mecanismos de incentivo fiscal, previstos pelos art. 1-A e 3-A da Lei do Audiovisual (Lei nº 8.685/93).

da participação da sociedade civil no processo (com redução da competência da CNIC) e ora visavam ao aumento das exigências, limites e vedações à utilização das ferramentas componentes do Pronac.[3]

Desta forma, a primeira constatação em relação ao PL em análise é a revogação da Lei nº 8.313/91, com a consequente extinção do Pronac e de seus eixos de atuação. Em substituição, propõe a criação de novos institutos, os quais passaremos a analisar.

O PROJETO DE LEI: DISPOSIÇÕES RELEVANTES

O PL institui o Programa Nacional de Fomento e Incentivo à Cultura (Profic), e aplica outras providências. Para possibilitar uma melhor visualização das proposições trazidas pelo Projeto de Lei, agrupamos-as por temas, fazendo a necessária referência aos artigos do PL em que tais proposições se encontram:

MECANISMOS (ART. 2)

a) FNC — será administrado pelo MinC, na forma estabelecida no *regulamento* (art. 7), e o art. 8 prevê a criação no FNC dos seguintes Fundos Setoriais:

- Fundo Setorial das Artes.
- Fundo Setorial da Cidadania, Identidade e Diversidade Cultural.
- Fundo Setorial da Memória e Patrimônio Cultural Brasileiro.
- Fundo Setorial do Livro e Leitura.
- Fundo Global de Equalização.
- Fundo Setorial do Audiovisual.

b) Renúncia Fiscal (Mecenato):
c) Vale-Cultura, criado por lei específica,
d) Ficart.

---

[3] A perpetuar-se a contradição existente entre os mecanismos de financiamento da cultura em geral e da produção audiovisual em particular, em pouco tempo se verificará a acentuação das assimetrias existentes entre os diversos segmentos artísticos e culturais, com alguns setores dispondo de muito mais recursos do que outros, em nítido prejuízo à sociedade brasileira como um todo e, por que não, em afronta ao espírito da Constituição Federal.

A única novidade, em termos de mecanismo de fomento e incentivo à cultura, apresentada pelo PL é o Vale-Cultura, que será, entretanto, criado por uma lei específica.

Com relação aos demais mecanismos, as diferenças mais substanciais em relação à Lei Rouanet serão comentadas na análise de cada um deles.

Participação da sociedade civil (art. 4)

É garantida pela Comissão Nacional de Incentivo à Cultura (CNIC), com composição paritária entre governo e sociedade civil, com competência para definir diretrizes, normas e critérios para utilização dos recursos do Profic, e aprovar a programação orçamentária e financeira desses recursos.

No entanto, o PL não dispõe acerca da maneira como esses representantes serão escolhidos, sequer sobre a quantidade. Apenas cria comitês gestores dos fundos setoriais, que serão regulamentados posteriormente.

Por fim, mantém-se a competência da CNIC como órgão meramente consultivo, com competência para elaboração de Planos (tanto para o FNC como para o Mecenato) mas sem poder para efetivar medidas, cabendo-lhe apenas subsidiar o Ministério da Cultura em suas decisões.

FNC

a) Comitês Gestores dos Fundos Setoriais (art. 4, parágrafo único)

Criação de Comitês no âmbito da CNIC, sendo a composição, funcionamento e competência serão definidas no regulamento.

b) Recursos FNC

- Criação de outras fontes de receitas para o FNC (art. 9). Destacam-se:
  — recursos provenientes da arrecadação da Loteria Federal da Cultura, a ser criada por lei específica — serão destinados em sua integralidade ao Fundo Setorial das Artes;
  — retorno dos resultados econômicos provenientes dos *investimentos em empresas e projetos* feitos com recursos do FNC.

- Fundos Setoriais (art. 10) — no mínimo 80% será destinado a iniciativas da sociedade, os outros percentuais serão encaminhados a projetos prioritários definidos pela CNIC. A redação não deixa claro quais projetos serão beneficiados com os 20% restantes, ou projetos do poder público ou do próprio Ministério da Cultura.
- Modalidades de aplicação (art. 11) — o PL prevê três modalidades: os recursos reembolsáveis, não-reembolsáveis e o *investimento*. No entanto, não dispõe sobre as condições e requisitos para sua utilização (tarefa delegada à regulamentação posterior):
  — não-reembolsável — para apoio a programas, ações e projetos culturais e equalização de encargos financeiros e constituição de fundos de aval nas operações de crédito;
  — reembolsável — para estimular a atividade produtiva das empresas de natureza cultural e pessoas físicas, mediante a concessão de empréstimos;
  — investimento — *por meio de associação a empresas e projetos culturais, com participação econômica nos resultados.* Trata-se de modalidade nova, criada pelo PL, sem que se defina os percentuais desse investimento, os projetos que são passíveis de recebê-lo, a maneira que esse investimento será formalizado etc.

Os projetos a serem beneficiados com recursos não reembolsáveis serão escolhidos, preponderantemente, por meio de seleção pública, o que significa que os proponentes deverão aguardar a publicação de edital para formatar e apresentar seus projetos, a fim de atender a todos os requisitos estabelecidos pelo Ministério da Cultura.

Note-se, por fim, que não há detalhamento ou explicação quanto ao real conteúdo, objetivos a serem perseguidos ou metodologia a ser utilizada na aplicação de tais mecanismos: o PL é extremamente vago neste sentido, o que impede a real compreensão de seus termos.

c) Transferências de recursos do FNC a fundos públicos de estados, municípios e Distrito Federal para cofinanciamento (art. 15)

- somente quando tratar de programas oficialmente instituídos, de seleção pública de projetos culturais, que atendam uma das finalidades previstas nos incisos do art. 15;

- a transferência fica condicionada a existência de *órgão colegiado, oficialmente instituído nas respectivas unidades federadas,* em que a sociedade civil tenha representação no mínimo paritária;
- critérios de investimento de recursos do FNC: participação da unidade da federação na distribuição total dos recursos federais para a cultura, com o fim de promover o equilíbrio territorial no investimento;
- a participação do FNC nos fundos estaduais, municipais e DF não poderá ser superior à proporção de quatro partes do FNC para cada parte depositada pelo ente federado.

d) Criação do Sistema Nacional de Informações de Fomento e Incentivo à Cultura (art. 16)

Tem por objetivo reunir e difundir as informações relativas ao fomento cultural nos três níveis da federação. Não menciona sequer se será regulamentado, e quais os objetivos a serem perseguidos pelo sistema.

e) Limitação de alocação de recursos por área cultural (art. 17)

Cada um dos Fundos Setoriais criados no art. 8 poderá receber entre 10 e 30% da dotação global do FNC, conforme orientação da CNIC. Isto significa que o Fundo Setorial de Artes, que pretende apoiar teatro, circo, dança, artes visuais e música, ou seja, praticamente todas as áreas nas quais são apresentados projetos, poderá receber no máximo 30% dos recursos do FNC.

f) Financiamento de até 80% do custo total de projetos culturais sem fins lucrativos, com possibilidade de financiamento integral nos casos em que houver alta relevância cultural e disponibilização de acesso público e gratuito (art. 18)

Novamente, o PL não estabelece claramente em que condições os projetos serão aprovados e em que percentual serão financiados. A imprecisão e falta de critérios e requisitos (deixados todos à regulamentação posterior) impede análise detalhada do preceito e dá margem para todo tipo de ação posterior por parte do ministro da Cultura.

g) Projetos apresentados por entidades privadas sem fins lucrativos poderão acolher despesas administrativas de até 15% de seu custo total (art. 18, §4º).

DOAÇÃO E COPATROCÍNIO INCENTIVADO

a) Prazo de 5 anos para o Mecenato: art. 19

Art. 19 prevê que doação e copatrocínio (recursos incentivados) realizados pelas pessoas físicas e jurídicas *será pelo prazo determinado de 5 anos*, contados a partir da publicação da presente lei, nos termos da Lei de Diretrizes Orçamentária de 2009 (Lei nº 11.768/2008, art. 93, §2º).

Nesse sentido, é importante ressaltar o que prevê §2º do art. 93 da Lei nº 11.768/2008:

Art. 93. O projeto de lei ou medida provisória que conceda ou amplie incentivo ou benefício de natureza tributária somente será aprovado ou editada se atendidas as exigências do art. 14 da Lei Complementar nº 101, de 2000.

> §2º. *Os projetos de lei aprovados ou medidas provisórias editadas no exercício de 2009, que concedam renúncia de receitas da União ou vinculem receitas a despesas, órgãos ou fundos, devem viger por, no máximo, 5 (cinco) anos.* [grifos nossos]

Desta forma, identificamos que se o presente PL for aprovado em 2008 com a redação do art. 19, por força da Lei de Diretrizes Orçamentárias, o Mecenato vigerá por mais 5 anos, no máximo.

O presente PL *revoga expressamente* a Lei Rouanet, ao passo que poderia apenas alterá-la em pontos específicos. O *caput* do art. 18 da Lei Rouanet não precisaria ser revogado, o que evitaria a determinação de prazo de 5 anos para o Mecenato, nos termos da Lei de Diretrizes Orçamentária.

b) Pessoa física: as deduções continuam limitadas a 6% do valor do imposto devido (art. 22 da Lei nº 9.532/97).

c) Pessoa jurídica: total de dedução, conjuntamente com as deduções da Lei do Audiovisual e as previstas na MP 2228-1, *não pode exceder a 2% do lucro operacional*. Além disso, mantém o limite de 4% do IR devido pela pessoa jurídica.

d) Vínculo entre proponente e patrocinador: art. 22, §2º.

Continua não existindo vínculo entre copatrocinador e doador com as pessoas jurídicas de direito privado sem fins lucrativos, com finalidade cultural criadas pelo copatrocinador.

Contudo, foram incluídos outros dois requisitos:

- tais pessoas jurídicas de direito privado sem fins lucrativos precisam ter planos anuais de atividades aprovados pelo MinC (em tese, para projetos que não estejam estruturados sob a forma de Planos Anuais de Atividades não se permitirá o recebimento de patrocínio ou doação de pessoa vinculada).
- copatrocinador deve destinar ao FNC ou projetos desvinculados da atuação de sua instituição, ao menos 20% dos recursos nela aplicados — art. 22, §2º.

e) Abatimento das doações e copatrocínios: art. 23 §3º.

As pessoas jurídicas não poderão abater mais as doações ou copatrocínios como despesa operacional em nenhuma hipótese — art. 23, §3º

f) Percentuais de abatimento sobre o IR: arts. 24 e 32.

Poderão ser de 30%, 60%, 70%, 80%, 90% e 100%, segundo critérios de avaliação que contemplará a acessibilidade do público, aspectos técnicos e orçamentários, sendo os "critérios transparentes" e que nortearão o processo seletivo aprovados pela CNIC, com a colaboração dos Comitês Gestores e publicados até 90 dias antes do início do processo seletivo.

Ainda, segundo o §2º do art. 32, os projetos serão submetidos *a sistema de pontuação* que indicará seu enquadramento em um dos percentuais acima.

Todas as questões relevantes trazidas pelo PL ficam por ser regulamentadas, o que gera enorme insegurança jurídica.

g) Despesas dos projetos: art. 26.

O projeto poderá prever despesas com *elaboração, captação, administração* e *comunicação*, nos termos do regulamento, sendo que a soma não poderá superar 30% do total do orçamento.

Novamente, a ausência de critérios mais precisos gera insegurança jurídica e dificuldade das instituições e empresas que utilizam o sistema de Mecenato para o planejamento de suas ações.

h) Plano Anual para os institutos que desenvolvam atividades permanentes: art. 27.

Prevê o referido art. 27 que:

- As pessoas jurídicas sem fins lucrativos de natureza cultural que desenvolvam atividades permanentes, assim consideradas pela CNIC, deverão apresentar plano anual de atividades, para fins de utilização dos mecanismos de doação e copatrocínio, nos termos do regulamento.

Aqui não fica claro se os institutos que desenvolvem atividades permanentes poderão apresentar outros projetos além do Plano Anual. As *pequenas* instituições sem fins lucrativos que, mesmo com atividades permanentes preferem apresentar projetos separadamente, tendo em vista a dificuldade de captação mínima para movimentação dos recursos.

Aplicação dos recursos não poderá ser feita por intermediação

Repete o que a Lei Rouanet (art. 28) já prevê. Porém, ao contrário dela, não diz o que caracteriza ou não essa intermediação e também não menciona se será regulamentado por decreto. É necessário que a lei tipifique intermediação.

Ficart

O Ficart já está regulamentado pelo presidente da República e pela Comissão de Valores Mobiliários (CVM), pronto pra uso. Novamente destacamos que não é necessário um PL que revogue a Lei Rouanet, e sim um PL que altere a referida lei aperfeiçoando sua implementação.

Apesar do art. 37 do PL prever que as pessoas físicas e jurídicas poderão deduzir do IR devido até 30% do valor despendido com a aquisição de cotas dos Ficarts, não podemos deixar de citar que o benefício fiscal previsto para os Funcines é 100% de abatimento, gerando competição desigual entre fundos com finalidades semelhantes. Seria recomendável, ao menos em um momento inicial da implantação dos Ficart, que o benefício fiscal oferecido fosse mais próximo daquele oferecido pelos Funcines.

Infrações e penalidades

Vale destacar os incisos IV, V e VI do Art. 41 do PL, que prevê como infrações:

> (...) IV – adiar, antecipar ou cancelar, sem justa causa, programa, projeto ou atividade beneficiada pelos incentivos.
> V – deixar o copatrocinador, o doador ou o proponente de projeto de mencionar a utilização de recursos previstos nesta Lei ou de dar os créditos ao Ministério da Cultura, quando da divulgação dos bens culturais e das campanhas institucionais;
> VI – deixar o copatrocinador, o doador ou o proponente do projeto de utilizar as logomarcas do Ministério da Cultura e dos mecanismos de financiamento previstos nesta Lei, ou fazê-lo de forma diversa da estabelecida no manual de identidade visual do Ministério da Cultura. (...)

Contudo, as penalidades para essas infrações não estão previstas no PL, e a aplicação das penalidades previstas no art. 42 aos casos supramencionados não são razoáveis. As penalidades ali previstas não são proporcionais às infrações cometidas pelos proponentes ou copatrocinadores. Faz-se indispensável a inclusão de penalidades específicas para as infrações supramencionadas, como abordaremos adiante.

Direitos sobre as obras financiadas com recursos públicos — Art. 49

Prevê o art. 49 do PL:

Art. 49. O Ministério da Cultura e demais órgãos da Administração Pública Federal poderão dispor dos bens e serviços culturais financiados com recursos públicos para fins não-comerciais e não-onerosos, após o período de 3 anos de reserva de direitos de utilização sobre a obra.

Parágrafo único. A disposição dos bens tratados neste artigo para fins educacionais, igualmente não-onerosos, poderá se dar após o período de um ano e seis meses de reserva de direitos de utilização sobre a obra.

O presente artigo afronta o art. 5, XXVII, da Constituição Federal, bem como os arts. 28 e 29 da Lei de Direitos Autorais (Lei nº 9610/98), à medida que ela garante aos autores o direito exclusivo de exploração de sua obra, a Lei de Direitos Autorais exige a autorização prévia e expressa do autor para que terceiros possam utilizar a sua obra.

A própria Lei de Direitos Autorais em seu art. 6 previu a possibilidade de subvenção do poder público à obras intelectuais dispondo expressamente que não serão de domínio da União, estados, Distrito Federal e municípios, as obras simplesmente por eles subvencionadas.

CONCLUSÕES

Uma vez apresentados os principais pontos do PL ora em Consulta Pública, cabe então analisarmos o PL em seu conjunto como forma de subsidiar o entendimento das principais questões relacionadas à alteração legislativa pretendida.

O PL e a Constituição Federal

a) Princípio da Legalidade

O aspecto talvez mais importante do presente PL está relacionado ao fato de que as principais modificações propostas ficaram, como resta claro da leitura do texto, relegados à posterior regulamentação.

Em outras palavras, o PL é "vazio" do ponto de vista de seu conteúdo, pois, na contramão das modernas noções de legalidade e sobretudo em oposição ao espírito da Constituição Cidadã de 1988, e ao princípio de legalidade que esta contém em seu âmago, pretende deixar ao Poder Executivo a definição de todos os critérios e condições em que o novo diploma será aplicado.

Em suma, confere ao Poder Executivo, no caso ao Ministério da Cultura, efetivamente, o poder de "criar direito", na medida em que caberá a ele toda a definição dos aspectos cruciais relacionados à aplicação da nova legislação.

O princípio da legalidade, antes de tudo, configura-se como proteção à sociedade contra os arbítrios do Estado: por este princípio, a atuação da administração pública fica condicionada à existência de lei a autorizar todos os seus atos.

Neste sentido, o presente PL viola flagrantemente o princípio da legalidade ao relegar a atos normativos inferiores (regulamento), e portanto alheios ao controle do processo legislativo e do Congresso Nacional, a grande maioria dos aspectos por ele tratados.

Mais que isso, a legalidade é violentamente pisoteada, uma vez que os atos regulamentares não possuem o poder de "criar direitos", ou de inovar na ordem jurídica. No entanto, a "lei vazia", antes de representar inovação no ordenamento jurídico, apenas confere um caráter de suposta legitimidade enquanto, na realidade, encobre o fato de que está a outorgar ao Poder Executivo um "cheque em branco" inadmissível no Estado Democrático de Direito.

Faz-se urgente, pois, que o presente PL estabeleça de antemão todos os critérios e condições relacionadas à sua posterior aplicação pela administração pública, sob pena de violação incondicional ao princípio da legalidade.

b) Garantias Constitucionais

Além de representar nítida afronta ao princípio da legalidade, o presente PL revela grande ameaça às liberdades previstas pela Constituição Federal, seja ao indivíduo (liberdades individuais) seja à coletividade (liberdades sociais).

Cumpre salientar que foi suprimida do PL a disposição presente na atual Lei Rouanet da maior importância para o respeito às liberdades sociais e individuais. Trata-se do atual art. 22 da Lei nº 8.313/91, que dispõe:

Art. 22. Os projetos enquadrados nos objetivos desta lei não poderão ser objeto de apreciação subjetiva quanto ao seu valor artístico ou cultural.

Afora esta imperdoável omissão, o simples fato da grande parte (senão a totalidade) dos critérios e parâmetros essenciais à aplicação da lei ficarem relegados ao futuro regulamento já constitui, por si só, outro indicativo poderoso de que as garantias individuais e coletivas estão em risco.

Na ausência de limites legais à atuação estatal, não há nada no presente PL que impeça o Poder Executivo federal de, no futuro, e sob a alegação imprecisa de "critérios" ou "interesse público", exerça juízo sobre o valor, mérito ou importância desta ou daquela manifestação cultural.

Se isso efetivamente ocorrer, estaremos diante de insofismável violação a diversos princípios constitucionais, dentre os quais aqueles que proíbem a censura prévia, a restrição à liberdade da manifestação de pensamento etc.

Cabe destacar, aqui, que o presente PL abre as portas para uma atuação discricionária da administração pública, a partir de critérios por ela mesma criados, situação esta inaceitável em um Estado Democrático de Direito em que vigoram, a um só tempo, os princípios republicanos e da tripartição dos Poderes.

O presente PL, abre espaço por um lado, para excessivo controle estatal sobre a produção, difusão e preservação da cultura nacional, e por outro permite ao Poder Executivo fugir de todo tipo de controle pelo Poder Legislativo ou pelo Poder Judiciário.

Ao analisar-se o presente projeto, portanto, nota-se que está eivado do vício capital da inconstitucionalidade e representa nítido retrocesso[4] no desenvolvimento do regime republicano e do sistema democrático na sociedade brasileira.

Restrições ao Mecenato

Ao lado das ofensas do PL à Constituição Federal, em nosso entendimento bastante claras, da leitura do PL depreende-se a evidente intenção de restringir a utilização da modalidade Mecenato, reduzindo sua importância e visando à sua extinção gradativa. Isso se evidencia a partir dos seguintes pontos:

---

[4] Pelo princípio progressivo dos direitos sociais, as medidas tomadas em favor dos direitos sociais devem ser mantidas e aprimoradas, nunca restringidas.

a) Novos Incentivos e LDO para 2009

Como inclusive consta do próprio texto do PL, a vigência dos dispositivos relativos à modalidade Mecenato ficará constrita ao período de 5 anos após a aprovação do PL e sua conversão em lei.

Isso porque, de um lado, o PL revoga expressamente a Lei Rouanet e, portanto, a renúncia fiscal por ela estabelecida, estabelecendo um novo sistema de incentivos fiscais ao Mecenato. Nesta medida, incide na espécie a disposição contida no art. 93 da Lei nº 11.768/08 (Lei de Diretrizes Orçamentárias para o ano de 2009), segundo a qual qualquer incentivo fiscal criado no orçamento do ano fiscal de 2009 deverá viger pelo prazo máximo de 5 anos.

Trata-se de disposição veiculada por Lei Ordinária e que, bem por isso, poderia ser excepcionada em lei de igual hierarquia (outra Lei Ordinária). Em outras palavras: nada impediria que o presente PL contivesse disposição no sentido de não limitar no tempo a vigência da renúncia fiscal por ela estabelecida.

Contudo, na ausência de tal disposição (silêncio legal), ou mesmo havendo (como é o caso) disposição expressa limitando a vigência da renúncia ao prazo de 5 anos, é natural que findo este prazo o mecanismo de Mecenato baseado na renúncia fiscal seja extinto, com consequências catastróficas para um setor cultural ainda altamente dependente da renúncia fiscal federal.

Além disso, cumpre salientar que o referido art. 93 da LDO para 2009, antes de fazer referência à limitação temporal da vigência dos mecanismos de renúncia, estabelece a necessidade de observação do art. 14 da Lei Complementar nº 101, a chamada "Lei de Responsabilidade Fiscal". Referido art.14 impõe que a criação de quaisquer subsídios ou incentivos de natureza fiscal sejam precedidos pela indicação de corte de despesas ou aumento de receitas que compensem a renúncia concedida — obrigação esta dispensada para os incentivos existentes antes da promulgação da LRF, no ano de 2001.

Portanto, se fosse mantida a renúncia fiscal atualmente estabelecida pela Lei Rouanet, não haveria limitação temporal à vigência dos incentivos e, tampouco, a necessidade de indicação das despesas a serem cortadas ou aumento de receita para a validação da concessão da renúncia fiscal.

No entanto, havendo revogação da Lei Rouanet e criação de novos incentivos, não apenas haverá a limitação temporal do benefício (a menos que o PL disponha em sentido diverso) como haverá, em qualquer caso (e neste particular o PL não pode dispor de forma diversa, por tratar-se de disposição veiculada em Lei Complementar), a necessidade de a União apontar, quando da definição do valor total da renúncia fiscal a ser concedida, o volume das despesas a serem cortadas ou receitas majoradas para justificar a concessão da renúncia.

Neste sentido, existe a possibilidade jurídica de que, anterior ao prazo de 5 anos, a renúncia fiscal concedida ao setor cultural seja sensivelmente reduzida em função da impossibilidade de a União realizar cortes de despesas ou aumento de receita em montante equivalente.

Trata-se, em termos simples, de substituir uma renúncia por outra totalmente incerta, sujeita aos gastos da União e de sua capacidade de aumentar a arrecadação (o que, atualmente, tem se revelado bastante difícil em face do cenário de crise que se avizinha para os próximos anos).

b) Faixas de incentivo

O PL, a pretexto de regulamentar o uso dos incentivos fiscais, estabelece faixas percentuais progressivas de benefício fiscal, sem explicitar quais serão os critérios a serem utilizados para o enquadramento dos projetos nas respectivas faixas.

Em que pese a insegurança jurídica que subjaz em tal situação, e relevando-se o fato de que a ausência de disposição legal quanto a esta questão corrobora o quanto já dito sobre a inconstitucionalidade do PL, devemos refletir sobre a efetividade real da medida.

O PL estabelece faixas de abatimento, a partir de 30% e faixas intermediárias de 60%, 70%, 80%, 90%, atingindo a 100% dos valores destinados aos projetos.

Em qualquer dos casos, proíbe-se o lançamento das quantias transferias aos projetos como despesa operacional.

No que concerne especificamente à faixa de 30%, em numerosos casos, o simples patrocínio a projetos e eventos que caracterizem marketing cultural já autoriza, segundo a legislação tributária em vigor, o lançamento das quantias despendidas a este título como despesa operacional, gerando resgate tributário da ordem de 34% do valor total despendido.

Desta maneira, portanto, a faixa de 30% de abatimento possui grande potencial de constituir-se letra morta, uma vez que nenhum contribuinte em sã consciência optará por utilizar um mecanismo de incentivo que lhe oferece vantagem fiscal menor do que aquele que obterá sem a utilização de incentivos específicos.

Já a faixa de 60%, trata-se de uma nítida redução dos benefícios concedidos atualmente pela Lei Rouanet, a qual, na hipótese mais modesta, permite o aproveitamento fiscal de 64% das quantias transferidas pelos contribuintes a projetos aprovados pelo MinC.

Contudo, a redução dos incentivos não se realiza apenas entre as faixas dos 30% e 60%, mas também nas faixas posteriores de 70%, 80% e 90%, considerando-se que hoje a grande maioria dos projetos culturais aprovados pelo MinC permitem abatimento de 100% das quantias transferidas pelo doador ou patrocinador.

Neste sentido, é bastante visível a intenção do presente projeto de reduzir e limitar a fruição dos incentivos fiscais para a atividade cultural, ao contrário do que ocorre hoje quanto aos incentivos fiscais específicos da área audiovisual, administrados pela Agência Nacional de Cinema, como visto anteriormente.

Trata-se de algo extremamente pernicioso para todos os tipos de manifestações artísticas e culturais, obrigados a competir com a indústria audiovisual pelos recursos dos contribuintes de IR em condições extremamente desvantajosas.

DIFICULDADES PARA OS REALIZADORES CULTURAIS

Além de criar restrições e limitações à utilização dos incentivos pelos contribuintes de IR, o presente PL também apresenta dificuldades para os realizadores culturais, exatamente o elo mais fraco de toda a relação de Mecenato, permanentemente sujeito à autoridade do Estado para a aprovação do projeto e à vontade dos contribuintes do IR na escolha dos projetos a serem patrocinados.

Pois não bastasse esta condição já adversa, o PL cria novos obstáculos:

a) 30% para elaboração/administração/captação/divulgação

Mais um ponto em que reina a insegurança jurídica e a falta de parâmetros objetivos, o PL estabelece que os proponentes dos projetos poderão utilizar até 30% do valor total dos respectivos projetos para custear serviços de agenciamento, elaboração de projeto, administração dos projetos e sua divulgação.

No entanto, não estabelece um limite específico para cada um destes serviços e os trata de forma indistinta.

Pelo atual regime da Lei Rouanet, os proponentes podem destinar até 10% para elaboração/agenciamento, outros 20% para divulgação dos projetos e, ainda, custear as despesas administrativas em valor não superior a 15% do valor total do projeto. Em suma, dispõe de até 45% do valor total do projeto para o pagamento de tais serviços. O presente PL limita tais gastos a 30%, uma redução de aproximadamente 30% em relação aos limites atualmente vigentes.

Esta medida representará dificuldades para os proponentes de projetos, sejam empresas produtoras ou entidades sem fins lucrativos.

b) Infrações e penalidades

Como já afirmamos anteriormente, o PL estabelece como infração à Lei, dentre outras coisas,

(...) adiar, antecipar ou cancelar, sem justa causa, programa, projeto ou atividade beneficiada pelos incentivos", ou ainda "deixar o co-patrocinador, o doador ou o proponente de projeto de mencionar a utilização de recursos previstos nesta Lei ou de dar os créditos ao Ministério da Cultura, quando da divulgação dos bens culturais e das campanhas institucionais.

Cabe destacar, aqui, que caracterizar o adiamento ou antecipação de um projeto beneficiado pelos incentivos como infração à lei e, portanto, passível de punição, é negar a própria essência do mecanismo de incentivo, que pressupõe o fato de que os proponentes dos projetos nunca podem estar 100% seguros do momento exato em que realizarão a captação de recursos para seus projetos, pelo exato motivo de que precisam convencer contribuintes do IR a aportar recursos para sua realização.

Dessa forma, tratar a data inicialmente estabelecida para realização do projeto com tamanha rigidez é, na maioria dos casos, impulsionar os produtores culturais para a ilegalidade sem que haja qualquer motivo relevante para tanto.

O mesmo pode ser dito em relação à obrigação de menção do apoio recebido do Ministério da Cultura: em virtude da necessidade — e até mesmo conveniência — do apoio dado pelas leis de incentivo, divulgada ao público (por se tratar do emprego de recursos públicos e, com isso, permitir o controle social a este uso), não cabe tratar a ausência desta comunicação como uma grave penalidade quanto a não realização do projeto ou o desvio dos recursos de natureza pública empregados.

Ao nosso ver, as sanções são extremamente severas e até mesmo desproporcionais (lembrando que o princípio da proporcionalidade entre violação e sanção é o princípio fundamental do Estado de Direito), acarretando sobrecarga a ser suportada pelos produtores e instituições culturais.

Trata-se de uma medida que penalizará, sobretudo, os pequenos produtores e as pequenas instituições culturais com maiores dificuldades para captar recursos e para planejar suas atividades. Desta maneira, mais uma vez, o presente PL se opõe aos preceitos divulgados por seus elaboradores, no sentido de democratizar o acesso aos recursos existentes para o financiamento cultural.

APROPRIAÇÃO DA CULTURA NACIONAL

O PL contém em si elementos que, potencialmente, atentam contra a Constituição Federal, em especial quanto a aspectos concernentes a liberdade de expressão, proibição de censura etc.

Contudo, além das afrontas mais diretas à Constituição a princípios basilares como a legalidade, o projeto está baseado em noções completamente equivocadas a respeito do papel do Estado e de suas responsabilidades, e que implicam em uma apropriação da cultura, pelo Estado, inaceitável no Estado Democrático de Direito.

a) O equívoco na noção de copatrocínio

Um dos elementos que respaldam nossa tese é representado pela noção, presente em todo o PL, de copatrocínio, isto é, como se o Ministério da Cultura, ou a União Federal, fossem copatrocinadores dos projetos incentivados na medida em que concorreram para possibilitar determinada realização cultural.

Não há nada mais falso e menos condizente com as disposições constitucionais a respeito do papel do Estado em matéria cultural.

Em primeiro lugar, porque a Constituição estabelece claramente ser papel do Estado o apoio e o incentivo à valorização e difusão das manifestações culturais. Portanto, não se trata de uma liberalidade do Estado, ou mesmo de uma benesse: ao contrário, ao incentivar a produção cultural nacional, a União Federal e o Ministério da Cultura estão simplesmente cumprindo sua obrigação constitucionalmente estabelecida.

Inversamente a estes princípios, surge a noção de copatrocínio, como se o Ministério da Cultura, em conjunto com a iniciativa privada, escolhesse o marketing cultural, selecionando projetos e arcando com parte dos custos para sua produção.

Esta noção não se coaduna em absoluto com as responsabilidades do Estado no processo de financiamento da cultura: a participação estatal não objetiva a exposição.

Ademais, a expressão "copatrocínio" inspira a aparente noção de que os recursos empregados nos projetos são de propriedade do Ministério da Cultura, quando na verdade são fruto de renúncia fiscal estabelecida em Lei e, portanto, concedida pelo Poder Legislativo. Ao Poder Executivo apenas cabe o gerenciamento para a perfeita aplicação da lei, isto é, para alcançar seus objetivos maiores. Esta é a correta interpretação a ser dada a qualquer diploma legal que estabeleça renúncia fiscal em favor de qualquer segmento da sociedade.

Não cabe, portanto, tratar os recursos de renúncia fiscal como se fossem do Poder Executivo, deste Ministério ou daquele e, em função disso, tratar o apoio concedido aos projetos culturais como "copatrocínio".

O que transparece da aparentemente ingênua e inocente expressão "copatrocínio" é, na realidade, a intenção subliminar do Ministério da Cultura de se apropriar dos projetos incentivados e utilizá-los para sua própria promoção. Em outras palavras: fazer uso da cultura nacional como instrumento de divulgação e promoção de um órgão que, dada sua natureza pública, deve pautar-se pela legalidade e impessoalidade. Nada mais impróprio.

Eis porque o PL deixa entrever algo de dirigismo cultural, de apropriação da cultura brasileira pela administração pública, algo inadmissível no Estado Democrático de Direito.

b) Violação aos direitos autorais

Em uma cabal manifestação de sua intenção em se apropriar da produção cultural brasileira, o PL revela o seu verdadeiro espírito quando, em seu art. 49, estabelece de fato a mais completa apropriação dos produtos resultantes dos projetos incentivados pela administração pública.

De acordo com o PL, os bens e serviços culturais resultantes do apoio concedido pelo Profic poderão, após período que varia de 1 ano e seis meses a 3 anos (segundo da natureza da utilização a ser dada), ser apropriados pela administração pública para utilização irrestrita sem natureza comercial.

Em outras palavras, tolhe o artista e o autor de seus direitos mais elementares, garantidos inclusive constitucionalmente.

Revela-se, assim, a verdadeira visão que se têm da função do Estado como financiador, fomentador e incentivador da cultura: alguém que está "pagando" pelo serviço cultural, por isso merece ser chamado de "copatrocinador" e, assim, tem direito ao uso irrestrito dos bens pelos quais "pagou".

A violação aos direitos autorais (de natureza personalíssima e inscritos dentre os direitos e garantias fundamentais no art. 5 da Constituição Federal, diga-se) contida no PL é sem dúvida um dos pontos de ilegalidade mais flagrante.

A Constituição Federal garante ao autor a fruição exclusiva do objeto de sua criação, assim como a Lei de Direitos Autorais (Lei nº 9.610/98) é clara ao garantir ao autor a totalidade dos seus direitos mesmo quando a criação ocorre mediante subvenção, auxílio ou incentivo do poder público.

Política cultural e as dimensões do desenvolvimento da cultura

*Paula Porta**

---
* Historiadora e ex-assessora especial do Ministro da Cultura.

POLÍTICA CULTURAL: CAMPO DE AÇÃO

PROMOVER O DESENVOLVIMENTO da cultura mediante o que hoje entendemos por política cultural envolve atuar em duas dimensões:

1. Aquela que diz respeito à produção e à recepção ou fruição de cultura e que está fortemente vinculada ao desenvolvimento humano e social.
2. Aquela que diz respeito à economia gerada pela atividade cultural, que se mostra expressiva e que pode vir a ser um dos vetores de desenvolvimento do país.

Essas dimensões estão entrelaçadas e o desenvolvimento de uma tem impacto positivo sobre a outra, mas elas exigem instrumentos e estratégias distintas de promoção. A função da política cultural é justamente construir esses instrumentos e estratégias, assim como estabelecer a forma de avaliar sua eficácia.

A pauta da política cultural é extensa, não apenas pela diversidade de segmentos da cultura, mas sobretudo pelas diversas frentes de atuação que envolve. Poderíamos citar as principais:

1. Formação: artística, técnica e empresarial.
2. Inserção da cultura no ensino: do básico ao universitário.
3. Formação de público.
4. Facilitação do acesso a obras, artistas, produtos, serviços e equipamentos.
5. Estímulo à difusão nos meios de comunicação: meio digital, rádio e televisão.

6. Memória e preservação: estímulo à formação, preservação e acesso a acervos referentes à cultura.[1]
7. Regulação: direitos autorais, proteção e promoção de conhecimentos tradicionais, da diversidade cultural nos meios de comunicação, legislação trabalhista etc.
8. Estímulo à economia da cultura: mecanismos de financiamento, promoção de exportação de produtos e serviços, modernização e descentralização de infraestrutura de produção e fruição, ampliação de mercado etc.
9. Construção e manutenção de indicadores para cada segmento.
10. Pesquisa e produção de conhecimento sobre os diversos setores ou linguagens.
11. Divulgação e cooperação internacional.

Formular estratégias e instrumentos de ação para atuar nessas diversas frentes requer diagnósticos — sobre a situação de cada setor e também do conjunto deles — que apontem como está a produção e o acesso à produção cultural no país.

Ainda estamos longe de ter esses diagnósticos, apesar do significativo avanço na coleta de dados e na construção de indicadores levantados, nos últimos anos, pelo Ministério da Cultura (MinC) e por alguns estados. É preciso que se invista continuamente nessa seara, não limitando-a como uma tarefa exclusiva dos gestores públicos. Realizadores, empresas e associações setoriais precisam empenhar-se em coletar e dar publicidade a seus números, de forma a subsidiar a ação.

A elaboração de diagnósticos tem outra função essencial ao desenvolvimento da cultura: a definição de metas.

Vista em geral como política de menor relevância, a política pública de cultura raras vezes trabalha pautada por metas. O mesmo ocorre nos centros culturais, museus e bibliotecas privados. E não há cobrança de parte alguma quanto a essa ausência: nem de governo, nem dos realizadores, nem da sociedade.

Uma política concreta de desenvolvimento só pode ser efetiva se definir com clareza suas metas. Isso mostra que ainda não fomos capazes de construir uma política cultural de fato no país.

---

[1] Hoje não há, por exemplo, uma política de preservação da memória da música, uma das maiores expressões da cultura brasileira.

O Plano Nacional de Cultura, em elaboração pelo MinC, que deverá passar pelo Congresso, pode tornar-se o ponto de inflexão nessa trajetória errática das políticas culturais. Mas, para isso, é preciso que seja capaz de:

1. Apontar metas a médio prazo para as frentes de atuação da política cultural.
2. Apontar os atores envolvidos na concretização dessas metas.
3. Propor a forma de articulação desses atores.
4. Estabelecer a forma de acompanhamento de resultados.

Um plano nacional deve ser uma referência para a sociedade, para os gestores e para os legisladores. Portanto, se for objetivo e bem elaborado, pode representar um significativo avanço para o desenvolvimento da cultura no país.

O meio cultural não tem se focalizado à elaboração desse documento, talvez porque ainda não tenha percebido seu alcance. Mas é preciso que participe de forma ativa e comprometa-se com a construção das metas traçadas.

É importante que o plano defina com clareza: o que se pretende alcançar, por que, por quais meios, os atores envolvidos e suas responsabilidades.

Caso contrário, pode-se produzir mais um documento discursivo e de pouco efeito, desperdiçando-se uma grande oportunidade de crescimento em direção a uma verdadeira política cultural, destacando sua importância e envolvendo novos atores.

ATORES DA POLÍTICA CULTURAL

A política cultural costuma ser entendida e cobrada como atribuição praticamente exclusiva do Ministério da Cultura e das secretarias estaduais e municipais de cultura.

Todavia a elaboração e a implantação de políticas culturais envolve um rol muito mais extenso de atores: centros culturais, museus, bibliotecas, teatros, cooperativas, associações setoriais, veículos de comunicação, escolas, universidades, pontos de cultura, bancos de desenvolvimento, instituições de pesquisa e de fomento, e talvez ainda outros.

A esses atores cabe exercer papéis distintos. Os gestores públicos podem e devem entendê-los como parceiros fundamentais, devem provocar sua ação, dar-lhes suporte, ajudar a identificar carências e lacunas na atuação e compartilhar atribuições. Contudo é fundamental que tais atores estejam cientes de sua responsabilidade no desenvolvimento de uma política cultural efetiva.

Uma das principais características desses outros atores da política cultural é que em geral atuam, em contato direto com o público, os criadores ou as empresas, e, portanto, podem ajudar muito na formulação mais realista das ações.

As universidades estão entre os atores fundamentais para o desenvolvimento da cultura, mas têm atuado muito pouco. As universidades podem ter um papel de relevo no estímulo à experimentação, na disponibilização de meios de produção, na difusão de obras, na formação de público, no desenvolvimento de tecnologias aplicadas.

As associações setoriais constituem outro exemplo de ator importante, mas aquém do papel que pode exercer. A cultura ainda carece de organização e de formulação por parte de seus realizadores. Construir estratégias de desenvolvimento requer ação coletiva, pactuação entre criadores/realizadores, uma visão de conjunto e o entendimento de que um setor não avança a partir de sucessos isolados ou de eventos dispersos realizados pelo mecenato público ou privado.

Destaca-se mais um exemplo: os grupos organizados em torno da ação cultural coletiva. Hoje, muitos deles tornaram-se pontos de cultura. O sucesso do programa, criado pelo MinC, parece residir justamente no fato de valorizar e recolocar em pauta a ação coletiva, ou seja, a prática da criação colaborativa, que favorece os vínculos comunitários, a troca entre gerações, a transmissão de conhecimentos. Esses grupos podem desempenhar grandes papéis no desenvolvimento da política cultural que aponta na concepção do programa, mas precisa continuamente relembrar: os pontos devem atuar como polos irradiadores, transmissores, multiplicadores. O apoio financeiro e tecnológico temporário oferecido pelo MinC tem essa finalidade e é fundamental o apoio à ampliação das atividades de cada grupo, sem se transformar em mecanismo gerador de dependência.

Se, por um lado, o setor público não está sozinho na tarefa de promover o desenvolvimento da cultura, por outro, dentre todos os atores, é o único que tem papel a exercer em todas aquelas 11 frentes de ação anteriormente elencadas, seja através de ação direta, de parcerias com os demais atores, de consultoria ou acompanhamento.

Portanto, o papel do setor público é estruturante. Uma ausência ou insuficiência de atuação deste setor torna limitado o alcance da ação dos demais atores. O ínfimo número de municípios que contam com secretarias de cultura no país é certamente uma das grandes dificuldades a enfrentar na implantação de uma política cultural que tenha alcance em todo o país. Da mesma forma, é preciso construir a presença mais efetiva das instituições federais nas regiões, para melhorar a articulação com os atores locais.

A implantação de uma política cultural que seja eficaz na promoção do desenvolvimento requer formulação de metas claras, a articulação de competências entre seus diversos atores e o fortalecimento de seus três principais elementos de sustentação: investimento, capacidade de gestão e instrumentos adequados de ação.

INVESTIMENTO E GESTÃO

A demanda por maior investimento orçamentário tem dominado todos os debates sobre o desenvolvimento da cultura. Um país com a riqueza, a diversidade e a qualidade de produção cultural do Brasil já deveria há muito ter incluído a cultura em sua agenda de prioridades, seja pelo desenvolvimento humano e social que faz florescer a seu redor, seja pela sua capacidade de gerar dinâmica econômica expressiva.

Em todo o país, levando-se em consideração orçamento federal ou os orçamentos estaduais e municipais, apenas a cidade do Recife está próxima de alcançar o investimento de 2% de seu orçamento em cultura, como recomendado pela Unesco. Não é, portanto, apenas em virtude de sua qualidade, que a produção cultural dessa cidade ganha destaque: há mais investimento.

No entanto, a disponibilidade de recursos não é a única nem a maior fragilidade no que chamamos de elementos de sustentação da política cultural.

O gestor público de cultura defronta-se cotidianamente com a baixa capacidade de gestão tanto de seus pares quanto de seus parceiros na sociedade, sejam eles associações setoriais, ONGs, Osips ou empresas.

É uma fragilidade que atinge o meio cultural indistintamente e compromete a eficácia da ação pública, o desempenho das empresas, o papel das organizações e assim por diante.

A dificuldade de trabalhar com metas é um dos aspectos dessa fragilidade. Mas a ele somam-se dificuldades de planejar, de traçar estratégias de ação para enfrentar os gargalos, de diferenciar meio de finalidade, de elaborar programas consistentes e duradouros, de medir resultados, de construir indicadores, de produzir dados. No caso das empresas da cultura, aparecem também as dificuldade de construir modelos de negócios, de trabalhar com planejamento, de identificar oportunidades.

Há no meio cultural (incluindo o setor público) um certo desdém pela gestão, entendida como questão menor frente à hipervalorizada criatividade na formulação de projetos e ações.

Também é comum a dicotomia ideia/formulação x implantação/gestão, como se pudessem ser pensadas de modo independente. A prática tem mostrado que boas ideias não se traduzem em resultados se descoladas da forma de gestão. O bom formulador necessariamente deve ter em mente a estratégia de implantação e gestão de um projeto ou programa.

Por isso, aumentar a disponibilidade de recursos sem aumentar a capacidade e a qualidade de gestão pode ter o efeito de aprofundar fragilidades, podendo levar a um colapso de gestão diante da ampliação da escala dos programas e projetos. É preciso atacar as duas questões de forma conjunta.

A par da justa e necessária demanda por recursos, devem estar a demanda e o empenho em qualificar a gestão, seja no setor público, seja no privado. É preciso vencer o amadorismo e o improviso presentes em nosso campo de atuação.

No tocante à gestão privada de empresas, equipamentos, organizações, coletivos, apostar na qualificação da gestão é algo premente. Já alcançamos alta qualidade na produção, mas persiste a fragilidade na gestão. Um criador frequentemente não é um bom gestor (e isso não é um demérito). A profissionalização dos gestores é essencial para o bom desempenho de projetos, de equipamentos culturais ou dos negócios.

A gestão pública de cultura demanda maior especialização, profissionais que se aprofundem no conhecimento das peculiaridades e das necessidades de cada segmento e que sejam capazes de estabelecer um diálogo qualificado com os realizadores, inclusive estimulando sua profissionalização. Também os equipamentos culturais precisam de bons gestores que saibam como dinamizar tais instituições e aproximá-las do público e dos criadores.

Não é por acaso que setores que alcançam os melhores resultados na gestão pública sejam aqueles que têm melhor estrutura e contam com especialistas, como a área de preservação do patrimônio histórico. Possuindo estruturas como a do Iphan e com o aporte de profissionais possibilitado pelo Programa Monumenta, produziu-se um salto de qualidade no setor, com ações em todo o país, associando patrimônio a revitalização urbana e turística e buscando promover formas dinâmicas de uso dos bens tombados.

Apostar em especialistas não significa apostar em pessoas com visão corporativista. Não necessariamente quem atua em um setor é um bom formulador e gestor de políticas para o desenvolvimento do mesmo. Muitas vezes o olhar externo é mais preciso em identificar problemas, fragilidades e propor soluções — podendo apresentar melhor desempenho na correção de distorções por não estar "comprometido" com o setor que é alvo de sua ação.

A aposta na terceirização da gestão seja de políticas ou de equipamentos públicos que ocorreu nos últimos anos é uma solução imediatista que tende a gerar ainda maior fragilidade.

É preciso formar e manter nos quadros do estado gestores capazes de oferecer retaguarda segura para a implantação de políticas consistentes. O acúmulo de conhecimento prático e de informação são qualidades valiosas para qualquer gestão. Não se pode depender de contratos temporários que geram infindáveis curvas de aprendizado e nenhuma garantia de continuidade para o gestor contratado, o que não favorece seu compromisso com o projeto ou equipamento no qual trabalha.

Cabe lembrar que o desmonte do MinC e de suas instituições nos anos de 1990, com a dispersão e a perda de muitos de seus melhores quadros, foi uma das principais causas da fragilidade institucional, que continua a repercutir quase vinte anos depois, uma vez que não foi resolvida. Uma reestruturação administrativa, que lhe garanta quadros de carreira mais qualificados e novos postos para dar conta das novas frentes de ação é algo ainda mais premente que a questão orçamentária.

INSTRUMENTOS DE AÇÃO

Uma das limitações da gestão pública de cultura está na escassez de instrumentos que dispõe para atuar em frentes tão diversas e enfrentar os novos desafios. Parte dessa escassez deve-se à inadequação dos instrumentos tradicionais, como leis de incentivo e convênios, para sustentar novas competências como o fomento à economia da cultura, o incentivo à cultura popular ou à cultura indígena, que exigem capacidade de investimento direto e regras diferenciadas tanto para a forma de apresentação de projetos quanto para o acompanhamento e para aferição de resultados.

Portanto, hoje, um dos principais desafios da gestão pública de cultura é ampliar seus instrumentos de ação, reformar as distorções identificadas nos instrumentos atuais e, sobretudo, aumentar a capacidade de investimento direto.

A ampliação do leque de instrumentos de ação inclui, por exemplo, os fundos setoriais e o estímulo ao uso de linhas de crédito. Quanto à capacidade de investimento direto, a questão aborda não apenas à ampliação de orçamento, mas à elaboração de mecanismos mais ágeis de viabilizar o investimento público e as parcerias com a sociedade. A reforma dos instrumentos atuais diz respeito sobretudo às leis de incentivo (Lei Rouanet e Lei do Audiovisual) e ao Fundo Nacional de Cultura.

Detenho-me aqui em traçar algumas considerações sobre a questão mais candente: a reforma das leis de incentivo federais, que constituem hoje (infelizmente) o principal instrumento de financiamento da cultura no país.

O incentivo fiscal foi um instrumento importante de viabilização da produção cultural no momento de desmonte das estruturas federais públicas de cultura no início da década de 1990. Hoje, apresenta claras deficiências e mais efeitos negativos do que virtudes como instrumento de política cultural.

Dentre as principais distorções que acarreta, destaca-se seu efeito inibidor para o desenvolvimento da cultura nas duas dimensões essenciais aqui discutidas:

1. Quanto ao desenvolvimento humano e social: as leis federais viabilizam a cultura pela metade. Ou seja, têm o foco na produção e desconsideram a recepção/fruição. O acesso à produção possibilitada por esse mecanismo é uma questão tangencial e secundária no texto tanto da Lei Rouanet quanto na Lei do Audiovisual que a espelha. O acesso público (seja ele pago ou livre) é algo que fica no campo do desejável, quando deveria ser obrigatório.
2. Quanto ao desenvolvimento da economia da cultura: as leis de incentivo desestimulam o estabelecimento de atividade autossustentável

nos diversos segmentos, além de concorrerem com os instrumentos que tentam realizá-la, como as linhas de crédito ou os fundos de investimento, anulando a atratividade destes. As leis de incentivo eliminam tanto o risco, inerente a qualquer atividade econômica, quanto o empenho/estratégia para alcançar sucesso e comunicabilidade com o público-alvo da produção que financiam. A produção estimulada por esse mecanismo é totalmente dependente de sua existência ou, pior, às vezes é artificialmente gerada apenas como forma de tirar proveito de sua existência. O saldo de quase duas décadas de leis de incentivo é a progressiva perda da dinâmica econômica do cinema, do teatro, do livro e, mais recentemente, das turnês musicais.

Cabe destacar alguns outros efeitos colaterais negativos das leis de incentivo, que precisam ser considerados na sua reforma.

- A gestão das leis de incentivo tem alto custo administrativo para um baixo resultado. A parcela de projetos que consegue captar recursos não chega a 20% dos projetos aprovados (em ambas as leis: Rouanet e Audiovisual) e não justifica a estrutura administrativa que requer. O esforço de democratização do acesso a esse instrumento realizado pelo MinC (certamente louvável) tem aumentado radicalmente o número de projetos apresentados, gerando forte impacto na gestão, numa estrutura já frágil. É inviável a gestão desse mecanismo em larga escala, esse é um dos limites de seu alcance e aponta para a necessidade de definir com precisão para quais setores ou para qual tipo de ação é adequado. Caso contrário, a maior parte da já insuficiente estrutura administrativa do ministério estará em breve absorvida nessa função.
- As leis de incentivo, dada a incerteza do que será viabilizado por patrocinadores, não permitem nenhum tipo de planejamento, nem articulação dos projetos da sociedade com programas do ministério, nem articulação de ação dentre diferentes atores. Nesse sentido, não favorecem a estruturação da política cultural.
- Esse mecanismo não prioriza linhas de ação ou seguimentos com o objetivo de sanar debilidades ou lacunas identificadas no desenvolvimento da cultura de modo geral ou de um setor em particular. Uma

reforma das leis poderia introduzir, dentre outras modalidades, a atração de projetos para atuar sobre questões específicas, estimulando uma nova forma de parceria entre ministério e sociedade. Exemplos: projetos voltados à democratização de acesso a produtos, equipamentos e serviços culturais; projetos à preservação de memória ou de transmissão de conhecimentos tradicionais; projetos voltados à circulação de exposições, filmes, espetáculos etc.

- As leis de incentivo criaram figuras artificiais como "produtores culturais"[2] e captadores de recursos, abriram espaço para a intermediação de agências de publicidade na definição de patrocínios, dentre outras distorções. A presença desses "novos atores", atuando na intermediação entre o realizador e o recurso público para a produção, elevou considerável e artificialmente o orçamento dos projetos, sem haver qualquer efeito de melhoria na qualidade ou na gestão dos mesmos.

- Um dos piores efeitos das leis de incentivo é o fato de não estimular a busca de resultados, sejam eles relativos à formação e ampliação de público ou ao desenvolvimento do setor no qual se insere. O objetivo da maioria dos projetos é sua própria e única realização. A análise da prestação de contas dos projetos está focada tão somente nas contas, faltando instrumento e capacidade de avaliação de resultados.

As distorções ocasionadas pelas leis de incentivo fiscal decorrem principalmente do fato deste ser o principal instrumento de ação da política cultural no país e não um instrumento complementar, adequado a certos objetivos, como deveria. Portanto é necessária e urgente sua reforma, mas não a sua supressão.

Em alguns setores da cultura, as leis de incentivo proporcionaram efeitos positivos, que podem ser potencializados. Em outros, a priorização através de percentuais mais elevados de isenção fiscal não se traduziu em resultados relevantes para seu desenvolvimento. Alguns casos:

- É no apoio à preservação do patrimônio histórico que o incentivo fiscal mostra maior eficácia. A lei de incentivo ampliou fortemente o in-

---

[2] Destaque-se que não se confundem com a figura do produtor especializado (presente na música, no cinema, no teatro, na TV etc.), que têm papel fundamental, importante para a profissionalização e o desenvolvimento dos diversos setores.

vestimento e a ajuda na mudança de uma realidade que era dramática. Uma reforma da lei deveria estender esse efeito aos arquivos históricos (que incluem a memória das artes. Hoje somente acervos audiovisuais contam com essa prerrogativa).

- No caso do livro, o efeito das leis de incentivo é restrita à democratização do acesso e redução de preços. É preciso fazer uso mais justificável do percentual maior de incentivo dado a esse segmento, destinando-o a estimular edições voltadas à distribuição gratuita (estabelecendo-se regras para tal) e edições populares que reintroduzam no país as tiragens altas e os preços baixos.
- A reforma da Lei Rouanet deve, necessariamente, atrelar-se à reforma da Lei do Audiovisual, caso contrário, acarretará uma concorrência desleal deste setor com os demais. As leis de incentivo representam um forte estímulo à produção de filmes, sem o necessário contraponto do estímulo à distribuição e exibição dos mesmos. As leis de incentivo poderiam figurar-se de modo mais estruturante para o setor, com foco na democratização do acesso (TV pública, exibição pública etc.) e no estímulo à circulação de conteúdos audiovisuais brasileiros.
- No caso da música, parece injustificável o maior percentual de incentivo para a música erudita e instrumental. O país da música precisa de uma política coerente com a importância desse setor. Seria oportuno que se diferenciasse os percentuais de isenção de acordo com a natureza dos projetos e não pelo crivo equivocado instrumental x cantada, erudita x popular.

A reforma das leis de incentivo deve estar associada a uma articulação entre diferentes instrumentos de ação, adequados para finalidades diversas. Nesse sentido, é importante que o uso de toda a isenção fiscal deixe de ser destinado a setores/linguagens específicos e passe a ter como foco a finalidade dos projetos, de modo a atuar nos pontos fracos de cada setor. Tais finalidades poderiam ser periodicamente pactuadas com os setores. Uma alteração dessa natureza transformaria as leis de incentivo em instrumentos consistentes de política cultural e permitiria o planejamento de metas.

A ampliação da escala de percentuais de isenção (hoje são apenas duas possibilidades para pessoa jurídica, 100% ou 30%) também pode beneficiar a capacidade de planejar o desenvolvimento dos diversos setores. Outras alterações que poderiam conferir às leis de incentivo fiscal o caráter de instrumento de política cultural seriam:

- As leis de incentivo, aliadas ao esforço pelo respeito aos direitos autorais, inabilitando a apresentação de projetos por proponentes devedores de direito autoral.
- A abertura brasileira para o principal instrumento de financiamento cultural e projetos relativos a produção estrangeira. É uma postura rara e que não encontra similar em outros países. Seria interessante que se discutisse a forma mais adequada de estimular o acesso dos brasileiros à cultura estrangeira, talvez com percentuais de incentivo um pouco reduzidos em relação à produção brasileira.
- Dado que o acesso é hoje a principal questão que a política cultural deve enfrentar, as leis de incentivo devem atuar nesse campo de forma vigorosa. Uma possibilidade é contemplar em seu rol de ação a modernização de equipamentos culturais de natureza pública (teatros, cinemas, casas de cultura), desde que se apresentem com um plano de gestão e de formação de público. Esses equipamentos constituem uma das principais formas de democratização do acesso à produção cultural.
- Com relação à gestão desse instrumento, sugere-se a descentralização da análise de projetos, que poderia ser regionalizada. Ganharia-se qualidade na avaliação da importância dos projetos dentro de seu contexto, assim como melhor avaliação de orçamentos, em face da realidade local de preços. Se regionalizada, a análise incluiria novas etapas: apresentação oral dos projetos frente à comissão. Esse mecanismo, já testado em alguns editais, é um filtro pelo qual passam apenas os projetos mais consistentes. A descentralização pode trazer agilidade e conferir uma função mais relevante para as representações regionais do Ministério da Cultura.

A reforma das leis de incentivo está em plena discussão. Muitos paliativos já foram testados, sem grande efeito no combate às distorções. Na tentativa de coibir muitas delas, acaba-se por burocratizar os procedimentos, em prejuízo da democratização do acesso. É preciso uma reforma corajosa, que requer o apoio consciente dos realizadores comprometidos com o desenvolvimento de seu setor, que já tenham enxergado que não há futuro para esse modelo de financiamento tal como funciona hoje. É hora de mudar.

CULTURA EM SUA DIMENSÃO ECONÔMICA

A atividade cultural (produção, circulação e consumo de bens e serviços) constitui um setor bastante expressivo da economia, que cresce a taxas elevadas e já representa 7% do PIB mundial. Por isso tem chamado a atenção de governos e órgãos multilaterais e é debatida na pauta de modernização de diversos países, sendo a Inglaterra e a China exemplos de peso.

A economia da cultura é altamente empregadora, responde por 6,4% dos empregos formais na Inglaterra, por 4% nos Estados Unidos e também no Brasil. É um setor com grande potencial exportador, uma vez que os produtos culturais estão entre os itens que encabeçam as exportações dos Estados Unidos.

A economia da cultura tem impacto positivo sobre outros setores, como a indústria de eletrônicos, que depende da veiculação de conteúdo. Também atinge de modo positivo na qualificação da inserção internacional dos países.

O Brasil tem vocação para tornar a economia da cultura um vetor de desenvolvimento social e econômico, baseado na sua diversidade cultural e em sua alta capacidade criativa.

Temos importantes diferenciais competitivos como:

1. A facilidade de absorção de novas tecnologias.
2. A criatividade e a vocação para inovação.
3. A disponibilidade de profissionais de alto nível em todos os segmentos da produção.
4. A alta qualidade e a boa aceitação de nossos produtos culturais em diferentes mercados.

Além disso, temos um mercado interno muito expressivo e é grande nosso potencial de crescimento no mercado externo, não apenas pelo interesse que nossa cultura desperta como pela boa imagem que hoje desfrutamos. É preciso que a cultura integre de forma vigorosa a pauta de promoção de exportações.

Atuam no país 320 mil empresas voltadas à produção cultural, que geram 1,6 milhão de empregos formais. Ou seja, as empresas da cultura representam 5,7% do total de empresas e o salário médio mensal pago pelo setor da cultura é 47% superior à média nacional. Trata-se de uma economia nada desprezível.

A diversa e sofisticada produção cultural brasileira deve ser entendida também como um dos grandes ativos econômicos do país, devido o potencial de gerar desenvolvimento qualificado.

A promoção desse setor requer ações integradas e contínuas. Implantar uma estratégia de desenvolvimento — envolvendo financiamento, capacitação e regulação — é um desafio imediato para aproveitar as oportunidades geradas pelas novas tecnologias que estão transformando radicalmente os modelos de negócio e as formas de acesso ao público e aos mercados. Portanto, uma estratégia consistente requer:

1. Aprofundar o conhecimento sobre os segmentos e sua dinâmica produtiva.
2. Capacitar empresas e criadores, sobretudo no que diz respeito à gestão de propriedade intelectual (que constitui um dos grandes ativos da economia da cultura).
3. Identificar vocações regionais e oportunidades no mercado interno e externo.
4. Capilarizar a distribuição, a circulação e a divulgação de produtos e serviços culturais.
5. Enfrentar a necessidade de atualizar a legislação pertinente ao setor e identificar as necessidades de regulação.

Houve um importante crescimento nos últimos anos, promovidos pelo MinC que atuou não apenas na divulgação da importância desse setor, como na construção de parcerias com os órgãos federais de fomento e pesquisa (IBGE, Ipea, BNDES, BNB, Basa). Tais parcerias resultaram na criação de mecanismos diferenciados de crédito e na primeira sistematização de dados e indicadores da cultura.

Outra ação importante do Ministério foi a criação de um programa específico para a promoção da economia da cultura, dotado de orçamento próprio, que teve suas primeiras ações voltadas para o mercado da música e para a promoção do artesanato de tradição cultural.[3]

Tais iniciativas, no entanto, serão sempre circunscritas caso não forem atreladas a uma estratégia, i.e. a uma política de desenvolvimento construída em parceria entre governo e setor.

A realização do grande potencial da economia da cultura no Brasil requer ações precisas que ataquem, sobretudo, o filtro que limita o desenvolvimento de todos os segmentos da cultura: a distribuição e a circulação de produtos e serviços culturais. Em alguns segmentos, como a música, esse gargalo envolve também a divulgação via meios de comunicação.

Se produtos, artistas, espetáculos, exposições não circulam, rompendo a fronteira da região nas quais nascem, não podem gerar uma dinâmica econômica sustentável. As razões dessa dificuldade de circulação são várias, mas é necessário esforço para equacioná-las e encaminhar soluções.

O desenvolvimento dessa economia da cultura, em síntese, está atrelado à expansão do acesso à produção.

CULTURA EM SUA DIMENSÃO SIMBÓLICA E SOCIAL

A cultura abre horizontes, amplia os níveis de percepção, apresenta universos simbólicos, instiga a reflexão, propicia experiências sensoriais, desperta a expressão, provoca. Toda produção, portanto, evoca recepção. Por isso a cultura não pode prescindir de contato com o público.

Cultura sem público não se realiza, perde parte de seu sentido, anula seu potencial transformador.

---

[3] O Prodec está estruturado em quatro eixos de ação:
 1. Apoio à coleta e produção de informação.
 2. Apoio a ações de capacitação:
    a) de empreendedores, cooperativas e empresas para desenvolver a qualificação e atualização de profissionais com foco em gestão empresarial, novos modelos de negócio, gestão de propriedade intelectual, de modo a ampliar sua inserção no mercado interno e externo.
    b) de técnicos de nível médio: para estimular a formação de profissionais especializados de acordo com a identificação de demandas dos segmentos da cultura.
 3. Promoção de negócios: apoio a feiras de negócios setoriais, exportação, distribuição de bens e serviços, atualização tecnológica e de infraestrutura etc. Visando promover a ampliação do volume de negócios, o aumento das exportações e o barateamento de produtos e serviços, ampliando o consumo e o acesso.
 4. Formulação de produtos financeiros: para dar suporte às instituições financeiras e de fomento na formulação de produtos adequados às necessidades da economia da cultura.

Produção sem público pode ter efeito para o criador, mas, definitivamente, não deve ser alvo da política cultural e do investimento público. Ampliar o acesso à produção cultural pregressa ou contemporânea é a missão primordial de uma política cultural.

Nos últimos anos, houve um significativo avanço no estímulo à produção cultural no país sem que se requeresse dos realizadores (proponentes dos projetos e parceiros) o compromisso com o acesso do público a essa produção, seja acesso livre ou remunerado.

A falta de critério e de estratégia no estímulo à produção gera uma massa de filmes sem tela, de espetáculos teatrais que não ultrapassam um mês em cartaz, de livros estocados em editoras, de CDs empilhados na casa de artistas, de acervos digitalizados, mas indisponíveis, de exposições que não circulam.

O investimento em cultura, apesar de ainda insuficiente, cresce gradualmente no país, mas, do ponto de vista social, não tem sido capaz de gerar desenvolvimento.

A QUESTÃO CENTRAL: ACESSO

A produção cultural se não atinge o público, não se realiza em sua dimensão simbólica e social nem na dimensão econômica. Ambas as dimensões estão unidas pela mesma dificuldade: o acesso à produção cultural.

Temos uma baixa capilaridade dos equipamentos culturais, um alto custo dos produtos e serviços, deficiência das estruturas de distribuição, dificuldades de presença nos meios de comunicação.

O baixo índice de consumo cultural no país não reflete desinteresse do público, mas dificuldade de acesso. O sucesso da pirataria de produtos culturais mostra isso. Essa dificuldade de acesso está relacionada tanto a poder aquisitivo quanto a ausência de oferta.

O meio digital favoreceu a circulação autônoma de conteúdos e áreas como a música e ou a literatura que estão entre as mais beneficiadas por essa nova liberdade de circulação.

São grandes as transformações que essa forma de democratização do acesso a conteúdos ocasiona e é evidente o caráter de empoderamento que pode gerar, sobretudo para a grande massa de excluídos do acesso à cultura presente na periferia das metrópoles, com seu vazio de equipamentos culturais.

Mas o meio digital não pode sozinho ocupar ou substituir esse e outros vazios resultantes tanto da ausência de uma política cultural, quanto das deficiências dos instrumentos com os quais hoje se tenta estimular a cultura.

Precisamos fortalecer redes: salas de espetáculo, de exposição, de festivais, pontos de cultura e de cinemas. Além de ações integradas, colaborativas, interestaduais.

Democratizar o acesso, ampliar o público, é hoje a grande questão da política cultural. Todos os seus atores têm responsabilidade nessa empreitada.

Uma política cultural efetiva precisa de um fio condutor, precisa cotidianamente responder, através de ações, por que e como a cultura é capaz de promover desenvolvimento.

"Vale-Cultura"

*Accor Services**

---
* Empresa de serviços.

O TICKET CULTURA é um produto-conceito de caráter social, cujo objetivo é promover o acesso do trabalhador brasileiro, principalmente de baixa renda, a diferentes eventos e ofertas culturais, ampliando seu escopo de conhecimento e lazer (acesso cultural). Sua concepção é baseada no Ticket Restaurante e, assim como esse, deverá ser regulamentado por lei, incentivando sua compra por parte das empresas.

O Ticket Restaurante tem sua base legal no Programa de Alimentação do Trabalhador (PAT), instituído pela Lei nº 6.321, de 14 de abril de 1976 e regulamentado pelo Decreto nº 5, de 14 de janeiro de 1991, que priorizam o atendimento aos trabalhadores de baixa renda, isto é, aqueles que ganham até cinco salários mínimos mensais. Este programa, estruturado na parceria entre governo, empresa e trabalhador, tem como unidade gestora a Secretaria de Inspeção do Trabalho/Departamento de Segurança e Saúde no Trabalho. Seu objetivo é melhorar as condições nutricionais dos trabalhadores, com repercussões positivas na qualidade de vida, na redução de acidentes de trabalho e no aumento da produtividade. Segundo dados do próprio Ministério do Trabalho e Emprego, apenas no mês de dezembro de 2008, mais de 11 milhões de trabalhadores foram beneficiados pelo programa, sendo quase nove milhões com renda inferior a cinco salários mínimos. (Veja: http://www.mte.gov.br/pat/relatorios_apartir_2008.asp)

Baseado nesta experiência vencedora do governo brasileiro, com mais de 30 anos de existência, amparada por diversos estudos realizados no setor cultural brasileiro, e impulsionado pela demanda de trabalhadores brasileiros, por intermédio da área de recursos humanos de seus empregadores, a Ticket desenvolveu o conceito do Ticket Cultura.

Conforme texto do Projeto de Lei n° 6.877/2006, de autoria do deputado José Mucio Monteiro (PTB),

> por meio da cultura se estimula a cidadania, a reflexão sobre os problemas afetivos, familiares, sociais, sobre o comportamento, sobre as alegrias e tristezas humanas. Muitas vezes sem um salário suficiente para sustentar sua família, o trabalhador limita sua existência ao básico para a sobrevivência, obtendo acesso aos bens culturais apenas mediante a televisão. Em que pese o alcance e a importância social da televisão, certamente não é desejável que o universo cultural do cidadão brasileiro se restrinja a um único meio de comunicação de massa. Há que se incentivar o cidadão de baixa renda a frequentar o teatro, o circo, a adquirir livros, a visitar museus. Não falta no brasileiro a fome de cultura, falta-lhe é o poder aquisitivo para saciar seu desejo. Sabe-se também que as exigências profissionais são cada vez mais duras e que a criatividade, a sensibilidade, o conhecimento geral são atributos desejáveis em um trabalhador. Quando as empresas investem voluntariamente na cultura de seus trabalhadores, estão certamente aumentando a produtividade de seus funcionários, por meio do aprimoramento da qualidade de vida.

Para que o Ticket Cultura torne-se uma realidade, este também deverá ser regulamentado por um programa governamental, que aqui denominaremos Programa de Cultura do Trabalhador Brasileiro (PCTB), semelhante ao Programa de Alimentação ao Trabalhador (PAT), e voltado à cultura.

O PCTB seria uma forma de incentivar o acesso à cultura no Brasil, pela demanda, complementando a Lei Rouanet (n° 8.313/91), que privilegia o incentivo a oferta da cultura. Apoiado neste programa, o Ticket Cultura seria um produto regulamentado que oferece uma rede de estabelecimentos culturais credenciados em que os trabalhadores, beneficiados por suas respectivas empresas, poderão utilizá-lo, exclusivamente, para pagamento de eventos de caráter cultural.

Ele seria oferecido ao mercado nas duas modalidades que já consagraram a empresa no segmento de refeição-convênio: em papel e cartão. As empresas poderão escolher livremente o tipo, embora para cada estabelecimento receptor da rede cultural, como circos, teatros, entre outros, o papel é a opção mais interessante e econômica. Esta modalidade proporciona maior capilaridade e pode ser utilizada em espetáculos itinerantes, circos e cidades com menor número de habitantes, onde os sistemas digitais ainda são minorias, não gerando custos fixos de infraestrutura (como o aparelho POS que captura transações das redes Visanet, Redecard, entre outras) para os estabelecimentos culturais. As vantagens oferecidas às empresas que aderirem ao programa seriam:

- Não incidência tributária sobre o rendimento do trabalhador.
- Não incorporação à remuneração (13º Salário, férias e horas-extras).
- Não incorporação à contribuição de encargos sindicais (INSS e FGTS).

A dedutibilidade do imposto de renda poderá ser considerada no PCTB em uma segunda fase, tão logo o programa já tenha sido bem assimilado pelo governo e empresas, como um maior motivador à adesão dessas.

O Ticket Cultura deverá ser usado exclusivamente para o pagamento dos eventos culturais relacionados no PCTB, como por exemplo:

- Teatro, dança, ópera, circo, mímica e congêneres.
- Exibição cinematográfica, videográfica, fotográfica e congêneres.
- Literatura, inclusive obras de referência.
- Espetáculos musicais.
- Artes plásticas, artes gráficas, gravuras, cartazes, filatelia e congêneres.
- Folclore e artesanato.
- Patrimônio cultural, inclusive histórico, arquitetônico, arqueológico, bibliotecas e museus.
- CDs e DVDs (aluguel e compra).

Uma análise detalhada da proposição de valor do Ticket Cultura demonstra o grande valor agregado deste produto para todas as partes interessadas envolvidas, gerando valor em toda cadeia:

- Para o trabalhador:
    — Inclusão e desenvolvimento cultural.
    — Motivação e percepção de benefício.
    — Mais opções de lazer.
    — Melhor qualidade de vida.

- Para a empresa cliente:
  — Valorização da imagem.
  — Benefício diferenciado no mercado.
  — Maior produtividade e satisfação dos funcionários.
  — Melhor relacionamento com seus funcionários.
  — Não incidência tributária sobre o rendimento.
  — Não incidência de natureza salarial.

- Para o setor cultural:
  — Aumento da demanda por cultura.
  — Ampliação da oferta por cultura.
  — Facilitação ao acesso a estabelecimentos e eventos culturais.
  — Formalização de empregos e empresas.
  — Diversificação dos canais de difusão e melhora no nível de informação cultural.
  — Não discriminação dos estabelecimentos culturais (utilização do *voucher* papel, que não possui custos fixos de credenciamento no sistema).
  — Valorização de cultura local.
  — Estímulo para o surgimento de novos empreendimentos locais.

- Para o governo:
  — Valorização da cultura nacional.
  — Aquecimento econômico do setor de cultura.
  — Maior acessibilidade à cultura pelos trabalhadores de baixa renda.
  — Formalização do mercado de trabalho e das empresas.
  — Diminuição da violência doméstica e criminalidade juvenil.
  — Geração de renda e empregos.

A cultura é comprovadamente uma excelente forma de geração de emprego e renda. Segundo pesquisa da Fundação João Pinheiro, a cada R$ 1 milhão investido na área cultural, são gerados 245 novos empregos. A expectativa da Ticket é beneficiar cerca de 600 mil trabalhadores nos próximos 5 anos. Este número representa 2% dos 27 milhões de trabalhadores registrados na CLT. O estudo revela ainda que a cada R$ 1 gasto em cultura, é gerado R$ 1,09 adicionais em atividades paralelas, seja em transporte, alimentação etc. Com isso, a expectativa é de que o mercado movimente mais de R$ 4 bilhões nos primeiros 5 anos de vigência do programa.

Estudo do IBGE aponta que uma família brasileira gasta em média R$ 115 em cultura por mês. Ao compararmos este estudo ao escopo que o produto Ticket Cultura atenderá, a média de gastos é de R$ 20 mensais. Caso seja uma tendência, nos próximos 5 anos, o ciclo cultural no país será potencializado em cerca de R$ 700 milhões por ano e o universo de pessoas que utilizarão o programa poderá chegar a três milhões de usuários.

Dados não faltam para comprovar que a demanda cultural no Brasil está reprimida. Segundo o IBGE e comparando com o escopo do Ticket Cultura, o brasileiro só investe 2% do seu salário mensal neste setor. Enquanto isso, os canadenses e os ingleses aplicam 3,2% e 9,3%, respectivamente. Já a Funarte mostra que a média da taxa de ocupação de um teatro no Brasil é de 13%. Nem em circos e cinemas esse número atinge a casa dos 30%. Elas são 21% e 26%, conforme dados da Central do Circo e Ancine.

Com a criação do PCTB e o lançamento do Ticket Cultura, o mercado cultural crescerá de forma acelerada, com geração de demanda por cultura e de empregos, formalização dos estabelecimentos culturais e o surgimento de novos empreendedores culturais.

Com o Ticket Cultura toda a sociedade ganhará e milhões de brasileiros serão beneficiados.

Preservação do patrimônio cultural nos centros históricos

*Luiz Fernando de Almeida**

---

* Presidente do Instituto do Patrimônio Histórico e Artístico Nacional, Iphan.

APRESENTAÇÃO

O PROCESSO DE urbanização no Brasil apresenta características singulares, embora em linhas gerais reproduza as condições observadas nos demais países periféricos, especialmente da América Latina: rapidez, concentração demográfica, modos de produção em pontos restritos do território, degradação ambiental, segregação, violência e uma desigual distribuição da renda nos níveis interpessoais e inter-regionais.

As grandes regiões metropolitanas da Região Sudeste, São Paulo e Rio de Janeiro, onde se estabeleceram grande parte das atividades econômicas do país, desde o início do século XX, foram as que mais cresceram e transformaram-se. Este crescimento ocorreu sem efetivos instrumentos de gestão e controle, gerando um processo de substituição e de expansão urbana, que destruiu grande parte da herança urbanística e arquitetônica, do século XVI até então. Poucos conjuntos expressivos foram preservados e a exceção da arquitetura religiosa, pouco restou do patrimônio cultural.

Outras cidades importantes, especialmente as localizadas nas regiões Nordeste e Norte, cujo apogeu econômico aconteceu entre os séculos XVII e XIX, como Salvador, Recife e Olinda, São Luís e Belém, por estarem na periferia do processo de urbanização e de expansão capitalista acima referido, adentraram na segunda metade do século XX, com um patrimônio arquitetônico urbano expressivo e em grande parte em razoável estado de conservação. A existência de áreas de expansão urbana atrativas ao mercado imobiliário e de uma consciência social mais aguda, manifesta por ações da sociedade civil, do Instituto do Patrimônio Histórico e Artístico Nacional (Iphan) e de outras instâncias da administração pública, evitou que se reeditasse na mesma escala, o quadro verificado no Rio de Janeiro e São Paulo.

Contudo, apesar da existência nas cidades citadas de acervos e conjuntos de grande relevância cultural e artística e de terem ocorrido intervenções preservacionistas — nem sempre adequadas, realizadas nas últimas décadas — é evidente o processo de degradação a que estão submetidas as áreas centrais, habitadas em grande parte por população de baixo poder aquisitivo, de pouca inserção no mercado formal de trabalho. A atividade econômica e o emprego declinam, a infraestrutura se torna obsoleta e os edifícios entram em acelerado processo de degradação. Muitos já se encontram em ruínas ou em risco de desabamento.

Os mecanismos tradicionais, sejam de preservação do patrimônio cultural, sejam de regulamentação urbanística, sejam de financiamento ao desenvolvimento urbano, à habitação e às atividades econômicas, não têm se mostrado eficazes para enfrentar esta situação, a par do potencial dos novos instrumentos urbanísticos, jurídicos e tributários, constantes da Lei nº 10.257, mais conhecida como Estatuto da Cidade. São grandes as desvantagens competitivas, para atrair investimentos privados e ampliar o mercado. Os custos de recuperação das edificações é elevado, em relação aos padrões convencionais. As imagens de zonas degradadas criam estigmas que afastam as atividades mais dinâmicas, apesar do potencial turístico e da existência, em muitos casos, de infraestrutura urbana e social.

Vários países já enfrentaram situações semelhantes com êxito considerável. Para tanto é necessário haver uma política específica de reabilitação urbana, de longo prazo, que envolva um conjunto de estratégias e ações, capazes de garantir não só a recuperação, mas sobretudo a sustentabilidade dessas áreas e sua reinserção na dinâmica urbana.

É fundamental a percepção de que projetos desta natureza exigem gestão articulada e continuada, das instâncias governamentais e da sociedade civil e vinculação às demais políticas públicas. As cidades que mais recebem turistas em todo mundo, como Paris, Barcelona, Roma, Veneza, Florença e muitas outras, têm na preservação do patrimônio cultural sua principal atratividade. O Brasil alia em muitas cidades, cenários naturais de rara beleza, diversidade cultural e a existência de um legado arquitetônico e artístico singular e de grande expressão.

O uso dos edifícios, os espaços públicos qualificados, o bom funcionamento dos equipamentos, a presença de atividades econômicas geradoras de emprego e renda e a inclusão da população residente, detentora da memória afetiva e social, são alguns dos ingredientes para dar início a uma política de longo prazo. São elementos dinamizadores da vida urbana, capazes de restabelecer a sociabilidade e urbanidade de outrora.

Os investimentos necessários para iniciar um programa desta importância são pequenos face aos benefícios econômicos e sociais decorrentes, especialmente com o incremento da atividade turística e a melhoria dos indicadores de qualidade de vida e da inclusão social. O financiamento da habitação deve ser operacionalizado, por um conjunto de alternativas, moldáveis a cada situação. O subsídio é uma necessidade, dado o perfil socioeconômico da população e o elevado custo da readequação dos imóveis. A locação social dirigida a grupos sociais vulneráveis é uma possibilidade a ser considerada a depender do contexto específico e do perfil da população beneficiária.

Em algumas cidades, áreas portuárias, pátios ferroviários ociosos ou em desuso demais terrenos e imóveis públicos podem se constituir em importante elemento de estruturação de projetos integrados de recuperação urbanística e preservação do patrimônio cultural, que além de programas habitacionais e de melhoramento da infraestrutura, permitam também investimentos em atividades econômicas que se potencializem pela localização estratégica.

O Programa Monumenta do Iphan/Ministério da Cultura (MinC) apresenta resultados expressivos nesse sentido e reúne um significativo acervo de experiências e gestão. O Ministério das Cidades também possui um Programa de Reabilitação de Áreas Urbanas Centrais, evidenciando a inter-relação entre as dimensões urbana e cultural. O Banco Nacional de Desenvolvimento Econômico e Social (BNDES), maior parceiro do Iphan no apoio financeiro para a recuperação do patrimônio cultural brasileiro, se prepara para financiar ações estruturais de reabilitação de áreas urbanas centrais. A Caixa Econômica Federal possui experiência em programas habitacionais e urbanos, inclusive em áreas de interesse histórico, e considerável capacidade técnica e operacional. A esta institucionalidade no plano federal, devem-se aliar os estados, municípios e os agentes sociais e econômicos locais.

Não é possível avaliar um programa de reabilitação e de gestão para áreas urbanas centrais de interesse cultural, sob a ótica exclusivamente financeira. Há que se considerar a dimensão social e cultural, que a recuperação dinamizará, gerando empregos, renda e integrando e qualificando essas áreas, restituindo-lhes a condição de centros referenciais da cultura nacional. O mais importante agora é a decisão de agir, de conferir usos e atividades, de preservar uma herança repleta de significados para o povo brasileiro, hoje e amanhã, antes que estes espaços memoriais tornem-se, como a Itabira de Drummond, "apenas uma fotografia na parede".

ÁREAS URBANAS CENTRAIS DAS GRANDES CIDADES

CARACTERIZAÇÃO E CONTEXTO

- Concentração de monumentos, museus, igrejas, cinemas, teatros, espaços públicos e bens de elevado valor cultural, em muitos casos subaproveitados.
- Concentração de expressões culturais fundamentais para a proteção e promoção da diversidade cultural.
- Desqualificação urbanística e social nas áreas centrais, reunindo condições tão precárias quanto nas periferias.
- Concentração de *infraestrutura urbana*, transportes e equipamentos sociais, combinados com alta *acessibilidade*.
- Parcela significativa da população residente com *baixo poder aquisitivo*.
- *Falta de integração e incipiência das políticas públicas* para as áreas centrais.
- *Esvaziamento* político, econômico e funcional.
- Grande número de imóveis vagos e/ou *subutilizados*, parte deles degradados ou em ruínas.
- Complexidade do *quadro fundiário*.
- *Baixa atratividade* para os agentes imobiliários.
- *Alto custo de recuperação* e adequação dos imóveis para fins residenciais.
- Obrigatoriedade de execução, por parte da *União (Iphan)*, de obras de conservação e reparação de bens tombados. (Dec-Lei nº 25/1937)

OBJETIVO GERAL

Articular as ações das três esferas governamentais e dos demais agentes de desenvolvimento, públicos e privados, para a elaboração de uma estratégia de reabilitação das áreas centrais, que as insira na dinâmica urbana e alie a *preservação do patrimônio cultural* ao *desenvolvimento local*, com geração de emprego, renda e inclusão social.

OBJETIVOS ESPECÍFICOS

- Recuperar o *papel simbólico e referencial* que as áreas centrais têm na promoção e proteção da diversidade das expressões culturais.
- Integrar a *preservação do patrimônio cultural* às *políticas de desenvolvimento urbano* implementadas pelos municípios, reforçando a importância desse vínculo.
- Garantir a *diversidade social e funcional* nas áreas de intervenção, com estímulo ao uso habitacional.
- *Promover o uso das edificações* e a *qualificação de espaços públicos* em zonas de interesse histórico e cultural, incorporando as condições necessárias para a manifestação das diversas *expressões culturais.*
- Garantir *subsídios* para o acesso à moradia.
- Reduzir o número de *imóveis e terrenos vazios, subutilizados e degradados* das áreas urbanas centrais.
- Definir estratégia para a *permanência da população residente* e atração de novos moradores reavaliando, inclusive, as *densidades permitidas* nas áreas protegidas.
- Promover atividades de *qualificação educacional* e *profissional* para a população residente.
- Propor em conjunto com os bancos de desenvolvimento (BNDES, Caixa, Banco Interamericano de Desenvolvimento (BID), Banco Internacional para a Reconstrução e o Desenvolvimento (Bird) *linhas de financiamento* para a recuperação de imóveis, qualificação urbanística, instalação e manutenção de atividades culturais e econômicas.
- Estimular a *definição de incentivos fiscais* — IPTU, ISS, ICMS, entre outros — para reduzir custos e fomentar investimentos.

PROGRAMAS E AÇÕES

Programa Monumenta

- O Programa Monumenta do Iphan/Ministério da Cultura representa um importante avanço na gestão do patrimônio cultural brasileiro, articulando as ações de preservação ao desenvolvimento local e integração governamental e setorial.
- O programa fortalece as estruturas municipais responsáveis pela gestão do patrimônio cultural, por meio da constituição de fundos municipais de preservação geridos com participação social.
- Desenvolve e implementa instrumentos inovadores e ações estruturantes em três eixos:

    — *Qualificações urbanísticas integradas.*
    — *Dinamização econômica e cultural.*
    — *Recuperação de imóveis privados.*

Ação 1: continuidade do Programa Monumenta

- Ampliar todas as ações do *Programa Monumenta* e renovar o contrato de empréstimo que vence em 2009.
- Atender todas as 95 cidades com conjuntos urbanos protegidos em nível federal.
- O programa atuará de duas formas:

    1. *Ações de reabilitação do sítio histórico.* O apoio aos municípios ficará condicionado a elaboração de um plano de ação local para a gestão do patrimônio.
    2. *Linha de financiamento para a recuperação de imóveis privados.* Disponibilizado pelo Iphan para os imóveis das áreas protegidas.

- *Recursos previstos*: US$ 250 milhões para os próximos 5 anos, sendo US$ 100 milhões de financiamento BID, US$ 125 milhões da União e US$ 25 milhões de estados e municípios.

Ação 2: REFORÇAR A ATUAÇÃO DO MONUMENTA NO FINANCIAMENTO PARA RECUPERAÇÃO DE IMÓVEIS NAS GRANDES CIDADES

- Em 2009, possibilitar o acesso ao financiamento para recuperação de imóveis privados nas capitais com maiores problemas relativos à preservação do patrimônio histórico.
- *Estruturar* o financiamento para também atender *imóveis públicos* com uso habitacional ou misto.
- *Recursos: R$ 100 milhões/ano do Orçamento Geral da União (OGU)* a partir de 2009.
- *Cidades Prioritárias*: Belém, São Luís, Recife, Salvador e Rio de Janeiro.
- *Constituição de um fundo* para movimentação dos recursos dos financiamentos para garantir a *continuidade sustentada da ação*.

Ação 3: ARTICULAÇÃO INSTITUCIONAL — SISTEMA MinC

- Definir, no âmbito do Plano Nacional de Cultura, uma política intersetorial para a preservação do patrimônio cultural nos centros históricos.
- Articular essas ações à construção do *Sistema Nacional de Patrimônio*.
- Incorporar outras ações do *Sistema MinC* às ações programadas para a reabilitação dos centros históricos.
- Parceria com estados e municípios para implementar agenda de apoio à gestão e preservação do patrimônio cultural brasileiro.

Ação 4: ARTICULAÇÃO INSTITUCIONAL — FONTES DE FINANCIAMENTO

- Estruturar uma "carteira governamental" de financiamentos para obras de infraestrutura, requalificação urbana, incluindo as ações do Programa de Aceleração do Crescimento (PAC), dinamização cultural (equipamentos e gestão culturais) e geração de emprego e renda, com o apoio da Caixa e BNDES.
- Definir *critérios de priorização* das áreas de intervenção (cidades), considerando o patrimônio cultural existente, a situação fundiária, a infraestrutura e o potencial de recuperação dos edifícios para a instalação de novos usos e funções ou a manutenção dos existentes.

- Possibilitar que novas *intervenções em sítios protegidos* sejam enquadrados na *isenção plena da Lei Rouanet* (art. 18).

Ação 5: articulação institucional — Ministério das Cidades

- Apoiar a definição, no âmbito do Plano Nacional de Habitação, de um programa habitacional para as áreas urbanas centrais, que desenvolva novas alternativas para o financiamento habitacional, para imóveis públicos e privados, adequados às condições e dinâmicas dessas áreas, inclusive para a locação social.
- Apoiar, no âmbito do Conselho Nacional das Cidades, *adequações nas linhas de financiamento* existentes para ampliar as alternativas de atendimento aos imóveis vazios e ociosos das áreas centrais.
- Apoiar a definição de *subsídios específicos para um programa de habitação em áreas centrais*, escalonados de acordo com a faixa de renda a ser atendida e a importância histórica do imóvel (incentivos fiscais e creditícios, aplicação de instrumentos urbanísticos, recursos orçamentários a fundo perdido, recursos do FGTS).

Revitalização de áreas centrais de cidades brasileiras

*Maria Silvia Bastos Marques**

---

* Vice-presidente da Associação Comercial do Rio de Janeiro. Ex-secretária da Fazenda da Cidade do Rio de Janeiro.

HÁ CERCA DE 30 anos, em resposta à deterioração dos centros de grandes cidades, surgiu no Canadá (posteriormente com força nos Estados Unidos) uma experiência de governança para recuperar os outrora pujantes centros de negócios, comércio e serviços.

Denominado Business Improvement Districts (BIDs), este instrumento é hoje uma realidade em diversos países, além do Canadá e Estados Unidos, como Inglaterra, África do Sul, Austrália, Nova Zelândia e Alemanha, entre outros.

Nos Estados Unidos, existem mais de 1.200 BIDs em funcionamento. Em Nova York, que foi a alavanca fundamental para a recuperação da cidade, há 60 implantados e 12 em processo de implantação.

Trata-se de uma estrutura simples, similar a iniciativas que já acontecem no Brasil, como as de adoção de áreas públicas por empresas privadas (praças, logradouros), associações de comerciantes para a prestação de serviços em áreas comuns etc.

Estas iniciativas, em geral, enfrentam dois tipos de dificuldades: a de alinhamento com o poder público e a de pagamento regular das contribuições, no caso de iniciativas coletivas. Estas duas questões, na maioria das vezes, comprometem a continuidade destas ações.

Os BIDs (rebatizados de Áreas de Revitalização Econômica — AREs) resolveram estes dois problemas. Esta é a razão de seu sucesso comprovado e sustentado por mais de três décadas, com resultados expressivos na redução de crimes e violência, abertura de novos negócios, aumento do turismo, emprego e arrecadação. Como o fizeram?

As AREs são uma iniciativa do setor privado, dos proprietários de imóveis não residenciais em áreas comerciais em declínio econômico. Estes empresários decidem em votação (maioria simples do número de imóveis ou maioria simples do valor venal) o modo de organizarem-se na forma de uma sociedade privada sem fins lucrativos (ARE). Esta sociedade abrange uma área geográfica delimitada, onde se localizam estes imóveis.

Votada e aprovada, esta sociedade privada estará *autorizada por lei a operar em coordenação com o poder público local, para prestar serviços suplementares aos serviços públicos, com o fim específico de promover a revitalização de área de negócios delimitada.* A ARE formará um Conselho de Administração, com representantes dos proprietários dos imóveis e do poder municipal e contratará um executivo para a gestão dos projetos.

O projeto de gestão da ARE será definido pelo Conselho e envolverá a prestação de serviços públicos adicionais (em qualidade ou quantidade) como os de limpeza de vias públicas e de pichações em prédios, manutenção de calçadas e ruas, vigilância (câmaras de vídeo, supervisores equipados com rádios para comunicação com a polícia), iluminação, paisagismo, sinalização para pedestres e turistas, organização de eventos, requalificação de moradores de ruas, mobiliário urbano e quaisquer outros serviços que possam ajudar na recuperação econômica da região e que os proprietários representados estejam dispostos a custear.

Definido o projeto, por um período de tempo suficiente para implantá-lo, elabora-se um orçamento plurianual. A contribuição financeira individual de cada proprietário de imóvel não residencial será calculada proporcionalmente ao valor venal de seu imóvel. Ou seja, o valor de cada contribuição será diretamente proporcional ao orçamento definido pela ARE, em conjunto com o poder local, e ao valor venal do imóvel.

A grande diferença em relação às iniciativas usuais de adoções e parcerias é *a lei que criará a estrutura da ARE e que estabelecerá a obrigatoriedade da contribuição, após a criação voluntária da ARE. A cobrança será feita pela prefeitura por um carnê de cobrança para os proprietários de imóveis da região da ARE*, e que receberá uma taxa de administração pela prestação deste serviço.

A rede bancária, ao receber a arrecadação, repassará diretamente para a ARE os recursos (que sequer entrarão na prefeitura) e enviará à prefeitura a relação dos inadimplentes para inscrição em dívida ativa. Desta forma elimina-se, ou minimiza-se consideravelmente, a figura do "carona", que usufrui da prestação dos serviços sem pagar a contribuição.

Esta é a característica mais importante dos BIDs e, portanto desta proposta de AREs, pois é o que garante sua sustentabilidade financeira e de gestão e também o sucesso das iniciativas de recuperação destas áreas.

Este sistema cria um círculo virtuoso, pois os contribuintes, que se organizam voluntariamente e instituem as AREs, aplicam seus recursos na recuperação do espaço público, em total sintonia com o poder público local. A melhoria do espaço público valoriza os imóveis, aumentando a arrecadação de IPTU. A recuperação das áreas centrais atrai novos investimentos de empresas, hotéis, restaurantes, comércio, diversões etc., aumentando a oferta de emprego e a arrecadação de ISS e ICMS. A população, por sua vez, pode circular em áreas mais limpas e seguras e com maior oferta de serviços e comércio. Os proprietários de imóveis residenciais na região, embora não tenham contribuído financeiramente, terão seus imóveis valorizados pela recuperação do entorno, gerando satisfação e também maior arrecadação da prefeitura. A prefeitura, por fim, tem um impacto positivo em sua imagem, pela percepção de melhor prestação de serviços.

Portanto, só há benefício para todos os envolvidos.

Entendendo a importância e o momento oportuno para nossas cidades, a Associação Comercial do Rio de Janeiro lidera um processo para criar a ARE no Brasil, nos moldes dos BIDs. A motivação inicial, de revitalizar o centro do Rio de Janeiro, transformou-se em projeto passível de revitalizar os centros de nossas capitais, cidades médias e, talvez, até de pequenas cidades, quando houver áreas com características adequadas.

Para que seja possível implantar este modelo de governança é preciso criar uma nova contribuição, por meio de emenda à Constituição, pois não existe no Brasil um tributo adequado a esta cobrança, sem potenciais contestações. Após a criação e regulamentação da contribuição, o arcabouço e funcionamento da ARE serão definidos em lei municipal autorizativa.

Desenvolvemos diversos estudos, tivemos o apoio de especialistas tanto tributários quanto em implantação de BIDs (o CEO do Center City BID de Filadélfia, sr. Paul Levy), interagimos com os poderes público Executivo e Legislativo municipal, estadual e federal e com a iniciativa privada. Para concretizar a experiência foi elaborado um projeto piloto para a avenida Chile, no centro do Rio de Janeiro, que mostra a viabilidade econômica da instalação de uma ARE na região, com benefícios imediatos e visíveis.

A ARE pode ser uma alavanca de transformação importante para as cidades, como em Nova York, Filadélfia, Los Angeles, Montreal, Johannesburgo e tantas outras cidades que, à semelhança das nossas, sofreram com o processo de esvaziamento econômico de seus centros, a perda de empresas e de empregos, valor dos imóveis, estabelecimentos comerciais e de serviços, arrecadação, turismo e segurança.

Fome de cultura
*Carlos Augusto Calil**

* Secretário Municipal de Cultura de São Paulo. Professor da Escola de Comunicações e Artes da USP.

> Você tem fome de quê?
> A gente não quer só comida,
> A gente quer comida, diversão e arte.
>
> *Comida*, Titãs, 1987.

HÁ UM FENÔMENO novo na cena cultural brasileira: a sociedade em seus diversos extratos clama por vocalização, por oferta de espaços de lazer e convívio, por descentralização e regionalização, pela universalização da expressão artística, correspondendo ao acesso à representação e à participação cultural. Há uma fome de cultura no ar.

Iniciativas de diversos tipos, de governos e entidades do terceiro setor ou mesmo de empresas com consciência social, melhor dizer, com "consciência cultural", vêm obtendo êxito na medida em que enfrentam as demandas reprimidas na sociedade. No âmbito cultural, ao contrário do que ocorre na economia, a oferta induz a procura.

A perspectiva de atendimento desse clamor depende da construção de uma política cultural em que se alcance equilíbrio e complementaridade entre ações diretas do poder público e as indiretas, por meio das leis de incentivo e parcerias com o setor privado.

No entanto, desde o fim do regime militar em 1985, acompanhamos a sucessão de acontecimentos que, ao pretender responder à legítima demanda por liberdade de criação artística e participação da sociedade, instituíram um regime de descrédito da ação governamental, que não corresponde à verdade histórica, nem ao interesse público. O princípio de renúncia fiscal contaminou a cena cultural brasileira. A privatização do uso de recursos públicos criou uma nova rede de instituições privadas e empresas de prestação de serviços.

Contrariamente a gestão privada da cultura não é, em essência, superior à governamental, e sim, mais cara e de difícil controle pela sociedade.

Em vista do aqui exposto e, em particular, em função da estrutura fiscal do país — na qual cabe ao governo federal, estados e municípios, em ordem decrescente, a distribuição da arrecadação —, estamos aparelhados para enfrentar o desafio de analisar a função do poder público na cultura da cidade, como a de São Paulo.

Um político brasileiro já expôs que as pessoas não vivem no país, nem no estado, mas em sua cidade. Por este motivo, a política municipal é mais concreta e contraditória, uma experiência de compartilhar o território físico e de disputar o simbólico.

Em São Paulo convivem políticas culturais de múltiplas origens. No setor estatal ou paraestatal, destaca-se a rede de serviços culturais do Sesc; bem instalado, com programação de qualidade, tornando-se referência na cidade. Ele associa cultura, esportes e lazer de modo harmonioso. O governo do estado também mantém em sua capital alguns museus exemplares, entre os quais se destacam a Pinacoteca, o Museu de Arte Sacra e o Museu da Casa Brasileira. O governo federal tem dois de seus museus mais importantes em São Paulo: Cinemateca Brasileira e Museu Lasar Segall, resultado de uma incorporação bem-sucedida de duas instituições originariamente particulares. O setor financeiro, contando com incentivos fiscais, fundou institutos culturais de porte como o Itaú, Moreira Salles e criou o Teatro Alfa.

A vida cultural da cidade é intensa e recebe muitos estímulos de iniciativas privadas de artistas e empresários. Na exibição cinematográfica, verifica-se que a rede de cinemas de arte de São Paulo é superior à de Nova York e vem angariando prestígio entre os patrocinadores privados que disputam os nomes das salas: Sala Belas Artes HSBC, Sala UOL, Sala TAM, Sala Bombril, Espaço Unibanco etc. Enquanto que a rede de megalivrarias tornou-se o fenômeno local mais importante de nossos dias. Sem provincianismo, podemos dizer que São Paulo é hoje uma grande metrópole cultural. Costumamos brincar que "cultura é a nossa praia".

Nesse quadro abrangente e dinâmico, qual papel restou à Secretaria de Cultura da cidade?

Sua atuação tem origem no Departamento de Cultura criado por Mário de Andrade em 1935, certamente uma das intervenções públicas pioneiras em nível internacional. Em seu legado simbólico, encontram-se uma visão inclusiva da cultura, em paralelo com a educação pública e a saúde, uma antropologia cultural de resistência e o cuidado com a definição de um repertório nacional, que pudesse vir a estabelecer uma tradição. Um projeto de formação de país.

Entre as realizações de sua administração, destacam-se a criação da Discoteca Municipal, da Biblioteca Circulante, do Quarteto de Cordas, do Coral Paulistano, especializado em canções brasileiras, dos parques infantis, o financiamento da expedição Claude/Dina Levi-Strauss ao interior do Mato Grosso, que resultou no livro *Tristes trópicos*, a realização do Congresso da Língua Nacional Cantada, o início do registro fotográfico das transformações da cidade, entre outras. Apesar dessa origem ilustre, a Secretaria Municipal de Cultura permaneceu durante anos estagnada, em uma posição de confortável irrelevância política.

Em 2005, a deterioração — e a progressiva paralisia — atingira a segunda biblioteca do país, as 55 bibliotecas de bairro, os teatros distritais, enfim boa parte da sua rede física. Parte desse patrimônio fora transferido para as administrações das subprefeituras, em uma operação de descentralização precipitada. O orçamento anual de cerca de R$ 170 milhões era insuficiente, comprometendo-se ainda mais ao cobrir dívidas de R$ 20 milhões dos empenhos cancelados na gestão anterior.

Sou avesso ao hábito político nacional de desqualificar a gestão anterior para valorizar os feitos do governante de plantão. O caso da Biblioteca Mário de Andrade é emblemático. Nenhum governo poderia destruí-la por abandono no tempo de seu mandato. Sua decadência é fruto de uma omissão de sucessivas administrações, que correspondia a um sentimento de desvalorização arraigado na sociedade. No carnaval de 2006, a *Folha de S. Paulo* publicou uma nota na coluna "Há 50 anos" em que mostrava pela voz de Sérgio Milliet, ilustre diretor da biblioteca, que desde 1956 ela já necessitava de impermeabilização e de área de expansão para abrigar sua coleção de periódicos. Entre as inúmeras causas dessa decadência está o fato de a segunda biblioteca do país ter sido tratada pela administração municipal como mais uma biblioteca de bairro.

Tornara-se indispensável recuperar a iniciativa do poder público, visando à prestação de serviço público de melhor qualidade e a preservação das coleções, dos edifícios e equipamentos. Ampliar o orçamento, adquirir prestígio no centro do governo. Inverter a tendência de baixa. E sinalizar a mudança de postura, contra o desânimo geral dos funcionários, descrentes de fantasias redencionistas.

A Biblioteca Mário de Andrade foi objeto de um projeto de revitalização, cujos princípios baseiam-se na abertura para a praça que a circunda, na ampliação do espaço de depósito, no retorno da coleção circulante ao edifício central, na incorporação de um novo edifício vizinho, habilitado para receber a imensa coleção de periódicos. A obra já se iniciou e os recursos da ordem de R$ 25 milhões provêm de uma parceria com o Banco Interamericano de Investimento (BID).

O maior desafio talvez esteja na revitalização da rede de bibliotecas públicas. Abandonadas pela administração e pelo público, sua precariedade é grave. Muitas delas não dispunham sequer de banheiro em funcionamento; outra, de construção recente, datada de 10 anos, não permanecia iluminada em toda sua extensão, por seu quadro de luz não suportara a carga elétrica total. Problemas que a racionalidade e a boa gestão podem resolver. Mas o crucial era recuperar o público perdido. Nesse sentido, promoveu-se o essencial: a aquisição de novos livros e assinatura de periódicos para toda a rede (foram investidos R$ 6,8 milhões na compra de 256 mil exemplares de livros e na assinatura de 212 títulos de periódicos).

A observação das condições físicas, entre outras, ensejou a formulação do projeto de Bibliotecas Temáticas, em que além do acervo geral cada equipamento recebe uma coleção especializada em poesia, música popular brasileira, contos de fadas, cultura popular, ciências, meio ambiente, cinema etc. Essa vocação específica atrai um público especial, sem afastar o usuário que normalmente demanda as bibliotecas. A experiência em curso (há seis em operação) indica que este é um caminho promissor para a revitalização da rede.

A descentralização dos espaços culturais não é mais atendida pela rede de bibliotecas que se estabeleceu na cidade, principalmente até o decênio de 1970. A cidade se expandiu e desde então, vem surgindo um enorme contingente de população sem uma região de cultura e lazer. Trata-se de uma população predominantemente jovem, que movimenta o Centro Cultural São Paulo (CCSP) com 800 mil visitas ao ano. Esse projeto, de 1982, desdobra-se com a criação do Centro Cultural da Juventude, implantado em 2006, em uma carcaça de edifício, situada em Vila Nova, Cachoeirinha, onde a prefeitura desistira de instalar um sacolão.

Dando ênfase à cultura jovem, foi instituído em 2004 o programa de Valorização de Iniciativas Culturais (VAI), destinado a atender a projetos predominantemente de pessoas físicas entre 18 e 29 anos, estimulando a sua criatividade, com ampla flexibilidade de experiência a todas as linguagens.

Entre 2004 e 2008, foram aprovados 417 projetos com aporte máximo em cada um deles de R$ 18,6 mil e investimento geral de R$ 6,7 milhões.

Em estágio subsequente, início de profissionalização, o jovem encontrará apoio no Edital de Primeiras Obras, que destina R$ 50 mil a pessoas jurídicas, e R$ 30 mil, a pessoas físicas, uma linha direcionada à elaboração de um produto final.

Uma obra ainda se projeta para Cidade Tiradentes. Nessa região, na extremidade leste da cidade, com 280 mil habitantes, 80% de origem negra, se concentra uma cidade dormitório sem preparo urbano para abrigar sua população. Não possuía praças, calçadas, áreas de lazer, serviços públicos, muito menos espaços culturais; até a inauguração mais ou menos recente de dois CEUs e de um hospital.

No centro da Cidade Tiradentes, uma das áreas de maior vulnerabilidade social, será construído em meio a um parque um Centro de Formação Cultural para prover a região de cinema, teatro, circo, biblioteca, salão de exposições. Duas características inéditas visam a atender reivindicações locais: a constituição de um centro de memória viva de um povoado com 30 anos de implantação e um centro de formação em profissões técnicas ligadas à arte e à cultura.

Sabe-se que felizmente no campo da cultura a empregabilidade está em expansão. Contudo, o jovem da periferia muita vez precisa profissionalizar-se rapidamente. Para atrair esta faixa etária, serão criados cursos de formação sequenciada em atividades como cenotécnica, iluminação, sonorização, informática aplicada, dança, teatro e música vocacional etc. O conceito do projeto, inovador em relação aos centros culturais existentes, é o de oferecer formação profissional no espaço antes destinado exclusivamente à fruição cultural.

A universalização da expressão artística, demanda permanente dos jovens, é atendida pelo Programa Vocacional de Teatro, Dança e Música. A experiência bem sucedida do teatro ensejou a sua ampliação às outras modalidades artísticas. O vocacional visa atender a qualquer pessoa a partir dos 14 anos que queira iniciar-se nas linguagens oferecidas.

Além de orientar e estimular a produção dos grupos existentes, o programa proporciona expressão artística e reflexão aos novos participantes. As inscrições são gratuitas e ocorrem em diversos âmbitos públicos que cedem espaços para as aulas. Já são 31 mil os atendidos direta e indiretamente.

Os investimentos da prefeitura nesse programa nos últimos 2 anos atingem R$ 2,68 milhões.

Na recuperação do espaço urbano, o valor simbólico é essencial. Nas questões relativas ao Patrimônio Histórico, a dificuldade está em conciliar restauro e conservação com o novo uso do imóvel.

A Virada Cultural, festival de artes durante 24 horas, em sua edição 2008 obteve uma repercussão inédita. O espírito de festa múltipla e inclusiva, que promove o convívio entre classes, gerações e gêneros, ficou bem assinalado. Esta celebração ocorre principalmente no centro da cidade e faz parte do esforço de reocupação dessa área crítica, ainda deprimida após 40 anos de abandono.

Inspirada na *Nuit Blanche* (noite em claro) francesa, teve de forjar a própria identidade. O evento francês é basicamente a inversão de expectativas: os museus abrem de madrugada, espaços consagrados recebem programação inesperada (a igreja da Madeleine abriga festival de poesia sussurrada ao pé do ouvido) etc. Ao contrário da Virada Cultural, não é um evento de grande público, enquanto troca o dia pela noite.

Em 2006, a Virada correu o risco de não se realizar. Exatamente uma semana antes, o Primeiro Comando da Capital (PCC) desafiava o poder público em inúmeros atentados e a população traumatizada refugiou-se em casa. O governo confiou na oportunidade de estimular as pessoas a superar o episódio e recuperar a posse da rua. E foi impressionante a adesão silenciosa das pessoas que circulavam com segurança pelo centro em plena madrugada do domingo, 21 de maio. A Virada Cultural recebia o aval do público, da imprensa e dos artistas que dela participavam. Não se pode desprezar o caráter emblemático desse batismo de fogo.

Em 2007, as características de evento de rua foram consagradas, mas a fatalidade do confronto entre a Polícia Militar e os jovens do hip-hop na praça da Sé turvou o resultado de cordialidade que predominou do outro lado do Anhangabaú. As duas primeiras edições da Virada Cultural não haviam apresentado nenhuma ocorrência policial de porte. Perdida a inocência, e com ela a esperança de celebração das culturas, suspenderia as diferenças e os conflitos latentes, tornou-se inevitável considerar as peculiaridades dos grupos, de suas manifestações e gostos, de forma mais cautelosa, sob pena de inviabilizar o conjunto.

Com esse espírito e o sentimento marcadamente de ser paulistana, a ampla programação de 2008 buscou acentuar o diálogo entre os artistas locais e os nacionais, entre a produção histórica e a contemporânea, abrindo-se discretamente à participação dos estrangeiros. A área passou a abranger o centro expandido e, testando os próprios limites, dobrou o volume do investimento e sua capacidade de realização. Houve fatos inéditos nesse ano: famílias inteiras passeando tranquilamente pelo centro na madrugada de sábado, grupos artísticos marginalizados, como o das "Estátuas Vivas", montaram um museu vivo ao longo do Viaduto do Chá, para deleite do seu público. A cidade que já havia se libertado da publicidade dos anúncios via-se embelezada pela iluminação especial nos seus prédios característicos.

Jovens descobriam as ruas e praças do centro velho à procura de sua atração e tudo se passava sob a égide da relação direta entre poder público e a população, sem a intermediação de bandeiras comerciais ou de patrocinadores do dinheiro público via leis de incentivo. O imposto recolhido pela prefeitura devolvido ao contribuinte no velho modo republicano.

Isto significa *reurbanização humana* do centro. Felizmente há anos as sucessivas administrações municipais, mantidas as diferenças políticas, vêm investindo na recuperação do centro. Ao intervir na malha urbana pelo concreto, ela contempla medidas de reurbanização de ruas e praças, restauro de fachadas e edifícios, planejamento de moradias visando diversos padrões de habitação. O processo da Virada Cultural, nos mostra que o centro é o território a ser ocupado simbolicamente por todos os habitantes da cidade. Não pode continuar desconhecido dos habitantes dos bairros, como se não lhes pertencesse.

Tal percepção acarreta inevitavelmente outra. O vetor que pode recuperar o centro histórico, mesmo na sua vertente construtiva, é o da valorização cultural.

Fixada a vocação cultural do centro, cabe expandi-la ao seu entorno para atrair atividades ligadas à cultura e às artes: escritórios de arquitetura, de design, produtoras de cinema, teatro, dança, espetáculos, residências de artistas, habitações para jovens casais que demandam "arquitetura de autor" etc.

A experiência da Virada Cultural, que se converte na Festa da Cidade, constitui um exemplo eloquente de que há um anseio por cultura em São Paulo, e o desejo de tomar posse do seu centro, o território comum a todos. Associar recuperação concreta à simbólica, reurbanização física à humana, criar espaços de convívio, reencontrar o governo do estado, estimular atividades de participação e de apropriação pública parece ser o caminho. Basta observar os movimentos de uma população que, apesar de tudo, ama sua cidade.

Os equipamentos e os incentivos destinados aos cidadãos multiplicam-se pelo território; consagrando em sua estrutura, a experiência libertadora da vivência cultural. Presenciamos em toda parte um processo de crescente culturalização da sociedade, em que só a impregnação da cultura na educação formal e nos programas de reabilitação social poderá devolver alguma expectativa de transformação. Nesse processo, a ação cultural convoca, estimula e orienta a participação dos jovens em busca de oportunidades de atuação e de afirmação das identidades individuais e de grupo. E assim lhes oferece uma expectativa de futuro.

A fome de cultura, música dos Titãs, poderá ser aplacada se recuperarmos o papel do poder público, por intermédio do investimento direto nas ações de interesse social, com a indispensável ampliação dos recursos orçamentários do Ministério da Cultura e das secretarias estaduais e municipais. Em São Paulo, na gestão dos prefeitos Serra e Kassab, o orçamento da cultura evoluiu de R$ 176 milhões em 2005 a R$ 383 milhões em 2008. Assumindo suas responsabilidades, o poder público e seus parceiros na sociedade darão respostas à altura das demandas vivas da sociedade, da sua fome de cultura.

A convocação lançada pelo ministro Reis Velloso como mote das reflexões deste seminário valoriza a experiência de encantamento da personagem de *O lobo da estepe*, de Hermann Hesse. Cabe aqui recordar a sua pergunta: "O que chamamos cultura, o que chamamos espírito, alma, o que temos por belo, formoso e santo, seria simplesmente um fantasma, já morto há muito, e considerado vivo e verdadeiro só por meia dúzia de loucos como nós?". Podemos responder-lhe que felizmente somos mais que meia dúzia.

TERCEIRA PARTE

"TEATRO MÁGICO DA CULTURA", II: DESDOBRAMENTOS DA ESTRATÉGIA (GRUPOS DE TRABALHO)

GT DE APOIO AO CINEMA BRASILEIRO

Por uma indústria de cinema autossustentável*

*Luiz Carlos Barreto***

---

* Síntese da proposta do GT de apoio ao cinema brasileiro. Incorporando as contribuições de Roberto Farias (produtor), Luiz Severiano Ribeiro (exibidor), Paula Barreto (produtora), Carlos Alberto Diniz (produtor), Bruno Wainer (distribuidor), Jorge Pelegrino (distribuidor), Marco Aurélio Marcondes (exibidor e distribuidor), Manoel Rangel (diretor-presidente da Ancine), Mário Diamante (diretor da Ancine), Nilson Rodrigues (diretor da Ancine), Sérgio Sá Leitão (diretor da Ancine), Vera Zaverucha (superintendente de Controle do Mercado da Ancine).
** Produtor de cinema. Relator do GT de apoio ao cinema brasileiro.

A MAIOR EXCLUSÃO social praticada no Brasil é a do consumo dos bens culturais. Mais de 160 milhões de brasileiros estão privados e excluídos do conhecimento, da informação e dos eventos culturais de forma diversificada e plural.

Os filmes cinematográficos, manifestação cultural de consumo de massa, tornaram-se, no Brasil, um hábito da alta classe média, devido à concentração das salas multiplex localizadas em *shopping centers* luxuosos dos bairros residenciais da população de elevado poder aquisitivo.

O cinema, desde a sua invenção há quase 110 anos atrás, sempre foi pensado e realizado como um espetáculo de interesse popular. O Brasil foi dos primeiros países a não só mostrar, como também a produzir imagens cinematográficas, no início do século XX, exatamente um ano e meio depois que os Irmãos Lumière registraram a chegada do trem na gare do vilarejo La Ciotta, nos arredores da cidade de Marselha.

Já no século XXI, o Brasil continua sendo um país que, na opinião do escritor colombiano Gabriel Garcia Márquez detém, juntamente com os Estados Unidos, invejável vocação cinematográfica, tanto para produzir quanto para consumir imagens.

O mercado brasileiro consome anualmente mais de 700 milhões de horas de imagens exibidas nas 2.200 salas de cinema, nos mais de 20 milhões de aparelhos de DVD, nas TVs de sinal aberto e fechado, ônibus, aviões, navios etc.

Com todo este mercado interno, além da grande margem de possibilidade de crescimento, somos dos poucos países no mundo, juntamente com Estados Unidos, Índia, China e Rússia com chances de ter uma indústria cinematográfica autossustentável, sobretudo nesta era da convergência tecnológica em que o cinema, uma manifestação artística, é, antes que tudo, *linguagem*, não limitada a um conteúdo audiovisual. Portanto os filmes cinematográficos são portanto, o único produto credenciado a percorrer todos os meios de difusão (salas, DVD, vídeo sob demanda, TVs abertas e por assinatura, satélite, telefonia, internet etc.).

Mercado interno de grande potencial contudo insuficiente para atender as demandas de um país de dimensão continental, o Brasil pode não se restringir a um consumidor da imagem dos outros, mas vir a ser forte, vigoroso produtor de cinema e conteúdos audiovisuais para, prioritariamente, abastecer a demanda de sua população, assim como projetar suas imagens mundo afora, num processo de fixação da identidade cultural a nível interno, e difusão e ampliação de nossa visibilidade e espaço comercial, criando escala econômica que viabilize uma indústria cinematográfica como atividade economicamente autossustentável.

Para realizar esse crescimento é necessária uma correção de rumo na visão do Estado, da sociedade e da própria atividade sobre a política e a economia cinematográfica. Os investimentos realizados nos últimos anos, especialmente através da Lei do Audiovisual, foram fator central no redespertar do cinema brasileiro nos anos 1990 e início dos anos 2000, chamando a atenção do governo e da sociedade para a necessidade de um projeto estratégico afim de garantir a sobrevivência desse ciclo no longo prazo. A última década demonstrou que o investimento incentivado, realizado sem considerar uma política de efetiva participação do filme brasileiro em seu mercado interno, deixou-o à deriva em um ambiente altamente competitivo, em situação de desigualdade e indesejável inferioridade. Como consequência caímos de uma invejável taxa de ocupação do mercado de 38% nos anos 1970 para inexpressivos 8% em 2008.

O projeto estratégico elaborado no âmbito do Grupo Executivo para o Desenvolvimento da Indústria Cinematográfica (Gedic) no apagar das luzes do governo Fernando Henrique, constituído por sete Ministros de Estado e cinco representantes da atividade cinematográfica, não obstante seu rico conteúdo sistêmico, foi desestruturado e desfigurado logo na implantação da Agência Nacional do Cinema (Ancine), no congelamento do Conselho Superior de Cinema e na falta de recursos da Secretaria do Audiovisual do Ministério da Cultura. O Gedic, ao indicar a criação desse tripé, embasado em uma racionalidade, atribuiu a esses três agentes estatais funções específicas:

- regulação, fiscalização e controle — Ancine;
- formulação de políticas de fomento e desenvolvimento — Conselho Superior de Cinema;
- promoção e difusão cultural — Secretaria do Audiovisual (MinC).

Essa racionalidade, os objetivos, metas e planos de ação se perderam nas brumas das disputas do poder, e o tripé idealizado sequer foi construído. O Conselho Superior de Cinema, em 6 anos de existência, não formulou nenhuma diretriz para a política de desenvolvimento do setor.

O que fazer? Somente uma atuação sistêmica que contemple simultaneamente produção, distribuição, exibição nas salas, *home video*, DVD, e na televisão, bem como a penetração no mercado externo, e enfrente as questões estruturais que atingem todos os elos da sua cadeia econômica, pode direcionar a indústria cinematográfica brasileira para uma posição de consolidação e autonomia. Desse modo, o cinema poderia se tornar uma atividade permanente no Brasil, livrando-se da sucessão de ciclos e crises que permeiam sua história, e da necessidade endêmica de intervenções conjunturais do Estado, sempre transitórias. Nesse sentido propomos neste Fórum diagnósticos, metas e ações elaboradas pelo Gedic que — após mais de seis meses de reuniões e debates objetivando estruturar um plano estratégico para a implantação de políticas visando o desenvolvimento e consolidação da indústria e do comércio cinematográficos no Brasil — concluiu ser necessário adotar as medidas a seguir enunciadas. Elas constituiriam um ponto de partida de uma ação sistêmica a ser implementada no decorrer dos dois primeiros anos, complementando-se dinamicamente nos anos subsequentes por um plano de ação a médio prazo que abrangeria o período de 2001 a 2006 concentrando-se a partir deste ponto na meta principal e final: a autossustentabilidade da atividade cinematográfica como indústria na base de empresas nacionais de produção, distribuição, exibição e infraestrutura plenamente capitalizadas.

Resumidamente, os pontos que sugerimos resgatando e atualizando os que estão contidos no relatório do Gedic são:

a) Redefinição das funções da Ancine, atribuindo-lhe o papel exclusivo de agência de regulação e fiscalização.
b) Potencialização dos Fundos de Investimento Cinematográficos (Funcine) já existentes e estímulo à criação de novos para aumentar a

capacidade de financiamento dos setores da produção, distribuição, exibição e infraestrutura técnica. Enquanto o Fundo Público Setorial do Audiovisual cumpre a missão de financiar programas e planos de ação de empresas unicamente dos segmentos da produção e de distribuição. Inclusive desenvolvimento de projetos e a premiação automática do adicional de renda.

c) Redefinição e ampliação das atribuições da Secretaria de Audiovisual/MinC, em sua ação principal de promoção, difusão e animação cultural do cinema e do audiovisual; a partir de verbas orçamentárias.
d) Consolidação das Leis 8.401, 8685, adequando-as à conjuntura e realidade atuais, visando a melhorar a relação cinema e outros meios de comunicação de massa (TV, telefonia, internet etc.).

Hoje, o setor de bens culturais (teatro, DVD, CD, livro, sobretudo, cinema) foi o único que não se beneficiou com o *boom* de consumo popular que o Brasil presencia nestes últimos anos, fruto da acertada política econômica e social do atual governo. Em oposição a este crescimento do consumo, a atividade cinematográfica, por exemplo, encolheu quanto a frequência e taxa de ocupação do mercado. Desta maneira, optamos por acrescentar aos quesitos do Gedic dois novos pontos fundamentais para que o espetáculo cinematográfico volte a incorporar as classes C e D das periferias urbanas e meios rurais, e também um terceiro ponto que diz respeito aos excessos da máquina burocrática estruturada em nome do desenvolvimento da atividade que, inversamente, sufoca e inibe a ação criadora e produtiva do setor.

Sugerimos, portanto, prioridade absoluta a três novos pontos, a saber:

1. Instituição do Vale-Cultura ou Vale-Cinema nos moldes do Vale-Alimentação, com base nos estudos e diplomas legais já concebidos há 2 anos, e que se encontram parados em escaninhos burocráticos, malgrado o grande interesse do presidente Lula e do ex-ministro Gilberto Gil e do atual Juca Ferreira. Os estudos realizados revelam a possibilidade de se incorporar aos atuais 17 milhões de brasileiros que cultivam o hábito esporádico de ir ao cinema mais 35 a 40 milhões de trabalhadores de baixa renda (anexo).
2. Iniciar, urgentemente, uma ação para localizar e recuperar as salas de exibição cinematográfica existentes nas periferias urbanas e em gran-

des e médias cidades do ambiente rural, como também criar um projeto de construção e implantação de 1.500 a 2.000 salas e *minishoppings* localizados em bairros populares, e uma política de preço adequada ao poder aquisitivo da população de baixa renda. Este programa da exibição popular teria de ser desenvolvido em parceria com o "S" do Banco Nacional de Desenvolvimento Econômico e Social (BNDES) por se tratar de um vasto programa de inclusão social, com repercussão e potencialização da economia do cinema brasileiro.

3. Adotar critério e métodos administrativos menos burocráticos e condizentes com a característica dinâmica do processo de produção cinematográfica reduzindo e simplificando, sobretudo, a liberação de recursos captados e outros procedimentos operacionais que atingem níveis inaceitáveis. Entendemos que não custa observar as diretrizes da Lei Helio Beltrão de desburocratização, editada nos anos 1960 depois relegado ao esquecimento.

Todos os textos estarão anexados ao texto sinóptico nesta ocasião apresentado como material essencial para análise.

ANEXO

GRUPO EXECUTIVO DE DESENVOLVIMENTO DA INDÚSTRIA DO CINEMA — GEDIC

PRÉ-PROJETO DE PLANEJAMENTO ESTRATÉGICO DA INDÚSTRIA CINEMATOGRÁFICA

(em elaboração)

Subgrupo Gedic/Atividades

4ª versão em 7/2/2001

Por sorte, creio que nós nos entendemos sobre os conceitos fundamentais. Primeiro, antes de mais nada, o cinema é uma atividade cultural, que no mundo contemporâneo tornou-se importantíssima para a própria identidade de uma nação. A capacidade que tem o cinema de atravessar a sociedade, num corte seccional, é o que torna a realização cinematográfica ao mesmo tempo atraente e difícil. Ainda mais difícil na medida em que a globalização, neste terreno, é sinônimo da hegemonia de um único país, os Estados Unidos. Reconhecer a hegemonia mundial de Hollywood não quer dizer baixar a cabeça. Países tão diversos como a França e a Índia têm tido êxito em manter vivo o seu cinema, com uma fatia significativa do público, pelo menos dentro de suas próprias fronteiras.

Fernando Henrique Cardoso

Trecho do discurso proferido pelo presidente da República por ocasião da assinatura do decreto que cria o Grupo Executivo de Desenvolvimento da Indústria do Cinema, de 13 de setembro de 2000.

INTRODUÇÃO

É ocioso ressaltar a importância estratégica do Brasil no panorama mundial, sobretudo em relação à América Latina e à Comunidade Econômica Europeia. Oportuno, porém, é lembrar o papel que as cinematografias nacionais — a brasileira, no caso — vieram a adquirir na atual conjuntura. A evolução tecnológica mundializou o fluxo de informações, não o restringindo a caracteres e algarismos, mas incorporando imagens e sons. É seguramente a maior transformação na difusão de códigos desde a invenção da imprensa e do livro. Como resultado, deu-se a irrupção do fenômeno da transculturalidade. As culturas, que sempre tiveram vocação interativa, passaram a exercê-la em ritmo mais veloz e em abrangência avassaladora. Paralelamente, os jogos hegemônicos entre as nações perderam sua materialidade. A hegemonia se dá hoje em função da prosperidade dentro das próprias fronteiras e do consumo de sua produção simbólica, em âmbito mundial. A cultura, os valores e atitudes de uma nação não dizem mais respeito somente a sua coesão social, mas também a seu desempenho econômico. O vasto complexo denominado indústria cultural potencializou-se a ponto de constituir, além de instrumento de afirmação psicossocial, fator essencial de competição. A propriedade intelectual, dentre as quais se inclui com destaque a imagem cinematográfica, exprime com clareza esta dupla naturalidade da produção simbólica. No confronto mundial pela imposição de produtos da indústria cultural, e não só dela, a imagem de cada país, a sua marca, tornou-se fator de desenvolvimento, chancela para o conjunto da sua produção. É dentro deste quadro, voltado simultaneamente para dentro e para fora, que deve ser inserida a questão da indústria do cinema.

Poucos países no mundo, além dos Estados Unidos, têm população, mercado interno e concentração demográfica suficiente para enfrentarem a possibilidade de ter uma indústria cinematográfica autossustentável. A Índia já a tem, a China a persegue, a Rússia luta para recuperá-la. O Brasil possui condições de tê-la. Seu mercado interno pode ser considerado um ativo do país, pelo menos do ponto de vista da indústria cinematográfica. O fato de serem necessários vários períodos de governo, talvez uma ou mais décadas para atingir a meta da autossustentabilidade, mais que uma limitação, é um desafio. A perenidade do cinema enquanto expressão e produto, o justifica e valoriza.

Para que isso aconteça, porém, é necessário uma correção de rumo na visão do governo, da sociedade e da própria atividade sobre a política e a economia cinematográfica. Os investimentos realizados nos últimos anos, especialmente através da Lei do Audiovisual, foram fator central no redespertar do cinema brasileiro nos anos 1990, chamando a atenção do governo e da sociedade para a necessidade de um projeto estratégico que garanta a sobrevivência desse ciclo no longo prazo. A última década demonstrou que o investimento incentivado, realizado sem considerar uma política de efetiva participação do filme brasileiro em seu mercado interno, deixou-o entregue à própria sorte num ambiente altamente competitivo, em situação de desigualdade.

Somente uma atuação sistêmica que contemple simultaneamente produção, distribuição, exibição nas salas, *home video*, DVD, e na televisão, bem como a penetração no mercado externo, enfrentando as questões estruturais que atingem todos os elos de sua cadeia econômica, pode direcionar a indústria cinematográfica brasileira para uma posição de consolidação e autonomia. Desse modo, o cinema poderia se tornar uma atividade permanente no Brasil, livrando-se da sucessão de ciclos e crises que fazem sua história, e da necessidade endêmica de intervenções conjunturais do Estado, sempre transitórias.

Os diagnósticos realizados no âmbito do Gedic e dos demais foros que vêm se dedicando à reflexão sobre a atividade cinematográfica do país são convergentes em indicar três principais fatores limitadores dessa atividade no Brasil:

a) A exclusão do produto brasileiro dos ditos mercados complementares: televisão aberta e por assinatura, vídeo/DVD, mercado externo.
b) Falta de articulação entre produção distribuição e exibição, no modelo atual, notadamente pela inviabilidade de empresas distribuidoras que escoem principalmente o produto brasileiro.
c) Restrito número de salas de exibição, quando relacionado com o número de habitantes.

O alto risco econômico da indústria do entretenimento, baseada em fator tão aleatório quanto o sucesso, combinado com o tempo de fabricação e exploração comercial do produto cinematográfico, dramatizam o efeito destes gargalos. São esses que precisam ser prioritariamente corrigidos.

O subgrupo Gedic/atividades, composto por Carlos Diegues, Evandro Guimarães, Luiz Carlos Barreto, Luiz Severiano Ribeiro Neto, Rodrigo Saturnino Braga e Gustavo Dahl, coordenador, após realizar oito reuniões nos últimos dois meses objetivando organizar ideias para a elaboração de um plano estratégico para a implantação, desenvolvimento e consolidação da indústria e do comércio cinematográfico no Brasil, concluiu ser necessário adotar as medidas a seguir enunciadas. Elas constituem um ponto de partida a ser implementado no decorrer dos dois próximos anos, complementadas dinamicamente nos anos subsequentes por um plano de desenvolvimento estratégico a médio prazo que abrange o período de 2001 a 2006. Resumidamente, são as seguintes:

a) Criação de Órgão Gestor.
b) Redefinição e ampliação das atribuições da Secretaria do Audiovisual/MinC.
c) Criação de Fundo Financeiro para fomento e estímulo à produção, distribuição, exibição e infraestrutura.
d) Reformulação das Leis 8.401, 8.685, 8.313 e Decreto-lei 1.900.
e) Legislação para a televisão: cota de tela, associação na produção, aquisição de direitos, reavaliação dos custos de publicidade comercial.

O pré-projeto de planejamento estratégico ora apresentado se divide em:

a) Relatório e propostas.
b) Sugestões de alteração na legislação.
c) Informações econômicas e mercadológicas. No desenvolvimento de sua forma final, deverão ser contemplados os "itens para discussão" da agenda Gedic, cuja abordagem ainda não foi definida, bem como a correlação dos conceitos e propostas nele formuladas com estatísticas, informações de mercado, cruzamento e interpretação de dados, no sentido de aumentar seu embasamento técnico.

ELEMENTOS DE UMA PROPOSTA ESTRATÉGICA (2001-2006)

CONSIDERAÇÕES GERAIS

A falta de articulação entre produção, distribuição e exibição pode ser melhor compreendida a partir de uma análise com foco na distribuição, elo intermediário e motor da atividade cinematográfica. Remunerando-se unicamente a partir do resultado dos filmes lançados nos mercados de salas e vídeo doméstico, ela é por ele referenciada. Prestando serviços de estratégia de lançamento (incluindo marketing, publicidade e promoção) e programação, e adiantando o investimento em cópias e espaço publicitário, ela assume um risco real, a descoberto de qualquer subsídio. A recuperação deste adiantamento é tão aleatória quanto a possibilidade de um filme ser sucesso ou fracasso. No balanço entre o investimento feito e o recuperado por uma retenção prioritária dos adiantamentos e despesas realizadas, bem como pela cobrança de uma comissão sobre a receita que varia de 12,5% a 25%, sua margem de lucro líquido é pequena, como demonstrado nas tabelas ao final deste tópico.

A produção fomentada, garantindo o nível de emprego da mão de obra cinematográfica, produzindo um bem concreto e permanente — o filme — propicia um cenário otimista, quando se referencia à sua própria capacidade. Sua motivação econômica é virtual, ligada a criação de uma expectativa de resultados. Em um mercado desigualmente ocupado, ela tenta forçá-lo a encontrar seu equilíbrio através de pressão do volume de produção, que demanda seu escoamento, através da distribuição. Além do que, a produção cinematográfica brasileira se dá a partir de um investimento incentivado, proporcionado pela renúncia fiscal, que está em funcionamento. De um ponto de vista macroeconômico, apesar de descapitalizada pela desorganização do mercado, o setor está fortalecido pelo investimento governamental de R$ 350 milhões, no período de 6 anos.

A distribuição, por seu lado, encontra como teatro de operações um mercado de salas subdimensionado e concentrado. E sua delimitação física é muito precisa: número de salas x número de sessões x 52 semanas anuais. Esta dimensão é inelástica. A fatia de mercado ocupada pelo filme brasileiro, em matéria de oportunidade de lançamento de títulos, é delimitada pelo espaço necessário para o lançamento de filmes estrangeiros e sobre ele tem que ser ganha. Logo, o aumento desta fatia de mercado não é mecânico, aritmético, direto. Depende do confronto com a produção hegemônica na realidade do mercado. Sem fomento, com alto risco no investimento em despesas de comercialização, com pequena capacidade de recuperação dele, remunerando-se exclusivamente da eficiência de seus serviços e do desempenho do filme no mercado, a distribuição é induzida a ter um enfoque mais moderadamente otimista que a produção, sem que isto venha a constituir contradição, já que na atual conjuntura seu cotidiano é esperar o melhor, mas preparar-se para o pior. O aumento da qualidade do produto gerará forçosamente um processo de seleção natural, que privilegiará os títulos com maior expectativa de sucesso, isto é, produção de resultados.

A distribuidora pode reter 100% dos resultados para recuperar o investimento em comercialização, como acontece também com os filmes brasileiros. No entanto, os títulos estrangeiros, divididos entre quatro grandes empresas internacionais de distribuição e algumas de capital brasileiro, funcionam como um conjunto, do qual a distribuidora estrangeira pode cruzar os resultados, fazendo com que o prejuízo de um seja compensado pelo lucro do outro. A distribuidora de filmes estrangeiros explora em lote de filmes, por uma mecânica própria da exportação de filmes de um país para o outro. Já os filmes brasileiros, a maioria produzida sem um significativo aporte da distribuição, são explorados isoladamente. Correspondem a produtores diferentes, e não poderão ter seus débitos solidarizados contabilmente. O resultado é um aumento dramático do risco do distribuidor quando ele trabalha com filmes brasileiros. Mesmo quando um filme brasileiro faz grande sucesso, o acesso que o distribuidor tem a seus resultados se limita à sua comissão e à reposição de seu investimento em comercialização. No caso, porém, de um filme com resultados negativos, a recuperação de investimentos através da comissão, por força, é pequena e a recuperação do investimento em comercialização é nula. Se a distribuidora pudesse contabilizar solidariamente o conjunto de sucessos e fracassos, eles se equilibrariam. Porém se as relações distribuidor-produtor se dão isoladamente e os filmes são independentes na amortização dos investimentos, o sucesso e seus resultados são transferidos em grande parte ao produtor. Já os fracassos, passam a ser de exclusiva responsabilidade do distribuidor, que permanece com um crédito sobre um produto de perspectiva de mercado duvidosa, mas com um débito efetivo pelas despesas que realizou. O produtor passa então a ter um débito em conta-corrente pelo qual, no entanto, é responsável o distribuidor. Se ele conseguir ressarcir-se em mercados ancilares tanto melhor. Caso contrário, a esperança de recuperação do investimento do distribuidor é transferida, na melhor das hipóteses, para um próximo filme do mesmo produtor. Desde que este concorde na contabilização conjunta dos créditos gerados por suas produções.

Esta dificuldade decorrente da estrutura econômica da atividade pesa praticamente sobre todos os cinemas nacionais, que terminam encontrando na distribuição o ponto nevrálgico do seu equacionamento econômico. O investimento do produtor conta com o fomento estatal; o risco do exibidor de um filme brasileiro é compensado pela oferta do produto hegemônico em 90% do tempo. O distribuidor de filmes estrangeiros e filmes brasileiros geralmente os de maiores possibilidades, participa também desse mecanismo de compensação dos riscos, do qual está excluído o distribuidor exclusivo de filmes brasileiros. Ele só poderia diminuí-lo de duas maneiras:

a) Tendo capacidade de alavancar produções com perspectivas comerciais, por meio de adiantamento sobre distribuição, reservando para si durante um período determinado, os direitos de exploração comercial, de propriedade do produtor, com retenção prioritária de 100% das receitas.

b) Compondo um estoque de filmes que contasse também com títulos estrangeiros de sucesso, a serem selecionados no mercado de produção independente, isto é, não pertencentes às distribuidoras internacionais (*majors*), que já tem distribuição no país.

Surge aí um novo problema. A produção independente é assim designada por não ser ligada aos grandes conglomerados de comunicações, representados no Brasil pelas distribuidoras internacionais. Justamente aquelas que ocupam 80% do mercado de salas, nos quais deve crescer a presença do filme brasileiro. Porém, se este aumento depende da associação ao produto independente estrangeiro, uma distribuidora de filmes brasileiros terá que abrir mercado também para este tipo de produto. Na França, país modelo de defesa de um cinema nacional, esta questão foi resolvida criando-se uma rede de salas, subsidiadas desde que mantenham metade de seu tempo reservado ao cinema francês e europeu. E fornecendo estímulos à distribuição de filmes franceses e de cinematografias europeias, bem como de outras nacionalidades. Embora o modelo seja interessante, a possibilidade de sua recriação aqui é relativa e sobretudo lenta. É urgente, contudo, a proposta de melhorar o desempenho do filme brasileiro em seu próprio mercado preferencial pelo fortalecimento e qualificação dos serviços de sua distribuição e pelo o crescimento em escala da produção brasileira em seu conjunto. A forma de enfrentar imediatamente este desafio é induzir uma associação entre a distribuição e a produção sem prejuízo do modelo atual financiado pelas leis de renúncia fiscal. Um aporte suplementar de recursos, o chamado "dinheiro novo", deveria ser alocado à produção em uma operação associada à distribuição, uma operação casada, em que a iniciativa do projeto pudesse caber tanto à uma quanto à outra. Desta forma, uma vez finalizada a produção, os recursos para os investimentos em comercialização seriam também gerados e geridos associadamente. Considerando como um só investimento o adiantamento sobre distribuição (rendas futuras) que ajuda a alavancar a produção do filme, bem como aquele em despesas de comercialização, podendo reter prioritariamente 100% da parcela distribuidor/produtor nas receitas de bilheteria sobre um conjunto maior de filmes brasileiros, o risco seria solidarizado pelo menos por dois elos integrantes da cadeia econômica cinematográfica. A verticalização e a concentração das atividades econômicas cinematográficas, além da economia de escala, é a saída que a indústria cinematográfica internacional tem adotado para enfrentar o alto nível de risco característico da atividade. Neste sentido, uma associação ideal seria aquela que ligasse produção, distribuição e exibição, e também a uma rede de televisão, que além da associação na produção, teria possibilidade de aportar a aquisição dos direitos de veiculação, bem como viabilizar o indispensável insumo da publicidade na tevê. A indução de uma vinculação entre produção e distribuição é a medida preliminar para que esta cadeia virtuosa venha a se formar.

O paradoxo de subsidiar a produção cinematográfica brasileira sem vinculá-la à distribuição nos vários mercados gerou várias consequências, a saber:

a) Associação do filme brasileiro de maior potencial comercial a um número reduzido de distribuidoras de filmes da indústria cinematográfica norte-americana, com grande potencial de investimento em lançamento e força de estoque.

b) Concentração do filme de perfil autoral, destinado ao público adulto e especializado em uma só distribuidora, de caráter estatal, com pequena capacidade de investimento e sem estoque de produtos de maior potencial comercial e excesso de títulos que superam sua capacidade operacional.
c) Relativa exclusão das distribuidoras brasileiras ligadas à produção independente estrangeira, da distribuição do filme brasileiro, pelo alto risco a que é submetido o investimento de recursos não-subsidiados em suas despesas de comercialização.

Estas condições levam a uma distorção: os filmes brasileiros de maior potencial vão para distribuidoras "fortes" devido ao seu estoque de sucessos presumíveis, sem que com isso, possam alavancar o lançamento no mercado de outros filmes brasileiros com possibilidades de atingir um universo um pouco mais amplo do que o constituído pelo público especializado.

Por outro lado, este divórcio do enfoque mercadológico, que por sua própria natureza é dado pela atividade de distribuição, direciona cerca de 80% dos títulos brasileiros produzidos para o segmento de cinemas de arte ou *cult*. Pesquisas demonstraram que este segmento autoral, considerada inclusive a produção internacional, ocupa anualmente 6% do conjunto de espectadores que acedem às salas no Brasil.

Ou seja, os filmes brasileiros que procuram se dirigir aos 94% restantes do mercado, constituem-se exceção ou estão ligados ao universo televisivo. Dispondo a televisão aberta de grande capacidade de alavancamento de filmes, sua associação aos lançamentos de grandes distribuidoras cria uma sinergia inacessível ao restante da produção brasileira, quando distribuída por outras empresas. Situação acentuada pelos altos preços da publicidade em televisão para filmes, que atualmente constituem insumo indispensável à visibilidade num mercado muito competitivo e superofertado.

A análise dos resultados macroeconômicos produzidos pelo investimento subsidiado de R$ 350 milhões nos últimos seis anos, levando em conta inclusive a sua gradual diminuição nos últimos três anos, impõe a necessidade de combinar com as modalidades vigentes um novo modelo de alocação dos recursos públicos. O investimento quase exclusivo em uma produção que só parcialmente toma o conjunto do mercado como referência, gerou uma considerável melhoria da imagem do cinema brasileiro, mas não produziu mudanças suficientes que garantissem sua estruturação econômica permanente pelo acesso a dois elos fundamentais da cadeia econômica: distribuição e exibição. Sem prejuízo da vocação independente e democratizante da produção brasileira, proporcionada pelos investimentos das Leis 8.401 e 8.685, é desejável diversificar as modalidades de investimentos de recursos públicos.

Metas de produção

Atingir até 2006 a produção de 200 títulos de longas-metragens de ficção por ano, objetivando ocupar 33% do mercado interno de salas, tanto em número de dias de programação quanto em número de ingressos vendidos. Além do espaço ocupado nas salas de exibição cinematográfica, esses filmes deverão obter uma fatia dos mercados de vídeo (25% a 30%) e DVD (10% a 15%), e também entrarão na programação das redes de televisão de sinais abertos (TV Globo, Rede TV, SBT, Record, Bandeirantes, Educativa e Cultura), ocupando cerca de 5% da programação de filmes de longa-metragem de ficção dessas redes. Nas televisões de sinais codificados, por assinatura, a taxa de ocupação do filme brasileiro ficará por volta de 1,5% a 2,0%, retirando-se desse cálculo a grade de programação do Canal Brasil, a ele exclusivamente dedicada.

É concreta e viável a possibilidade de participação desses filmes no mercado internacional, devido a grande demanda não atendida, a nível mundial, de 70 mil novos títulos de longas de ficção a cada ano, para uma capacidade de produção mundial instalada de cerca de sete mil títulos. Pode-se estimar que do conjunto da produção cinematográfica brasileira cerca de 15% a 20% dos títulos terá chance de difusão no mercado internacional, sobretudo nos segmentos de televisão, vídeo doméstico, DVD e, num futuro próximo, na banda larga da internet. A constituição de uma política exportadora do produto cinematográfico brasileiro precisa começar a ser desenhada imediatamente.

Levando-se em consideração o orçamento médio atual dos filmes brasileiros (longas-metragens), cerca de R$ 3 milhões, a Tabela 1 retrata que a produção e o investimento ficaria assim escalonado:

TABELA 1

Ano	Número de filmes	Custo total
2001	40	R$ 120 milhões
2002	55	R$ 165 milhões
2003	80*	R$ 240 milhões
2004	150*	R$ 450 milhões
2005	200*	R$ 600 milhões
2006	250*	R$ 750 milhões

NOTA: * Incluindo telefilmes.

DISTRIBUIÇÃO E COMERCIALIZAÇÃO

De maneira moderadamente otimista, a Tabela 2 projeta uma evolução em que a produção cinematográfica brasileira passaria de uma participação atual de 9% do mercado para uma ocupação de 33% até o ano de 2006, no mercado de cinema e vídeo.

ESTRUTURA ECONÔMICA E DESPESAS DE COMERCIALIZAÇÃO

No mercado de cinema, os custos de comercialização são adiantados pelos distribuidores e recuperados da parcela dos produtores.

No mercado de vídeo, os custos são cobertos pela participação do distribuidor e o produtor recebe *royalties* de 25%.

Baseados no mercado atual e estimando o lançamento de 25 filmes por ano, com um custo médio de R$ 500 mil por filme, temos:

Valor por filme	R$ 500.000
Total de filmes	25
Total para comercialização	R$ 12.500.000

TABELA 2
MERCADO BRASILEIRO DE CINEMA E VÍDEO

	Ano 2000		Ano 2001		Ano 2002		Ano 2003	
Público	74.000		79.920	8,0%	87.113	9,0%	98.437,46	13,0%
PMI	5,34		5,61		5,89		6,18	
Renda bruta	395.160		448.111		512.864		608.513	
Impostos	21.734	5,5%	24.646	5,5%	28.207	5,5%	33.468	5,5%
Exibidor	197.916	50,1%	224.437	50,1%	256.868	50,1%	304.774	50,1%
Produtor/distrib.	175.510	44,4%	199.029	44,4%	227.788	44,4%	270.271	44,4%
Participação Brasil	**15.710**	**9,0%**	**21.893**	**11%**	**31.890**	**14%**	**48.649**	**18%**
Participação estran.	159.800	91,0%	177.136	89%	195.898	86%	221.622	82%
Salas	1.450		1.550		1.650		1.850	
Média por sala	51,0		51,6		52,8		53,2	
Taxas de crescimento								
Público				8,0%		9,0%		13,0%
Participação Brasil				39,4%		45,7%		52,5%
Participação estran.				10,8%		10,6%		13,1%
Salas				6,9%		6,5%		12,1%

	Ano 2004		Ano 2005		Ano 2006	
Público	116.156	18,0%	139.387	20,0%	167.265	20,0%
PMI	6,49		6,82		7,16	
Renda bruta	753.947		949.973		1.196.966	
Impostos	41.467	5,5%	52.249	5,5%	65.833	5,5%
Exibidor	377.614	50,1%	475.794	50,1%	599.501	50,1%
Produtor/distrib.	334.866	44,4%	421.931	44,4%	531.633	44,4%
Participação Brasil	**73.670**	**22%**	**118.141**	**28%**	**175.439**	**33%**
Participação estran.	261.195	78%	303.790	72%	356.194	67%
Salas	2.150		2.550		3.000	
Média por sala	54,0		54,7		55,8	
Taxas de crescimento						
Público		18,0%		20,0%		20,0%
Participação Brasil		51,4%		60,4%		48,5%
Participação estran.		17,9%		16,3%		17,3%
Salas		16,2%		18,6%		17,6%

O filme brasileiro no mercado de salas de exibição comportou-se em 2000 da seguinte forma:

Renda bruta de bilheteria	R$ 35.000.000
Dedução total de impostos (5,5%)	R$ 1.925.000
Renda líquida de bilheteria	R$ 33.075.000
Parte do exibidor (52,5%)	R$ 17.364.375
Distribuidor e produtor (47,5%)	R$ 15.710.625
Comissão distribuição (20%)	R$ 3.142.125
Participação final do produtor	R$ 12.568.500

Os números acima podem fazer parecer que a operação foi excelente para setor de distribuição, que adiantou R$ 12,5 milhões para a comercialização dos filmes, recuperou integralmente este valor e teve uma contribuição líquida de R$ 3,1 milhões.

Na realidade, a receita de alguns filmes não cobre seus custos de comercialização, enquanto outros geram uma grande contribuição, da qual 80% são pagos ao produtor.

Assim, já que o prejuízo dos filmes que não pagam a comercialização é absorvido pelos distribuidores, um modelo baseado em operações de empresas bem-sucedidas na área de distribuição se apresentaria, seguindo a Tabela 3:

TABELA 3

Faturamento	R$ 15.710.000	
Despesas de comercialização	R$ 12.500.000	80%
Líquido para distribuidor	R$ 942.000	6%
Produtores (*royalties* pagos)	R$ 2.268.000,00	14%

Ou seja, dos R$ 3,1 milhões atribuídos ao setor de distribuição, R$ 2,2 milhões referem-se às despesas de lançamento que não foram recuperadas com as receitas geradas pelo mercado de cinema, sendo portanto assumidas integralmente pelos distribuidores destes filmes. Assumindo esta perda, restaria aos distribuidores um total de R$ 942 mil para cobrir seus custos operacionais anuais.

Imaginando-se uma só distribuidora para cinema e vídeo, estruturada para lançar 25 filmes ao ano, temos um custo anual, incluindo armazenagem, de pelo menos R$ 3 milhões anuais.

No mercado de vídeo, podemos assumir semelhante parâmetro, ou seja, 60% dos *royalties* são pagos aos produtores, ficando os 40% restantes retidos para cobrir as despesas de comercialização não recuperadas no mercado de cinema.

Estima-se que a lucratividade da operação de vídeo para o distribuidor seja de 25%. Assim, do mercado de vídeo a operação apresentaria o seguinte perfil, novamente tomando-se por base o mercado atual:

TABELA 4

Receita	R$ 7.100.000	
Despesas de comercialização	R$ 3.550.000	50%
Líquido para distribuidor	R$ 1.775.000	25%
Royalties retidos	R$ 710.000	10%
Royalties pagos	R$ 1.065.000	15%

A Tabela 5 mostra que as operações de cinema em vídeo seria o seguinte:

TABELA 5

Receitas de cinema	R$ 15.710.000
Receitas de vídeo	R$ 7.100.000
Total de receitas	R$ 22.810.000
Custo da comercialização em cinema	R$ 12.500.000
Custo da comercialização em vídeo	R$ 3.550.000
Total de comercialização	R$ 16.050.000
Royalties líquidos para a produção	R$ 3.333.000
Total dos custos	R$ 19.383.000
Contribuição bruta	R$ 3.427.000

A Tabela 5 demonstra a importância da operação de vídeo — com custos menores e margem garantida — para a saúde econômica da distribuição.

METAS DE DISTRIBUIÇÃO E COMERCIALIZAÇÃO

O objetivo é criar as condições propícias para a formação de quatro empresas especializadas na distribuição e comercialização de filmes brasileiros, tanto no mercado interno quanto externo. Essas distribuidoras desempenhariam o papel semelhante ao das *majors* americanas e europeias, ou seja, alavancando parcialmente o desenvolvimento de projetos de produção dos filmes desde seu nascedouro ou neles se engajando desde o início da produção, atuando pelo sistema de adiantamento sobre rendas futuras quando da aquisição dos direitos de comercialização. Essas empresas deveriam ser fortemente capitalizadas através da participação societária de agentes financeiros estatais (Bandespar) e ter acesso facilitado aos mecanismos de estímulo às exportações (Proex, Sebrae etc.) e também aos mecanismos de captação no mercado de capitais (debêntures, ações etc.).

O quadro de investimento para se alcançar esta meta de distribuição e comercialização é o seguinte:

TABELA 6

2001	Estímulo à comercialização (25 filmes)	R$ 12.500.000
	Financiamento de custo operacional	
	(4 distribuidoras x R$ 2.000.000,00)	R$ 8.000.000
2002	Estímulo à comercialização (30 filmes)	R$ 15.000.000
	Financiamento de custo operacional	R$ 8.000.000
2003	Estímulo à comercialização (35 filmes)	R$ 17.500.000
	Financiamento de custo operacional	R$ 8.000.000
2004	Estímulo à comercialização (40 filmes)	R$ 20.000.000
	Financiamento de custo operacional	R$ 8.000.000
2005	Estímulo à comercialização (45 filmes)	R$ 22.500.000
	Financiamento de custo operacional	R$ 8.000.000
2006	Estímulo à comercialização (50 filmes)	R$ 25.000.000
	Financiamento de custo operacional	R$ 8.000.000

Forçosamente a administração do risco em distribuição é mais cautelosa, sobretudo em se tratando da distribuição de filmes brasileiros. Esta meta pode ser modesta em relação ao nível de produção previsto no capítulo 5 deste pré-relatório, mas em relação ao número de títulos brasileiros lançados no ano 2000, ele representa aproximadamente um aumento de 100% em seis anos.

Exibição

A exibição do filme na sala cinematográfica, embora represente apenas uma moderada parcela de seu retorno econômico, é sua destinação mais nobre enquanto produto. Filmes são feitos para serem exibidos em salas e as salas os qualificam para as sucessivas etapas de sua exploração comercial.

A remuneração de seus direitos de exploração comercial em vídeo e televisão é referenciada a partir dos resultados de bilheteria obtidos na sala.

A empatia de um filme nacional de sucesso e que atinge o público em seu próprio mercado é insubstituível. Logo, pode-se afirmar que o poderio de uma cinematografia é diretamente proporcional ao tamanho do seu mercado interno de salas de exibição. No Brasil, o consumo do espetáculo cinematográfico é muito baixo: com cerca de 1.700 salas, a relação de sala por habitante é de uma para 100 mil. É considerada a penúltima do mundo, só perdendo para a da Indonésia. Tomando o conjunto da população, cada brasileiro iria ao cinema algo como uma vez a cada dois anos, 0,4 vezes ao ano, enquanto na Índia cada indiano vai 4,5 vezes; nos Estados Unidos o americano vai 3 vezes, e na França o francês vai 2,5 vezes. Com 170 milhões de habitantes, o Brasil vende 75 milhões de ingressos por ano. Na França dá-se o inverso, pois, com 55 milhões de habitantes, ali vendem-se 160 milhões de ingressos; e nos Estados Unidos, com uma população de 300 milhões de pessoas, são vendidos anualmente 1,3 bilhão de ingressos.

Para o cinema internacional, esta situação é uma relativa limitação econômica em apenas um de seus vários mercados. Para o cinema brasileiro que, sem acesso às "janelas" do vídeo e da televisão, que tem no próprio mercado de salas sua principal fonte de remuneração, ela é fatal. A competição desigual com o produto hegemônico — um é mundial, o outro apenas nacional — combinada com o alto risco inerente a uma economia baseada no sucesso de público (característica da indústria de entretenimento), somada à impossibilidade de criar uma escala econômica dentro do mercado existente, termina tornando a produção cinematográfica brasileira dependente do subsídio estatal, como condição para sua sobrevivência.

Pesquisas realizadas pelos exibidores revelam que o universo de espectadores de cinema no país é de cerca de apenas 10 milhões de pessoas, ou seja, somente 6% de sua população. Cada uma delas vai, portanto, cerca de 8 vezes por ano ao cinema. Concentram-se as salas nas capitais e grandes cidades do interior, nas zonas de forte potencial aquisitivo. O preço médio do ingresso é de R$ 5, mas seu custo pode alcançar picos de R$ 11 nas regiões mais afluentes, onde salas concentradas em *shopping centers* ou multiplex, atingem principalmente o topo da pirâmide social. As camadas sociais da classe média ou populares são desatendidas de lazer cinematográfico, tanto por falta de salas quanto por um preço de ingresso a elas inacessível.

Desenvolvendo-se uma nítida política de democratização do espetáculo cinematográfico através da instalação de salas/telas nas zonas populares, combinada com um programa de reforma das salas existentes e construção de novas, não há dúvida de que, até o ano de 2006, o mercado de exibição poderá retomar um patamar estimativo de 250 milhões de espectadores-ano, em vez dos parcos 75 milhões atuais.

Embora as condições socioeconômicas tenham evoluído e o passado deva ser tomado como referência e não como modelo, a meta de ocupar 33% do seu próprio mercado exibidor se apresenta, a médio prazo, como viável necessária e suficiente. É evidente, porém, que para atingi-la é imprescindível uma acelerada expansão do mercado exibidor, que o aumente e desconcentre, atingindo novas camadas de consumidores. Num cálculo rudimentar, seria necessário passar o número de salas para 3.000 e de alguma forma garantir para o produto nacional, nesta parcela aumentada, uma faixa maior que aquela ocupada atualmente, limitada às 1.700 salas existentes, para as quais é superofertado o produto internacional.

Tomando como custo médio por sala um investimento de R$ 600 mil, a construção de mais 1.500 salas teria um custo da ordem de R$ 900 milhões. Um programa desta ordem deve contemplar também a reforma e divisão de salas já em uso, bem como a construção de salas destinadas à população de baixa renda, tanto urbana quanto rural, eventualmente com redução de custo, desde que garantidos o padrão técnico e o conforto mínimo. Ele poderia ter seu investimento parcelado em cinco anos, mantendo um prazo de sete anos para amortização do investimento inicial. As garantias deveriam considerar o valor do imóvel ou do fundo de comércio, as instalações, o equipamento, bem como a renda de bilheteria e os contratos com distribuidoras.

METAS DE EXIBIÇÃO

O objetivo a ser atingido até o ano de 2006 é dotar o mercado brasileiro de 3.200 salas/telas, estabelecendo-se a relação de 1 sala/tela para cada 53 mil habitantes, ainda inferior à marca do mercado mexicano, o mais vigoroso da América Latina. Esse plano se viabilizará através de uma política de fomento ao grupo de empresas exibidoras nacionais e também do estímulo às empresas estrangeiras que já estão operando no mercado brasileiro, bem como outras que nele vierem a operar. Levando-se em conta que aos preços de hoje cada assento de uma sala/tela tem um custo de R$ 3 mil reais), teríamos a seguinte configuração de investimento para este programa de expansão do mercado de exibição cinematográfica:

TABELA 7

Ano	Número de telas novas	Custo (milhares de reais)
2001	100	75.000
2002	100	75.000
2003	200	150.000
2004	300	150.000
2005	400	225.000
2006	400	225.000

TELEVISÃO

A televisão aberta no Brasil está presente em 38 milhões de domicílios, cobrindo 98% do território nacional e faturando cerca de R$ 10 a 12 bilhões por ano, oriundos do mercado publicitário e de outras fontes. É uma concessão pública que, para seu desenvolvimento e progresso, beneficiou-se e ainda se beneficia de programas de incentivos e de importação de equipamentos, além do uso de infraestrutura montada pelo Estado, como é o caso das torres multiplicadoras, da compra de satélites etc.

Desde sua instalação no Brasil, há mais de 50 anos, mas sobretudo nesses últimos anos de franco crescimento tecnológico e econômico, a televisão nacional tem ignorado sistematicamente a existência do cinema no país. As razões desse descaso têm sido diversas, às vezes inspiradas pelo preconceito, às vezes por visão financeira de curto alcance.

A presença do cinema brasileiro na televisão aberta é, no entanto, indispensável — primeiro, para inseri-lo no cotidiano do imaginário nacional; segundo, para fortalecer a produção nacional das próprias emissoras; e, finalmente, para completar o ciclo de comercialização dos filmes fora das salas de exibição.

Em todo o mundo, de um modo geral, apenas cerca de 25% da receita total de um filme vem de sua renda nas salas de exibição. Os outros 75% são realizados nos chamados mercados ancilares, as inúmeras formas de difusão alternativa que conhecemos hoje, como o *home video*, o *laserdisc*, o *DVD*, a crescente importância da internet e o horizonte do futuro digital. E, sobretudo, nas televisões aberta e por assinatura.

No Brasil, nossos filmes estão condenados a apenas aqueles 25% de sua renda potencial, já que a difusão alternativa está neutralizada pela ausência de consumo popular e pela ausência de controle do mercado, além da falta de acesso de nossos produtos à televisão. Ainda assim, quando raramente nos dão a oportunidade desse acesso, nesses raros momentos em que o cinema brasileiro se faz presente na televisão, seus produtores são sempre obrigados a aceitar preços vis que lhes são oferecidos tendo como referência o que se paga pela exibição de filmes estrangeiros.

Registre-se, aliás, que nas pouquíssimas ocasiões em que filmes brasileiros são exibidos nas redes nacionais, como aconteceu em de janeiro de 2001 na Globo e na Bandeirantes, têm sempre alcançado excelentes índices de audiência, às vezes até verdadeiros picos no horário, conforme comprovam os números do Ibope referentes a esses eventos recentes.

Cada país, segundo suas circunstâncias específicas, legislou essa relação entre a televisão e o cinema a seu modo, ora estimulando a coprodução através do investimento de parte de seu faturamento, ora obrigando a compra de filmes nacionais através de reserva de mercado, ora fazendo aplicar em filmes parte do resultado obtido nos intervalos comerciais etc. Na França, Espanha e Alemanha, exemplos de países que melhor recuperaram a força de suas cinematografias nessa última década, foram estabelecidas políticas de reserva de mercado e de preços mínimos, quase sempre baseadas no faturamento das redes emissoras. Em nosso continente, Argentina e México têm seguido esses modelos europeus com muito sucesso.

Mesmo nos Estados Unidos, a pátria da economia liberal, a presença reguladora do Estado se dá, entre outras formas, através da aplicação da lei antitruste que impede que as redes nacionais de televisão, por exemplo, produzam mais do que 30% a 40% do material que exibem, obrigando-as a adquirir o restante dos estúdios ou da produção independente.

O Brasil é, assim, o último país do mundo em que o Estado ainda não havia cogitado em mediar a relação entre as economias da televisão e do cinema. Enquanto no resto do mundo, onde quer que exista um mínimo de tradição cinematográfica e uma televisão importante, as redes desta última são obrigadas a atender diversos compromissos econômicos, educativos, culturais etc., estabelecidos pelo Estado e que incluem a parceria com o cinema, entre nós os filmes nacionais estão condenados exclusivamente ao gueto a cabo do glorioso Canal Brasil.

Aqui, além das emissoras de televisão não terem nenhum compromisso de qualquer espécie com a indústria cinematográfica local, ainda somos obrigados, nas raras ocasiões em que negociamos nossos filmes com elas, a aceitar preços de um consumo de segunda mão, para vender nossos produtos em um mercado que é, para nós, primário e muitas vezes único.

Os filmes estrangeiros vendidos às nossas emissoras de televisão chegam aqui ressarcidos, nosso mercado tem para as suas economias peso meramente ornamental. Enquanto em seus países de origem chegam a valer, no mercado televisivo, 20%, 50% e até 70% de seu custo de produção, no Brasil esses filmes são vendidos por um valor equivalente a qualquer coisa parecida com 3% do custo médio de um filme brasileiro. E é esse o padrão que acaba sendo aplicado, como referência, na compra de nossos filmes por essas mesmas emissoras. Na verdade, esse padrão de referência deveria ser o custo do produto nacional televisivo equivalente, além do nível de sucesso de cada filme quando de seu lançamento nas salas de exibição.

O cinema brasileiro não tem nenhum futuro, se não encontrar um modo de fazer parceria com a televisão, se essas duas economias não se relacionarem de alguma maneira. Mas, no mundo globalizado de hoje, a televisão também precisa, cada vez mais, de um cinema nacional forte, cujos produtos possam encabeçar suas listas de exportação, sua presença no circuito mundial. Pois o filme de longa-metragem é o produto de maior presença no mercado mundial de televisão, representando cerca de 60% da programação das emissoras de todo o mundo. A parceria, portanto, beneficia igualmente os dois parceiros.

Essa aliança tem que se originar de recursos novos, criados por acordo mediado pelo Estado, sem ônus para este, e não do avanço sobre aqueles parcos recursos já existentes reservados ao cinema (por exemplo, a Lei do Audiovisual), que mal sustentam a frágil e indispensável produção independente no país. Este é o momento em que as redes de televisão têm de ceder alguma coisa, pois não é ao doente que cabe doar sangue. E essa cessão reverterá, em curto espaço de tempo, em seu próprio benefício.

É, portanto indispensável integrar as economias do cinema e da televisão, através de novos recursos que não onerem o Estado, como fator de crescimento de ambas e da expansão internacional do audiovisual brasileiro, estabelecendo políticas imediatas de cota de exibição, de produção associada, de preço de aquisição e de promoção institucional, além de outras medidas estruturais a serem desenvolvidas no tempo, a médio e longo prazos. O cinema é parte indispensável da infraestrutura imaterial do país e, em nome disso, cabe ao Estado mediar entre as partes o acordo capaz de beneficiar as duas, segundo os interesses específicos de cada uma.

Em todos os países do mundo em que existe uma parceria entre televisão e cinema, essa associação foi sempre montada num momento-chave da história institucional das duas economias e do próprio país. Na Europa, esse momento coincide, quase sempre, com o da privatização da atividade, até então estatizada, e a consequente montagem de um "carnet de charges" (lista de compromissos) imposto aos novos concessionários privados.

No Brasil, o momento é esse. O principal motivo para essa afirmação é o da repercussão do grande êxito na retomada da produção de longa-metragens, graças à Lei do Audiovisual — nos últimos cinco anos, passamos de um *market share* de 2% para quase 10% de nosso mercado; além de prêmios internacionais, nossos filmes começam a conquistar, com bons resultados, as salas comerciais dos Estados Unidos, da Europa e da América Latina; os festivais de filmes nacionais em nossa televisão resultam em grandes audiências, comprovadas pelo Ibope; numa prova de vitalidade e renovação, 59 jovens cineastas estrearam como diretores de filmes neste período, um recorde mundial.

Mas existem também outros fatores favoráveis: o sucesso da política de estabilização de nossa economia, o crescimento do interesse pelo Brasil no mundo, a necessidade de expansão internacional de nossas redes de televisão, a abertura de seu capital ao investimento estrangeiro, o indispensável fortalecimento estratégico do produto audiovisual nacional dentro e fora do país.

Para isso, é necessário que se criem estratégias de fortalecimento da produção independente na televisão, de regionalização de sua produção, de horizontalização da programação de filmes brasileiros nas emissoras abertas e por assinatura, além de outras medidas estruturais que não podem ser impostas da noite para o dia. Essa política estratégica, contemplada nas resoluções do recente 3º Congresso Brasileiro de Cinema, deve ser implantada e administrada pelo futuro órgão gestor (Agência) que a elaborará junto com as redes de televisão e seus representantes, a Associação Brasileira de Rádio e Televisão (Abert).

O princípio dessa política estratégica é o de fortalecer o produto nacional (televisivo e cinematográfico) na programação das emissoras, de incentivar a produção independente lutando por seu espaço naquela programação, de descentralizar a produção de maneira que ela represente as diversas faces do

Brasil, de colaborar para o crescimento da presença internacional de nossas televisões, de consolidar a prática democrática de nossa própria cultura. Essa política estratégica deve e pode ser aplicada imediatamente, de preferência, sem grande ônus para o Estado.

MEDIDAS URGENTES

Independente dessa política estratégica, mas de acordo com seu conceito, existem quatro medidas urgentes que devem e podem ser postas em prática imediatamente, elas visam dar partida à parceria entre cinema e televisão, em bases justas, democráticas e pragmáticas, dando início a uma associação que se aprofundará no tempo e no aperfeiçoamento de seus mecanismos. Essas medidas urgentes são as seguintes:

Cota de tela

a) Cada emissora de televisão, aberta ou por assinatura, fica obrigada a exibir, em sua programação, um certo número de filmes brasileiros de longa-metragem por ano.
b) Esses filmes poderão ser coproduzidos ou adquiridos pela emissora beneficiada pelas outras medidas urgentes descritas neste capítulo.
c) O compromisso da cota de tela poderá ser cumprido com filmes recentes, contemporâneos e inéditos, ou com a exibição de filmes produzidos há mais algum tempo (estoque histórico).
d) Sugerimos, para as emissoras de televisão aberta, a cota de um filme brasileiro a cada 15 dias (se considerarmos o número de seis redes nacionais, teremos a exibição de 156 filmes por ano).
e) Para as televisões por assinatura, sugerimos a cota de um filme brasileiro por semana.
f) As emissoras poderão cumprir sua cota de tela com curta-metragens; neste caso, para equivaler a um longa-metragem no cumprimento da cota, a soma de duração desses curta-metragens deverá ser de no mínimo uma hora e meia.
g) O órgão gestor (Agência) estabelecerá, articulado com representantes das emissoras de televisão, os números da cota de tela no início de cada ano.

Associação na produção

a) Cada emissora de televisão aberta ou por assinatura investirá 2% de seu faturamento em publicidade na coprodução de filmes brasileiros.
b) O filme brasileiro produzido através desses recursos poderá ser de longa ou de curta-metragem, de ficção ou documentário, de animação ou de qualquer outra natureza (a definir).
c) A emissora deverá necessariamente coproduzir esses filmes com produtores independentes de cinema, ou seja, produtores dedicados à produção cinematográfica que não tenham nenhum vínculo societário ou funcional com aquela emissora.
d) A emissora coprodutora não poderá ter mais do que 49% no *equity* do filme produzido com esses recursos.
e) Duas ou mais emissoras poderão se associar para coproduzir um filme, mas a soma de suas participações no *equity* do mesmo não poderá ultrapassar os 49% estabelecidos acima.
f) O filme produzido com esses recursos terá que estrear primeiro em sala de exibição comercial, só podendo ser exibido na televisão depois disto (definir conceito de "estreia" e "sala de exibição").
g) Só nessas condições o filme em questão cumprirá a cota de tela da emissora que o coproduziu.
h) Sendo de R$ 8 bilhões o faturamento publicitário anual das emissoras de televisão no Brasil, teremos R$ 160 milhões a disposição da produção cinematográfica; se estes recursos forem aplicados apenas em longa-metragens, eles permitirão a produção de cerca de 53 filmes brasileiros por ano.
i) O órgão gestor (Agência) estabelecerá estímulos para que uma parte desses recursos seja aplicada na produção de curta-metragens e na produção regional de filmes (produzidos por estruturas, técnicos e artistas fora do eixo produtor do Rio de Janeiro e São Paulo).

Aquisição de direitos

a) Cada emissora de televisão aberta ou por assinatura investirá 2% de seu faturamento em publicidade na aquisição de direitos de exibição de filmes brasileiros.

b) O filme brasileiro adquirido através desses recursos poderá ser de longa ou de curta-metragem, de ficção ou documentário, de animação ou de qualquer outra natureza (definir).

c) O filme adquirido com esses recursos poderá ser recente, contemporâneo e inédito, ou ainda ter sido produzido há mais algum tempo (estoque histórico).

d) O filme adquirido com esses recursos terá que ter estreado primeiro em sala de exibição comercial, antes de sua exibição na televisão.

e) Só nessas condições o filme em questão poderá cumprir a cota de tela da emissora que o adquiriu.

f) As emissoras poderão adquirir, com esses recursos, direitos de exibição de filmes por elas coproduzidos, na condição de que essa compra não se transforme em participação acionária no filme.

g) O preço mínimo de aquisição de um filme brasileiro de longa-metragem será sempre equivalente ao custo médio de uma hora de produto televisivo dramatúrgico nacional; tomando-se por base o capítulo de uma novela convencional, esse custo é hoje de R$ 120 mil reais (verificar).

h) A esse preço mínimo, deverá ser acrescentado um prêmio equivalente a um mínimo de 15% da receita bruta auferida pelo referido filme em salas de exibição no primeiro ano de sua exploração comercial; tomando-se por base o ano de 1999, esses 15% equivaleriam à cerca de 4,5 milhões de reais (contextualizar com as dimensões do mercado de exibição).

i) No caso do estoque histórico, quando for impossível determinar o valor da receita bruta de exibição de um filme, será mantido o patamar de preço mínimo obrigatório, mas o prêmio se tornará objeto de negociação livre entre as partes.

j) Sendo de R$ 8 bilhões o faturamento publicitário anual das emissoras de televisão no Brasil, teremos R$ 160 milhões à disposição da aquisição de filmes pelas emissoras de televisão; assim, elas terão recursos para não só adquirir filmes em cuja produção estejam envolvidas, como também completar o cumprimento de sua cota de tela adquirindo filmes de outros produtores independentes.

k) O órgao gestor (Agência) estabelecerá estímulos para que uma parte desses recursos seja aplicada na aquisição de curta-metragens e de filmes de produção regional (produzidos por estruturas, técnicos e artistas fora do eixo produtor de Rio-São Paulo).

PROMOÇÃO INSTITUCIONAL, COMERCIAL E PUBLICIDADE

a) As emissoras de televisão aberta e por assinatura reservarão parte de seu espaço publicitário à promoção institucional do cinema brasileiro, conforme acordo de cada emissora com o órgão gestor (Agência).
b) As emissoras farão um abatimento de 50% dos valores de sua tabela para a publicidade de filmes brasileiros, fora do horário nobre (das 18 às 23 horas).
c) Durante o horário nobre, esse abatimento será de 25% (vinte e cinco por cento).

PROMOÇÃO INTERNACIONAL E COMÉRCIO EXTERIOR

A extinção da Empresa Brasileira de Filmes (Embrafilme), há mais de dez anos, privou o país do seu principal instrumento de promoção e venda de filmes ao exterior. E de um grande investimento feito pela empresa entre os anos de 1975 e 1990. O desmanche da Fundação do Cinema Brasileiro também foi um golpe na difusão cultural do cinema brasileiro no exterior, privando o Ministério da Cultura de seu organismo executivo na área. Com reflexo na participação regular da produção brasileira em festivais, mercados e eventos, mesmo hoje somente parcialmente retomada.

Na verdade, a sequência "difusão cultural, promoção comercial e vendas ao exterior" representa a base da inserção internacional de qualquer cinema nacional. Países e até mesmo alguns estados e províncias, sustentam sua participação no setor, combinando e articulando estas três atividades, às quais é conveniente agregar a promoção turística. Numa demonstração prática da interministerialidade da indústria cinematográfica, a sua difusão se encontra no Ministério da Cultura, a promoção comercial nas Relações Exteriores, o apoio à exportação no Desenvolvimento, Indústria e Comércio Exterior, e finalmente a promoção turística no Ministério do Esporte e Turismo.

A grande dificuldade para a expansão de qualquer cinema nacional além de suas próprias fronteiras decorre do fato de que o cinema americano, desde sempre globalizado, constitui sua hegemonia a partir de uma grande presença internacional, que com algumas exceções como a Índia e alguns países europeus, atinge uma média de 90% do mercado. A presença maciça do produto americano no mercado mundial de exibição é repetida nos mercados auxiliares, mas devido à própria dimensão que eles apresentam, consequência do barateamento dos equipamentos eletrônicos e da evolução tecnológica, é propiciada uma certa permeabilidade. A enorme necessidade de títulos e coleções de títulos e acervos criada pela capacidade de difusão e reprodução eletrônica, abre espaços ainda que relativos, para cinematografias à margem da corrente principal. É no vídeo, no DVD e na televisão aberta e por assinatura do resto do mundo — que o cinema brasileiro encontrará suas probabilidades de maior inserção a curto prazo.

Outra possibilidade que se oferece, embora restrita a filmes bem-sucedidos em grandes festivais, é sua aquisição por uma grande distribuidora internacional para exibição mundial. Ou então por uma distribuidora especializada no lançamento de grandes títulos de cinematografias nacionais, nos mercados de moeda forte, como os Estados Unidos, a Comunidade Europeia ou Japão.

Estas alternativas indicam a sinergia já referida, possível e desejável, entre difusão cultural, promoção comercial e apoio às exportações, que combinada com uma operação internacional de marketing e formação de "imagem" do cinema brasileiro, terminariam por fazer que ele ocupasse uma parcela do mercado mundial. A escassez desta parcela não deve ser fato desanimador, já que qualquer resultado no exterior vem se agregar e compensar as dificuldades de remuneração da produção em seu próprio mercado, demonstrada anteriormente. Numa projeção idealizada, a produção brasileira poderia recuperar, em números acumulados, cerca de 20% de seu investimento, através de vendas ao exterior.

Assim sendo, a retomada de uma política de exportações para a produção brasileira deveria contemplar:

a) Articulação e provimento de recursos para a difusão do cinema brasileiro realizada pelo Ministério da Cultura, em articulação com o Ministério das Relações Exteriores.
b) Uma política agressiva de promoção comercial e de "imagem" do cinema brasileiro nos principais festivais e mercados de filmes, patrocinando a presença, nesses eventos, de nossas produções e de delegações representativas da atividade.

c) Integração da produção brasileira nos mecanismos de apoio à exportação.
d) Dinamização de um programa de coproduções, principalmente com as televisões da Comunidade Econômica Europeia, aproveitando seus mecanismos de estímulo aos cinemas nacionais.
e) Aproveitamento dos programas da Comunidade Econômica Europeia de estímulo à distribuição de cinematografias do Hemisfério Sul por meio de prêmios, financiamento, custeio das despesas de lançamento etc.
f) Articulação com os esforços de promoção turística e comercial brasileira no exterior, como eventos e feiras em colaboração com a Embratur.
g) Estabelecimento de uma política de presença nos meios eletrônicos de comunicação de massa, em nível mundial.

Novas tecnologias

A economia cinematográfica brasileira tem sido sempre superada pelo desenvolvimento tecnológico. Há 20 anos houve um florescimento do mercado de fitas videocassete. Nem dispondo da regulação do Conselho Nacional de Cinema (Concine), que era mal aplicada e pouco fiscalizada, pôde o filme brasileiro se inserir neste mercado. Quando surgiu a tecnologia da televisão por assinatura, por cabo ou satélite, um novo segmento de mercado foi criado. Com a multiplicidade de canais que a nova tecnologia proporcionava, gerou-se a expectativa de abertura de um novo mercado para o filme brasileiro. A realidade é que o mercado foi dividido entre os grandes conglomerados internacionais de comunicação e restou para o cinema brasileiro, de acordo com a legislação vigente, um só canal destinado exclusivamente à exibição do filme brasileiro. Mais uma vez o desenvolvimento tecnológico ampliava o mercado audiovisual sem que o filme brasileiro pudesse participar deste possível benefício. As possibilidades abertas pela internet e pela banda larga correm o perigo de ver repetir-se a história.

O tráfego de informações, som e imagens gerado pela evolução das telecomunicações, já está revolucionando as indústrias gráfica e fonográfica. A possibilidade de multiplicar a veiculação e a reprodução de obras audiovisuais tende a aumentar, baixar o custo e melhorar de qualidade indefinidamente. O óbvio ganha realidade: o mundo será cada vez mais invadido por imagens. O potencial de fabricação de imagens, em todas suas modalidades insere ou não um país nos novos confrontos econômicos e culturais gerados por esta nova realidade. A iconografia brasileira, sua paisagem geográfica e humana, sua cultura sincrética e original, são ricas de um aspecto que a multiplicação ilimitada de imagens tornou produto: diferenciação, diversidade. O aumento da demanda audiovisual deve reagir à indiscriminação: imagens, sons e culturas serão qualificados pela sua originalidade. Senão, as culturas à força de se comunicarem entre si, não terão mais o que comunicar. A inserção, em tempo hábil, neste espaço aberto, se apresenta como uma imposição estratégica, uma oportunidade imperdível.

A análise do capítulo dedicado à distribuição demonstra a dificuldade de inserção de um cinema nacional em seu próprio mercado e mais ainda naquele internacional. Da mesma forma que nas indústrias gráfica e fonográfica, as novas tecnologias devem revolucionar os canais e técnicas de distribuição. A baixo custo, uma atividade de distribuição virtual, poderá oferecer mundialmente o estoque atual e histórico da produção brasileira de filmes de ficção, documentários e curta-metragens. Para estar preparado para esta alternativa, é necessário um urgente trabalho de preservação, que preveja mecanismos de estímulo e financiamento para a imediata digitalização das matrizes cinematográficas brasileiras.

O estudo da criação desde já de um grande portal "Brasil Web Movie", com conteúdos brasileiros oferecidos em nível mundial, quando do advento na internet da banda larga, consorciando empresas de cinema, televisão e telecomunicações, pode começar agora. Este portal pode se transformar, em nível nacional e mundial, num vasto painel socioeconômico-cultural brasileiro, com grande diversificação de conteúdo.

MEDIDAS INSTITUCIONAIS (2001-2002)

Órgão gestor

A necessidade de criação de um órgão governamental, com vinculação a ser definida, de caráter interministerial, mas com a linha de comando supraministerial, que se ocupe da indústria cinematográfica, formulando políticas, reunindo informações, controlando, normatizando e fiscalizando o cumprimento da legislação, propondo novos atos legislativos, estabelecendo critérios e procedimentos para a alocação de recursos governamentais destinados ao desenvolvimento dos vários elos da cadeia produtiva cinematográfica, moderando eventuais conflitos de interesse e coordenando as várias instâncias da atuação governamental, nasce de uma urgente carência de gestão institucional sistêmica, relativamente inexistente há mais de dez anos.

É a partir do gerenciamento das condições existentes e da alocação dos recursos públicos ou privados, em articulação e utilizando os agentes de mercado, que se propõe o desenvolvimento de uma indústria cinematográfica nacional autossustentável. A exemplo de outros setores, a economia cinematográfica e audiovisual tem distorções, por vezes perversas, carecendo da integração e conserto de seus agentes. Nas atuais circunstâncias, delegar este gerenciamento exclusivamente à espontaneidade do mercado marginaliza, mais uma vez, o cinema brasileiro das perspectivas econômicas abertas pela estabilização, bem como pela evolução tecnológica e seu impacto sobre o consumo.

A criação de um órgão gestor deve se afastar de qualquer caráter paternalista ou intervencionista, tendo como objetivo estabelecer parâmetros referentes à liberdade de concorrência e a isonomia competitiva entre a produção brasileira e a produção cinematográfica internacional, em nosso próprio mercado interno. Suas principais atividades serão:

a) Formulação estratégica da política cinematográfica em suas vertentes econômica e sociocultural.
b) Controle, regulação e fiscalização da exploração do produto cinematográfico em seus vários mercados, de acordo com a legislação existente ou a ser criada.
c) Acompanhamento e coordenação da atuação dos agentes governamentais.
d) Centralização e divulgação sistemática e permanente de informações econômicas, mercadológicas e jurídicas.
e) Assessoria legislativa e consultoria jurídica especializadas.
f) Estudos e convênios para pesquisas econômicas, socioculturais e de tecnologia aplicada.
g) Avaliação e dimensionamento do processo produtivo.
h) Coordenação e desenvolvimento institucional de organismos corporativos, não-governamentais, estaduais e municipais.
i) Relações com organismos multilaterais e instituições congêneres no país e no exterior.

Este órgão deve ter o perfil de uma agência de desenvolvimento e regulação de mercado, com vinculação administrativa a ser decidida. É desejável uma linha de comando supraministerial que implementaria o desenvolvimento de uma administração horizontal, acionando os ministérios e organismos federais passíveis de contribuírem para o desenvolvimento da atividade cinematográfica. No seu relacionamento interministerial, a Agência deverá interagir com as seguintes modalidades de atuação existentes ou a existir, nos seguintes ministérios:

1. Comunicações
    a) Regulação da veiculação do conteúdo audiovisual cinematográfico na televisão: diversificação, acesso da produção independente brasileira à programação.

2. Desenvolvimento, indústria, e comércio exterior
    a) Financiamento (BNDES).
    b) Apoio à exportação.
    c) Apoio à infraestrutura industrial: reequipamento.
    d) Promoção comercial no exterior.
    e) Padrões técnicos (Inmetro).

3. Fazenda
    a) Incentivos e renúncias fiscais.
    b) Tributação alfandegária.

4. Planejamento
    a) Integração financeira de atividades e programas governamentais.
    b) Alocação de recursos.
    c) Convênios (IBGE, Ipea).
    d) Regionalização.

5. Educação
    a) Difusão educativa: formação de público.
    b) Escolas e universidades: inclusão nas atividades curriculares.
    c) Formação extracurricular: educação à distância.
    d) Escolas de Cinema: integração com a produção.

6. Ciência e tecnologia
   a) Capacitação tecnológica (bolsas de estudos).
   b) Prospectiva tecnológica (atualização).

7. Trabalho
   a) Relações trabalhistas.
   b) Formação de mão de obra.

8. Relações exteriores
   a) Coproduções.
   b) Difusão comercial e cultural.

9. Secretaria de Estado da Comunicação do governo/PR
   a) Televisões estatais e universitárias (Rede Brasil, Fundação Roquete Pinto).

10. Esporte e turismo
    a) Eventos e Promoção turística no exterior (Embratur).

No decorrer do tempo, o órgão terá também a função de dar consequência e continuidade às políticas e ao plano estratégico preconizados pelo Gedic, fazendo inclusive a articulação do setor cinematográfico com as diferentes esferas dos poderes executivos e legislativos federais, estaduais e municipais. Além dos recursos provenientes de dotação orçamentária, ele poderá vir a contar com a receita da Contribuição ao Desenvolvimento da Indústria Cinematográfica, decorrente da atividade de controle e atualmente destinada ao Ministério da Cultura.

Constam ainda da Agenda Gedic, os seguintes "itens para discussão" que não estão contemplados no presente pré-relatório e deverão vir a ser objeto das atividades do órgão:

1. Produção
   - Suplementação de mercado: criação de prêmio adicional de renda para filmes brasileiros.
   - Redução de taxas, impostos e tributos (IPI, ICMS etc.) e alíquotas de importação.

2. Mercado
- Estímulo à exibição de filmes brasileiros.
- Repartição da receita de bilheteria.
- Redução de taxas, impostos e tributos incidentes sobre imóveis ocupados por cinemas, ingressos, bem como alíquotas de importação de equipamentos.
- Estímulo à parceria com distribuidoras internacionais.
- Horizontalização da programação de filmes brasileiros na TV por assinatura.
- Fixação de percentual de exibição de produção independente para TV.
- Regionalização da programação a partir da aplicação da lei complementar, que cria o Conselho Nacional de Comunicação Social.

REDEFINIÇÃO E EXPANSÃO DAS ATRIBUIÇÕES DA SECRETARIA
DO AUDIOVISUAL/MinC

Não se pode entender a existência de uma indústria cinematográfica brasileira sem uma presença forte da vertente propriamente cultural da atividade. Aos aspectos de identidade própria, presença do conteúdo brasileiro nos meios de comunicação, valorização do cinema como meio de expressão, estímulo à qualidade, à criatividade e à renovação de valores e formação de público, é preciso agregar seu papel como laboratório de excelência e pesquisa de ponta, prestando serviços à atividade industrial propriamente dita.

Assim, a preservação do patrimônio histórico e artístico contido nas matrizes de imagem e som dos filmes brasileiros é uma tarefa urgente, tanto cultural quanto econômica, já que em ambos os sentidos, ele é um ativo do país. O fomento à produção de documentários, filmes de animação, curtas e longas metragens de interesse artístico e cultural, cuja existência não é assegurada pela simples dinâmica do mercado, se apresenta como função precípua do Ministério da Cultura. Tanto representa uma necessária, permanente releitura e interpretação da realidade sociocultural brasileira quanto promove a incorporação de novos talentos à atividade cinematográfica. O aperfeiçoamento através do ensino e da formação profissional promove a qualificação técnica e artística da produção cinematográfica. Sua difusão junto à estrutura educacional já estabelecida, bem como à população carente de lazer, funciona como desejável formação e ampliação de público. A atenção à memória do cinema brasileiro e do fenômeno cinematográfico entre nós, o estímulo à atividade crítica e à pesquisa histórica e econômica por meio de prêmios e publicações estabelece a mediação de um trabalho de reflexão, necessário à compreensão e valorização da contribuição dada ao país pelo cinema. E finalmente, a promoção da atividade pela participação em festivais internacionais ou na realização de festivais nacionais, resulta na criação de uma imagem para fora e para dentro do país, que fortalece sua presença mercadológica.

A Secretaria do Audiovisual/MinC, paralelamente à proposta de planejamento estratégico do Gedic, deveria incorporar o — Centro Técnico Audiovisual (Gedic) — Decine — Funarte, e a partir daí desenvolver uma política de fomento à produção de curta e média metragens, bem como filmes ficcionais de longa-metragem (primeiros filmes, experimentação de linguagem etc.), absorver ou estabelecer convênios com as cinematecas existentes, ocupando-se também da política de formação profissional e de público, concursos, premiações, mostras e festivais nacionais e internacionais, difusão do cinema brasileiro no exterior em articulação com o Ministério das Relações Exteriores.

FINANCIAMENTO

A economia cinematográfica no Brasil se caracteriza por três fatos limitadores: a) exclusão da produção cinematográfica brasileira dos ditos mercados complementares: televisão aberta e por assinatura, e vídeo/DVD; b) falta de articulação entre produção, distribuição e exibição; c) pequeno número de salas de exibição, quando é relacionado com o número de habitantes. Resulta que seu universo econômico praticamente se limita a algo em torno de R$ 400 milhões gerados por 75 milhões de espectadores-ano, na exibição. Este mercado é fracionado, concentrado e subdimensionado. Otimisticamente, a produção brasileira ocupa nele uma faixa de 10%.

Sem entrar no mérito da questão, tem-se que a resposta do mercado de salas para a produção brasileira de características exclusivamente cinematográficas é extremamente reduzida. Num cálculo rudimentar, deduzindo da receita bruta 5,5% de taxas e impostos e em seguida a parcela de 50% para o exibidor, para depois retirar a comissão do distribuidor (20%) e desprezando a amortização das significativas despesas de comercialização (que variam de R$ 100 mil a R$ 1,500 mil por filme), resta para a produção (filmes internacionais e nacionais) a quantia de R$ 175 milhões. Como vimos acima, se a produção brasileira ocupar 10% do mercado de salas, sua recuperação de investimento neste segmento passa a ser de R$ 17,500 mil. É esta a quantia que o mercado de salas, com cifra global de arrecadação de 400 milhões anuais, injeta na produção cinematográfica nacional.

O resultado não pode ser outro senão a descapitalização da cadeia produtiva cinematográfica em todos os seus elos, naquilo que se refere ao produto brasileiro. A dificuldade de montar uma engenharia financeira que garanta estabilidade no processo de fabricação do produto interfere em seu padrão de gestão, quando não de qualidade, comprometendo sua produtividade. Por outro lado exigências triviais de financiamento bancário, mesmo de estabelecimentos oficiais, tais como juros, prazos e garantias não levam em conta características típicas da economia cinematográfica, como o alto risco e o lento tempo de amortização.

Para enfrentar e corrigir esta conjuntura propõe-se as seguintes medidas:

Criar um fundo financeiro constituído por:

a) Recursos captados através do art. 1 da Lei e não utilizados para produção do projeto (art. 1 da Lei 8.685/93).
b) Recursos recolhidos à conta das empresas contribuintes do imposto sobre renda relativos a remessa de rendimentos e *royalties* para o exterior e não utilizados para produção de projetos (art. 3 da Lei 8685/93).[1]
c) Recursos orçamentários, de igual valor aos recursos da renúncia fiscal não utilizada pelas empresas contribuintes do imposto sobre renda relativos a remessa de rendimentos e *royalties* para o exterior (art. 3 da Lei 8.685/93).

---

[1] Trata-se da diferença entre os recursos efetivamente captados e a capacidade de utilização da renúncia fiscal por cada empresa, dentro do teto estabelecido anualmente pela Receita Federal (art. 1); ou não aplicados em produção e recolhidos ao Tesouro Nacional pelas distribuidoras que remetem *royalties* para o exterior (art. 3).

d) Recursos provenientes da Contribuição para o Desenvolvimento da Indústria Cinematográfica (Decreto-Lei 1900), desde que atualizados seus valores de forma compatível com cada segmento de difusão da imagem e tornando-o mais abrangente para atingir novos meios criados pela evolução tecnológica (Anexo, "Propostas de alteração da legislação").
e) Taxação sobre a venda de aparelhos de TV, videocassetes, fitas de vídeo virgens e impressas, aparelhos de DVD, conforme anteprojeto anexo.
f) Percentual a ser estabelecido das loterias exploradas pela Caixa Econômica (consultar legislação argentina, alemã e inglesa).
g) Percentual de 4% sobre a cifra de negócios (receita publicitária) das TVs privadas para o Fundo Setorial, a ser contabilizado separadamente.

Este fundo funcionará não só financiando diretamente projetos de produção, distribuição, exibição e infraestrutura técnica, como também fornecendo garantias e avais para outras operações do setor.

REFORMA DA LEGISLAÇÃO

Hoje em dia, as leis de renúncia fiscal, Lei 8.685/93 (Audiovisual) e Lei 8.313/92 (Rouanet) constituem as únicas fontes de recursos para a atividade cinematográfica, devendo passar por um processo de revisão e prorrogação de sua vigência. Trata-se da criação do fundo de pessoa física e da alteração da Lei Rouanet impedindo que o imposto de renda de empresas seja destinado a Fundações das quais elas venham a ser mantenedoras (Anexo "Propostas de alteração da legislação").

Deve ser encontrada uma forma de convivência entre projetos de fundações com mantenedores a elas ligados de alguma forma, a fundação proponente e o produtor independente. É preciso se notar que o produtor independente não acessa mais recursos de determinadas empresas, já que estes recursos são destinados a fundações cuja manutenção é dessas empresas. Normalmente essas empresas são aquelas cujo volume de recursos devidos a título de imposto de renda são grandes, perdendo o produtor a chance de projetos de determinadas áreas serem patrocinados por uma ou duas empresas, ficando como possibilidade de incentivo a pulverização do patrocínio.

a) Modificações da Lei Rouanet incluindo o cinema entre as modalidades que permitem a dedução de 100% do imposto de renda, e regulamentando o investimento em fundações.

Com relação ao abatimento dos valores investidos pelo patrocinador é preciso equiparar o cinema às cinco áreas que foram autorizadas a captar recursos com abatimento de 100% dos valores investidos pela empresa patrocinadora, recolocando desta forma a atividade cinematográfica em igualdade de condições das demais atividades culturais.

b) Criação do Fundo de pessoa física e outros previstos pelas leis de incentivo.
c) Revisão das portarias que regulamentam a Conversão da Dívida para investimento no setor Audiovisual.

As minutas de alteração das Leis 8.401, 8.685, 8.313/92 e do Decreto-Lei 1900 encaminhados juntamente com este Pré-Projeto de Planejamento Estratégico (Anexo "Propostas de alteração da legislação"), constituem um primeiro instrumento de trabalho, estando ainda sujeitas a consensualização entre os membros representantes das atividades no Grupo Executivo de Desenvolvimento da Indústria do Cinema.

LEGISLAÇÃO PARA TELEVISÃO

1. Cota de tela

Cada emissora de televisão, aberta ou por assinatura, fica obrigada a exibir, em sua programação, um certo número de filmes brasileiros por ano. Esse compromisso pode ser cumprido com filmes novos ou antigos (estoque histórico). O órgão gestor (Agência) estabelecerá, articulado com representantes formais das emissoras de televisão, os números e as condições de cumprimento da cota de tela no início de cada ano.

2. Associação na produção

Cada emissora de televisão aberta ou por assinatura investirá 2% de seu faturamento em publicidade na coprodução de filmes brasileiros. Esses filmes deverão ser necessariamente coproduzidos com produtores independentes de cinema que serão sempre majoritários nessa associação.

3. Aquisição de direitos

Cada emissora de televisão aberta ou por assinatura investirá 2% de seu faturamento em publicidade na aquisição de direitos de exibição de filmes brasileiros. Esse compromisso poderá ser cumprido com filmes novos ou antigos (estoque histórico). O preço mínimo de aquisição de um filme brasileiro será sempre equivalente ao custo médio do produto televisivo dramatúrgico nacional. A esse preço mínimo, deverá ser acrescentado um prêmio equivalente a uma percentagem sobre o resultado de bilheteria deste filme, a ser determinada.

4. Promoção e publicidade

As emissoras de televisão aberta e por assinatura reservarão parte de seu espaço publicitário à promoção institucional do cinema brasileiro, conforme acordo de cada emissora com o órgão gestor (Agência). As emissoras farão um abatimento significativo nos valores de suas tabelas para a publicidade de filmes brasileiros em lançamento comercial.

Apoio ao cinema brasileiro
*Carlos Eduardo Guimarães**

---
* Subsecretário de Estado de Cultura do Rio de Janeiro.

O CINEMA BRASILEIRO só atingirá a autossustentabilidade quando tornar-se um produto de consumo de massa, para isso, segue-se as propostas abaixo:

1. Implantação do Vale-Cultura, proposto por Luiz Carlos Barreto.
2. Aumento do número de salas do "parque exibidor" brasileiro.
   O atual Modelo de Negócio do Setor da Exibição alcança somente as classes sociais de maior poder aquisitivo, uma vez que as 2.200 salas de cinema existentes no Brasil estão concentradas nos grandes centros urbanos e nos bairros com população de maior poder aquisitivo. Precisamos implantar e desenvolver um modelo que atinja as classes C, D e E, localizadas nas periferias das regiões metropolitanas e no interior do Brasil.
   O modelo do Ponto Cine de Guadalupe, por exemplo, no subúrbio do Rio de Janeiro, é uma sala digital (associada à Rain) cujo valor do ingresso é R$ 6 e R$ 3 pela meia-entrada; o seu público é formado pelas classes C, D e E, sendo considerada pela Ancine a sala com o maior percentual de exibição do cinema nacional em todo o território brasileiro.
3. As leis de incentivo federais, audiovisual e Rouanet, focalizam o setor da produção.
   As leis de incentivo estaduais — ICMS, principalmente a do Estado do Rio de Janeiro (R$ 70 milhões/ano), na condição de maior produtor do cinema e do audiovisual brasileiro (70% da Produção BR) — assim como as leis de incentivo municipais, deveriam ser reformulas para estimularem a implantação de novas salas de exibição, nas periferias das regiões metropolitanas e no interior do país.
4. Desburocratização e maior eficiência e eficácia nos serviços prestados pela Ancine.

Uma análise do cinema brasileiro

*Vera Zaverucha**

---
* Agência Nacional do Cinema, Ancine.

APRESENTO UM ESTUDO realizado em 2007, mas a realidade não se alterou muito neste último ano.

Ainda, existem questões neste fórum que este estudo pretende responder, considerando que o mercado de salas não é o único capaz de remunerar os atores envolvidos em uma obra cinematográfica.

Ao contrário do senso comum, as Leis de Incentivo não são concentradas nas mãos de poucos. Muitas são as produtoras e diretores que realizaram filmes que foram exibidos em salas de cinema, mas algumas, em 10 anos, só produziram um único filme lançado em salas de exibição. Será este o objetivo que esperava alcançar a Lei do Audiovisual ao destacar sua autossustentabilidade? Como falar em uma estrutura industrial com estas produtoras totalmente descapitalizadas e dependentes dos incentivos? Será que o Brasil precisa ter 200 produtoras? Não parece mais lógico haver produtoras fortes e capitalizadas para produzir os filmes dos diretores que abrem suas próprias produtoras para 15 anos depois fazer um novo filme?

Além disto, que filmes são estes? Será que ocupar o mercado de salas com filmes que alcançam 10, 5 e até mil espectadores e que são exibidos em função da cota de tela é base para se pensar em uma indústria? Ou será que estes filmes têm uma proposição diferente do mercado e deveriam ocupar outros meios de exibição? O papel do produtor é fundamental para que os filmes sejam direcionados a um determinado nicho do mercado ou o "mercado não comercial", ou seja, mercados que podem ser lucrativos, mas sem serem explorados com os produtos específicos para este nicho (cineclubes, TVs educativas, salas de arte, por exemplo).

O papel do distribuidor também é fundamental — agrega valor. Haver distribuidoras com recursos para se envolver na produção desde seu início, junto com o produtor, orientando-o naquilo que diz respeito ao mercado e lançando o produto de forma diferenciada é a característica do cinema que, como diz Gustavo Dahl: é uma indústria de protótipos. Ter filmes que possam substituir aqueles que não obtiveram sucesso e ter escala de produção com filmes de mercado, é o que faz o distribuidor sobreviver. Achar estes filmes também é um dos papéis do distribuidor. Portanto, quem melhor do que eles para parceiros do produtor?

Mas como um distribuidor exclusivo para filmes brasileiros, sem a expansão do mercado consumidor, conseguirá sobreviver quando o espaço reservado ao cinema brasileiro está restrito a 20%, em seus grandes momentos? Conseguiremos este espaço ao conquistar uma população não atingida atualmente por meio da criação de novas salas de exibição. Para atingir a classe C, é necessária a criação de novas salas nos locais onde ela se localiza — longe das capitais, nos 5.100 municípios sem salas. Um país como o Brasil não pode possuir apenas duas mil salas de cinema, concentradas em 400 municípios (7%). Inserir a classe C no consumo é ineficiente se apenas criar-se o espaço para este lazer. É preciso estimulá-la, criando o hábito e condições financeiras para este tipo de consumo, permitindo a compra de ingressos para salas, DVDs, e *downloads* na internet, por meio do PPV (*pay-per-view*), ou mesmo no aluguel na locadora.

Não é preciso destinar todos os movimentos a este tipo de incentivo, e sim, pensar em múltiplos mecanismos, cada qual dirigido a um tipo de produto ou mercado. A multiplicidade de mecanismos deve ser viabilizada pelas poucas fontes, cada qual com uma característica e um tipo de clientela.

Desta forma, uma ação que mobilize recursos para o consumo e para a criação de novas salas que tenham uma demanda por filmes brasileiros, viabilizará as distribuidoras que por meio dos incentivos fiscais do art. 3 e do Fundo de Financiamento para a Indústria Cinematográfica Nacional (Funcine) e do Fundo Setorial, em conjunto com os recursos do prêmio adicional de renda que poderia ser incrementado, reciclarão a produção.

A Tabela 1, a seguir, com dados da Superintendência de Acompanhamento de Mercado (SAM), mostra a distribuição das salas de exibição nos municípios brasileiros e um estudo que demonstra qual é a população da classe C não atingida por salas de exibição, considerando os municípios sem salas.

Estas são questões e contribuições que procurei dispor neste artigo, acreditando suscitar novas questões e sugestões.

TABELA 1
SALAS DE EXIBIÇÃO POR FAIXA DE POPULAÇÃO
POSIÇÃO EM JUNHO 2008

Faixa de população dos municípios	Total municípios	Municípios com cinema	% de municípios, desta faixa de população, com cinema	Qtd. de salas de cinema nestes municípios	% de salas de cinema sobre total
Menos de 10.000	2.605	2	0,08%	2	0,09%
10.001 a 20.000	1.397	15	1,07%	16	0,73%
20.001 a 50.000	996	86	8,63%	93	4,25%
50.001 a 100.000	313	111	35,46%	167	7,63%
100.001 a 500.000	217	149	68,66%	607	27,72%
acima de 500.001	36	36	100,00%	1.305	59,59%
Total	**5.564**	**399**		**2.190**	

FONTE: IBGE (Censo 2007); Sistema de Registro — Ancine; Nielsen; Sicoa e levantamento próprio.

ESTUDO

- No ano de 2008, o número de salas de exibição no país apresentou um crescimento real de aproximadamente 1,3% (de 2.160 para 2.190 salas). Para o segundo semestre de 2008 está prevista a abertura de novas 68 salas.
- Em junho de 2008, no Brasil havia 796 complexos cinematográficos e 2.190 salas situadas em apenas 399 municípios do total de 5.564 municípios.
- São Paulo é o estado que tem o maior número de salas do país (34%), ficando o Rio de Janeiro com o segundo lugar (14%).
- Todos os municípios com mais de 500 mil espectadores têm salas de exibição e atendem 53.750 mil, uma média de 41,1 mil hab./sala.
- Do total de 5.311 municípios com até 100 mil habitantes, apenas 4% deles (214) tem cinemas e atingem 11.600 mil habitantes (14%) da população destes municípios, com 278 salas de 230 complexos. A média de habitantes por sala é de 41,7 mil/sala.
- Como já ocorre nos últimos anos, permanece a tendência da migração de salas para os *shoppings*. Além de mais da metade dos dez maiores grupos exibidores não possuírem nenhuma sala "de rua", 95% das

salas de exibição abertas no primeiro semestre de 2008 se localizam em *shoppings*.
- Outra tendência observada no cenário da exibição é a concentração de cinemas em grandes cidades: 95% das salas abertas no primeiro semestre de 2008 encontram-se em cidades com mais de 500 mil habitantes. Para o segundo semestre de 2008 este movimento tende a se repetir. A expectativa é de que 82% das salas com abertura prevista se localizem em cidades acima dos 500 mil habitantes.
- O Grupo Cinemark é o maior grupo instalado no país com 358 salas, todas em *shoppings centers*. O Grupo Severiano é o segundo maior com 143 salas em *shoppings* e 17 salas de rua, seguido da UCI (121 em *shoppings*).

Cinema brasileiro — mais oferta, menos ocupação

*Bruno Wainer**

---
* Downtown Filmes.

UM OLHAR MAIS ATENTO SOBRE O AUMENTO DA OFERTA

O AUMENTO DA oferta é fictício. Produz-se muitos filmes, contudo poucos podem se enquadrar na categoria de filme competitivo.

De 1994 a agosto 2008 se produziu e lançou 497 filmes e desse volume vendeu-se aproximadamente 112 milhões de *tickets*, 140 títulos, ou 28% do total, com vendas de 101.2 milhões de *tickets* (ver Tabela 1) correspondentes a 90,5% dos *tickets* vendidos.Todos estes 140 títulos receberam investimentos de distribuidoras privadas como parte do financiamento de produção.

TABELA 1

	Filmes	%	Público (1994 a 2008)	%	Média frequência
Distribuidoras	140	28,17%	101.244.657	90,47%	731.953
Outros	357	71,83%	10.662.224	9,53%	32.300
Total	497	1	111.906.881	1	

A performance destes 140 filmes é excelente, com uma média de mais de 700 mil ingressos por título. O desempenho dos outros 357 filmes é de menos de 30 mil ingressos por título.

FONTES DE FINANCIAMENTO

Examinando a Tabela 2, constatamos que o art. 3 representa 29% do total de recursos utilizados para financiamento da produção.

TABELA 2

Mecanismo	2000 a 2006	% total
Lei Rouanet/art 1º	192.961	25,89%
Artigo 1º Audiovisual	320.022	42,94%
Artigo 3º Audiov. *majors*	**216.327**	**29,03%**
Funcines	4.472	0,60%
Conv. de dívida	11.418	1,53%
Total	**745.200**	

Cruzando recursos x número de títulos x *tickets*, obtemos o resultado:

TABELA 3

	% recursos	% títulos	% *tickets*
Artigo 3º. Audiov.	29,03%	28,17%	90,47%
Outros	70,97%	71,83%	9,53%

MAJORS x INDEPENDENTES

Comparando os investimentos realizados entre *majors* e distribuidoras independentes, constatamos claramente a relação entre investimentos x número de títulos x performance (Tabela 4).

TABELA 4
VALORES RECOLHIDOS POR DISTRIBUIDORAS — ART. 3 — R$ MIL

Tipo de distribuidora	Recursos	%	Títulos	%	*Tickets*	%
Estrangeiras	185.230,00	85,6%	119	85%	80.584.458	79,59%
Nacionais	31.097,00	14,4%	21	15%	20.660.199	20,41%
Total	**216.327,00**	**100%**	**137**	**100%**	**101.244.657**	**100%**

PRIMEIRAS CONCLUSÕES

- Os filmes de *maior sucesso* conseguiram *investimentos de distribuidores* desde a produção.
- O distribuidor é o agente indicado para avaliar e escolher tanto os projetos, quanto o montante de investimento a ser aplicado e negociar com os produtores.

- A maior quantidade de recursos (+ de 70%) destinados a financiar a produção está alocada em mecanismos pouco habilitados para exercer a função de avaliação e escolha dos projetos, caso o critério seja a ocupação de mercado.

OS PRINCIPAIS MECANISMOS PARA CAPTAÇÃO DE RECURSOS

1. Artigo 1

   Comentários:

   - O investidor não possui competência para a escolha dos projetos.
   - A escolha não se faz por critérios de mercado, já que, na maior parte dos casos, o investidor não consegue nenhum retorno financeiro.
   - O benefício do abatimento no Imposto de Renda (IR) do investimento com a despesa operacional dá ganho extramercado desde o início.
   - O custo de captação é alto.

   Conclusão:

   - A captação através do art. 1 está cada vez mais difícil.

2. Artigo 1A

   Comentários:

   - Não é um instrumento de mercado, mas sim de patrocínio.
   - A escolha não se faz por critérios de mercado, mas por associação de imagem entre patrocinador e tema.
   - Do ponto de vista do patrocinador, o retorno é bastante discutível, visto que em geral, há enorme espaço de tempo entre investimento e o lançamento do filme, e também há falta de visibilidade para o patrocinador, perdido no meio de outro.

Conclusão:

- A captação através do art. 1 tornou-se complexa. O investidor migra para áreas de retorno mais rápido e com visibilidade maior, como *shows* de música e eventos.

3. Editais

Comentários:

- Organizados pelas grandes empresas públicas e privadas (Petrobras, BNDES, vários bancos, estatais) por meio do art. 1.
- São mal concebidos: filmes de todos os gêneros disputam o mesmo guichê.
- Falta de foco e critério.
- As comissões escolhidas refletem a falta de foco dos editais.
- Na tentativa de agradar um pouco os vários setores, acaba ocorrendo um descontentamento geral.

Conclusão:

- Muitos projetos contemplados não conseguem nem ao menos ser produzidos, gerando desmoralização do instrumento e da atividade.
- Há uma pulverização enorme dos recursos, que são distribuídos sob critérios obscuros.

4. Artigos 3º e 3a

Das fontes de recursos disponíveis, este é um dos únicos nas mãos de profissionais habilitados na escolha de projetos vencedores.

Porém, do ponto de vista institucional, há de se perguntar se é conveniente que os destinos da produção brasileira permaneçam nas mãos de empresas, cujos interesses prioritários são os filmes de outras nacionalidades.

O fato é que nos países em que a cinematografia local disputa no mesmo patamar com a cinematografia americana, as distribuidoras locais desempenham papel decisivo.

5. Funcines

Comentários:

- Os Funcines surgem como herdeiros dos recursos advindos através do art. 1.
- A proposta principal dos Funcines é buscar o retorno financeiro a seus cotistas.
- O mecanismo traz aparentemente um conceito muito positivo que é a profissionalização das relações entre investidores e produtores, em forma de maior liberdade e criatividade de negociar o melhor controle dos resultados.
- O desafio é consolidar este mecanismo como sendo bom, tanto para o investidor/cotista quanto para a atividade audiovisual.

6. Fundo Setorial

Comentários:

- Ainda há poucas informações sobre o Funcionamento do Fundo Setorial Audiovisual (FSA). As sinalizações apontam em uma atuação firme em defesa do cinema de mercado.
- O desafio maior é verificar: quais os critérios para aplicação dos recursos do FSA? E se é imperativo que estes recursos possam ser utilizados segundo critérios objetivos, evitando assim o uso político do FSA?
- Uma preocupação evidente: o poder público conseguirá evitar a tentação de operar diretamente, recriando uma distribuidora estatal?

7. Prêmio Adicional de Renda (PAR)

Comentários:

- De todos os mecanismos, este é o melhor, uma vez que é regido por critérios objetivos, com premiação matemática. Não há editais nem comissões.

- Funciona no regime meritocrático. Quem mais fez pela performance do filme brasileiro, mais é premiado.
- Só pode ser utilizado como investimento, realimentando assim a cadeia produtiva.
- Infelizmente os recursos destinados ao PAR são muito tímidos em excesso e impedem que o mecanismo faça a diferença.

Conclusões e sugestões:

- O filme brasileiro competitivo tem excelente performance média.
- É preciso *aumentar a oferta de filmes competitivos*, e diminuir a oferta de filmes não competitivos.
- O melhor caminho para o aumento desta oferta é canalizar mais recursos através dos *distribuidores*, agentes realmente capacitados para a função de seleção de projetos.
- É preciso criar condições para a aparição de novas companhias distribuidoras brasileiras, *dedicadas e comprometidas* exclusivamente à exploração comercial de filmes brasileiros.
- É preciso implantar a *filosofia do mérito* na obtenção de recursos. O PAR é o único mecanismo que une o mérito com o estímulo ao fortalecimento de distribuidoras brasileiras. É preciso aumentar, e muito os recursos do PAR.
- A Agência Nacional do Cinema (Ancine) precisa evitar a tentação do controle excessivo, mediante os mecanismos de burocracia, que retiram o dinamismo da atividade.

A solução para o sucesso é um conjunto de fatores: competência, recursos, comprometimento, mérito, desburocratização, poucos e melhores filmes.

Proposta do GT de cinema: uma contribuição

*Ícaro C. Martins**

* Associação Paulista de Cineastas.

A CONTRIBUIÇÃO QUE segue é baseada em estudos econométricos de Guilherme Finkelfarb Lichand, Cepesp, Fundação Getulio Vargas-SP, Pontifícia Universidade Católica-RJ, encomendados pela Associação Paulista de Cineastas (Apaci), que comprovam em números a cartelização de nosso mercado cinematográfico, situação responsável pela progressiva perda de espaço do filme nacional em nosso próprio território.

A constatação, comum a todos de que a atual política cinematográfica, acentuada ainda mais através dos Funcines e dos procedimentos do novo Fundo Setorial do Audiovisual, concentra de forma progressiva o poder na instância dos distribuidores, tendendo a transformar os produtores em meros prestadores de serviços de produção. Trata-se de procedimento perverso, uma vez que nem as grandes distribuidoras estrangeiras, as *majors,* ou a maioria das nacionais já existentes, têm no filme brasileiro seu principal foco de atuação.

Nesse cenário sombrio, tem-se descapitalizado os produtores nacionais, distanciando-os do eventual lucro que suas obras proporcionam. Isso estabelece um círculo vicioso, isolando os produtores, tanto do sucesso quanto do fracasso, da relação direta com o público. O resultado dessa conjuntura desfavorável é a queda da participação do cinema nacional e o encolhimento de nosso mercado cinematográfico em geral. O fato é grave, dado que estes acontecimentos ocorrem em ambiente de acentuada melhoria de todos os indicadores econômicos dos últimos anos. Na perspectiva de crise que se aproxima, a ausência de medidas a esse respeito levará ao fim de mais um ciclo do cinema brasileiro. Por isso propomos que as seguintes medidas sejam tomadas:

- O Brasil deve utilizar o direito de retaliação comercial, recentemente conseguido junto à Organização Mundial do Comércio, contra os Estados Unidos, na área cinematográfica e audiovisual.
- Propomos a adoção, entre outras medidas anticartel, de uma política agressiva de cota de tela.
- Os recursos, atualmente disponibilizados para incentivo aos distribuidores, inclusive os utilizados via art. 3 da Lei do Audiovisual, precisam ser redirecionados para um Programa de Complementação de Mercado (também chamado de Adicional de Renda) efetivo. Como referência para uma complementação de renda sustentável, consideramos que a relação deve ser de uma sala para 30 mil habitantes. Assim, como já aconteceu no Brasil e em vários países, esse sistema deve recompensar prioritariamente o investidor na produção e não apenas o distribuidor. Para restabelecer a relação de mercado, é necessário que esse mecanismo premie progressivamente o investimento de capital próprio na produção.
- Um programa oficial precisa aumentar expressivamente o número de salas de cinema e estudar medidas que levem ao barateamento do custo do ingresso, visando tanto o crescimento do público quanto a autossustentabilidade da atividade e a inclusão social.
- É importante haver a adoção de sistemas de financiamento a produções estáveis (que não dependam prioritariamente de incentivos fiscais sobre o eventual lucro das empresas, sejam elas estatais ou privadas). A predominância quase total desses mecanismos de financiamento cultural no Brasil, além de indiretamente classificar a cultura como bem supérfluo, o que é inadmissível, torna nossa indústria cultural extremamente vulnerável em cenários de crise econômica.

Economia do cinema e do audiovisual: eixos estruturantes

*Manoel Rangel**

---
* Cineasta.

A SEGUIR, EXPOMOS quatro eixos para a economia do cinema e do audiovisual.

1. Atuar para um amplo crescimento do mercado interno de cinema e audiovisual, por meio da incorporação de novas parcelas da população brasileira ao consumo de obras audiovisuais, e incorporação de outros segmentos de mercado na equação de sustentabilidade da produção brasileira:

    a) Implantação do programa Vale-Cinema/Vale-Cultura, para oferecer estímulo aos setores da classe C e D no consumo de filmes brasileiros nas salas de cinema e videolocadoras.
    b) Políticas de investimento e financiamento à construção de salas de cinema para induzir expansão do mercado em regiões de demanda reprimida, com oferta de preços menores ao consumidor, e maior proximidade com o público potencial de cinema nas classes C e D.
    c) Políticas de incentivo à coprodução entre televisões/programadoras por assinatura e produtores independentes, de modo a ampliar a presença de obras audiovisuais brasileiras na televisão e ampliar suas possibilidades de rendimento.
    d) Reforço dos programas de exportação e promoção do cinema brasileiro no exterior com foco em abertura de mercados e vendas internacionais.

2. Reforçar a capacidade empresarial das empresas produtoras, distribuidoras e exibidoras brasileiras:

   a) Estímulo à associação horizontal e vertical entre empresas produtoras, distribuidoras e exibidoras. Para ganhar escala no Brasil as empresas brasileiras precisam passar por um processo de concentração e maior profissionalização empresarial.
   b) Linhas de investimento e financiamento às empresas e a operação por meio de carteiras de projetos e filmes.
   c) Desoneração da cadeia tributária do setor de cinema e audiovisual brasileiro.

3. Reintroduzir um sistema de mérito e compromisso com resultados no sistema de apoio à produção cinematográfica:

   a) Reforço dos mecanismos de apoio automático ao setor que se baseiam no desempenho artístico e comercial das empresas com os filmes brasileiros.
   b) Ampla avaliação dos 15 anos da Lei do Audiovisual para processar seus êxitos, seus danos colaterais e os desafios de reintroduzir um regime de mérito e compromisso com resultados em sua mecânica de operação.

4. Aumentar a capacitação de profissionais e quadros para a atividade de cinema e audiovisual no Brasil, em especial em relação às áreas estratégicas de dramaturgia e economia:

   a) Estímulo para que as universidades e instituições de ensino e pesquisa brasileiras dediquem energias à constituição de linhas especiais de formação em dramaturgia (teatro, literatura e roteiro para cinema e televisão) e economia do audiovisual (executivos para as atividades de produção, distribuição, exibição, televisão e marketing de cinema e audiovisual).
   b) Integração com as universidades e instituições de ensino e pesquisa de audiovisual.

Público de cinema e teatro*

*Carlos Eduardo Rodrigues (Cadu)***

---
* Texto sem revisão do autor.
** TV Globo.

A PESQUISA

O OBJETIVO PRINCIPAL deste estudo é aprofundar o conhecimento sobre frequentadores e potenciais frequentadores de teatro e cinema, considerados o tamanho de cada mercado, a caracterização dos dois grupos, os significados de cinema e as barreiras ao aumento da frequência.

Para atingir os objetivos propostos, o estudo foi realizado com o público frequentador e potencial de cinema nas cidades de São Paulo e Rio de Janeiro.

Foram realizadas duas pesquisas: uma quantitativa, pelo Instituto de Pesquisa Datafolha, e outra qualitativa, por Clarice Herzog Consultores Associados.

O universo considerado foram os homens e mulheres a partir de 16 anos, pertencentes às classes econômicas A, B, C e D (critério Brasil).

Por público de cinema entende-se as pessoas que vão ao cinema pelo menos uma vez a cada três meses. O público potencial é constituído por aqueles que têm hábitos de outros lazeres (frequentam restaurantes, bares/cafés e/ou casas noturnas/danceterias, pelo menos, uma vez a cada três meses e/ou museus/exposições, shows de música popular/rock/pop/eletrônica, concertos de música clássica/erudita ou espetáculos de dança/balé, pelo menos uma vez a cada seis meses).

Foram realizadas 983 entrevistas nas cidades de São Paulo e (484) do Rio de Janeiro (499). Por público de interesse, a amostra teve a seguinte distribuição: público frequentador de cinema, 681 (margem de erro de 4 pontos percentuais — PP); público frequentador de teatro, 225 (margem de erro: 7 pp); público potencial de cinema: 275 (margem de erro: 6 pp); e público potencial de teatro, 208 (margem de erro, 7 pp).[1]

---

[1] Margens de erro máximas, para mais ou menos, considerando-se nível de confiança de 95%.

Para dimensionar o tamanho do mercado de frequentadores de teatro e/ou cinema, e do mercado potencial de consumidores, foi realizado um número de entrevistas superior ao da amostra (1.505 entrevistas probabilísticas). Os resultados deste arrolamento foram utilizados para projeção do universo de pesquisa e ponderação dos resultados.

OS RESULTADOS

Aproximadamente 31% da população com idade a partir de 16 anos, das classes econômicas A, B, C e D, é público de cinema; parcela menor, 12%, é de teatro.

A projeção desses dados para o universo da pesquisa (São Paulo e Rio, capitais) aponta para um público de cinema de aproximadamente 3,9 milhões e de teatro de 1,5 milhão.

Considerando como potenciais frequentadores aqueles que possuem renda e hábitos de lazer *outdoor* pagos (e que por algum momento já frequentaram cinema e teatro, mas não o fazem regularmente) temos público potencial de cinema de 15% (1,8 milhão) e de teatro de 10% (1,3 milhão).

É este o nosso principal foco de trabalho: investigar as razões da não frequência e as formas de estimulá-la.

Destaca-se o fato de que a maioria da população (52%) não se classifica como público de nenhuma das áreas (cinema e teatro) nem são considerados como potenciais, mas são os "distantes", estimados em 6,5 milhões de pessoas. Esse segmento difere dos demais principalmente nos aspectos relacionados à idade (são mais velhos), escolaridade e situação econômica (mais baixas).

A comparação dos públicos de teatro e cinema com os potenciais respectivos revela que as maiores diferenças não são de ordem sociodemográfica, mas de estilos de vida.

No caso do teatro, as características sociodemográficas entre os públicos frequentador e potencial são muito semelhantes. Já no caso do cinema, o público frequentador tende a ser mais jovem, mais escolarizado e possui renda um pouco superior ao público potencial.

Todavia, a maior diferença reside nas atividades de lazer que praticam os dois públicos potenciais. Eles preferem e praticam mais o lazer associado à sociabilidade (encontros de relaxamento: restaurantes, bares, casas noturnas, viagens de fins de semana, praia, *shoppings* etc.).

A menor frequência desses públicos ao teatro ou ao cinema nacional está diretamente associada à imagem que eles têm tanto do teatro quanto do cinema (cada um com suas especificidades) de serem atividades dissociadas daquilo que buscam como lazer e entretenimento.

Já o cinema estrangeiro tem imagens e significados muito diferentes. Está associado principalmente a relaxar, diminuir o estresse; secundariamente, ao aprendizado e reflexão, passar o tempo, namorar etc.). É sonho, fascinação, glamour, beleza, fama, luxo, esplendor, tecnologia, modernidade, contemporaneidade. E é democrático, acessível a todos, conveniente, aconchegante, familiar, gregário e alegre.

O Quadro 1 é uma síntese das diferenças entre teatro e cinema estrangeiro:

QUADRO 1
DIFERENÇAS TEATRO X CINEMA ESTRANGEIRO

Teatro	Cinema estrangeiro	Cinema nacional
+ Distante: não há o hábito de frequentar teatro, principalmente entre jovens, mas não somente	+ Próximo: o hábito está arraigado; apenas alguns mais velhos estão *hoje* distantes	
Frequência programada: ir ao teatro requer planejamento	Frequência espontânea: vai-se ao cinema quase por inércia	
Mundo da cultura, do conhecimento, do aprendizado (+SP)	Mundo do glamour, da modernidade, da tecnologia	Mundo da dura realidade, pobreza, sofrimento, temática social
Ir ao teatro é status (+BC)	Ir ao cinema é banal, corriqueiro	
Um convite à reflexão, ao pensamento crítico (+SP)	Um convite à fantasia, ao sonho, a um mundo mágico	Um convite à consciência, à percepção da realidade

As diferenças entre teatro e cinema se encontram no Quadro 2:

QUADRO 2
DIFERENÇAS TEATRO X CINEMA

Teatro	Cinema estrangeiro	Cinema nacional
Território da maturidade, dos casais e dos velhos: o jovem está muito distante ⟷	Território dos jovens, da família, dos amigos, da sociabilização	
O clima é de formalismo, de contenção, de regras de comportamento ⟷	O clima é de descontração, informalidade, sentir-se em casa ⟷	O clima é de desesperança, baixa autoestima
Audiência + tensa e concentrada ⟷	Audiência + descomprometida	
Seletivo: é caro e frequentado pela elite madura e intelectuais ⟷	Democrático: o cinema acolhe todo tipo de pessoa	
Baixa visibilidade: não há divulgação, há poucas salas e as pessoas não comentam ⟷	Alta visibilidade: há divulgação, muitas salas, lançamentos e boca-a-boca entre amigos	

Enquanto o universo imaginário do cinema está associado ao glamour, beleza, sonho, encantamento, transporte para outras vidas, tecnologia, efeitos especiais e modernidade, a imagem que os entrevistados têm do cinema nacional é sua melhora, sem dúvida, tanto em conteúdo quanto em produção.

Mas a percepção dominante é que nosso cinema, por tratar muito da realidade brasileira (nem sempre agradável de ver: pobreza, violência, marginalidade), afasta-se da expectativa que eles têm do cinema, bem como do lazer e do entretenimento em geral.

Para ampliar o público do cinema nacional, portanto, há que aproximá-lo um pouco mais da expectativa que o público potencial tem de lazer e entretenimento.

PERFIL SOCIODEMOGRÁFICO

A Tabela 1 e o Gráfico 1 analisam o perfil sociodemográfico dos públicos de cinema e teatro no Brasil, comparados à população em geral e aos grupos não classificados nem como público de uma das áreas nem como público potencial (grupo denominado "distantes").

TABELA 1
PERFIL SOCIODEMOGRÁFICO
TEATRO X CINEMA

	População	Cinema		Teatro		Distantes
		Público	Potencial	Público	Potencial	
	100%	31%	15%	12%	10%	52%
Homens	46	50	44	42	49	44
Mulheres	54	50	56	58	51	56
16 a 24	23	41	27	34	37	11
25 a 34	23	24	29	21	20	20
35 a 44	20	19	25	21	22	20
45 +	34	17	20	24	22	49
Superior	16	28	16	38	34	8
Ensino Médio	38	48	52	43	48	27
Ensino Fundamental	46	23	32	18	18	65
A	6	12	5	15	13	2
B	31	44	38	44	47	20
C	42	37	44	31	37	46
D	21	8	13	10	4	32

GRÁFICO 1
PERFIL SOCIODEMOGRÁFICO
(ESTIMULADA E MÚLTIPLA, EM %)

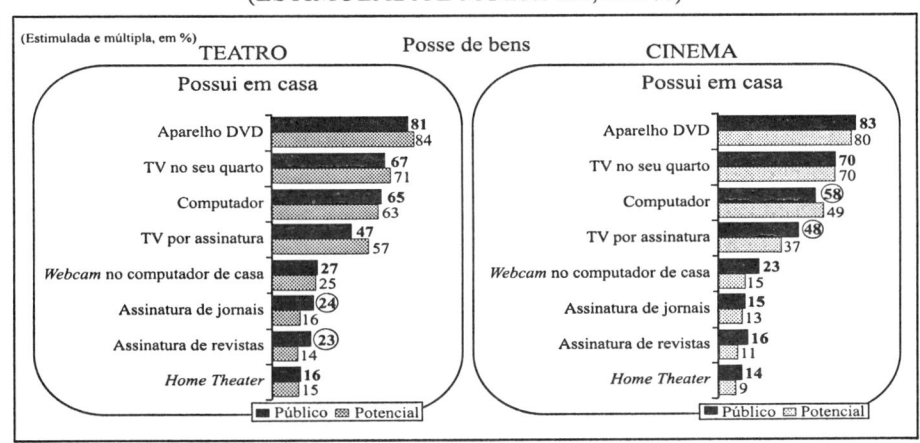

(Estimulada e múltipla, em %)

TEATRO — Posse de bens — **CINEMA**

Possui em casa (TEATRO):
- Aparelho DVD: 81 / 84
- TV no seu quarto: 67 / 71
- Computador: 65 / 63
- TV por assinatura: 47 / 57
- Webcam no computador de casa: 27 / 25
- Assinatura de jornais: (24) / 16
- Assinatura de revistas: (23) / 14
- Home Theater: 16 / 15

Possui em casa (CINEMA):
- Aparelho DVD: 83 / 80
- TV no seu quarto: 70 / 70
- Computador: (58) / 49
- TV por assinatura: (48) / 37
- Webcam no computador de casa: 23 / 15
- Assinatura de jornais: 15 / 13
- Assinatura de revistas: 16 / 11
- Home Theater: 14 / 9

■ Público ▨ Potencial

BASE: Total público — 225 entrevistas /Total potencial — 208 entrevistas
FONTE: P. 84: Você possui em sua casa ____? / P. 85: Você possui para uso próprio ____

BASE: Total público — 681 entrevistas /Total potencial — 2.758 entrevistas
FONTE: P. 84: Você possui em sua casa ____? / P. 85: Você possui para uso próprio ____

LAZER E ENTRETENIMENTO

Lazer e entretenimento referem-se a um conjunto rico de significados emocionais.

É, em primeiro lugar, romper com a rotina: sair de órbita, esquecer os problemas, esquecer a vida, o trabalho, a agenda; divagar, fugir do cotidiano, desopilar, desligar-se, libertar-se dos compromissos, sentir-se de férias.

É, em segundo lugar, buscar prazer: divertir-se, fazer o que gosta, relaxar, rir, descontrair, curtir a vida, sozinho ou acompanhado, dentro ou fora de casa; "viver a vida e não deixar a vida viver você".

É, ainda, renovar o espírito: descarregar o estresse e buscar energias para enfrentar um novo dia; "desopilar todas as tensões, estar sem pressão para poder começar tudo de novo".

Não há definitivamente espaço para "trabalho" no mundo do lazer e entretenimento.

O universo do lazer e entretenimento pode ser representado pelo Diagrama 1:

DIAGRAMA 1
O UNIVERSO DO LAZER E ENTRETENIMENTO

O universo do lazer e entrenimento vai da *adrenalina* ao *relaxamento*

Adrenalina — *Relaxamento*
Euforia — Contemplação
Êxtase   Curtição   Saúde   Paz Interior   Reflexão
Descontração Animação   Bem Estar   Meditar   Equilíbrio
Diversão   Qualidade de Vida   Tranquilidade
Extroversão   Instropecção

+ Jovens ←——————————————→ + Maduros

A dimensão de aprendizado, conhecimento e enriquecimento cultural associada a laser surge pontualmente e sobretudo entre paulistano *frequentadores e potenciais de teatro*.

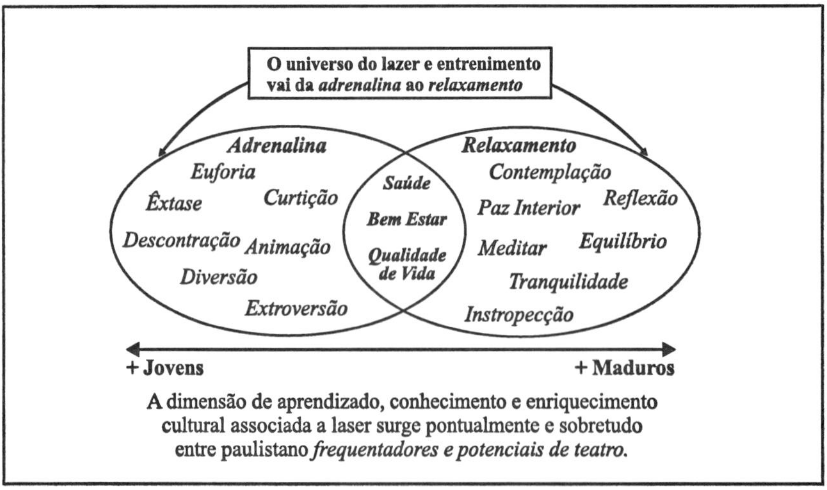

As principais atividades de lazer e entretenimento estão contempladas no Diagrama 2:

Diagrama 2
PRINCIPAIS ATIVIDADES DE LAZER E ENTRETENIMENTO

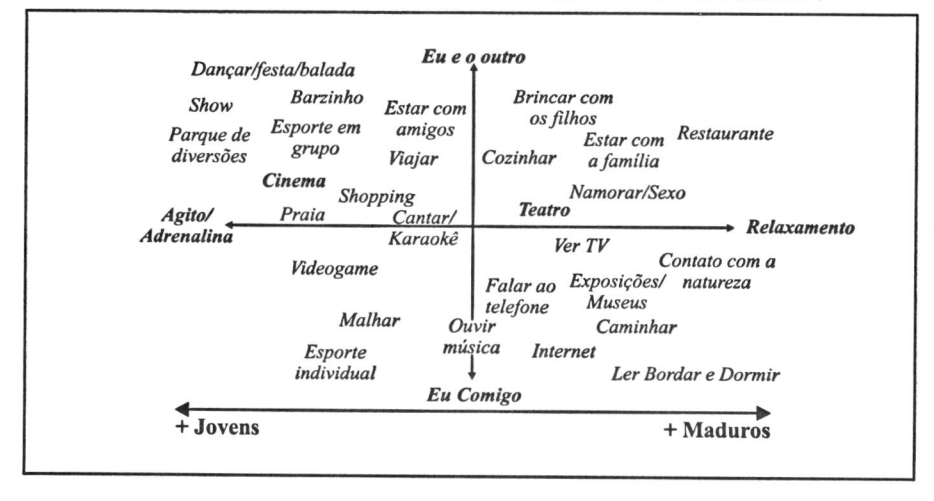

```
                        Eu e o outro
   Dançar/festa/balada      ↑
      Show    Barzinho              Brincar com
                     Estar com        os filhos
   Parque de  Esporte em amigos            Estar com  Restaurante
   diversões    grupo     Viajar   Cozinhar  a família
              Cinema  Shopping              Namorar/Sexo
    Agito/         Praia  Cantar/   Teatro
   Adrenalina ←          Karaokê              → Relaxamento
                                   Ver TV
                 Videogame                  Contato com a
                              Falar ao  Exposições/  natureza
                              telefone  Museus
                     Malhar  Ouvir         Caminhar
                 Esporte    música   Internet
                 individual                 Ler Bordar e Dormir
                              ↓
                          Eu Comigo
   ← + Jovens                                    + Maduros →
```

Os hábitos de lazer e entretenimento e suas motivações constam, por sua vez, do Quadro 3:

Quadro 3
HÁBITOS DE LAZER E ENTRETENIMENTO — CINEMA
(ESTIMULADA E ÚNICA EM %)

	\multicolumn{16}{c}{Motivação para realizar a atividade}
	Cinema		Restaurantes		Casas noturnas/ dançeteria		Bares cafés		Teatro		Museus exposições		Shows de música		Concertos de música*	
	Públi-co	Poten-cial	Públi-co	Poten-cial	Públi-co	Poten-cial	Públi-co	Poten-cial	Públi-co	Poten-cial	Públi-co	Poten-cial	Públi-co	Poten-cial	Públi-co	Poten-cial
Relaxar, diminuir o stress	37	-	24	28	22	26	24	28	20	13	5	13	28	40	27	38
Aprender, obter conhecimento, reflexão	16	-	1	-	1	0	1	-	44	42	72	66	3	3	16	24
Namoro, paquera	14	-	9	4	21	30	9	7	2	6	1	1	9	10	5	-
Passar o tempo	14	-	12	13	11	6	16	21	4	-	7	3	12	15	3	-
Social, encontrar amigos	11	-	48	47	37	29	48	40	9	-	2	5	21	20	10	23
Para se emocionar, viver diferentes emoções	8	-	0	3	5	7	1	3	16	25	7	11	22	11	36	8
Base	681	-	485	204	354	139	438	201	188	22*	210	65	374	137	77	7*

(*) Concertos de música clássica/erudita ou espetáculos de dança/balé.
Base: Entrevistados que a atividade mais realizada.
Fonte: P2: Pensando em algumas das atividades que você me disse que costuma realizar, eu gostaria de saber de acordo com este cartão, qual é o principal motivo para você realizar cada uma delas?

Finalmente, as frequências de hábitos de mídia entre os públicos do teatro e do cinema, constam no Gráfico 2.

GRÁFICO 2
HÁBITOS DE MÍDIA
(ESTIMULADA E MÚLTIPLA, EM %)

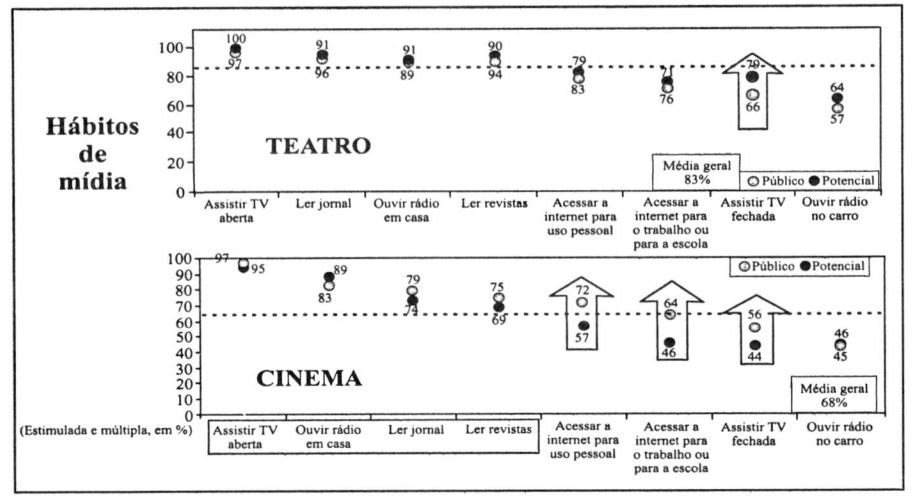

Hábitos de mídia — TEATRO

	Assistir TV aberta	Ler jornal	Ouvir rádio em casa	Ler revistas	Acessar a internet para uso pessoal	Acessar a internet para o trabalho ou para a escola	Assistir TV fechada	Ouvir rádio no carro
Público	100	91	91	90	79	71	79	64
Potencial	97	96	89	94	83	76	66	57

Média geral 83%

CINEMA (Estimulada e múltipla, em %)

	Assistir TV aberta	Ouvir rádio em casa	Ler jornal	Ler revistas	Acessar a internet para uso pessoal	Acessar a internet para o trabalho ou para a escola	Assistir TV fechada	Ouvir rádio no carro
Público	97	89	74	75	72	64	56	46
Potencial	95	83	79	69	57	46	44	45

Média geral 68%

BASE: Total público — 225 entrevistas /Total potencial — 208 entrevistas
FONTE: P. 76: Com que frequência você costuma realizar algumas destas atividades?

IMAGEM DO CINEMA NACIONAL

A pesquisa analisada deixa claro a percepção generalizada de que o cinema nacional melhorou muito nos últimos 10 anos, tanto em termos técnicos quanto de conteúdo.

Seus temas evoluíram. As pornochanchadas foram substituídas pelo cinema de conteúdo, de crítica social, de reflexão sobre a realidade brasileira e as diferenças regionais ("estão priorizando a cultura nacional, a nossa história, mostrando coisas de que a gente não tinha ideia").

Os enredos têm mais emoção porque trabalham sobre temas que fazem parte do dia a dia de todo brasileiro.

Os recursos de produção também evoluíram, sobretudo a qualidade do som ("antigamente, não se entendia nada do que os autores diziam").

Mas existe a percepção da ausência de glamour, beleza, magia, sonho ao cinema nacional. Ou seja, falta o poder de transportar o expectador para um outro mundo ("o cinema nacional não tem um universo imaginário").

Desenvolvimento audiovisual: uma proposta baseada na segmentação dos mercados

*Alfredo Bertini**

---
* Produtor cultural e de audiovisual.

INTRODUÇÃO

A OPORTUNIDADE GERADA pelo Inae em discutir, no âmbito de um fórum específico sobre a economia da cultura, um conjunto de ideias e propostas para o desenvolvimento do audiovisual brasileiro, pode ser vista como um reconhecimento ao papel estratégico desse setor, sobretudo, quando considera-se alguns fundamentos que norteiam a economia contemporânea. Diante dessa possibilidade, é fundamental a contribuição que emana da experiência dos profissionais do audiovisual, mas que torna-se enriquecida pela percepção de uma tecnocracia cada vez mais atenta às atuais tendências econômicas. Neste particular, essa atitude é consequência do crescente interesse pelos desdobramentos socioeconômicos promovidos pela chamada "indústria do entretenimento", visto sua enorme capacidade de gerar postos de trabalho e fluxos de rendas.

Apesar do audiovisual brasileiro, particularmente o cinema, manter-se ainda distante do conceito rigoroso do que seja uma "indústria", é evidente que a simples percepção dessa tendência precisa ser considerada por analistas econômicos ou, pelo menos, pelos estudiosos sobre os temas que envolvem a força indiscutível das atividades terciárias, em especial, em uma economia cada vez mais globalizada. O dinamismo econômico do audiovisual no cenário internacional é o ponto de partida necessário à análise setorial sobre o que acontece no Brasil, pois dele será possível iniciar o reconhecimento da verdadeira dimensão econômica do setor. Após essa etapa, deve-se entender a dinâmica do funcionamento do próprio mercado brasileiro, em especial, pelas marcantes peculiaridades que o caracterizam. A partir desses caminhos traçaremos uma breve introdução à "economia do audiovisual".

A primeira etapa, que corresponde à demonstração do que representa a dimensão econômica da chamada "indústria do entretenimento" ou "indústria do audiovisual", considerada como uma referência indiscutível.

Em outras palavras, a proposta deste texto parte do princípio pelo qual existe uma evidência do setor audiovisual ser capaz de traduzir-se como um vetor de dinamismo econômico, uma base suficiente para o entendimento sobre a sua forma de atuação no contexto brasileiro. Portanto, pretende-se aqui mostrar a existência de um setor com capacidade produtiva passível de desenvolvimento sustentado, embora careça do reforço de políticas públicas especiais, haja vista as particularidades que caracterizam o funcionamento de seu mercado.

Nesse sentido, revela-se a partir da carência de políticas públicas, a compreensão de ser o setor um ente "estratégico", o que impõe a necessidade de ações da política socioeconômica, devido a pluralidade rica da atividade cultural brasileira. Ou seja, o conceito da diversidade cultural exprime-se em conteúdos e formas às vezes antagônicas, mas que não podem ser ignoradas, pura e simplesmente, devido à proeminência dos produtos que costumam impor aos mercados uma homogeneidade avassaladora. Por existir essa flagrante heterogeneidade, o mercado audiovisual precisa ser entendido de maneira segmentada, a fim de que essa percepção se mostre suficiente para a aplicação de "estratégias" de políticas diferenciadas.

Este artigo foi estruturado em mais três seções. A próxima trata exatamente da segmentação do mercado audiovisual no Brasil, expressado, aqui apenas pela representatividade da produção cinematográfica. Na seção seguinte, reforça-se a importância da concepção de uma política audiovisual, que seja capaz de desenvolver a questão estratégica, a partir do reconhecimento da heterogeneidade dos produtos e dos mercados. Por fim, são evidenciadas algumas considerações em caráter conclusivo.

A SEGMENTAÇÃO DO MERCADO AUDIOVISUAL NO BRASIL: UMA BREVE ANÁLISE PELA ÓPTICA DO CINEMA

Ao considerar o funcionamento do mercado audiovisual brasileiro pelos produtos cinema e TV deve-se considerar profundas distinções. Devido ao distanciamento que separa a capacidade de produção de ambos os produtos, é possível percebê-los intra e intersetorialmente.

Em rápidas considerações, parece mesmo perceptível o quanto o "produto televisivo" no Brasil se aproxima rigorosamente do conceito econômico de "escala industrial" (até a recém-criada TV por assinatura). Em comparação com o cinema, isto denota uma clara distinção intersetorial no cenário audiovisual. Também na própria produção cinematográfica, em uma análise intrassetorial, não é muito difícil distinguir os produtos ditos "comerciais" — os passíveis de escala industrial — daqueles reconhecidos como "cinema de arte ou independente" (os que se traduzem pelas novas experimentações e linguagens). Enfim, nada parece mais evidente do que constatar essa segmentação do mercado como uma característica natural da produção audiovisual brasileira.

O "produto TV", o qual demonstra uma linha de produção mais identificada com a escala industrial, depende menos de políticas públicas para haver um desenvolvimento sustentado, embora traga consigo um "valor estratégico" que não pode ser dispensado, exigindo outra forma de referência no contexto de uma política de audiovisual. Quando coloca-se a questão da menor dependência das políticas públicas, essa constatação é resultante, também, do fato de que o setor soluciona os complexos filtros que poderiam inibir o ritmo de produção, em toda sua cadeia produtiva. O financiamento da produção de TV em nosso país, é bem exemplar, possui o amparo privado oriundo das verbas de publicidade, o que expressa a baixa dependência com relação à formulação de uma política pública específica. Justamente por essa concepção diferenciada que faz da televisão brasileira um autêntico "produto comercial", posto que o "produto cinema" se mostra mais apropriado à análise proposta. No entanto, na iminência da formulação de uma política de audiovisual, não haverá como dispensar ações conexas a partir do "produto cinema", até para que não haja perda da concepção estratégica que todo setor é merecedor de possuí-la.

Por sua vez, o "produto cinema" revela uma necessidade infinitamente maior de proteção, ao se propor uma política de audiovisual que objetive seu desenvolvimento de modo sustentado. Se esse pressuposto ainda se apresenta como válido para a segmentação correspondente ao "cinema comercial", nem precisa longos raciocínios para defender a produção alternativa expressa pela inovação de novas estéticas e linguagens (denominado cinema de arte, independente ou experimental). Nessa perspectiva, é clara a necessidade de uma ação pública que permita, por um lado, apoiar uma produção que tenha condições de conquistar uma "escala industrial"; e, pelo outro lado, garantir a manutenção de uma produção alternativa, que permita experimentar inovações de estética e linguagem, capazes de revelarem novos talentos empreendedores. Tudo isso em perfeita sintonia com a realidade cultural brasileira, que se exprime por sua enorme diversidade e que, por conseguinte, reforça sua condição "estratégica", em defesa dos valores genuinamente nacionais.

Essas "estratégias" devem ser consideradas como partes integrantes de uma macropolítica com qualificações distintas, pois ambos, o "cinema comercial" e o "cinema de arte ou independente", compõem segmentações de um mesmo mercado com objetivos bastante diferentes. Sobretudo na repercussão dessas qualificações em termos da dimensão da cadeia produtiva de cada uma dessas segmentações, como atividades conexas à produção desses bens audiovisuais, sem as quais os produtos finais (os filmes) não são destinados ao consumo (espectadores). Tornam-se, portanto, mercados distintos e complementares: o da distribuição (escoamento da produção) e o da exibição (consumo final).

Dada essa complexidade dos mercados econômicos que explicam o funcionamento dessa "economia do audiovisual" (aqui vista apenas pela óptica do cinema), é possível expor algumas das suas particularidades (ainda nesta seção), para que delas se possam considerar os elementos necessários à formulação de uma política de desenvolvimento setorial.

Em defesa dos fundamentos da "nova" atividade econômica, não é mais cabível o entendimento político a favor de um "cinema brasileiro de mão única". O "cinema comercial" não deve ser tratado pelos pseudoadversários como o esforço de um grupo empreendedor que serve apenas para "sacralizar o profano", através da difusão de bens ditos "de qualidade duvidosa". Sequer a defesa do "cinema de arte ou independente" deve ser encarada pelos defensores da "escala industrial" como uma tentativa de "profanar o sagrado", devido aos modelos intimistas de produção, que tornam o "milagre tecnológico do cinema" um bem incapaz de entreter e ser "digerido" pela "massa consumidora". A segmentação, portanto, passa a ser uma marca indelével do mercado. Por isso, faz-se necessária uma análise sintonizada com essa heterogeneidade que caracteriza todo mercado audiovisual, para que dela se proponha uma intervenção pública consistente com a realidade socioeconômica.

O MERCADO DO "CINEMA COMERCIAL"

Entende-se por "cinema comercial" o tipo de produção que objetiva conquistar o maior público consumidor possível. Em geral, a temática tratada nos filmes, pode ser traduzida por conteúdos absolutamente identificados com as "necessidades de consumo popular". Ou seja, esses produtos costumam apenas garantir a satisfação do entretenimento, sem preocupações com as possíveis "reflexões intelectuais" que o produto possa se revelar para o consumidor/espectador. Em função desse forte "apelo popular", na maioria das vezes os defensores da "estética artística" terminam por "desqualificar" esse tipo de produto.

Interpretações estéticas e de linguagem à parte, o certo é que esse tipo de mercado de consumo existe e como tal merece ser analisado nas suas características. Desta maneira, basta verificar os números de *market share* que esse modelo de produção já alcançou no mercado interno, apesar da ausência de uma política pública que considerasse essa atividade como estratégica no desenvolvimento econômico contemporâneo.

Diante dessa situação, vale dizer que, diferente do que ocorre com o "produto TV", o sentido "comercial" do "produto cinema" no Brasil, não possui a mesma dinâmica econômica. Só recentemente foram visualizados alguns avanços no fomento à produção cinematográfica, mas os velhos problemas da distribuição e da exibição, parecem igualmente impregnados na atividade. E isso decorre, em larga medida, do dinamismo da "escala industrial" do produto externo, que mostrou-se suficientemente capaz de ditar as regras de funcionamento do mercado interno. Mesmo que melhorados alguns dos gargalos da produção, em virtude do respaldo de uma intensiva política de benefícios fiscais, os problemas da distribuição e da exibição do produto nacional ainda necessitam — e muito — do suporte de políticas públicas.

Em suma, o segmento comercial do cinema depende do reconhecimento público do seu importante papel no mercado, que impõe um necessário mecanismo de defesa (ou modelo de exceção), frente à avalanche da concorrência internacional. Para isso, é necessário a alteração de algumas regras atuais de fomento à produção, incluindo intervenções estratégicas nas áreas de distribuição e exibição, pois necessita de política própria. Evidentemente, não é preciso nada que interfira de forma substancial nas regras vigentes de funcionamento do mercado como um todo, no sentido da falta de um senso econômico e, consequentemente, paralisando a iniciativa empreendedora das atividades privadas envolvidas.

O MERCADO DO "CINEMA DE ARTE OU INDEPENDENTE"

Entende-se por "cinema de arte" o tipo de produção que possui como objetivo a preocupação com os valores da linguagem e da estética, normalmente concebidos em função de um rigor artístico, que costuma se sobrepor ao conceito econômico associado ao produto. Nesse modelo de produção, a "popularização" do bem não é uma prioridade em si, uma vez que seu objeto de consumo está representado por nichos específicos.

Nota-se que, em sentido amplo, essa alternativa de produção proporciona uma necessidade de defesa e preservação, devido aos atributos não econômicos que lhes caracteriza. Isso ocorre, não apenas, por causa da capacidade de experimentar técnicas e inovações artísticas, na qual o "valor cultural" expresso pelo bem em si é mais importante do que o seu "valor econômico" (afinal, o produto não tem muita afinidade com o mercado). Em complemento, deve-se também considerar algumas justificativas de macro e microestratégias, que podem ser visualizadas pelas lentes imprescindíveis das políticas públicas. No primeiro caso, tome-se como exemplo, uma política cultural em defesa da diversidade. Portanto, uma intervenção que respeita e valoriza as diferentes tendências artístico-culturais. No outro caso, o exemplo pode ser visto pela capacidade desse modelo revelar novos talentos empreendedores. Ou seja, no que concerne as experimentações que partem das inovações criativas e tecnológicas, poderá estar em formação uma geração de empreendedores capazes de desbravarem novos mercados de consumo.

Na realidade, se o "cinema comercial" encontra dificuldades para fomentar sua produção, distribuição e exibição, não há como negar o tamanho do problema que é expresso em cada uma dessas etapas, quando se considera a cadeia produtiva do "cinema de arte". Por isso, o grau de dependência desse segmento do mercado, com relação às políticas públicas é bem maior, sem ignorar a importância do reconhecimento do seu papel diante dos agentes públicos e privados envolvidos com o mercado audiovisual.

Diante dessa qualificação do "cinema de arte ou independente" na segmentação definida para o mercado, também defende-se a necessidade de considerá-lo como parte fundamental das estratégias de intervenção pública. Para isso, uma nova proposição de fomento à produção e ações conexas relacionadas às especificidades desse produto, no âmbito da distribuição e exibição, também precisam ser sugeridas, dado o contexto aqui defendido de uma política de audiovisual para o país.

A IMPORTÂNCIA DA CONSTRUÇÃO DE UMA POLÍTICA AUDIOVISUAL SEGMENTADA

Considerada a segmentação que bem caracteriza o mercado audiovisual brasileiro, a construção de uma política setorial efetiva, que seja capaz de inserir o cinema (e a TV também) no contexto de um plano de desenvolvimento socioeconômico estratégico, parece mesmo uma ação governamental de extrema importância. Seja pela defesa da diversidade cultural. Ou mesmo, pela necessidade de aperfeiçoamento de uma visão mais ampla do mercado, mesmo que se preserve o conceito geral das regras vigentes, notadamente marcadas pela forte concorrência do produto estrangeiro.

É importante que se enfatize, mais uma vez, o reconhecimento de que não existe uma homogeneidade de procedimentos para um setor tão diverso como o audiovisual brasileiro. Particularmente, não há um cinema de mão única, para ser trabalhado sem perspectivas, sob o ponto de vista de uma política setorial. Portanto, deve-se reconhecer a relevância da definição e da aplicação de algumas ações estratégicas, que sejam capazes de respeitar as especificidades de cada segmento. Como agentes executores dessas proposições, com base na estrutura pública atual, são considerados neste texto a Secretaria do Audiovisual do Ministério da Cultura, a Agência Nacional do Cinema (Ancine) e as secretarias de cultura dos estados e municípios.

Para o segmento do mercado que está mais identificado com o "modelo de produção comercial", algumas proposições básicas poderão ser construídas:

1. Pela ótica da produção:

- Uma revisão do sistema de custeio, pelo lado dos benefícios fiscais, através de um sistema diferente, que mesmo ao contemplar o produto comercial, garanta mais recursos para os projetos de menor inserção junto ao público consumidor (para esse fim, definir-se-ia uma tabela de incentivo, na forma de "cascata", relacionando de maneira inversa as variáveis capacidade comercial x volume de recursos a captar).

- O fortalecimento de propostas que conduzam, em uma etapa posterior de maturidade do sistema de proteção pública, à constituição de um fundo de fomento bancado em parte por recursos privados, do qual se possa prever o custeio integral desses produtos, na perspectiva de retornos comerciais previsíveis e até compartilháveis com os investidores.
- O incentivo às iniciativas de coprodução internacional, que demonstrem e repassem a importância de barateamento dos custos de produção, para que haja projetos comerciais novos de menor orçamento.

2. Pela ótica da distribuição:

- A criação de mecanismos novos (pode ser através de estímulos fiscais) que estimulem o núcleo empreendedor do processo distributivo a levar os produtos para as salas convencionais de exibição (apesar das salas só existirem em 8% dos municípios).
- O incentivo às proposições que contribuam para a distribuição do produto brasileiro para as novas mídias (sem perder a legalidade da operação junto a esses novos operadores da exibição).
- O incentivo às proposições que contribuam para a distribuição do produto brasileiro (em quaisquer formatos) para segmentos focados, tais como as categorias sociais ou profissionais, o sistema educacional público e privado e outros alvos identificados (após a exaustão comercial do produto).

3. Pela ótica da exibição:

- A criação de incentivos (preferencialmente, fiscais e creditícios) que permitam a retomada dos investimentos nas salas convencionais de cinema (inclusive, com relação aos custos de importação de equipamentos), desde que minimize sua capacidade concentradora (áreas desenvolvidas, centros urbanos e bairros de classe média-alta).
- A criação de uma ação púbica específica para incentivo não só à construção de salas populares, mas que preveja a retomada do consumo nas classes C e D, em proposta semelhante ao Vale-Cultura

ou Ticket Cultura (ação devidamente articulada com a proposição anterior).
- Uma revisão na política de cota de telas, em comum acordo com as partes interessadas.
- A aplicação de ações promocionais que auxiliem no barateamento geral do preço final dos ingressos (uma ação como a desenvolvida recentemente pela Ancine foi importante, apesar de desconsiderar os riscos associados à baixa dos preços, especificamente para o produto brasileiro, e a ausência de pesquisas de opinião e publicidade).
- Uma estratégia específica de aproximação maior do "produto cinema" junto ao "produto TV", de certo modo, inspirado no modelo espanhol, como forma de melhorar o consumo de massa.

Para o segmento de mercado que está identificado com o chamado "cinema de arte ou independente", as ações relacionadas com a sua cadeia produtiva passam naturalmente por estratégia diferentes. Desse modo:

a) Pela ótica da produção:

- Apoio ao fomento garantido através de recursos orçamentários diretos, até pela própria dificuldade de captação de recursos oriunda das políticas de incentivo (devido à fragilidade do produto no que tange aos seus objetivos comerciais).

b) Pela ótica da distribuição e exibição:

- Apoio às ações de difusão e consumo junto aos nichos de mercado associados a esses produtos específicos.
- Apoio aos modelos focados de exibição que possam ser apropriados para esses produtos, especificamente, através da exibição no sistema educacional.

CONSIDERAÇÕES FINAIS

O propósito maior deste texto foi demonstrar que a partir da existência de uma segmentação no mercado audiovisual brasileiro, o desafio de qualquer política que seja adotada, passa necessariamente por esse reconhecimento. Longe de ressaltar as disputas internas do setor, que tenta impor apenas uma linha de entendimento político do que seja, de fato, representativo do produto cinematográfico, a abordagem defende essa separação de proposição, sem esquecer os fundamentos socioeconômicos que explicam a inserção desses segmentos no mercado.

De fato, diante da necessidade de uma política de desenvolvimento sustentado para o setor, faz-se necessário um esboço de "estratégias" que não só reconheça essa dicotomia do mercado audiovisual, mas que seja capaz de estabelecer regras de funcionamento, que objetivem um aperfeiçoamento gradual dessas distintas atividades. Assim, reconhece-se a existência de basicamente dois tipos de cinema, que carecem de interpretações diferentes, embora possam funcionar — muito bem — de maneira complementar. É importante, por exemplo, que se tenha "legitimado" o papel do "cinema comercial" brasileiro, pois da sua capacidade de gerar uma maior "propulsão ao consumo", pode-se extrair (não de forma direta) a justificativa de buscar as fontes alternativas de custeio do chamado "cinema de arte ou independente". Desse pressuposto, é que se pode ter a concepção, em um estágio bem mais avançado, de um fundo de fomento público-privado, capaz de alimentar todo esse sistema produtivo.

Assim, mais do que a citação de algumas ações que poderão até compor um ideário de proposições para a construção dessa política, está a convicção de que o mercado precisa ser reconhecido, pelos profissionais do setor e pelos analistas econômicos, como uma atividade que funciona de maneira complementar, muito embora sua segmentação permita o reconhecimento dos objetivos diferenciados que caracterizam suas produções.

Recursos para o cinema brasileiro

*Roberto Farias**

* Produtor e diretor de cinema.

INTRODUÇÃO

AS SUGESTÕES CONTIDAS nas quatro propostas resumidas a seguir, pretendem contribuir para a criação de medidas destinadas a estimular os investimentos da iniciativa privada na indústria cinematográfica, garantir a liberdade de expressão artística e devolver aos cineastas a liderança no processo de desenvolvimento do cinema brasileiro. Este documento procura explicar as razões e a viabilidade.

Proposta 1: Criação de Mercado Suplementar de Renda, mediante a criação de um Adicional de Renda de 100% para todos os filmes brasileiros exibidos no país.

Proposta 2: Prêmio Adicional de Renda para 20 filmes considerados de qualidade por comissões nomeadas pelo Ministério da Cultura (MinC), anualmente.

Proposta 3: Diminuição da carga tributária da atividade. No anexo, há um estudo sobre a incidência de impostos, encomendado pelo Fórum do Audiovisual e do Cinema (FAC).
Além da indústria cinematográfica, o estudo abrange toda a cadeia produtiva do audiovisual.

Proposta 4: Criação de financiamento público para a atividade cinematográfica, adequado às particularidades do setor, baseado em currículo e cadastro dos proponentes.

HISTÓRICO

O SISTEMA ATUAL

O sistema de renúncia fiscal para a produção de filmes, tanto pela Lei 8.685/93 (Audiovisual), quanto pela Lei 8.313/93 (Rouanet), levou a enormes distorções. É um dos fatores do aumento dos custos de produção e da pouca competitividade do cinema brasileiro.

Produzimos cerca de 90 filmes/ano, muitos sequer exibidos; e, a grande maioria dos que chegam às telas, fracassa na bilheteria. O cineasta, de modo geral, contenta-se em produzir e despreocupa-se com o retorno do investimento.

Por último, o que julgo a mais nefasta das consequências, é um sistema incompatível com a liberdade de expressão artística. O cineasta tem sempre de se submeter a algum tipo de comissão, instituída pelo poder público ou pela iniciativa privada, que, por mais isenta que seja, manifesta preferências pessoais, transformando-se em uma espécie de censura prévia.

ESTÍMULO

Na década de 1960, salvo uma tímida iniciativa do governo do Estado da Guanabara, não havia financiamento público para a produção cinematográfica. O Cinema Novo se desenvolveu com recursos próprios e empréstimos bancários.

Naquela época, além do auferido nas bilheterias, havia o chamado Prêmio Adicional de Renda de Bilheteria, que complementava a receita do produtor.

Criado como Mercado Suplementar de Renda, para uma realidade como a atual, a soma da receita de todos os filmes nacionais não cobria o valor do investimento desses filmes, o adicional era um estímulo ao investimento privado. Arriscavam-se somente os verdadeiros cineastas, que acreditavam na sua capacidade de produzir.

Os compromissos assumidos com os bancos foram religiosamente cumpridos e o Cinema Novo fez história, como um dos movimentos mais ricos da cultura brasileira.

Estímulo "após" e não "antes"

Na década de 1960, o Brasil possuía aproximadamente 3.500 grandes salas de cinema. Um Adicional de Renda de 15% sobre a parte do produtor na bilheteria era concedido pelo Instituto Nacional de Cinema a todos os filmes, indiscriminadamente, como incentivo à indústria. Além do Adicional de Renda, anualmente, atribuía-se um prêmio de mais 10% a 20 produções consideradas "de qualidade". Este prêmio era concedido por uma comissão de críticos, em sua maioria, com representantes de vários estados indicados a cada ano.

Cinema brasileiro atual

Para um investimento anual que não raras vezes atinge valores como R$ 150 milhões, a expectativa de receita do cinema brasileiro para este ano é de aproximadamente R$ 23 milhões, descontadas a parte do exibidor e a comissão de distribuição. O mercado de salas reduziu-se à 2.100 salas de dimensões muito menores para uma população muito maior. Esses números demonstram a distorção das atuais leis de incentivo, que não estimulam a competitividade e atribuem a outrem a decisão sobre o filme merecer os recursos para sua realização. É urgente o remanejamento dos recursos hoje prioritariamente aplicados na produção, com retorno insignificante, resultando no empobrecimento dos agentes da cadeia produtiva.

REMANEJAMENTO DOS RECURSOS

Na Tabela 1 vemos a captação de recursos por ano/segmento cultural.
Somados os investimentos da Lei Rouanet e do Audiovisual, até o ano de 2001 atingem o montante de R$ 133.701.300.
Nos dados apresentados da Tabela 1, não foram considerados os investimentos diretos da Secretaria do Audiovisual do MinC, de várias fontes estaduais e municipais e programas de incentivo à produção local, a exemplo do praticado em São Paulo, Rio Grande do Sul, Minas Gerais e Rio de Janeiro.

TABELA 1
CONSOLIDAÇÃO DA CAPTAÇÃO DE RECURSOS POR ANO/SEGMENTO CULTURAL (DADOS ANCINE)

SEGMENTOS	CAPTAÇÃO DAS LEIS ROUANET/AUDIOVISUAL						
	1996	1997	1998	1999	2000	2001(1)	SUBTOTAL
Artes cênicas	15.779.753	22.731.059	22.314.735	29.426.655	58.600.555	77.153.984	226.006.741
Artes integradas (*)	20.418.816	49.150.050	44.393.450	35.953.172	40.847.253	39.048.437	229.811.178
Artes plásticas	7.309.109	11.936.925	23.155.972	17.878.301	32.623.895	24.954.987	117.859.189
Humanidades	4.872.953	18.176.423	19.792.617	27.106.459	30.763.033	35.928.218	136.639.703
Música	20.356.824	25.187.506	38.056.495	42.238.307	58.565.945	75.721.879	260.126.956
Patrimônio cultural	25.269.973	46.066.803	50.271.631	39.217.191	37.531.476	44.059.264	242.416.338
Produção audiovisual	75.350.881	113.615.462	73.341.006	59.701.919	55.350.600	87.481.161	464.841.029
Total	169.358.309	286.864.228	271.325.906	251.522.004	314.282.757	384.347.930	1.677.701.134

(1) Posição de 4/4/2002, valores sujeitos a alterações
(*) Mais de um segmento

SEGMENTOS	CAPTAÇÃO DA LEI ROUANET						
	1996	1997	1998	1999	2000	2001(1)	SUBTOTAL
Artes cênicas	15.779.753	22.731.059	22.314.735	29.426.655	58.600.555	77.153.984	226.006.741
Artes integradas (*)	20.418.816	49.150.050	44.393.450	35.953.172	40.847.253	39.048.437	229.811.178
Artes plásticas	7.309.109	11.936.925	23.155.972	17.878.301	32.623.895	24.954.987	117.859.189
Humanidades	4.872.953	18.176.423	19.792.617	27.106.459	30.763.033	35.928.218	136.639.703
Música	20.356.824	25.187.506	38.056.495	42.238.307	58.565.945	75.721.879	260.126.956
Patrimônio cultural	25.269.973	46.066.803	50.271.631	39.217.191	37.531.476	44.059.264	242.416.338
Produção audiovisual	17.498.797	34.159.636	30.088.888	19.232.092	22.096.294	41.261.480	164.337.187
Total	111.506.225	207.408.402	228.073.788	211.052.177	281.028.451	338.128.249	1.377.197.292

SEGMENTOS	CAPTAÇÃO DA LEI DO AUDIOVISUAL						
	1996	1997	1998	1999	2000	2001(1)	SUBTOTAL
Produção Audiovisual	57.852.084	79.455.826	43.252.118	40.469.827	33.254.306	46.219.681	300.503.842

Os dados de 2005 e 2006 também são eloquentes.

QUADRO 1

Ano 2005

Valores captados — Mecanismos de incentivo
Lei 8.313/91
Art. 1 da Lei 8.685/93
Art. 3 da Lei 8.685/93
Art. 39 da MP 2228-1/01
Fundos de Financiamento da Indústria Cinematografia (Funcines) — Art. 41 da MP 2.228-1/01
Conversão da dívida
TOTAL R$ 134.381.916,46

FONTE: Salic-Sig/SFO. art. 39: SDE. Dados em 30/4/2007.

Renda do filme nacional em 2005	R$ 73.854,769,00
Parte do produtor (menos exibidor e distribuidor)	R$ 22.156.428,00

FONTE: Filme B.

Ano 2006

Valores movimentados — Mecanismos de incentivo
Lei 8685/93 (Audiovisual)
Art. 1 MP 2228-1/2001
Art. 3 MP 2228-1/2001
Art. 39 MP 2228-1/2001
Lei 8.313/91 (Rouanet)
Art. 41 MP 2228-1/2001 (Funcines)
Editais (recursos orçamentários Ancine)
Total Ancine R$ 156.823.300,00

FONTE: SFO/SDE — Ancine.

Renda do filme nacional em 2006	R$ 73.725.826,00

FONTE: Filme B.

Parte do produtor (menos exibidor e distribuidor)	R$ 27.646.628,00

CONCLUSÃO

Os números demonstram que, remanejando os recursos empregados na produção, a cada ano, por meio da renúncia fiscal, com a criação do Adicional de Renda, é possível mais que dobrar a receita dos filmes nacionais. Os recursos ainda permitem a criação de uma carteira de financiamento adequado às particularidades do setor. O resultado de tais medidas terá como consequência imediata um forte estímulo ao investimento privado e a garantia da liberdade de expressão, além da diminuição da burocracia, que hoje obriga os produtores a prestar contas à Ancine, nota por nota.

EXPLICITAÇÃO DAS PROPOSTAS

Proposta 1: Adicional de Renda de 100%.

Remanejamento dos recursos para a criação de um Mercado Suplementar de Renda, na forma de um Adicional de Bilheteria da ordem de 100% da renda de bilheteria auferida pelos filmes nacionais.

Proposta 2: Prêmio Adicional de Renda a 20 filmes anuais considerados de qualidade por comissões nomeadas pelo Ministério da Cultura (MinC). Essas comissões devem variar todos os anos e devem ser compostas por críticos e diferentes setores da sociedade.

Proposta 3: Diminuição da carga tributária sobre a atividade.

Durante o 3º Seminário de Políticas Culturais realizado em setembro de 2008 na Casa de Rui Barbosa, no Rio de Janeiro, o economista Rodrigo Guimarães, pesquisador do Laboratório do Audiovisual (LAV) do Instituto de Economia da Universidade Federal do Rio de Janeiro (UFRJ) apresentou pesquisa sobre o impacto da carga tributária na indústria cinematográfica brasileira. O estudo estima um aumento de arrecadação dos produtores em 70%, caso a atividade cinematográfica goze de total imunidade fiscal. Segundo Rodrigo, caso seja inserido em um ambiente de imunidade tributária, um filme que alcance um público de 1 milhão de espectadores é autossustentável. Isso não implica que os filmes passem a ser financiados sem qualquer mecanismo de isenção fiscal. Ele prega um processo transitório de incentivo fiscal aliado à imunidade tributária, até o momento em que a isenção fiscal seja desnecessária. Os impostos que incidem sobre a atividade cinematográfica são municipais, estaduais e federais. Há bitributação obrigatória sobre os impostos, dentro de uma complexa estrutura fiscal que há tempos necessita de uma reforma tributária.

O trabalho de Rodrigo Guimarães lembra que a estrutura cinematográfica é interligada por três agentes — produtor, distribuidor e exibidor — através da prestação de serviços e não pela comercialização de produtos. Esta característica gera uma tributação perversa, segundo ele:

> A tributação na atividade cinematográfica que se caracteriza pela prestação de serviços para incidência tributária ocorre da seguinte forma: o exibidor (varejista) recebe 15 unidades de bilheteria e recolhe imposto sobre 15 unidades, este exibidor repassa aproximadamente 50% do faturamento ao distribuidor, ou sejam 7,5 unidades e o distribuidor recolhe imposto sobre 7,5 unidades. Por fim o distribuidor repassa ao produtor aproximadamente 3 unidades e este recolhe imposto sobre 3 unidades. O resultado final é o seguinte: fatura-se 15 unidades e é recolhido imposto sobre 25,5 unidades (15 do exibidor + 7,5 do distribuidor + 3 do produtor). Desta forma a conta não fecha. A indústria do livro alcançou imunidade tributária há alguns anos e a indústria da música sob as colocações de defesa contra a pirataria e valorização da cultura nacional. A indústria cinematográfica nacional também está solicitando imunidade tributária através de uma proposta de emenda constitucional em tramitação no Congresso Nacional. Soma-se a este pontos a necessidade de desenvolvimento do modelo de financiamento do setor cinematográfico da utilização de incentivos fiscais para financiamento privado.

Proposta 4: A responsabilidade de lançar novos cineastas e estimular a renovação estética de ser atribuída ao Ministério da Cultura (MinC), através de mecanismos próprios.

Indústria audiovisual: liberdade de decisão e busca de resultados

Carlos Alberto Diniz (Cacá Diniz) *

---
* Produtor de filmes.

GRATO PELO CONVITE ao debate e a disposição de manter na pauta da crise a cultura, ainda que travestida de oportunidade. De toda forma, um antigo costume se regenera, os pajés são invocados no momento em que "traumas" provocam nossas formas juvenis de lidar com o desconhecido. Mas eles não falaram, acho que ficaram envergonhados. Há falta de crédito.

Os caciques não sabem o que fazer, falta coragem para dizer simplesmente que estamos impedidos de produzir, distribuir e exibir conteúdos brasileiros, em nosso "acanhado" mercado, com a complacência do Estado.

Neste nosso "projeto de refeição cultural", falta "somente" uma engenharia de irrigação. Sementes se têm aos milhões!

Vias expressas e estradas vicinais foram construídas ao longo da história, abertas por meio da Embrafilme e das Leis de Incentivo à Cultura, que desde o ano de 2003 foram descontinuadas e, deliberadamente, obstruídas.

Um produtor, em qualquer estado da federação com o teto de R$ 3 milhões, consegue fazer um filme por ano ou até dois. A prática exercida durante o período Embrafilme, é prova suficiente. Os primeiros anos de Leis de Incentivo confirmam este fato.

Mesmo sem tantas avaliações e comissões, o custo é abortivo.

A renúncia fiscal com passaporte do marketing das empresas e dos funcionários da República é um câncer incurável.

É do conhecimento de todos, nas aprovações de tais leis, sem liberdade de decisão não há cultura. Mas havia uma justificativa: era uma situação transitória.

Em janeiro de 2003, a Secretaria Especial de Comunicação e Assuntos Estratégicos da Presidência da República (Secom), solicitou o silêncio. Mesmo sem justificativa, transitoriedade, nem legitimação, nos calamos.

Hoje, há espaço para as propostas "diretas já" ou para reencenar a farsa do colégio eleitoral.

O Banco Nacional de Desenvolvimento Econômico e Social (BNDES) recolhe o teto de incentivos oriundos das diferentes formas federais de renúncia fiscal para produção cultural.

Sem temer fantasmas, sem "produtores executivos *made in* USA", sem roteiristas *made in* Hollywood, é preciso reconhecer que há uma legião de brasileiros bem preparados para qualquer setor da atividade audiovisual. Basta incentivos, seja uma apresentação de uma proposta ou na gravação de uma entrevista de 30 minutos na web. Já há inúmeras experiências de uma grade de produção, programação, distribuição e exibição que se fazem, no dia a dia, com os profissionais locais.

O fundamental a ser ressaltado é que atuamos num setor que não apenas é sustentável, se abordado com inteligência e explorado em seus diversos potenciais, mas vital a um conjunto de interesses econômicos. Para que sejamos bem sucedidos nos parece importante respeitar três aspectos:

1. O desenho desse negócio deve se orientar por *resultados*. Isso exige planejamento e construção de modelos de gestão, previsibilidade e controle. Por esse motivo, parte dos recursos iniciais a serem aportados se destinam as remunerações de um reduzido, mas seleto grupo consultivo, em princípio oriundo da Fundação Getulio Vargas, e cuja missão será estruturar uma visão mercadológica de bens culturais que concilie com as diretrizes essenciais a serem definidas pela engenharia econômica e financeira. Trata-se, em última instância, da construção do *software* de nossa operação.
2. De antemão, podemos assegurar que os bons resultados certamente serão consequência do sucesso junto a nossos *diversos públicos*. E por que diversos? Devido ao fato de que perseguimos o reconhecimento e o entusiasmo por parte do público que consome nossos produtos audiovisuais em salas de cinema, *home-theaters*, TVs por assinatura ou aberta, internet, subprodutos licenciados, parques temáticos etc. Por outro lado, também devemos buscar o reconhecimento e o apoio de "públicos anteriores", no caso empresas ou setores econômicos, que se beneficiam com a construção de uma imagem positiva de suas marcas ou áreas de atuação e, por conta disso, possam atuar como

investidores nos filmes. Especial atenção deve ser dada à gestão do marketing Brasil.

3. Nas relações "planejamento/controle do negócio" e "adequação aos públicos", surge o terceiro aspecto relevante: criatividade. A matéria-prima básica que nos colocará na rota do sucesso é o talento humano na concepção e na realização das histórias que pretendemos contar. Isso por si só justifica a sugestão de estruturarmos o desenvolvimento da operação a partir da formulação e investimento em um Banco de Direitos, ou seja, acervo de projetos que nos municie com ideias e caminhos a serem trilhados ao longo dos próximos anos. Não bastasse esse enfoque na "necessidade" de projetos, é preciso destacar a "oportunidade estratégica" de contar com a fidelidade dos profissionais que se disponham a integrar essa carteira de projetos.

Julgamos que o documento é suficiente para cumprir essa etapa inicial, uma vez que nele, ao menos, estão elencadas algumas das questões que acreditamos fundamentais. Afirmamos a seriedade de nossas intenções e esperamos juntos alcançar as respostas para nossas indagações a fim de colocar a indústria audiovisual brasileira em um efetivo patamar de estabilidade e sucesso.

Um novo paradigma para o fomento ao cinema brasileiro

*Nilson Rodrigues**

* Diretor da Agência Nacional do Cinema, Ancine.

A IMPORTÂNCIA DA indústria audiovisual se afirma no mundo por um crescimento superior ao atingido pela média da economia. Uma das principais justificativas para esse crescimento é o envolvimento dos grandes conglomerados de telecomunicações na distribuição de conteúdo audiovisual, reflexo das novas possibilidades inauguradas com a digitalização de sons e imagens.

A disponibilidade da população em consumir conteúdos audiovisuais aumenta a cada novo aparelho de celular vendido. Hoje aquilo que era disputado pelo cinema, TV aberta, por assinatura e mercado de DVD, recebe a inclusão de novas plataformas, como o telefone móvel e a internet, que permitem maior interatividade, mobilidade e crescimento na preferência do consumidor.

No Brasil, essa grande disponibilidade de conteúdos em diversas plataformas ainda não é uma realidade para a maior parte da população, mas trata-se apenas de uma questão de tempo. Na verdade, a indústria do audiovisual é uma das poucas que ainda não se beneficiou pelo crescimento no poder aquisitivo da classe C.

Ao contrário do que possa parecer, essa multiplicidade de meios aumenta ainda mais a importância e a relevância de termos no Brasil uma cinematografia competitiva, no âmbito comercial e artístico. O cinema é a linguagem que mais se conforma à veiculação por todas as mídias e plataformas e, mesmo em termos de estratégia comercial, o filme lançado primeiro em salas de cinema é o produto que alcança maior impacto junto ao público consumidor, consolidando o segmento enquanto prioritário e primordial para o desenvolvimento da cadeia produtiva do audiovisual.

Esse cenário abre um grande desafio. Se por um lado, criam-se novos espaços para circulação de filmes em todo o mundo, por outro, torna-se cada vez mais necessário que ele seja capaz de interessar ao público, sejam nichos específicos ou grandes plateias.

Para os filmes brasileiros serem competitivos nesse universo, há de se superar, no plano das políticas de fomento que buscam contribuir com o desenvolvimento da atividade cinematográfica no Brasil, a ideia de que basta distribuir recursos para que se produzam filmes e assim surgirem os resultados. Essa visão, em vez de desenvolver a atividade como um todo, propicia o nascimento de uma espécie de indústria do diletantismo, dificultando a valorização dos empreendedores que alcançam resultados com suas iniciativas.

O cenário do cinema nacional ilustra o equívoco dessa visão, e mostra que teremos muita dificuldade para atingir o objetivo de posicionar nossa indústria cinematográfica de forma competitiva.

Entre 2002 e 2007, o número de obras cinematográficas produzidas no Brasil cresceu de 30 para 83 filmes. O número de salas de exibição não conseguiu o crescimento desejado, mas houve uma recuperação com a ampliação do número de salas em cerca de 30%. Paralelamente o preço médio do ingresso foi de R$ 5,83 para R$ 7,98, representando uma majoração de 36,87%.

No mesmo período, segundo dados da Ancine, o volume de recursos captados a cada ano pelos mecanismos disponibilizados pelas leis de incentivo evoluiu aproximadamente de R$ 88 milhões para mais de R$ 150 milhões, sem considerar os investimentos diretos feitos pelo Ministério da Cultura (MinC) e pela Ancine mediante de editais.

Mesmo diante do crescimento vertiginoso do número de filmes brasileiros no mercado de salas de exibição, do histórico aumento dos recursos destinados à produção, da ampliação do desconto para 100% na maior parte dos mecanismos de fomento com recurso incentivado e do aumento do número de salas de exibição, o percentual de público para os filmes brasileiros na comparação com o número total de público para o cinema no Brasil (*market share*) sofre sucessivas quedas desde 2003, atingindo em torno de 10%, em 2008.

O Brasil não está isolado do resto do mundo e a sua atividade cinematográfica enfrenta problemas, como em diversos países. No entanto, mais importante é perceber que as dificuldades que enfrentamos hoje são resultado de um longo processo histórico que terminou por conformar esse setor econômico no país.

Essas circunstâncias históricas levaram nosso país, assim como ocorre em boa parte do mundo, a desenvolver um segmento de distribuição muito concentrado, no qual poucas empresas têm muita relevância para a economia do setor.

Diferente do que ocorria até a década de 1970, hoje o modelo de negócio do setor de exibição privilegia a abertura de salas em *shopping centers* nos grandes centros urbanos, explicando o fato de que 92% dos municípios brasileiros não possuam nenhuma sala de cinema.

Nas grandes cidades as salas estão nos bairros de classe média e alta e as classes populares foram excluídas da possibilidade de fruição do cinema no Brasil. Isso ajuda a explicar o aumento nos preços dos ingressos, pois as distribuidoras estrangeiras com filial no Brasil (*majors*) têm metas a cumprir e os lucros a serem remetidos às suas sedes não podem diminuir. Portanto, se o público consumidor diminui, aumenta-se o valor do ingresso para que não haja redução dos lucros.

Incautos acreditam que a diminuição do número de salas no Brasil — de mais de três mil salas em um Brasil de 90 milhões de habitantes na década de 1970 para pouco mais de duas mil em 2008, agora com 180 milhões de brasileiros — é mero resultado do tipo de desenvolvimento tecnológico que possibilitou o surgimento do DVD, da internet ou do celular. Mas enquanto no Brasil temos a proporção de uma sala para cada grupo de 86 mil habitantes, no México e na Argentina a média é de uma para cada 30 mil habitantes. Na França e nos Estados Unidos essa média é de uma sala para cada 10 mil habitantes.

O cenário vivido hoje pelo cinema no Brasil também é resultado de opções feitas por políticas de investimento, ou seja, do estabelecimento de prioridades, uma vez que há quase uma exclusividade de investimentos na produção de obras — esses investimentos não consideram nenhum critério de desempenho das empresas produtoras que acessam recursos públicos para financiar seus filmes. Nem mesmo a exigência de exibição dos filmes há. Apenas para comparar, seria como patrocinar a montagem de uma peça de teatro sem a exigência de que ela fosse apresentada ao público.

Essas contradições resultam de uma cultura política instalada há anos, baseada em uma lógica patrimonialista na qual os grupos e corporações mais fortes e articulados conseguem defender seus interesses, obter vantagens e resultados, muitas vezes em detrimento do desenvolvimento da própria atividade, e quase sempre em prejuízo do conjunto da sociedade.

Nessa cultura de relacionamento com o Estado, durante a autorização para captar recursos, predomina a lógica da economia de mercado, com poucos limites, critérios ou condições. Todavia quando os resultados alcançados não são compatíveis com os recursos investidos, não se admite a cobrança de nenhum tipo de desempenho comercial ou artístico.

Para enfrentar verdadeiramente essa situação há a necessidade de introduzirmos duas premissas no ambiente regulatório do audiovisual: o risco do empreendedor e o compromisso com o resultado.

Não existe atividade econômica que se desenvolva sem considerar preço, qualidade e desempenho do produto junto ao mercado consumidor. Essa percepção obriga que se dimensione o custo das diversas etapas de execução às expectativas de rentabilidade, para que melhores estratégias de distribuição e comercialização sejam elaboradas, que se invista em novas alternativas de negócio, em atualização tecnológica e na qualificação dos gestores.

Outro entendimento a ser introduzido nas políticas de fomento é que os melhores resultados alcançados pelos agentes econômicos devam ser premiados e incentivados, valorizando as experiências bem-sucedidas, tanto artísticas quanto comerciais, na hora de autorizar a captação de novos recursos ou de se financiar diretamente os projetos.

É essencial que a Ancine, o MinC e as empresas estatais foquem o fortalecimento das empresas produtoras independentes, deslocando o foco do fomento pontual a cada projeto específico.

Empresas distribuidoras e produtoras brasileiras que conseguem melhores resultados precisam de mais acesso aos recursos para que possam participar de forma mais qualificada da economia do cinema, desenvolvendo projetos com maior capacidade de inserção, dotando-se de ferramentas para conduzir estratégias eficazes de produção e comercialização das obras brasileiras.

O setor de exibição se expande e se fortalece com investimento de capital próprio e não se pode permitir que o emprego de recursos incentivados "canibalize" as operações já instaladas, mas deve ser um imperativo da política pública a expansão do parque exibidor nacional, assim como apoiar a estruturação do setor para a conversão de salas para o modelo de exibição digital.

Em complementação a essas linhas de ação, é preciso que se aprofundem as políticas específicas de ampliação do acesso, com o combate à pirataria, a política de barateamento do preço do ingresso, o apoio à rede de locadoras de vídeo instalada no país, programas como o Vale-Cinema e grandes campanhas promocionais em que o filme brasileiro seja efetivamente valorizado.

Outro aspecto fundamental para ampliar a empatia do público com o cinema brasileiro é ampliar sua presença na programação das TVs abertas e por assinatura, estimulando a criação de cotas de exibição.

Em síntese, é preciso um novo paradigma para o fomento ao cinema no Brasil pactuado entre o Estado e o conjunto do setor, um paradigma que oriente a elaboração de políticas sistêmicas e articuladas para todos os elos da cadeia produtiva do audiovisual.

Esse novo paradigma pode ser resumido pelo termo meritocracia, ou seja, a valorização do bom desempenho comercial e artístico das obras brasileiras enquanto critério objetivo para concessão de apoio e realização de investimentos.

Ao introduzir o princípio da meritocracia e estimular a cultura do empreendedorismo, buscaremos diminuir a dependência do setor em relação ao Estado, vislumbrando a autossustentabilidade. Sem esse princípio veremos crescer a cada dia essa dependência e o aumento do número de obras produzidas sem que essas dialoguem com o seu público e se tornem produtos rentáveis aos seus empreendedores.

Essa não é uma questão que toca apenas ao setor audiovisual, mas um problema real para a afirmação do Brasil no mundo, pois a convergência de tecnologias e de mídias cria um ambiente de negócios novo e gigantesco, pleno de possibilidades e ávido de conteúdos que deverão ser produzidos por alguém em algum lugar. Ao mesmo tempo, cresce o mercado consumidor interno com a melhoria do poder aquisitivo de milhões de brasileiros, também desejosos de cultura e entretenimento com qualidade.

Como preconiza Mark Gill no artigo "O céu está mesmo desabando",

> Em um mundo crescentemente dominado por números — financeiros, tecnológicos e principalmente o finito número de horas de um dia — nosso anseio bem humano por contato, significado e transformação emocional não está desaparecendo. Está crescendo. Aqueles que se lembrarem disto vão sobreviver e provavelmente vencer.

Cabe ao conjunto do setor, e não só ao Estado, debater e definir rumos e estratégias de estímulo à produção de obras que possam ser competitivas e ampliar o espaço do cinema brasileiro nas diversas mídias existentes, qualificando nosso produto cinematográfico e fortalecendo as empresas que efetivamente alcançam resultados comerciais e artísticos com usas iniciativas.

Audiovisual em desenvolvimento
*Mário Diamante**

---
* Diretor da Agência Nacional do Cinema, Ancine.

A AGÊNCIA NACIONAL DO CINEMA (Ancine), vinculada ao Ministério da Cultura, por regular, fiscalizar e fomentar o mercado cinematográfico e audiovisual, reúne uma série de informações relacionadas ao exercício da atividade no Brasil e no exterior.

Multiplicam-se os fóruns nos quais a Agência tem tido a oportunidade de tratar de questões relativas ao desenvolvimento do setor.

No governo federal, destaca-se nossas relações com o Banco Nacional de Desenvolvimento Econômico e Social (BNDES), com o Ministério das Relações Exteriores e com a Agência Brasileira de Promoção de Exportação e Investimento (Apex-Brasil). No Legislativo, temos sido presença constante nas audiências públicas de temas que impactam no audiovisual. Na esfera estadual, o convênio assinado com o governo do Estado do Rio de Janeiro, demonstra o potencial deste tipo de intercâmbio.

A aprovação da Lei 11.437/2006, além de complementar o arcabouço regulatório da Medida Provisória 2.228-1/2001 — marco legal que criou a Ancine — instituiu novas ferramentas de fomento e de regulação. Em vários campos, o equilíbrio entre estes vetores tem propiciado o crescimento sustentado da atividade econômica.

A manutenção dos instrumentos responsáveis pelo desempenho do cinema brasileiro e da produção independente para a televisão, em conjunto com o surgimento de novos mecanismos de fomento ancorados na (a) expansão do escopo de incentivo da Lei do Audiovisual, na (b) potencialização dos Fundos de Financiamento da Indústria Cinematográfica Nacional (Funcines) e na (c) criação do Fundo Setorial do Audiovisual, permitem a ampliação de uma política de fomento à produção cinematográfica, abarcando outros elos do encadeamento econômico da atividade, como a distribuição — visando o lançamento de filmes brasileiros — e a exibição — cujo objetivo é a modernização e a ampliação do parque exibidor —, como também a produção de conteúdo audiovisual para as demais mídias.

Esta plataforma regulatória cria novas possibilidades para os agentes do mercado audiovisual, proporcionando um ambiente para ser possível: 1) o investimento em carteiras de projetos audiovisuais; 2) o financiamento a empreendimentos dedicados a infraestrutura para a produção e exibição de conteúdo; 3) a participação nos rendimentos de obras audiovisuais ou nos resultados das empresas que atuam no setor.

Enfim, é a complementação de um modelo de fomento que leva em consideração operações estruturadas, nas quais as parcerias angariadas estejam em consonância com os objetivos apresentados, respeitando a lógica interna de cada projeto.

Dentre as inovações, o Fundo Setorial do Audiovisual sintetiza as mudanças apresentadas pela nova lei. Com o Fundo, o risco e o mérito são efetivamente introduzidos na equação e na análise dos projetos audiovisuais.

Em dezembro de 2007, foram publicados os Decretos 6.229 e 6.304. O primeiro, regulamenta o Fundo do Audiovisual, o segundo, os aperfeiçoamentos na Lei do Audiovisual.

O Fundo Setorial do Audiovisual — que poderia ser denominado de Fundo do Desenvolvimento do Audiovisual — com a definição do seu *modus operandi*, a partir do Decreto 6.299, ganha corpo.

Ao consolidar a Agência Nacional do Cinema como secretaria-executiva do Fundo, o regulamento permitiu a formação do *funding*, ou seja, a existência real de um fundo. Para tanto, a Ancine executou a transferência dos recursos do orçamento do Fundo em favor da Financiadora de Estudos e Projetos (Finep), na qualidade de Agente Financeiro e em conformidade ao convênio assinado entre os dois órgãos.

O Fundo — gerido por um Comitê Gestor composto por membros do governo e representantes da classe, que tem como base um diagnóstico setorial — estabeleceu diretrizes e ações focadas no desenvolvimento sustentado da atividade.

Portanto, questões de impacto imediato (como a adequação das obras audiovisuais brasileiras independentes aos mercados doméstico e internacional), ou de longo prazo (como o aumento da capacidade de planejamento das empresas nacionais dedicadas ao audiovisual), serão encaminhadas de acordo com suas reais necessidades. O Comitê terá condições de avaliar se os resultados obtidos estão compatíveis com os cenários almejados.

O Decreto 6.304 que regulamenta os mecanismos de fomento da Lei do Audiovisual, ao estender seu campo de influência normativo aos Fundos de Financiamento para a Indústria Cinematográfica Nacional (Funcines) e ao Programa Especial de Fomento (introduzido na Lei do Audiovisual pela Lei nº 11.505 de 2007), tornou-se um verdadeiro tutorial sobre as leis de incentivo no Brasil.

O interessante é que o procedimento de transferência tributária (viabilizador das leis de incentivo) pode ser utilizado em conjunto com as linhas de fomento do Fundo do Audiovisual, dos Funcines ou mesmo de outros instrumentos de financiamento como o Programa de Apoio à Cadeia Produtiva do Audiovisual (Procult), do Banco Nacional de Desenvolvimento Econômico e Social (BNDES), seja como coinvestimento ou de forma sinérgica, por meio de um processo de alavancagem financeira.

Este princípio também se aplica ao Prêmio Adicional de Renda, da Ancine, que desde o ano de 2005, apóia produtores, distribuidores e exibidores pelos respectivos desempenhos no segmento de salas de cinema.

Em 2008, via consulta pública, a Ancine realizou um detalhado trabalho normativo, regulamentando, entre outros, os Fundos de Financiamento da Indústria Cinematográfica Nacional e as operações de recolhimento dos recursos relativo às remessas das programadoras e das radiodifusoras (benefício fiscal previsto pelo art. 3, a da Lei nº 8.685), além da estruturação da secretaria-executiva e da gestão das reuniões do Comitê Gestor do Fundo Setorial do Audiovisual.

Também neste ano, a Agência inovou ao executar um programa de fomento à universalização do acesso às obras audiovisuais cinematográficas brasileiras de longa-metragem no segmento de mercado de salas de exibição, promovendo uma política de estímulo ao consumo de cinema nacional.

O bom momento do cinema brasileiro no mercado internacional confirmou-se com a intensa participação de obras nacionais nos principais festivais internacionais e de empreendedores do setor nos *trade markets* do audiovisual. Durante todo o período, foram realizadas rodadas de negócios com diversos países (Canadá, Espanha, Mercosul), para 2009 já foram agendados encontros de coprodução com a Alemanha e a França.

Visando a internacionalização do nosso cinema, assinamos acordos de coprodução com a Índia e com a Itália e estamos em processo de negociação com a China, Israel e Inglaterra.

No final de 2008, a Agência Nacional do Cinema aprovou um programa de apoio financeiro a campanha de divulgação do representante brasileiro no Oscar.

Por fim, o cinema e o audiovisual brasileiro finaliza o ano de 2008 com o lançamento das primeiras linhas de investimento do Fundo Setorial do Audiovisual dedicadas à produção cinematográfica e televisiva, assim como à distribuição de conteúdo nacional.

Investimentos em cinema no Brasil (1997-2007)

Paulo Sérgio de Almeida*

---
* Diretor e produtor de cinema.

No PERÍODO 1997-2007, o total de investimentos privados na exibição de cinema no Brasil alcançou US$ 800 milhões.

No mesmo período, o total de investimentos públicos em produção de cinema foi de US$ 700 milhões. O Gráfico 1 apresenta a evolução desses investimentos no período 1995-2006.

GRÁFICO 1
EVOLUÇÃO DOS INVESTIMENTOS NA PRODUÇÃO
(EM MILHÕES)

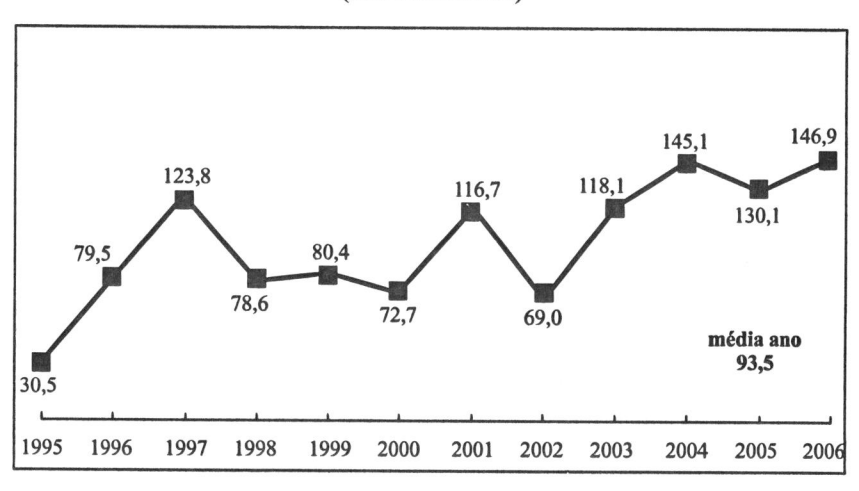

Ano	Valor
1995	30,5
1996	79,5
1997	123,8
1998	78,6
1999	80,4
2000	72,7
2001	116,7
2002	69,0
2003	118,1
2004	145,1
2005	130,1
2006	146,9

média ano 93,5

No período 1997-2008, o número de salas no país cresceu 103%, indo de 1.075 salas em 1997 para 2.184 salas em 2008 (Gráfico 2).

GRÁFICO 2
EVOLUÇÃO DE SALAS NO BRASIL
(1997 A 2008)

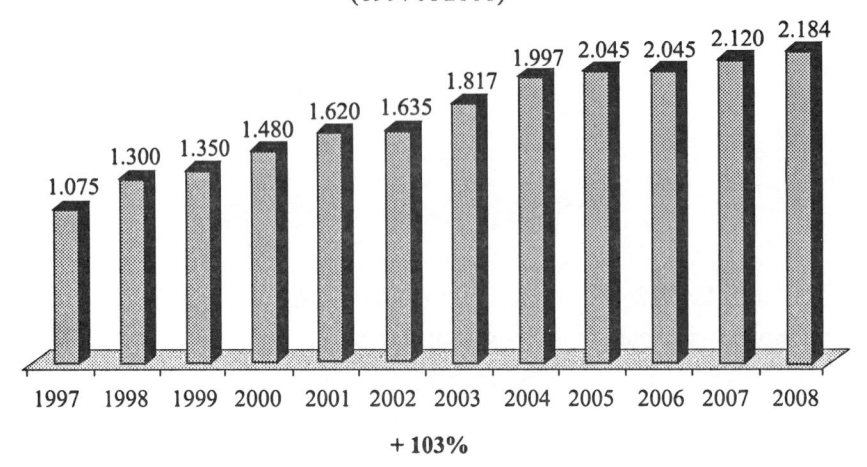

1997	1998	1999	2000	2001	2002	2003	2004	2005	2006	2007	2008
1.075	1.300	1.350	1.480	1.620	1.635	1.817	1.997	2.045	2.045	2.120	2.184

+ 103%

Já a evolução do público de cinema do Brasil avançou, no mesmo período, de 52 milhões para 85 milhões (dado projetado), com aumento de 63% (Gráfico 3). A evolução do público de cinema nacional cresceu de 2,4 milhões, em 1997, para 22,3 milhões, em 2003, caindo desde então para 8 milhões de pessoas, em 2008 (projeção). O Gráfico 4 retrata essa última evolução.

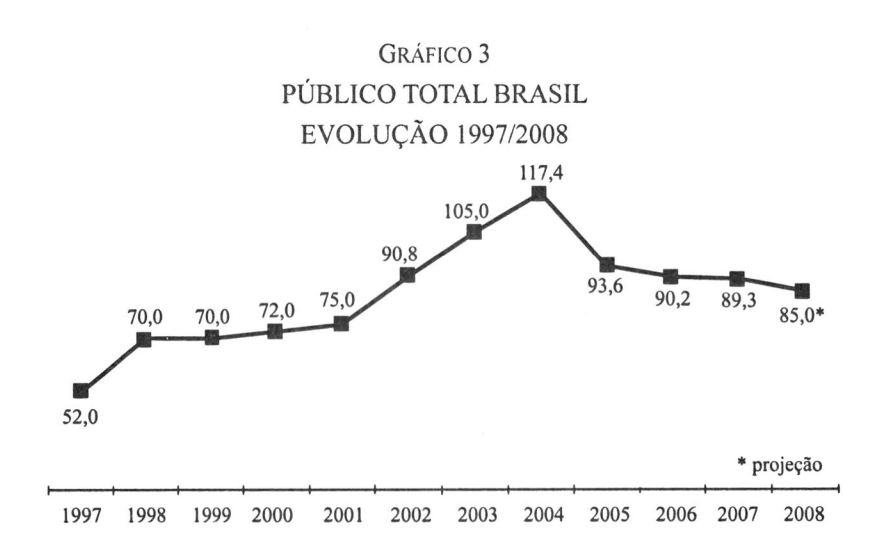

GRÁFICO 3
PÚBLICO TOTAL BRASIL
EVOLUÇÃO 1997/2008

1997	1998	1999	2000	2001	2002	2003	2004	2005	2006	2007	2008
52,0	70,0	70,0	72,0	75,0	90,8	105,0	117,4	93,6	90,2	89,3	85,0*

* projeção

GRÁFICO 4
BRASIL — FILMES NACIONAIS
EVOLUÇÃO DE PÚBLICO 1997-2008
(EM MILHÕES)

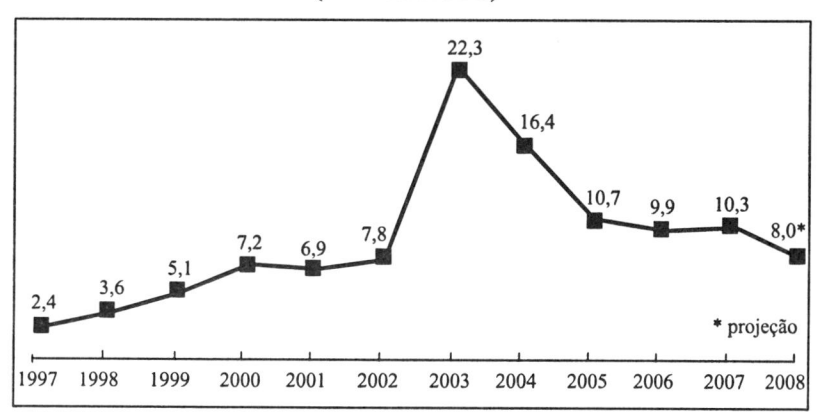

A participação no mercado brasileiro do filme nacional entre 1997-2008 evoluiu de 4,6%, em 1997, para 21,4%, em 2003, caindo desde então para 9,5% em 2008 (dados estimados, Gráfico 5).

GRÁFICO 5
BRASIL — FILMES NACIONAIS — EVOLUÇÃO 1997-2008
EVOLUÇÃO DO *MARKET SHARE* DO FILME NACIONAL

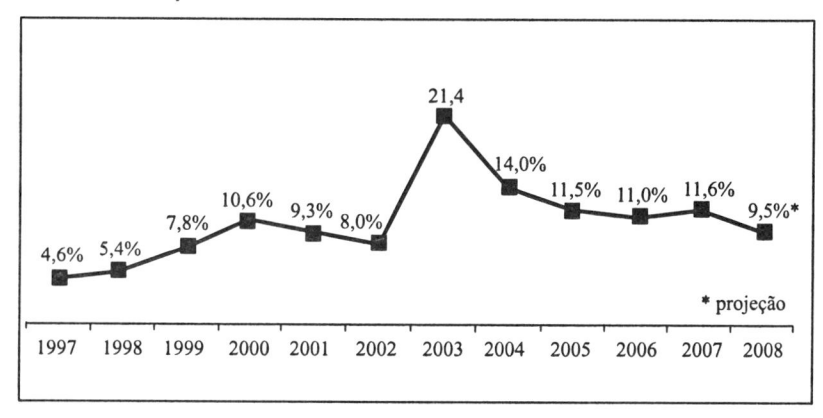

Foi importante o crescimento dos lançamentos de filmes nacionais nesse mesmo período: de 22 filmes em 1997 para 80 em 2008 (82 filmes em 2007, Gráfico 6).

GRÁFICO 6
BRASIL — FILMES NACIONAIS
EVOLUÇÃO E NÚMERO DE LANÇAMENTOS

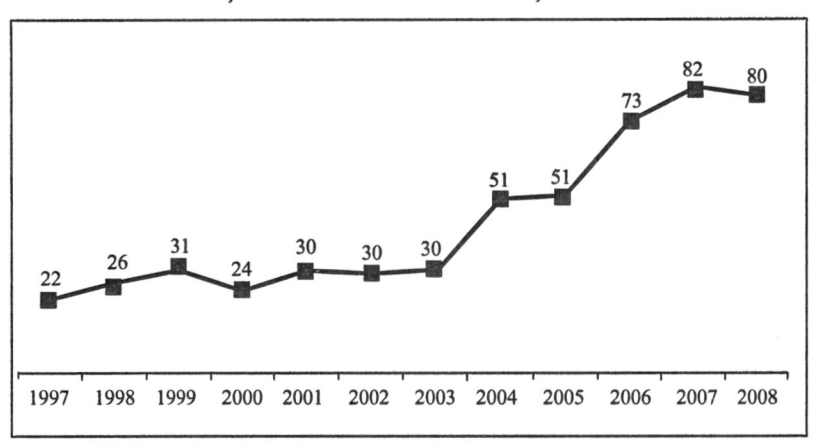

A média de público por título de filme nacional, depois de elevar-se de 2002 a 2003 (de 243,3 mil para 735,2 mil espectadores), reduziu-se desde então, alcançando 121,7 mil espectadores em 2007 (Gráfico 7).

GRÁFICO 7
FILMES NACIONAIS — EVOLUÇÃO 2002-2007
MÉDIA DE PÚBLICO POR TÍTULO

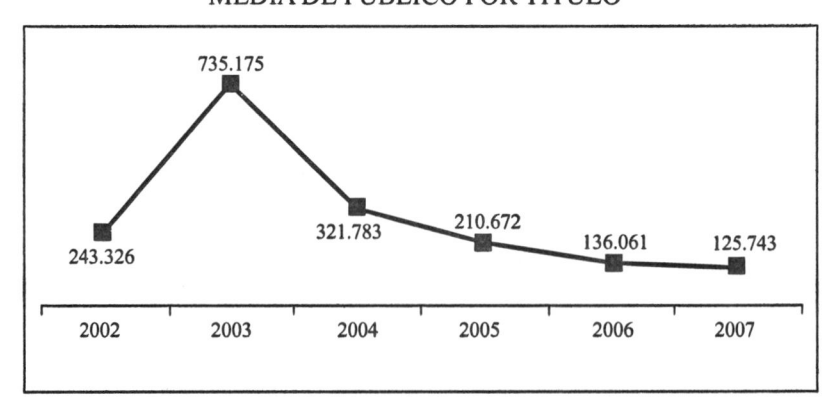

A média de público por cópia dos filmes nacionais decresceu de 8,6 mil em para 3,1 mil em 2007 (Gráfico 8).

GRÁFICO 8
BRASIL
FILMES NACIONAIS — EVOLUÇÃO 2002-2007
MÉDIA DE PÚBLICO POR CÓPIA

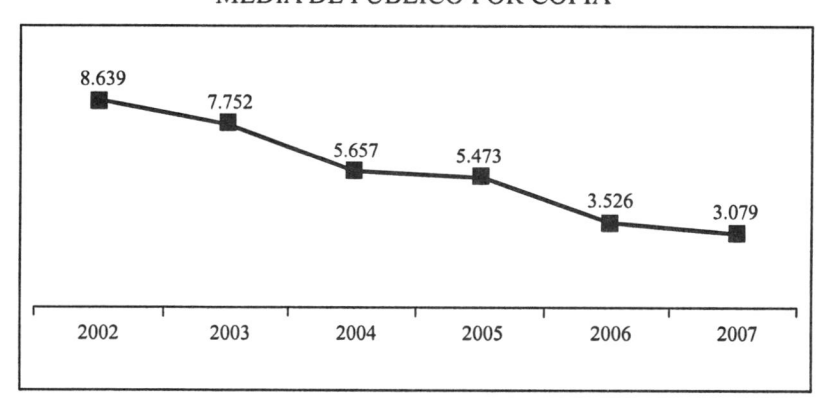

Ano	Média
2002	8.639
2003	7.752
2004	5.657
2005	5.473
2006	3.526
2007	3.079

Um balanço geral dos filmes nacionais no período 1995-2007 revelou os resultados sucintamente apresentados nas Tabelas 1 e 2.

TABELA 1
FILMES NACIONAIS
BALANÇO GERAL 1995-2007

Filmes lançados (12 anos)	= 456
Público total	= 107,7 milhões
Média de público/filme	= 236 mil
Total captado (12 anos)	= US$ 670 milhões
Custo médio por produção	= US$ 1,5 milhão
Renda total (bruta)	= US$ 325,3 milhões
Média de renda (bruta)	= US$ 713 mil
Média de renda (líquida)	= US$ 238 mil

TABELA 2

RANKING DOS 20 MAIS DA RETOMADA

	Título	Lançamento	Total espectadores
1	Dois filhos de Francisco	2005	5.319.677
2	Carandiru	2003	4.693.853
3	Se eu fosse você	2006	3.644.956
4	Cidade de Deus	2002	3.370.871
5	Lisbela e o prisioneiro	2003	3.174.643
6	Cazuza: o tempo não para	2004	3.082.522
7	Olga	2004	3.078.030
8	Os normais	2003	2.996.467
9	Xuxa e os duendes	2001	2.657.091
10	Tropa de elite	2007	2.420.513
11	Xuxa *popstar*	2000	2.394.326
12	Maria: a mãe do filho	2003	2.332.873
13	Xuxa e os duendes 2	2002	2.301.152
14	Sexo, amor e traição	2004	2.219.423
15	Xuxa abracadabra	2003	2.214.481
16	O auto da compadecida	2000	2.157.166
17	Meu nome não é Johnny	2008	2.115.678
18	Xuxa requebra	1999	2.074.461
19	A grande família — o filme	2007	2.035.576
20	Didi: o cupido trapalhão	2003	1.758.579

O panorama que se descortina para o cinema nacional da perspectiva de hoje (fins de 2008) consta da Tabela 3.

TABELA 3

BRASIL

PANORAMA GERAL DA PRODUÇÃO

Programados	= 47
Prontos sem data	= 46 (ficção e doc.)
Em montagem/finalização	= 38 (ficção e doc.)
Em filmagem	= 15 (ficção e doc.)
Em pré-produção/projeto	= 66 (ficção e doc.)
Coproduções	= 13 (ficção e doc.)
Em captação	= 200 (aprox.)
Total = 425	

Alguns eventos representativos marcaram a evolução do cinema nacional no período 1995-2007: a retomada, em 1995, do cinema nacional; a entrada das salas *multiplex* (1997); o êxito do filme *Titanic*, com 16 milhões de espectadores (1998); o ano histórico para o cinema nacional (2003); e o recorde alcançado pelo cinema nacional em termos de público (2004). O Gráfico 9 ilustra esses fatos.

GRÁFICO 9
EVOLUÇÃO PÚBLICO/EVENTOS
BRASIL — 1997/2007

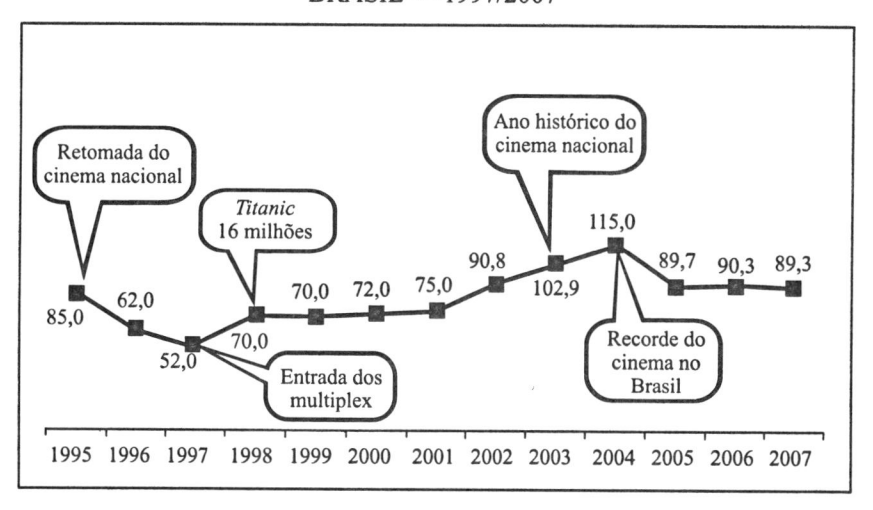

[Gráfico com os valores: 85,0 (1995); 62,0 (1996); 52,0 (1997) — Retomada do cinema nacional; 70,0 (1998) — Entrada dos multiplex / Titanic 16 milhões; 70,0 (1999); 72,0 (2000); 75,0 (2001); 90,8 (2002); 102,9 (2003) — Ano histórico do cinema nacional; 115,0 (2004) — Recorde do cinema no Brasil; 89,7 (2005); 90,3 (2006); 89,3 (2007)]

O Quadro 1 ilustra de forma sintética a cadeia produtiva do audiovisual no Brasil, com destaque para os dados sobre empregos gerados e a participação das pequenas empresas.

Finalmente, para concluir esse balanço, apresenta-se, também sucintamente, o que se denominou "Quadro político cultural do cinema do mundo".

O Quadro 2 trata das políticas de Estado e o Gráfico 10 apresenta a evolução das receitas da produção de Hollywood nos mercados doméstico e internacional.

Quadro 1
CADEIA PRODUTIVA AUDIOVISUAL
EMPREGOS/PEQUENAS E MÉDIAS EMPRESAS

Cinema	Vídeo e DVD	TV por assinatura e TV aberta
Cadeia Publicidade, marketing, dublagem, legendagem, manutenção de equipamentos, copiagem e laboratório, transporte, exibição, gráfico e embalagem	**Cadeia** Publicidade, marketing, manufatura de fitas VHS e DVDs virgens, dublagem e legendagem, telecinagem, gráfica, embalagem, transporte, locação ou venda, lojas de departamento, livrarias e lojas virtuais	**Cadeia** Manufatura de equipamentos (antenas, receptores, decodificadores, cabos), instaladores de equipamentos, antenas, publicidade, marketing, telecinagem, dublagem e legendagem
Empregos *A cadeia produtiva de cinema gera aproximadamente 44 mil empregos diretos e indiretos*	**Empregos** *A cadeia produtiva de vídeo e DVD gera aproximadamente 31 mil empregos diretos e indiretos*	**Empregos** *A cadeia produtiva de TV por assinatura e aberta gera aproximadamente 28 mil empregos diretos e indiretos*
Pequenas empresas Das 2 mil salas, 1.100 pertencem a pequenas e médias empresas	**Pequenas empresas** Das 8 mil locadoras, 6.800 são pequenas e médias empresas	Total geral de empregos de toda a cadeia produtiva = 103 mil

FONTE: MPAA Brasil.

Quadro 2
QUADRO POLÍTICO-CULTURAL — MUNDO
CINEMA/AUDIOVISUAL
POLÍTICAS PÚBLICAS

> Política de Estado
> - Investimentos diretos/verba
> - Estabilidade de leis/recursos
> - Planejamento

GRÁFICO 10
QUADRO POLÍTICO-CULTURAL — MUNDO
EVOLUÇÃO DA ARRECADAÇÃO DE HOLLYWOOD

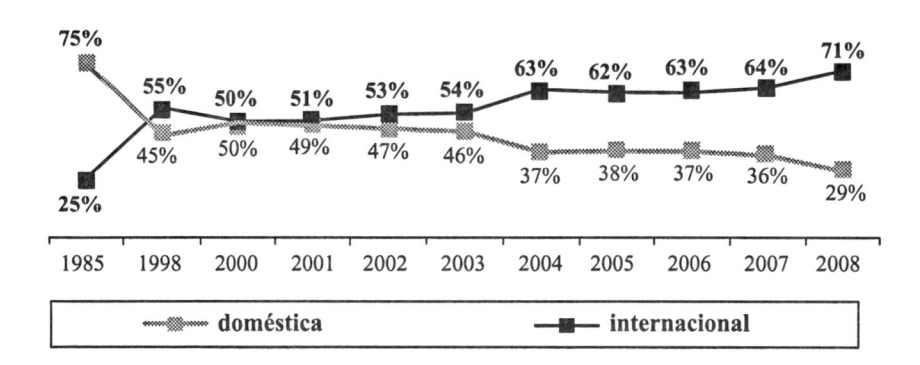

	1985	1998	2000	2001	2002	2003	2004	2005	2006	2007	2008
doméstica	75%	45%	50%	49%	47%	46%	37%	38%	37%	36%	29%
internacional	25%	55%	50%	51%	53%	54%	63%	62%	63%	64%	71%

O Quadro 3 apresenta as políticas públicas (de governo) e a Tabela 4, as 10 maiores *market shares* nacionais no mundo, comparadas com as de alguns países latino-americanos, entre eles o Brasil.

QUADRO 3
QUADRO POLÍTICO-CULTURAL — MUNDO
CINEMA/AUDIOVISUAL
POLÍTICAS PÚBLICAS

Política e governo
- Investimentos indiretos
- Volatilidade de leis/recursos
- Dificuldade no planejamento

Quadro político-cultural
- EUA, França, China (radical) = política de Estado
- Maioria dos outros países = política de governo

Tabela 4
TOP 10 *MARKET SHARE* NACIONAL — MUNDO

1	EUA	97,3%
2	Índia	90,5%
3	China	54,5%
4	Japão	47,7%
5	Tailândia	45,0%
6	Coreia do Sul	44,6%
7	França	36,2%
8	Rep. Tcheca	34,5%
9	Itália	31,7%
10	Reino Unido	28,0%
19	Colômbia	11,6%
23	Brasil	11,5%
22	Argentina	8,9%
26	México	8,0%
21	Venezuela	5,6%
29	Uruguai	5,0%

GT DE APOIO À CULTURA POPULAR

Políticas públicas para as culturas populares

Claudia Marcia Ferreira* e Marcia Sant'Anna**

* Diretora do Centro Nacional de Folclore e Cultura Popular, CNCP, do Instituto do Patrimônio Histórico e Artístico Nacional, Iphan
** Diretora do Departamento de Patrimônio Imaterial do Iphan.

HISTÓRICO E SENTIDOS DA NOÇÃO DE CULTURA POPULAR

O QUE SE convencionou denominar o universo das culturas populares, a despeito das diferenciações possíveis de entendimento, é um campo historicamente construído. A noção de cultura popular é uma formulação intelectual que se modifica no tempo, e suas origens estão associadas ao movimento romântico europeu de séculos passados, tendo continuidade no movimento modernista gerado neste país. Guardadas as diferenças e especificidades, os intelectuais têm visto no popular os fundamentos da nacionalidade e da identidade nacional.

A despeito da imprecisão da noção de cultura popular e da carga de preconceito que muitas vezes ela suscita quando evocada, é fato que no estado do conhecimento atual não se formulou outro termo que a substitua. Assim, reconhece-se a deficiência dessa noção, ao mesmo tempo, e a impropriedade em abandoná-la. No que diz respeito à ação organizada do Estado, a noção é operacional e refere-se a um universo cultural bastante amplo, diversificado e complexo, sem ser contemplado em outras esferas das políticas públicas para a cultura. Desta maneira, preconiza-se o emprego da noção de cultura popular, conforme recomenda a Unesco, como equivalente à noção de folclore, e que compreende as maneiras de ser, agir e pensar de amplos segmentos da sociedade nacional.

Em um país com a extensão territorial e as peculiaridades da formação histórico-social do Brasil, marcado por diferenciações regionais profundas e convivência de etnias diversas, impõe-se o reconhecimento da pluralidade cultural. De fato, existem tantas expressões populares de cultura quantos são os grupos que, no cotidiano e nos momentos extraordinários da vida social, lhes dão concretude. Apenas por questão operacional se emprega o termo cultura popular no singular, o que não implica reducionismo. Sabe-se da con dição plural dos modos de ser, das maneiras de fazer, das formas de pensar que dão corpo a todo esse complexo universo de cultura no país.

Reconhecer as múltiplas dimensões da cultura popular — com destaque para a circularidade de suas expressões entre os mundos rural e urbano, bem como entre diferentes classes sociais — desfaz a noção, certamente equivocada e ainda existente, de que o mundo da cultura popular é idílico e tão somente rural.

O entendimento do tema acompanha as transformações do próprio campo de estudos que respalda a área. Na breve trajetória da construção do campo de estudos e de políticas das culturas populares, destaca-se a criação do Serviço do Patrimônio Histórico e Artístico Nacional, em 1937, em cujo projeto de institucionalização já havia a menção à salvaguarda da cultura popular, política que veio a se consolidar com o Decreto 3.551 de agosto de 2000. Destaca-se também a década de 1950, quando folcloristas e inúmeros intelectuais que atuavam também nas ciências sociais nascentes, reuniram-se na constituição do que veio a ser conhecido como Movimento Folclórico Brasileiro. Apogeu dessa movimentação foi a criação da Campanha de Defesa do Folclore Brasileiro (CDFB) em 1958, no então Ministério da Educação e Cultura, com a missão de fomentar pesquisas sobre o folclore em todo o país, assim como o apoio direto a "grupos folclóricos". Nos anos 1970, tal instituição foi transformada no Instituto Nacional do Folclore, atualmente designado Centro Nacional de Cultura Popular, que integra o Iphan. É de se mencionar ainda, no plano do patrimônio, o Centro Nacional de Referência Cultural, criado em 1975, no âmbito da Fundação Nacional Pró-Memória, que trouxe contribuição efetiva aos instrumentos de políticas públicas hoje disponíveis para o reconhecimento do patrimônio imaterial.

A atual perspectiva antropológica de cultura, assumida pelo Ministério, é inovadora no plano mais visível das políticas públicas. Carece, porém, de consolidação por meio de um conjunto de instrumentos capazes de promover de forma ampla e democrática uma mudança radical na visão compartimentada e hierarquizada da cultura. Essa visão ainda prevalece no plano federal, na perspectiva das demais políticas públicas e nos planos estaduais e municipais, como também nas poucas e vulneráveis estruturas de representação da sociedade civil.

PERSPECTIVAS E DESAFIOS DAS POLÍTICAS PÚBLICAS PARA AS CULTURAS POPULARES

A cultura popular, em diferentes momentos históricos, e, por diferentes motivos, foi considerada estratégica para a definição da identidade cultural brasileira. Nos movimentos de origem marcadamente culturais, como o modernismo, ou de origem política, como a construção do Estado Novo, a cultura popular, foi foco de atenção e intervenção. Hoje, existem diferentes ações governamentais focadas nos agentes da cultura popular. São programas e projetos coordenados por vários órgãos do Ministério da Cultura e de outros Ministérios, que se desenvolvem separadamente e sem qualquer articulação. Assim, uma iniciativa prioritária é levar em conta os acúmulos na área e articular ações de modo a construir uma política abrangente para os segmentos populares a partir do reconhecimento da posição estratégica que a cultura ocupa.

A observação atenta das diversas ações e programas incidentes sobre os agentes da cultura popular, dentro e fora do Ministério da Cultura, permite verificar que as condições estão maduras para a elaboração de uma política mais ampla, à altura da importância que essa área deve ter para o desenvolvimento pleno da sociedade brasileira. Política essa que deverá enfrentar uma série de desafios, sobretudo nos planos da articulação institucional e interlocução e organização com a sociedade.

A informalidade do setor é uma realidade determinada por diferentes fatores — do acesso à educação e à informação aos benefícios da cidadania. A ação pública, por sua vez, enfrenta limites burocráticos que dificultam sua atuação junto aos segmentos populares que constituem esse "setor" da produção e fruição no campo da cultura popular, favorecendo a proliferação de instâncias intermediárias. Além disso, parte considerável dos gestores de políticas culturais não está preparada para trabalhar com as peculiaridades da área, nas quais as formas tradicionais de organização social raramente correspondem àquelas exigidas genericamente pelos órgãos públicos.

Tal quadro exige a combinação de soluções, capacitando, de um lado, os atores sociais da cultura popular para o trato com o Estado e, de outro, qualificando os gestores públicos para uma interlocução que considere as especificidades de cada grupo. A proposição de ações via Sistema Nacional de Cultura ganha importância nesse contexto, uma vez que as questões de maior relevância para as culturas populares acontecem localmente, em um nível de relação com prefeituras e governos estaduais.

Toda a ação do Estado no que tange às expressões culturais populares deve, sobretudo, primar pelo respeito à sua natureza dinâmica e processual, voltando-se antes para os processos a partir dos quais elas se constituem do que para os bens ou produtos que delas resultem, os quais não podem ser vistos como entes autônomos em relação aos indivíduos que os produzem e fruem em contextos específicos — sempre sujeitos a fatores como mudança, conflito, relações de mercado etc. Ou seja, toda ação do Estado nesse campo deve ocorrer prioritariamente a fim de criar/fomentar condições materiais e simbólicas para a produção, reprodução e fruição daquelas expressões culturais, sejam elas individuais ou coletivas, considerando, ainda que a continuidade histórica de qualquer processo cultural depende, o significado que ele assume na vida de indivíduos, grupos e coletividades.

Deve haver integração das políticas voltadas para as culturas populares com as políticas voltadas para a educação, de modo a proporcionar o acesso da população em fase escolar ao conhecimento sobre a diversidade cultural brasileira. O princípio do relativismo cultural deve pautar a formulação dos conteúdos didáticos.

A cultura popular pode ser uma ferramenta privilegiada para a releitura e o aprofundamento dos saberes tidos como oficiais, em acordo com o processo de diversificação dos conteúdos do ensino que resultou na formulação do Tema Transversal da Pluralidade Cultural, integrante dos Parâmetros Curriculares Nacionais e que merece mais elaboração. A câmara interministerial MinC/MEC, recém-instaurada, pode cumprir importante papel nesse sentido.

Certas festas populares, surgidas e desenvolvidas a partir de práticas culturais tradicionais, já adquirem visibilidade e assumem grande potencial econômico, mobilizando vários segmentos. O objetivo a ser perseguido por uma política pública responsável na área é entender os mecanismos culturais e econômicos dessas festas, estabelecendo parâmetros que permitam, ao mesmo tempo, estimular o desenvolvimento econômico local e favorecer a dinâmica dos processos tradicionais que dão significado e valor às festas. Um dos desafios é identificar e incrementar os aspectos centrais do acontecimento econômico de uma festa para que os ganhos e lucros sejam equitativamente distribuídos. Outro desafio é garantir as condições para que não haja prejuízo de alguns valores centrais que articulam as expressões culturais em questão, especialmente tendo-se em vista que os grupos populares em geral estão confrontados com uma série de carências de várias ordens e, portanto, sujeitos a pressões do consumo imediato. A adequação dos calendários festivos e votivos aos calendários turísticos, as transformações estéticas para agradar a gostos urbanos, o deslocamento e ressignificação de práticas religiosas e místicas em circuitos profanos, a "folclorização" e a "exotização" de hábitos antes apenas costumeiros são algumas das mudanças operadas por grupos populares para corresponder a exigências e/ou expectativas novas introduzidas pela demanda externa junto a sociedades tradicionais.

O artesanato tradicional — dotado de forte carga identitária e valor simbólico — acena com um significativo potencial econômico, inserido-se em circuitos de mercados de todas as dimensões, desde local até internacional.

Contudo, a progressiva valorização econômica do artesanato tradicional não acompanha o reconhecimento social e o prestígio de quem o executa. Os artesãos, em geral, continuam situando-se entre os setores menos favorecidos das classes trabalhadoras e da sociedade. Fazer com que o prestígio do artesanato reverta em benefícios econômicos reais e em ascensão social para o artesão pressupõe uma política pública orquestrada pela cultura para esse setor. Essa política deve, entre outras preocupações, primar pela abertura e qualificação do mercado consumidor e não pela adequação do produtor a um mercado interessado em outros tipos de bens, além de associar a legítima meta de geração de renda à lógica do preço justo com valor cultural agregado, e não à do aumento desenfreado da produção.

Identificar as formas de inserção das culturas populares em diferentes circuitos de mercado é um primeiro passo para iniciar sua regulação, sem a qual seus produtores se tornam o elo mais fraco em uma cadeia que tende a explorá-los. É preciso também reconhecer que os instrumentos de regulação atuais inclusive os do Estado, não foram formulados de modo a incluir esses segmentos da produção cultural. Urge produzir marcos legais para estabelecer uma relação favorável para quem está no início do processo produtivo.

As culturas populares são expressivas da diversidade cultural e da identidade brasileira. São, portanto, lugares por excelência, para a identificação de fatos culturais passíveis de reconhecimento como patrimônio cultural. Também são lugares de intensa criatividade, desenvolvimento e aperfeiçoamento de sistemas de conhecimentos dos mais variados tipos. Ao contrário do que está arraigado no senso comum, as expressões e saberes das culturas populares não são necessariamente de domínio público, embora muitas vezes sejam criações coletivas. Não obstante muitas expressões serem variações sobre temas consagrados, são criações genuínas, interpretações específicas e autorais.

Conforme as discussões em curso na Organização Mundial da Propriedade Intelectual (Ompi), conhecimentos tradicionais e expressões culturais tradicionais designam dimensões diferentes da cultura popular. Os primeiros se referem ao conteúdo do próprio saber tradicional, resultado da atividade intelectual e da visão de mundo em um contexto tradicional. Incluem-se aí o *know-how*, as habilidades, as inovações, as práticas e o aprendizado que integram sistemas de conhecimento tradicional, assim como o conhecimento que está incorporado no estilo de vida tradicional de uma comunidade ou povo. Os conhecimentos tradicionais podem abranger vários campos técnicos, como a agricultura, o meio ambiente e a medicina.

Em foro nacional, essas dimensões têm sido reguladas, respectivamente, pela Medida Provisória 2.186-16/2001, que, no entanto, trata apenas dos Conhecimentos Tradicionais Associados à Biodiversidade (ou recursos genéticos), no âmbito do Conselho de Gestão do Patrimônio Genético (CGEN), vinculado ao Ministério do Meio Ambiente, e pelo Decreto 3.551/2000, que trata do reconhecimento, salvaguarda e promoção da dimensão imaterial do patrimônio cultural, cuja implementação está a cargo do Iphan, que não regula e não garante, entretanto, a questão da propriedade intelectual, embora possa coibir apropriações indevidas.

Trata-se de um campo a ser construído, especialmente no que diz respeito à definição do marco legal adequado aos interesses das populações tradicionais. O que mais se destaca em relação aos Conhecimentos Tradicionais Associados a Recursos Genéticos é o fato de a maioria deles se caracterizar como "descoberta", e não como uma invenção, não podendo, portanto, ser patenteada. No entanto pode ser considerado como justo que as populações tradicionais recebam a retribuição efetiva dado ao desenvolvimento de um produto cuja patente tenha como base uma descoberta caracterizada como conhecimento tradicional associado. Nesse sentido, o MinC deve estabelecer articulações com o Instituto Nacional de Propriedade Industrial (Inpi) para que os Inventários Nacionais de Referências Culturais e outros bancos de dados do Iphan, que abordem conhecimentos tradicionais, sejam consultados nos processos de patenteamento realizados por aquele instituto.

Uma série de expressões populares no campo da música, da literatura, das artes visuais, das performances, entre outras que estão no foco de interesses comerciais contemporâneos, poderiam ser protegidas pelas normas relacionadas a Direito de Autor e Direitos Conexos, pois constituem também criações do espírito. Se adaptadas à realidade dos processos e produtores populares, tais normas poderiam impedir a apropriação indevida das expressões tradicionais além da espoliação de grupos atualmente pressionados por diferentes segmentos de mercado.

Faz-se necessário estudo aprofundado sobre os limites da legislação atual e as necessárias adaptações nas Leis de Propriedade Intelectual e de Direito Autoral, notadamente nos dispositivos de duração da proteção, que deveria ser imprescritível, e da titularidade dos direitos, que deve ser coletiva, e de acordo com os interesses e as tradições dos grupos envolvidos. O MinC estuda atualmente o tema de modo a formular e implantar uma política de propriedade intelectual voltada às populações tradicionais do país.

Nos últimos anos, o turismo tornou-se uma das indústrias mais lucrativas em todo o mundo. Um dos responsáveis por esse crescimento é o segmento conhecido como "Turismo Cultural", no qual a cultura popular desempenha papel significativo. Uma característica importante desse turismo é a aproximação desigual que ele engendra. Em geral, são os grupos urbanos, social e economicamente mais poderosos, que buscam na experiência turística de aproximação com o "popular" a oportunidade de conhecer e vivenciar, por meio de uma espécie de consumo, bens e valores identificados a ideias geralmente preconcebidas de povo e de cultura do povo. O turista vive uma espécie de temporalidade em suspenso — fora de casa, livre de seus afazeres cotidianos — e experimenta um ritmo que se choca com a temporalidade cíclica, regrada — ora pela natureza, ora por cosmologias próprias — da cultura popular. A indústria turística, por sua vez e em seu papel de mediadora economicamente interessada, acaba não só por contribuir com essa aproximação desigual, como também não percebe a importância do respeito às diferenças, potencial e essencial para o seu crescimento sustentável.

Tendo em vista que a introdução de empreendimentos e estruturas turísticas em comunidades sem um estudo prévio acerca de seus possíveis impactos culturais coloca tais comunidades na posição de objeto, e não de sujeito das iniciativas; e que o afluxo de interesses e capitais advindos de empreendimentos turísticos precariamente planejados transforma profundamente os modos de vida de populações e consequentemente sua produção cultural e artística, portanto uma política cultural transformadora deve garantir a participação ativa dos atores sociais envolvidos desde a formulação até a execução dos projetos de desenvolvimento turístico, antevendo impactos culturais e preparando a população local, os turistas e a própria indústria do turismo para isso.

O MinC está propondo também a formulação de um programa de valorização dos mestres brasileiros, baseado na recomendação da Unesco de um Sistema de Tesouros Humanos Vivos que fosse adaptado à situação brasileira. A ampliação da ação Griôs, do Programa Cultura Viva, deve ser a meta nesse item, com a perspectiva de se tornar um sistema de reconhecimento e valorização dos conhecimentos a partir dos mestres, favorecendo assim os processos de transmissão desses conhecimentos.

A implantação de uma política ampla para as culturas populares não pode prescindir de um forte sistema de informações sobre o setor. Como metodologia básica para a pesquisa e documentação devem ser observados os critérios das ciências sociais, bem como os da geografia humana e da história. Concebida para ser articulada com o Sistema Nacional de Informações Culturais, em fase de planejamento no Ministério da Cultura, a construção de uma cartografia das culturas populares, permanentemente atualizada, pode cumprir essa tarefa, aprofundando e especificando também a parceria entre MinC e IBGE.

Finalmente, a política pública para as culturas populares deve estar atenta aos acúmulos históricos e conceituais, acadêmicos ou não, e a diversidade dos atores sociais atuantes nessa área — aqueles que diretamente produzem cultura (brincantes dos bumbás amazônicos e carnavalescos das escolas de samba do Sudeste; artesãos urbanos e trabalhadores rurais que confeccionam objetos artesanais para uso próprio; cantadores de cordel das feiras e compositores e intérpretes do brega e do funk, por exemplo) e outros agentes sociais, pessoas físicas e jurídicas, como pesquisadores, divulgadores, produtores culturais, associações civis, organizações não governamentais. Este reconhecimento deve estar expresso, em especial, nas diretrizes gerais para a área, sobre as quais se apoiariam todas as metas e ações mais objetivas, estabelecendo prioridades de interesse da atuação do Estado e parâmetros de relacionamento com os diferentes atores sociais.

DIRETRIZES

Uma série de variáveis intercambiáveis deve ser considerada para o estabelecimento de ações no campo da cultura popular. Classe social, origem étnica, contexto geográfico, gênero, acesso a informação e educação, por exemplo, são dados que precisam ser levados em consideração quando da aplicação dessas políticas.

As diferenças sociais que estabelecem níveis hierárquicos entre os grupos não podem ser reiteradas na perspectiva de um plano de cultura, sob pena de se manter a relação de subordinação e de valorização do exótico, que acabam por reforçar o perverso processo histórico de exclusão. Assim, as premissas de respeito e valorização da diversidade cultural brasileira devem se refletir na construção de políticas públicas que visem a atribuir às expressões culturais dos segmentos menos favorecidos da sociedade nacional o mesmo grau de importância que aquele destinado às culturas letradas ou eruditas. Tais políticas devem pautar-se pelas seguintes diretrizes e objetivos:

1. O reconhecimento público da influência de diferentes grupos sociais e matrizes culturais na composição das culturas populares. As ações a serem desenvolvidas devem ser também políticas que promovam o reconhecimento e a valorização da diversidade cultural e que sejam a favor da igualdade racial e equidade econômica, buscando a superação da posição rebaixada a que fica relegada a cultura popular e seus produtores.
2. A promoção da diversidade e da pluralidade cultural sob o conceito antropológico de cultura e a superação das desigualdades sociais. Com a pluralidade cultural exuberante que qualifica o Brasil de forma particular no concerto das nações, e com as dimensões continentais e a diversidade de ambientes naturais que contribuem para a riqueza ímpar de expressões dinâmicas de cultura, a tarefa de pautar prioridades e articular os diferentes atores e setores sociais é uma questão complexa a ser vencida. Por outro lado, a construção do processo democrático muito recente e os altos índices de exclusão nos processos educativos e de desenvolvimento social da imensa maioria da sociedade impõem sérios entraves históricos a serem superados.

3. A ampliação do acesso das comunidades criadoras das culturas populares aos meios de apoio às suas realizações e às possibilidades de participação ampla nos processos culturais contemporâneos, considerando-se ao menos três aspectos: a) socialização dos instrumentos de pesquisa, documentação e difusão para os diferentes protagonistas da cultura popular, de modo a que possam gerar e gerir sua memória social; b) retorno a indivíduos e comunidades do conhecimento gerado a seu respeito, além dos benefícios financeiros oriundos da comercialização de suas produções culturais; c) socialização dos códigos de acesso aos financiamentos públicos, com a adequação dos instrumentos de proposição, gestão e prestação de contas.

4. A promoção das condições de produção e fruição das expressões de cultura popular — o que pressupõe reconhecer a importância da dimensão simbólica das culturas populares para além dos chamados produtos culturais. Nessa medida importa promover os meios para o desenvolvimento humano e sustentável capazes de favorecer a dinâmica da diversidade cultural. Em contrapartida, é preciso reconhecer que a cultura popular gera produtos-objetos, músicas, espetáculos teatrais, performances, literatura — que estão inseridos em conjuntos mais amplos de representações e significados e que, não sendo regulados pelo mercado, carecem de uma inserção diferenciada no plano do consumo sob pena de perderem seu valor cultural intrínseco.

Cultura popular: breves notas e proposições
*Helena Sampaio**

---
* Cientista política e antropóloga. Coordenadora executiva do Artesanato Solidário, ArteSol.

PARA ABORDAR O que seria uma política para a cultura popular, seguem três rápidas considerações:

- Cultura popular é uma construção intelectual que carrega desde sua origem, no século XIX, uma dimensão política, ligada à identidade de um povo e à unidade de uma nação (Alemanha).
- As manifestações culturais incluídas no âmbito do folclore e da cultura popular sempre estiveram vinculadas a grupos subalternos de uma dada sociedade.
- Daí explica-se a origem o preconceito que se expressa no uso da qualificação do adjetivo "popular" para que essa cultura e essa arte produzidas pelo povo tenham entrada no mundo da elite.

Feitas essas rápidas observações, cito Maria Laura Viveiros de Castro para quem "o melhor uso da expressão cultura popular corresponde ao desejo de ultrapassar fronteiras e estabelecer comunicações".

Esse entendimento da noção de cultura popular nos remete ao universo das trocas, das apropriações, da reinvenção, das ressignificações, ou seja, à própria dinâmica da cultura.

Em entrevista concedida em junho de 2008, Ruth Cardoso, também antropóloga e fundadora do Artesanato Solidário (ArteSol), fez uma consideração sobre arte popular que possui o mesmo sentido apontado por Maria Laura:

O que queremos é mostrar que esse passado está vivo. Que esse saber, essa arte existem, podem se expressar e fazer parte do mercado, não têm que estar excluídos. Nunca devemos ver a arte popular como alguma coisa alternativa; ela tem que fazer parte e estar integrada ao mercado (...). Nós queremos olhar para frente. E olhar para a frente é criar essa integração.

Essas duas considerações inspiram as notas propositivas do ArteSol para uma política da cultura popular.

Ponto de partida para qualquer proposta política para a cultura popular é a sua "valorização". Apesar de meio gasta, o termo valorização deve ser incluído no nome da política para o setor: "política de valorização da cultura popular".

Mas o que isso significa de fato?

O principal objetivo desta política é promover a "mudança do olhar" que há sobre essa expressão; isto significa "ultrapassar fronteiras", "estabelecer comunicações" ou, ainda, "criar a integração". A visão que ainda predomina sobre cultura popular coloca-a distante no tempo e no espaço. É o residual que não faz parte do nosso mundo; essa visão equivocada está disseminada em diferentes setores da sociedade, sendo utilizada muitas vezes até para embasar políticas de governo que paradoxalmente propõem a valorização das manifestações culturais do povo brasileiro.

Esta proposta deve ser orientada em três frentes ou dimensões complementares:

1. *Difusão e divulgação*: são necessárias ações que fortaleçam os espaços destinados à exibição e veiculação das diferentes manifestações da cultura popular, no caso da arte e artesanato, os museus, mostras e exposições, galerias etc. Mas deve-se observar que o "mostrar" as expressões culturais populares precisa ser inovador tanto da perspectiva estética como da dos conteúdos veiculados. É preciso sempre remeter a cultura popular, em especial suas manifestações plásticas, ao imaginário inconsciente e consciente que lhe dá suporte, aos modos históricos de sua produção e, fundamental, à poética individual do autor.
2. *Produção do conhecimento e pesquisa*: o pressuposto é simples — a valorização da cultura popular passa pelo conhecimento, por pesquisas, registros em primeira pessoa etc. O conhecimento é a base para o bem divulgar e para a adoção de outras ações de valorização. Nesse

sentido, é fundamental que a área de cultura popular e afins tenha uma participação mais significativa (não apenas de ordem financeira) nas universidades, nos centros e institutos de pesquisa, nas comissões organizadoras dos encontros acadêmicos etc. Estudos sobre cultura popular devem ser reflexivos e buscarem alargar seus paradigmas de origem. Longe de um resgate piedoso dos resquícios de um passado de curiosidades, o conhecimento deve se ater às tensões contidas no próprio conceito que busca elucidar.

3. *Integração*: ações para divulgar a cultura popular, para ampliar nosso conhecimento acerca de suas manifestações são fundamentais para atingir uma outra dimensão de uma política de valorização da cultura popular — sua integração no presente e no futuro. Não basta exibir nas galerias e museus as manifestações da cultura popular como coisas do passado, de um mundo distante, romanticamente idealizado e esteticamente organizado. Também não basta realizar pesquisas e registros sobre as manifestações da cultura popular como se fossem testemunhos do "outro" — o passado, o atrasado, o exótico, o ingênuo, os excluídos que resistem etc. Cultura popular é uma noção de compromisso (mais uma vez cito Maria Laura Viveiros de Castro) e cheia de tensão. Não há espaço para defender isolamentos (redomas) nem para proselitismos.

Para criar a integração e estabelecer comunicações é preciso promover as trocas em múltiplas direções. O conhecimento produzido sobre cultura popular deve ganhar o mundo, sair da universidade, dos centros de pesquisas; deve ser disseminado e apropriado por gestores públicos e agentes culturais, professores e alunos do ensino fundamental, arquitetos, jornalistas e galeristas.

As trocas devem ocorrer nos mercados, usado aqui no plural, em seus diversos segmentos e possibilidades (educação formal, políticas de desenvolvimento, indústria cultural, mercado de bens de consumo etc.). Respeitar e valorizar as manifestações da cultura popular significa *promover sua integração e para isso é preciso aprender a conhecê-la e a divulgá-la melhor.* Não se pode perder de vista a dinâmica da cultura e a circularidade que propicia a troca e a alimentação recíproca (reapropriação, ressignificação, reinvenção) de um mesmo imaginário que transita entre o universo erudito e o popular. Só assim, poderemos começar a valorizar de fato a cultura popular.

Duas ou três coisas sobre folclore e cultura popular*

*Maria Laura Viveiros de Castro Cavalcanti***

---
* Publicado originalmente no *Seminário Nacional de Políticas Públicas para as culturas populares*. Brasília: Ministério da Cultura, 2005, p. 28-33.
** Professora do Instituto de Filosofia e Ciências Sociais da Universidade Federal do Rio de Janeiro.

CULTURA POPULAR É bom para brincar, cultura popular é bom para fazer e cultura popular é também bom para pensar. Apresento aqui breves reflexões que, embasadas em experiências e pesquisas buscam um posicionamento conceitual quiçá útil no balizamento das muitas questões recorrentes ao tema. Não se trata exatamente de um estado da arte do debate em torno das culturas populares, mas antes de "duas ou três coisas sobre folclore e cultura popular".

DA NECESSIDADE DOS TERMOS FOLCLORE E CULTURA POPULAR

Até onde chegamos em nosso estado de conhecimento civilizatório, não dispomos de termos mais adequados que substituam folclore e cultura popular. Pois há fatos vivos em profusão (inúmeras atividades artísticas, inúmeros processos culturais) pulsando sob essas noções.

Sem eles projetaríamos na obscuridade uma infinita riqueza e variedade de processos culturais, não só contemporâneos como passados. Esquecendo na obscuridade também toda uma longa história de estudos e atuações em nosso país. Os estudos e o interesse pelo "popular" remontam, pelo menos, ao século XIX, com ilustres personagens como: Gonçalves Dias, José de Alencar, Sílvio Romero, Amadeu Amaral, Mário de Andrade, Câmara Cascudo, Cecília Meirelles, Édison Carneiro, para mencionar apenas alguns nomes de um panteão intelectual que qualquer país do mundo se orgulharia de apresentar. As atuações na área desenrolam-se no século XX, com destaque para o expressivo desenvolvimento do Movimento Folclórico que domina os meados daquele século. Suas comissões, muitas delas ligadas às secretarias de estado ou municipais de cultura, educação e turismo, participaram de ações precursoras nessas áreas (muitas delas são ativas nos nossos dias). Por sua vez, o legado institucional desse movimento é também precioso. Outro marco importante é o Centro Nacional de Folclore e Cultura Popular (CNFCP), instituição com quase 50 anos de expressiva atuação, hoje no Instituto do Patrimônio Histórico e Artístico Nacional (Iphan). O CNFCP abriga ricos acervos museológicos, sonoros, visuais e bibliográficos que são, por si só, verdadeiros centros de referência (sua Biblioteca Amadeu Amaral é, por exemplo, o maior acervo latino-americano sobre folclore e cultura popular). Acervos que são fruto de pesquisa permanente e associam-se a ações de apoio direto aos artesãos e artistas populares ou mesmo a projetos educativos junto à rede escolar.

Iniciativas produzem resultados de eficácia diversa, são sempre problemáticas e exigem reflexão permanente desde sua origem. O passado, como já disse o poeta Mário Quintana, não conhece seu lugar, e insiste em se fazer presente. A ideia de que com a cultura popular o Brasil reencontra sua alma e sua mais profunda identidade assemelha-se à ideia motriz do movimento folclórico brasileiro que buscava, em fins da década de 1940, no "fato folclórico" a autenticidade das maneiras de pensar, sentir e agir do povo.

As discussões que o assunto suscita são sempre infindáveis, com um amplo leque conceitual e ideológico. Não é o caso de retomar vastas polêmicas, mas antes de enfatizar possíveis pontos de acordo, nítidos e fundamentais. A ideia de encontrar na cultura popular a essência do país traz inevitáveis problemas de dirigismo e intervencionismo ligados a qualquer associação direta de formas da cultura ao aparato estatal. Espaços de respiração entre Estado e cultura são salutares e vitais para as instituições e atuações na área. Sem ele, o folclore e a cultura popular — por conta de suas especificidades históricas, sociológicas e ideológicas — se revestem de seu mais pejorativo sentido: tipificações exóticas de uma cultura supostamente autêntica. Nessa área, talvez mais do que em qualquer outra, o senso de medida e a largueza de visão são bem vindos.

Há dados e fatos novos a serem compreendidos e dimensionados. Não se trata somente da vitalidade da cultura popular brasileira que emergiu de forma marcante nas últimas décadas. O debate público sobre a cultura popular se constrói de modo inteiramente novo; surgindo também experiências importantes a serem ouvidas. Se cabe favorecer a memória e o sentido de continuidade no âmbito das culturas populares, vale também favorecer a memória intelectual e institucional existente a seu respeito. Não para venerá-la nem reproduzi-la (o que é por sinal impossível, pois os tempos são sempre outros), mas para sermos mais seguros, abertos e diversos. Porém, como qualificar a cultura popular?

DA(S) DIVERSIDADE(S) DA CULTURA POPULAR

As complicações começam com a simples decisão do uso da expressão "cultura popular" no singular ou no plural — enquanto é curioso o uso da palavra "folclore" ser apenas no singular. Embora saibamos que suas expressões são diversas, a noção de folclore parece mais fortemente comprometida com a apreensão de totalidades, que pendem ora para o nacional, ora para o universal. No caso do folclore, o plural só nos autoriza a tradução literal do inglês *folk-lore*: os saberes do povo.

No singular, "cultura popular" sugere uma enganadora homogeneidade. Porém, no plural, a visão atomística de culturas ou subculturas autônomas incorre no risco oposto da desconsideração dos planos de integração, mais ou menos antagônicos, mas sempre complementares como um sistema cultural supõe. As pessoas trocam continuamente experiências entre si, circulam entre diferentes regiões, migram, se influenciam e modificam-se às vezes para realçar diferenças recíprocas. As artes e as festas conversam umas com as outras, participam de grandes ciclos de um calendário comum, com importantes tangentes, atravessadas por processos e tendências históricas incontroláveis e amplas.

Na atualidade, a cultura popular não se restringe a uma fonte de inspiração para experiências artísticas e estéticas consagradas pelo romantismo ou modernismo (embora sob esse aspecto a cultura popular continue a ser um inesgotável manancial criativo); nem apenas resquícios vivos de um passado a serem salvos ao menos pelo registro documental (embora obviamente acervos sejam sempre e cada vez mais valiosos). Desde a última década do século XX, o regional e o local interagem fortemente com o global e a cultura popular brasileira demonstra inquestionável vitalidade. A atuação na área, portanto, não pede mais a urgência salvacionista em nome da qual se constituíram, as primeiras iniciativas estatais. A cultura popular ingressa claramente na era do mercado e do consumo, promovendo e administrando muitas vezes seus próprios produtos. Brincantes, artesãos, mestres, associações civis, organizações não governamentais emergem muitas vezes sob o novo aspecto de pequenos empresários e produtores. Esse desafio, nessa intensidade, é novo.

A diversidade da cultura popular não se situa apenas no plano dos fatos e processos vivos da cultura. Esse tipo de diversidade é fato posto no discurso público oficial e aparentemente estabelecido para uma população que se concebe de modo cada vez mais plural. Há uma nova diversidade no cenário contemporâneo: aquela interna aos interlocutores e agentes que fazem, falam e atuam sobre a cultura popular. São brincantes, músicos, compositores, palhaços, mestres, artesãos, pesquisadores, organizações não governamentais, associações civis, secretarias, comissões, instituições estatais, entre tantos outros. A "cultura popular" gera seus produtos, que circulam de modo cada vez mais amplo no mercado de bens culturais; seus circuitos de produção são compreendidos, aprimorados, e seus produtores encontram cada vez melhores condições de produzi-los. Porém a gama de necessidades é muito diversa. *É preciso qualificar a que tipo de diversidade aludimos quando falamos na diversidade da cultura popular.* Não só as necessidades dos produtores da cultura popular são diferentes entre si como diferem em natureza daquelas de um centro de pesquisa e documentação, ou mesmo daquelas de uma pequena produtora ou de uma organização não governamental atuante na área.

Há ainda um outro tipo de diferença. A noção de cultura, que traz consigo uma vocação antropológica universalista: uma vasta trama de significados inerente à natureza coletiva da experiência humana. Porém, os desníveis e desigualdades do mundo a atravessam e a noção presta-se também a classificar, hierarquizar, distinguir entre si processos de produção cultural. Mas a que diferença refere-se o adjetivo "popular"? A questão não se resolve pela simples flexão da expressão do singular para o plural — "culturas populares" em vez de "cultura popular".

Não se trata, afinal, de "culturas populares" internamente homogêneas e niveladas entre si, opostas em bloco a outros tipos de cultura. Níveis e circuitos da produção cultural de uma dada sociedade podem ser distinguidos como "cultura de massa", "erudita", "popular", ou ainda "folclórica". Essas distinções podem ser úteis em alguns contextos, mas, com frequência, um mesmo processo cultural atravessa esses diferentes circuitos de cultura. Um terno de folia vai da composição musical à festa tradicional, ao comício político, ao museu ou centro de documentação local ou nacional, à emissora de rádio regional e à industria fonográfica toda ela, por sua vez, também muito segmentada.

Isto mostra que: *os circuitos de um processo cultural que denominamos de popular são heterogêneos*. Entre os atores centrais de uma brincadeira de bumba-meu-boi, do carnaval ou da festa do Divino, há inúmeras especialidades: bordadeiras, costureiras, artesãos, dramaturgos, compositores, músicos, palhaços, líderes locais, patrões, empregados etc. Os caminhos de produção de uma bela festa é também repleto de desníveis, tensões e conflitos. Um só processo cultural popular abriga, portanto, diferentes circuitos de produção e circulação. Um mamulengo "folclórico" é, lembremos, aquela apresentação mais curtinha contratada pelas prefeituras, secretarias e órgãos de cultura em geral, muito distinto do mamulengo orgânico que vara noite adentro em brincadeiras com outro tipo de inserção contratual. O mestre e brincantes são os mesmos se movimentando por entre circuitos nos quais um mamulengo possui diferentes significados.

A vida social desfaz muitas das distinções conceituais correntes nesse campo de debates. Por exemplo, a diferença de a transmissão do conhecimento em diferentes circuitos culturais — seja de forma oral, seja escrita. Essa distinção é importante, mas nosso mundo contemporâneo tem fronteiras cambiantes. Podemos hoje, opor cultura oral a cultura escrita? As duas formas de transmissão de conhecimentos podem funcionar, e funcionam o mais das vezes, de modo complementar. Não é por saber ler e escrever, nem por transitar com desenvoltura por ambientes sociais e políticos diversos, que uma dupla de repentistas desaprenderá a memorizar as inúmeras e complexas regras nem sempre explícitas que comandam a composição de seus desafios.

O adjetivo "popular" ou "folclórico" deve estar a serviço da expansão e do favorecimento, e nunca de restrições, censuras, limites previamente estabelecidos entre o que se deve ou não fazer ou como se deve ou não fazer algo. A tarefa de apoiar as artes e as culturas populares, como disse Cecília Meirelles em um Congresso Nacional de Folclore nos idos de 1950, é extremamente delicada. Por quê? Por muitas razões, entre elas o fato de que uma "genuína" e "autêntica" forma folclórica pode estar associada a condições de extrema dificuldade, pobreza e às formas tradicionais de dominação política que pululam Brasil afora: o velho clientelismo com novas vestes.

Um músico erudito, que compõe para a maravilhosa rabeca, e um rabequista popular, lavrador que toca junto com toda a família as suas composições, podem ter suas músicas gravadas em CD de divulgação nacional e mesmo internacional. Esses dois artistas têm muito o que dialogar, mas o apoio de que necessitam é muito diferenciado.

E esse é um ponto central da discussão, muitos produtores diretos da cultura popular carecem de apoio e amparo de modo muito mais agudo do que os produtores de cultura inscritos em outros circuitos da produção cultural porque precisam da valorização de sua cultura. Porém, não necessariamente uma valorização de sua cultura como "a" mais genuína. A questão crítica é o acesso aos direitos básicos de cidadania — moradia, educação, saúde — em recantos onde a presença do Estado é, muitas vezes, ainda precária. A inclusão social é um desafio para nossa democracia. Outros problemas, muitas vezes, são a liberdade de criação e os acertos entre a criatividade pessoal, a memória e a aceitação coletiva. Há nessa área importantes experiências de apoio cultural efetivo, com melhoria das condições de vida, que merecem ser consideradas e aprimoradas como o Programa de Apoio às comunidades artesanais desenvolvido pelo CNFCP.

CONCLUSÃO

Distinções podem ajudar desde que não nos enrijeçam, para que possamos transitar entre elas, buscando qualificá-las e ponderá-las. Não nos realizamos e alcançamos uma dimensão mais ampla da existência justamente através de obras que nos transcendem? Não compartilhamos sempre de processos cujos rumos são, em alguma medida, imprevisíveis? Quanto mais qualificarmos os interlocutores e os diferentes processos culturais menor será a noção de cultura popular como rótulo genérico e tipificador.

A noção de cultura popular implica compromisso, tensões e imprecisões. Uma cultura é sempre do mundo e o melhor uso da expressão "cultura popular" corresponde ao desejo de transpassar fronteiras, de estabelecer comunicações. Em suas melhores expressões, esse esforço busca apreender diferenças, não para fixar limites (porque esse enrijecimento pode atingir formas virulentas, como ocorre nos nacionalismos exacerbados), mas para ampliar nosso leque de possibilidades.

Valorizar a cultura popular como aquela parte da produção cultural que seria a mais autenticamente nossa traz algumas armadilhas indesejadas. Por quê? Porque o termo "nosso" é heterogêneo e torna-se "nosso" por caminhos muito diferentes. A liberdade de escolha é preciosa. Traçar cercas na cultura é tarefa inglória e ingrata. Rotular a cultura, opor tipos de cultura rigidamente diferenciados é falsear um universo sempre mais rico, uma vez que são heterogêneo e dinâmico. Diferenças não são apenas externas, são também internas a qualquer forma da cultura. Quando recusamos essa alteridade interna, tendemos a projetá-la de modo defensivo para o exterior. Brigamos com os fantasmas de nós mesmos. Tornar algo como o penhor da identidade de uma nação é uma sobrecarga imensa e a melhor atitude é afirmar a pluralidade interna e externa aos vários segmentos da cultura. Todos eles são "nossos". Das bandas de pífano às orquestras sinfônicas. *Homo ludens*. Parlendas e bossa nova. Repente e Luís de Camões. Bumba meu boi, reggae e hip-hop. Talvez possamos fazer dessas diferenças um estímulo; um ponto de apoio de reconhecimentos e solidariedades a favorecer a inventividade de todas as nossas tradições.

GT DE APOIO AO TEATRO

Algumas ideias sobre a situação do teatro

*Barbara Heliodora**

---
* Crítica de teatro.

NÃO É POSSÍVEL falar sobre o teatro brasileiro em geral, seja pelas condições diversas nas várias regiões do país, seja pela literal falta de informações a respeito das mesmas. Tomamos como base, então, o panorama no teatro no Rio de Janeiro, onde acompanhamos de perto o que está acontecendo.

O quadro do teatro no Rio, hoje, é melancólico, por variadas razões. Entre as mais remotas estão a remoção da capital da República para Brasília, que privou o Rio de toda uma população flutuante que aqui vinha para tratar com o governo federal. A maior parte do corpo diplomático, das embaixadas, também foram para Brasília. Outra mudança grave foi a junção do Estado do Rio de Janeiro, então um dos mais pobres do país, sem os benefícios do petróleo, muito recentes. Pior, no entanto, tem sido o desinteresse dos governos estaduais e municipais pela cultura em geral e, muito particularmente, pelo teatro, que focaliza e reflete os problemas e as inquietações da população.

Até o período da ditadura militar — embora já aparecessem as subvenções do Serviço Nacional de Teatro, e o Estado tivesse, em operação, uma comissão de teatro, e efetivamente ao longo da primeira parte da década de 1960 —, o teatro continuava a viver principalmente de bilheteria, que era o normal em todos os países que não aqueles onde a atividade era tão estatizada quanto todo o resto das atividades do Estado. A censura, a partir de 1968, foi destrutiva tanto financeira quanto culturalmente, e quando essa foi finalmente abolida, no final dos anos 1980, a atividade teatral estava tragicamente reduzida, principalmente se contrastada com o brilho dos anos de 1950 e 1960.

Recentemente, o problema se agravou, porque o teatro deixou de viver (ao menos em grande parte) da bilheteria: por um lado apareceram inovações como a Lei Rouanet, pela qual os produtores buscam "patrocínios" — que significam dinheiro que não tem de ser devolvido —; por outro, o governo dá o que costumava ser chamado de "barretadas com o chapéu alheio", ao obrigar os teatros a vender entradas com 50% de desconto a estudantes (o que significa inclusive carteirinhas de cursos de corte e costura, ou de pintura em porcelana, ou carteiras falsas), e todos os maiores de 60 anos por outro (com ou sem condições de pagar o preço integral). Nas salas estaduais e municipais, ainda aparece a obrigação de, um domingo por mês, entradas a R$ 1.

As consequências são várias e terríveis. Com os alugueis dos teatros altíssimos (sequer os do governo caem o valor), e os custos da produção igualmente altos, os produtores honestos acabam pagando pouquíssimo aos atores. Têm de apresentar uma rigorosa prestação de contas aos patrocinadores, que alguns poucos maus produtores adulteram para reterem a si o lucro e apresentar péssimos espetáculos com atores mal pagos e inexperientes.

As casas de espetáculo, muitas vezes gananciosas, passam a apresentar dois ou três espetáculos ao mesmo tempo (sem contar com os infantis tradicionais, à tarde), e o resultado são os espetáculos com um ou dois atores, cenários indigentes que precisam ser montados e desmontados em meia hora, e tudo encenado no máximo em uma hora e meia, o que relega ao esquecimento o mais tradicional repertório do teatro ocidental.

A obtenção da permissão pelo Ministério da Cultura (MinC) para a busca de patrocínio é um escárnio cultural: meramente burocrática, a permissão é dada a quem preenche corretamente os formulários, sem qualquer preocupação com a qualidade do que será apresentado. Fui informada certa vez, por um alto funcionário da Funarte, que "o Ministério não pode interferir na qualidade", o que a mim parece fazer do MinC um ministério assistencial, e não cultural.

Os patrocínios são humilhantes, pois são sempre compra de espaço para publicidade: o nome do patrocinador (e os "apoiadores") devem aparecer no programa, o que seria perfeitamente válido, mas também é exigido que a lista seja lida em voz alta antes do começo do espetáculo, o que é constrangedor.

Há vários problemas com o sistema atual, e um deles é o de que, com o aval do MinC, o produtor pede patrocínio diretamente às organizações que optam por gastar parte do que deveria pagar em Imposto de Renda (IR) patrocinando as artes. Deste modo, algum nome "conhecido" aparecendo como supervisor ou orientador pode obter a boa vontade de quem não conhece teatro e, assim, patrocinar espetáculos da pior qualidade, que contribuem na verdade para a deseducação, muito mais do que para o aprimoramento, da população.

Não seria mais lógico criar um fundo comum com todo o valor desses percentuais de IR, para o qual os produtores se apresentariam como candidatos a um grupo especializado em teatro para julgar adequadamente a qualidade e o custo da produção proposta (número de atores, cenografia, figurinos, música, luz etc.)?

A minha convicção pessoal é que seria mais razoável que 50% do chamado patrocínio tivesse de ser pago, ou seja, devolvido a esse fundo comum, para ajudar a financiar novos espetáculos. Com tal compromisso, diminuiriam os espetáculos de péssima qualidade que infestam palcos do Rio de Janeiro. A minha posição tem base, por exemplo, vi um péssimo espetáculo em agosto, no qual havia um total de onze espectadores na plateia, e no final um dos integrantes do elenco anunciava que o espetáculo ficaria em cartaz até o final de outubro, ou coisa parecida. Por quê?

A questão dos 50% da entrada é diferente: se os governos, estadual e municipal, cobrissem a diferença, segundo um exame mensal dos borderôs, imediatamente, haveria oportunidade para a montagem de espetáculos melhores. É claro que isso beneficiaria igualmente os donos de teatro, que recebem um percentual da bilheteria. Com condições mais regradas, talvez pudesse acabar esse sistema de espetáculos múltiplos, que não permitem a nenhum deles realmente uma boa produção.

O fundo comum (e os programas podem publicar os nomes de todos que contribuíram) poderia também servir para estimular a publicação de livros de e sobre teatro (pouquíssimos entre nós). A possibilidade de ler teatro como parte do currículo escolar poderia colaborar para a formação de um público informado e, por esta razão, mais inclinado a assistir espetáculos de qualidade.

Partindo para outro campo completamente diferente, seria importante que o MinC pudesse convencer o Conselho Federal de Educação que o ensino das artes é diverso do das ciências exatas, e que a contratação de atores e/ou diretores experientes e bem capacitados, embora não titulados, é a melhor opção para os cursos de teatro (e de outras artes) tornam-se mais satisfatórios: receber aulas de interpretação de um mestre ou doutor que nunca pisou em um palco, ou de direção por outro mestre ou doutor que não viveu a experiência de trabalhar com atores (e saber extrair o melhor deles) resulta em grande prejuízo para o ensino teatral.

São muitos, enfim, os problemas das artes, e do teatro em particular; o bom teatro é instrumento de grande enriquecimento cultural da população; ele pode ser também um elemento importante no desenvolvimento do turismo doméstico e um dia, quem sabe, até do internacional.

O teatro hoje: uma introdução às questões de políticas públicas

Aderbal Freire-Filho*

---
* Diretor-geral da Sociedade Brasileira de Autores Teatrais, Sbat.

PARA REFLETIR SOBRE o teatro do começo do século XXI é importante considerar alguns dos grandes avanços tecnológicos que mudaram o mundo a partir do século XIX e explodiram no século passado, cuja mais radical e transformadora intervenção, criou técnicas de reprodução, acabando com o monopólio da memória na fixação do momento presente, invadindo os conceitos de tempo, um processo que começa com a fotografia. Esse processo também repercute naturalmente nas artes e na filosofia, com um estudo de Walter Benjamim sobre a obra de arte na era da reprodutibilidade técnica. A fotografia interferiu nas artes plásticas, as gravações sonoras na música despertam um novo olhar sobre a obra original e ao mesmo tempo revolucionam esses campos da arte.

O teatro é um capítulo especial dessa história recente, por sua natureza de arte efêmera, uma criação artística viva, que é consumida enquanto se constrói e que é destruída simultaneamente. Esse capítulo começa com o surgimento do cinematógrafo, no final do século XIX, e dá um grande passo quando concretiza-se a previsão de Arthur Azevedo, sobre a grande revolução que viria a ocorrer se fundissem o cinematógrafo e o fonógrafo. A previsão só aconteceria em 1929, mais de 20 anos depois da morte do "profeta", quando enfim surge o cinema sonoro. Camus, em *O homem absurdo*, fala da glória do ator, que teria a medida do homem, pois sua arte não será mais conhecida depois de sua morte. Não é mais assim, com o ator de cinema. E não ia parar aí a invasão das técnicas de reprodução no campo das artes cênicas, pois ainda viriam a televisão e seus subprodutos, como o videotape, o DVD e os novos suportes que criam o chamado (com curiosa propriedade) *home-theatre*.

É a partir dessas transformações que se pode entender a mudança do lugar econômico, social e cultural do teatro. Em todos esses campos, o teatro passa a dividir espaço com o cinema (o teatro industrial, um nome que dou para melhor compreensão do fenômeno) e a televisão (o teatro eletrônico). Desta forma, são exemplos do lugar econômico: quando surgiram as primeiras sociedades de arrecadação de direitos autorais do teatro no mundo, ganharam o nome de *grandes direitos*. Até hoje são conhecidos por esse nome, o que agora é quase uma piada, pois são direitos incomparavelmente menores do que os que advêm do cinema e da televisão. Do lugar social: o espaço que os artistas de teatro ocupavam na sociedade — cito Eleonora Duse, Sarah Bernhard, ou os brasileiros Leopoldo Fróes, Dulcina de Morais, Jaime Costa, Procópio Ferreira — são agora ocupados pelas estrelas do cinema (o elenco do cinema americano praticamente inicia a nova globalização) e da televisão. Sobretudo, a sociedade, dispondo de "teatro" em casa e do "grande teatro universal", o cinema, passa a consumir essas novas artes dramáticas, em substituição ao consumo anterior exclusivo de teatro ao vivo. Do lugar cultural: no pensamento e na literatura, as alusões a modelos do teatro (da literatura dramática e da cena) são cada vez mais substituídas por alusões a modelos do cinema (filmes e realizadores), Aristófanes por Chaplin, Bergman no lugar de Eurípedes etc.

Mas em um aspecto o teatro cresceu: sua dimensão artística, o crescimento de sua poética. Pode-se imaginar um paradoxo que estaria na origem da compreensão da arte teatral contemporânea. Quando o teatro é reduzido a parcela (agora são ao menos três as expressões dramáticas, cinema, teleteatro e teatro), ele cresce. Como e por que cresce? O teatro cresce porque, para competir com o cinema, amplia sua poética, desenvolve novas linguagens, é agora capaz de absorver a produção dramatúrgica de todas as eras. E nesse ponto estamos: o teatro hoje é uma arte que perdeu poder econômico, deixou de ter o protagonismo social e cultural de que já gozou e, na outra direção, vive um grande desenvolvimento artístico.

E é justamente essa tensão que pode ser o ponto de partida de todo projeto de uma política para o teatro: uma arte enfraquecida economicamente e com linguagens cada vez mais expressivas.

O teatro, portanto, é dependente de proteções pelas próprias circunstâncias do espaço reduzido que hoje ocupa. E esse não é um fenômeno nacional. Nos Estados Unidos onde o cinema é uma indústria milionária, seu teatro é constituído de empresas sem fins lucrativos (exceção, claro, a Broadway, mas que representa apenas uma pequena parte do teatro norte-americano, nada mais do que alguns quarteirões de uma única cidade). A quase totalidade das companhias teatrais norte-americanas, incluídos grupos de renome internacional, como o Wooster Group, o La Mamma, o Arena Stage, são filiados ao Theatre Comunications Group (TCG), associação que congrega todo o teatro sem fins lucrativos. Suas bilheterias respondem por cerca de 35%, 40% da sua receita. Para cobrir seus custos dependem de outras receitas, apoios de fundações, doações etc. Se é assim no coração do capitalismo, o que dizer do teatro brasileiro?

A partir dessa reflexão sobre o teatro hoje, é possível concluir:

1. É absurda toda tentativa de acabar com as leis de incentivo ao teatro, pois elas representam um avanço e uma conquista, que põem o Brasil na vanguarda dos processos de defesa da criação teatral nacional.
2. A importância ao apoio aos teatros por políticas públicas, pois as mesmas circunstâncias envolvem todas as formas de produção: o apoio a grupos e a produções alternativas e/ou experimentais, o apoio ao teatro fora dos grandes centros de produção etc. Nenhum desses deve ser excludente, também as produções de profissionais consagrados precisam da atenção do Estado (vale destacar que no Brasil atores consagrados fazem teatro de bom repertório e de ousadia cênica).
3. Ao longo dos anos em que essas leis de incentivo têm sido aplicadas na produção teatral brasileira algumas distorções e imperfeições são percebidas; é importante aperfeiçoar tais leis, o que deve ser feito a partir da criação de comissões de estudo formadas por representantes dos vários segmentos interessados.
4. Além do patrocínio para a criação de espetáculos (o fim principal da produção teatral) é preciso criar mecanismos para desenvolver a cultura teatral, através do ensino de artes cênicas, da publicação de livros especializados, da recuperação de teatros, de programas de defesa de patrimônios etc.; e, de forma muito especial, de programas de fortalecimento do binômio educação-cultura.
5. Mesmo com os patrocínios dados por empresas privadas à produção teatral, o Estado não pode se omitir de proteger valores fundamentais do teatro nacional; cito o caso específico da Sociedade Brasileira de Autores Teatrais (Sbat), merecedor de um capítulo especial.

A Sociedade Brasileira de Autores Teatrais foi fundada em 1917, na sede da Associação Brasileira de Imprensa, por autores liderados por Chiquinha Gonzaga, para proteger seus direitos. O primeiro presidente da sociedade foi o escritor e jornalista João do Rio. Muitos expoentes da cultura brasileira a dirigiram: membros da Academia Brasileira de Letras, como Viriato Correa e Raimundo Magalhães Junior, além de grandes nomes da nossa cultura, como Heitor Villa-Lobos, para citar apenas alguns. Ao mesmo tempo que regularizava as relações entre os autores e produtores teatrais, a Sociedade de Autores tornou-se um centro cultural, uma espécie de academia de letras dramáticas. Na sua sede histórica reuniam-se os mais importantes autores teatrais, em seu auditório realizaram-se ciclos de leituras de peças, encontros nacionais e internacionais, palestras, debates. Entre 1924 e 2002, por quase 80 anos, portanto, foi publicada a *Revista da Sbat*, indiscutivelmente a mais importante revista de teatro do Brasil, que editou peças completas em todos os seus números, sendo responsável pela publicação de mais textos teatrais do que qualquer editora nacional. Foram sócios da Sbat, Rachel de Queiroz, Oduvaldo Vianna, pai e filho, Joracy Camargo, Nelson Rodrigues, Plínio Marcos, Dias Gomes, Manuel Bandeira, Gianfrancesco Guarnieri, Carlos Drummond de Andrade, João Bethencourt, Maria Clara Machado e muitos outros grandes escritores brasileiros.

As mudanças estruturais do teatro foram quase fatais para a Sociedade de Autores que hoje vive uma crise monumental. Sem uma diretoria constituída, é conduzida por um Conselho Diretor nomeado em Assembleia Extraordinária e composto por quatro sócios: Millôr Fernandes, Ziraldo Alves Pinto, Alcione Araújo e Aderbal Freire-Filho. A mais antiga e importante associação de artistas brasileiros de teatro, uma das mais antigas da América, um símbolo da cultura nacional, a Sbat depende de uma atenção especial do poder público para sobreviver. Sua congênere Argentores, da Argentina, superou as crises decorrentes das mudanças estruturais do teatro graças a concessões públicas que a fortaleceram. Agora é o momento de o Estado participar ativamente de um processo de salvação da Sociedade de Autores, no quadro da proteção ao teatro brasileiro.

Questões relativas à atividade teatral (visão da Associação dos Produtores de Teatro do Rio de Janeiro)

Ecila Muteznbecher* e Carmen Mello**

---
* Do Colegiado da Associação de Produtores de Teatro do Rio de Janeiro, APTR.
** Do Colegiado da APTR.

O INCENTIVO ÀS atividades culturais nunca foi, no Brasil, um objetivo de governo.

A cultura é geralmente pensada como um conjunto de eventos artísticos, resultado de práticas individuais, constituindo um mero entretenimento, ignorando seu caráter propulsor de conhecimento e reflexão crítica da realidade. Diminui-se, portanto, a possibilidade de amadurecimento estético, crítico e filosófico dos cidadãos, fundamentais para a construção de uma Nação.

Nos últimos anos, no Brasil, é praticamente impossível os produtores teatrais independentes manterem as produções que realizam, utilizando recursos advindos somente das receitas de sua bilheteria. *A grande defasagem entre os custos para realizar uma produção e a receita resultante da venda de ingressos impossibilita a manutenção da atividade teatral sem o apoio financeiro de fontes externas à essa atividade.* Trata-se assim de uma atividade com fraca sustentação econômica e dependente de recursos de terceiros, um produto, cujo custo de produção é, na maioria dos casos, superior àquele obtido pela sua venda.

A principal causa dessa situação é a efetiva diminuição das receitas das bilheterias em função da grande quantidade de *"meias-entradas"*. Além de não *oferecer nenhuma contrapartida financeira*, o poder público obrigou a aceitação, pelas casas de espetáculo, de qualquer tipo de carteira de estudante apresentada para compra de ingresso, pagando a metade do preço estipulado. E, com base no Estatuto do Idoso, estendeu também esse benefício, a todos os cidadãos com mais de 60 anos. Em consequência, são bastante frequentes situações nas quais cerca de 70% a 80% do público paga meia-entrada.

O que sustenta e mobiliza os produtores teatrais, a continuarem suas atividades, são os pequenos pontos:

- A participação nas *licitações* de órgãos públicos e privados, que organizam *editais* para conceder apoio financeiro à espetáculos. Salvo raras exceções, esses editais são de responsabilidade de órgãos públicos, de âmbito municipal, estadual e federal; que variam de acordo com o objetivo e a disponibilidade de recursos de cada instituição promotora.
- A utilização dos recursos provenientes da renúncia fiscal, através da *Lei Rouanet*. Trata-se de um mecanismo muito utilizado pelo setor teatral que permite à empresas destinar 4% de seu imposto de renda a pagar para a realização de espetáculos cênicos. Cabe ao produtor do espetáculo buscar a empresa disposta a conceder-lhe esses recursos, estimulando-a a investir em seu projeto.
- Ações de marketing *de empresas privadas* que, apesar de pouco frequentes, concedem apoio à produção de espetáculos cênicos, não necessariamente inscritos na Lei Rouanet.
- A esperança de alcançar o *boca a boca* do espetáculo que, realizado com poucos recursos, consiga mobilizar um grande público, viabilizando sua sustentação.

Que *medidas* poderiam ser tomadas para incentivar e viabilizar a produção de espetáculos teatrais.

- A *regulamentação da meia-entrada*, de forma a limitar a quantidade de "meias" nos espetáculos, proporcionando, em consequência, o estabelecimento de ingressos com preços mais baixos e mais acessíveis à população em geral.
- A criação de uma *agência pública* de caráter independente, vinculada ao Ministério da Cultura, especificamente voltada para as questões relativas ao fomento e desenvolvimento das atividades teatrais — nos moldes da Agência Nacional do Cinema (Ancine), para o cinema.
- O *bom uso da Lei Rouanet*, entendida como beneficiando em primeiro lugar produtores individuais, não vinculados a órgãos públicos e/ou Associações de Amigos de órgãos públicos, bem como de institutos culturais e/ou ONGs de empresas, que captam seus próprios recursos.
- A *ampliação das verbas* oferecidas nos editais de empresas e órgãos públicos, para viabilizar as produções de espetáculos cênicos em todo o país, estimulando sua circulação e difusão.

- A concessão de *linhas de crédito* com juros e condições financeiras adequadas às características da atividade, para a produção de espetáculos e criação de novos espaços cênicos, por entidades como a Caixa Econômica Federal, e o Banco Nacional de Desenvolvimento Econômico e Social (BNDES).
- O entendimento, pelo poder público, da *importância da atividade cultural*, e de seu efeito catalizador sobre a população, estimulando conceitos de cidadania e educação.
- A ampliação do *orçamento do Ministério da Cultura* — o menor de todos os ministérios — a fim de disponibilizar a elaboração de atividades e espetáculos, culturais, com sua consequente fruição pelo povo brasileiro.

Duas visões da cultura brasileira (e proposta para o teatro brasileiro da Cooperativa Paulista de Teatro)

*Ney Piacentini**

---
* Presidente da Cooperativa Paulista de Teatro.

HOJE, NO BRASIL, existem duas visões de produção da atividade cultural: o interesse público e o interesse privado. A primeira reivindica o papel do Estado como protagonista do fomento à produção cultural, segundo a Constituição Brasileira e a Declaração Universal dos Direitos Humanos, seguindo o interesse público de promover a cidadania. A segunda vê a cultura como indústria ou negócio, porém com os auspícios do Estado. A princípio, as duas tendências seriam equilibradas por um duplo mecanismo: o fundo público e a renúncia fiscal (como consta na Lei Rouanet). Todavia, até o momento, somente a renúncia fiscal conquista espaço, enquanto o fundo público, além de minguado, é uma incógnita no que diz respeito à sua gestão e destinação. Segundo dados do Ministério da Cultura, por exemplo, em 2007, foram utilizados cerca de R$ 1,2 bilhão pela renúncia fiscal, sendo o orçamento do ministério de cerca de R$ 400 milhões. Isso significa que o mercado cultural está aquecido e as atividades culturais de interesse público patinam para sobreviver.

Do meu ponto de vista, em uma social-democracia de economia aberta, não se pode restringir a atividade cultural com fins lucrativos, porém não é obrigação do Estado arcar com o risco deste recorte setorial. No modelo atual, no qual prevalece a renúncia fiscal, quase todos os recursos necessários para a produção cultural proveem dos impostos pagos pelos brasileiros, pessoas físicas e jurídicas, que arcam com os custos materiais e humanos, enviando o excedente (o lucro), depois de tudo pago, para o bolso do proponente. Não há risco, neste tipo de operação para o empreendedor cultural. Valores como a livre iniciativa, a competitividade e a competência mercadológica, cultuados pelos defensores do capital, não surgem neste debate. Se é permitido o lucro e a acumulação, que o façam com recursos próprios; e não com o erário público ou — ao menos, como querem alguns — que haja divisão na fonte de recursos. O sistema praticado na América meridional é o que pode se chamar de "capitalismo de Estado".

O receio do dito mercado em relação ao fundo público para a cultura é o temor do dirigismo cultural, como se, em o Estado gerindo diretamente os recursos para a cultura somente produções estéticas, sociofilosóficas de interesse do governo de plantão seriam levadas a cabo. Este temor infundado desaparece na medida em que a sociedade possa acionar sistemas paritários, pluralistas, transparentes e democráticos para a escolha pública de projetos, incluindo a participação dos governos, academia, sociedade e demais organismos representativos do setor.

Uma experiência concreta é desenvolvida na maior metrópole da América do Sul, o Programa Municipal de Fomento ao Teatro para a cidade de São Paulo, Lei 13.279. Mas no município de São Paulo, já existe uma lei de renúncia fiscal para aplicação na cultura pelo ISS e IPTU. A prefeitura habilita o projeto e o empreendedor busca empresas para colocar divisas em seus projetos. Em sua maioria, os produtores devem passar pelos diretores de marketing que avaliam o retorno econômico do seu suposto patrocínio. Por outro lado, o Programa de Fomento, documentado em livro pela Cooperativa Paulista de Teatro, cujos pilares são o processo continuado de trabalho e a contrapartida social, possui liberdade para pesquisar, produzir e difundir seus projetos, desde que em consonância com suas comunidades, analisados por uma comissão mista, entre governo e sociedade, de seleção pública de projetos. Nos últimos anos, o que assistimos é um avanço da cidadania cultural na cidade de São Paulo, com resultados bem mais promissores, em relação à renúncia municipal.

PROPOSTA DA COOPERATIVA PAULISTA DE TEATRO PARA O FÓRUM

5-12-2008

O teatro mata a fome da cabeça.
PAULO ARANTES

A Cooperativa Paulista de Teatro, fundada em 1979, que hoje possui mais de quatro mil sócios e cerca de mil companhias teatrais afiliadas, é uma das mais ativas sociedades de artes cênicas do país.

Tem como eixo central o interesse público na cultura, tributária da Declaração dos Direitos do Homem a da Constituição brasileira, defensoras do acesso à cultura como direito de cidadania. Desta maneira, nossa agremiação é contrária aos interesses privados na área cultural, contrária a auferição de lucro e o acúmulo de capital por identificar na cultura a mesma importância que há na saúde, educação, moradia e transporte, como elementos básicos para a dignidade humana, promotoras de valores ligados à solidariedade e humanização das relações sociais.

Por esta razão, é importante haver propostas concretas para o teatro nacional. Agregados no movimento Arte Contra a Barbárie, surgido na cidade de São Paulo na década de 1990, promovemos à categoria de Lei o Programa Municipal de Fomento ao Teatro para a cidade de São Paulo, experiência cujos resultados estão expostos no livro *A luta dos grupos teatrais de São Paulo por políticas públicas para a cultura*.

PROPOSTAS PARA O TEATRO BRASILEIRO

Conceitos

1. Teatro como instrumento de cidadania.
2. Teatro como elemento de transformação social.
3. Teatro como fruição estética.

Diretrizes

1. Promover o acesso da população ao teatro qualificado.
2. Democratizar a produção e a difusão teatral brasileira.
3. Descentralizar a cadeia do teatro nacional.
4. Interfaciar teatro e educação.
5. Realizar o congresso brasileiro de teatro, reunindo todas as formas de manifestação teatral do país — popular, de rua, de animação, de bonecos, experimental, infanto-juvenil, de sala, comercial etc.

Cadeia teatral

1. Formação.
2. Fomento à produção.
3. Difusão da produção teatral.
4. Divulgação.
5. Memória.

AÇÕES DE CURTO PRAZO

1. Formação

    - Formatar e executar projetos de formação de plateias nos níveis de ensino fundamental, médio e superior.

2. Fomento à produção

    - Instaurar, via projeto de lei, o programa nacional de fomento ao teatro, proposto pela câmara setorial de teatro e movimento redemoinho.

3. Difusão da produção teatral

- Formatar e executar o circuito teatral brasileiro, incluindo com as mostras, encontros e festivais por todo o país criando sinergia com os referidos calendários.

4. Divulgação

- Criar um sistema eficaz de comunicação pública das atividades teatrais, que de fato chegue às camadas menos favorecidas da população, em ordem decrescente: espetáculos, mostras e festivais, encontros sobre teatro, oficinas e cursos livres, faculdades públicas de teatro, especializações nacionais e internacionais.

5. Memória

- Estudar o sistema de memória da Fundação Nacional de Artes (Funarte) e do centro cultural São Paulo, como modelo para um projeto memorial nacional.

AÇÕES DE MÉDIO PRAZO

1. Formação

- Introduzir o ensino de literatura dramática dentro da língua portuguesa do ensino médio.
- Realizar o congresso de escolas de teatrais do país.
- Articular a rede de teatro vocacional já existente no país.

2. Fomento à produção

- Criar um sistema de pesquisa para medir quantitativa e qualitativamente a produção teatral nacional.

3. Difusão

- Fomentar os atuais festivais internacionais de teatro no país e a criação de novos projetos internacionais a serem desenvolvidos no Brasil.

4. Divulgação

- Aperfeiçoar, junto aos meios de comunicação, a melhoria da divulgação das atividades teatrais em todo o país.
- Mapear as publicações sobre teatro no país e estudar a forma de fomentar a melhoria das existentes e o surgimento de novas publicações.

5. Memória

- Promover um levantamento das instituições cujos acervos tratam sobre o teatro nacional com vistas ao seu aperfeiçoamento e melhoria tanto de instalações físicas, conteudísticas e de acesso.

AÇÕES DE LONGO PRAZO

1. Formação

- Instituir a prática de jogos teatrais no ensino fundamental.
- Repensar a formação do instrutor em artes cênicas do Brasil, desde uma avaliação da licenciatura em artes cênicas.

2. Fomento à produção

- Promover o intercâmbio entre as expressões teatrais em encontros sistematizados para o enriquecimento teórico, estético e prático do teatro brasileiro.
- Traçar diretrizes e ações a partir do mapeamento estatístico do teatro brasileiro.

3. Difusão da produção teatral

   - Promover o teatro brasileiro no exterior através de mostras, seminários e publicações, inicialmente pela América Latina, e posteriormente América do Norte, África, Europa, Ásia e Oceania.

4. Divulgação

   - Promover a assessoria de comunicação para o aperfeiçoamento da divulgação das atividades teatrais em cada região do país, de acordo com as realidades locais.

5. Memória

   - Criar o memorial do teatro brasileiro, com sedes regionais e sede central em Brasília.

Análise do setor teatral (visão da Associação dos Produtores Teatrais Independentes, São Paulo)

Udilon Wagner

> A civilização passa por uma crise que vai exigir reorientação no seu projeto de desenvolvimento. Entre outros problemas, percebe-se: a luta cultural entre civilizações; a escassez de recursos naturais; o risco concreto do aquecimento global; o aumento na brecha de desigualdade social entre populações incluídas e populações excluídas, não importa o país onde vivam; a falta de ideologias norteadoras; a dificuldade de definir os limites na soberania de cada nação e os limites da globalização sobre elas; as consequências das migrações de massa; o desemprego permanente entre jovens e velhos. A alternativa não virá de revolução política, ou das agendas presas à economia, mas de um grande debate de ideias e de propostas.
>
> Cristóvam Buarque

ENTENDEMOS QUE SOMENTE através das artes, da educação e da cultura, seremos capazes de enfrentar os desafios deste começo dos século XXI.

Independente de suas funções sociais, de debates de ideias, de suas conexões com a educação, como agente na formação da identidade cultural do cidadão, a atividade teatral no Brasil é produtiva e geradora de empregos e renda. Mas historicamente, em nosso país, o teatro é visto como uma atividade secundária, sem importância na cadeia do desenvolvimento da cidadania.

A escola ensina a ler, o teatro ensina a entender o que é lido.

LEI ROUANET

A Lei Rouanet é atualmente uma das molas propulsoras da cultura no pais, responsável pelo aumento da produção cultural desde o governo Collor.

É uma lei de incentivos fiscais criada para trazer desenvolvimento a um setor essencial do ponto de vista do governo. Apesar de muito debatida e da grande visibilidade do setor artístico, que carrega o ônus de ser o maior captador dos recursos disponíveis, estamos em penúltimo lugar na lista das atividades que se utilizam de leis de incentivo, perdendo somente para o esporte, cuja criação de lei específica possui apenas um ano. Não existe a percepção, pela sociedade civil, que outros setores também recebem incentivos, como os taxistas, a indústria de televisores etc.

A Lei Rouanet nunca foi implantada adequadamente e por isso, hoje sofre suas consequências. Se faz necessário um reajuste e modernização de seus mecanismos, mas na avaliação geral, seus resultados são infinitamente mais positivos do que negativos, e essa não é a visão que o Ministério da Cultura (MinC), o gestor da lei, passa para a sociedade civil.

Portanto, segue-se uma rápida análise sobre a Lei Rouanet, que foi criada com três mecanismos de atuação:

- Mecenato: Voltado para a política de marketing das empresas, incentivando sua participação na produção cultural do país. Evidentemente, as empresas investem em locais onde tem representação institucional ou onde seus produtos são comercializados. São 4% de seu imposto de renda devido, que pode ser deslocado para aplicação em projetos culturais.
- Fundo de Investimento Cultural e Artístico (Ficart): Um mecanismo mais complexo, que autoriza a constituição de fundos de investimento, voltado para grandes espetáculos, orquestras, shows internacionais, construção e preservação de bens culturais etc. *Nunca foi colocado em atividade.*
- Fundo Nacional da Cultura (FNC), gerido pelo MinC e criado para corrigir as possíveis distorções causadas os outros mecanismos. Tem como objetivo levar, através de editais, recursos para regiões mais carentes e desprovidas de produção cultural, valorizar as atividades culturais de raiz etc.

Quase todas as atividades da Lei Rouanet concentram-se em apenas um mecanismo, o Mecenato, visto que o Ficart nunca entrou em atividade e o FNC tem sua gestão comprometida — nunca conseguiu, com clareza, demonstrar à sociedade os efeitos de sua utilização.

Além disso, não houve processo de educação empresarial, por parte do governo, a fim de incentivar a utilização dos benefícios da lei. A grande maioria das empresas não utiliza esse recurso fundamental para estimular a produção cultural brasileira. O próprio Estado é o maior concorrente da iniciativa privada, transformando-se no maior captador de recursos da Lei Rouanet e assim ferindo, ao nosso entender, à ética concorrencial.

Deste modo, os recursos disponíveis para captação nunca são integralmente utilizados, havendo uma subutilização dos benefícios da lei.

SETOR PRODUTIVO

O teatro é um setor produtivo que gera emprego e renda, conhecimento e bem-estar e tem suas conexões a educação e o turismo. É uma atividade artesanal em seu processo criativo, mas industrial em sua produção.

A indústria do entretenimento, em que o teatro se abriga, resguardada suas funções sociais e culturais, emprega mais que o setor automobilístico, são 53% mais postos de trabalho, segundo pesquisa realizada pela Fundação João Pinheiro, em 1998. Emprega mais que o dobro da indústria eletroeletrônica (*Gazeta Mercantil*, 1998), além de remunerar melhor. Hoje, com a mecanização das indústrias, esse número deve ser bem maior. Todavia, o governo, a sociedade civil e até mesmo parte do setor cultural não enxergam dessa forma. Como exemplo, citamos a meia-entrada cobrada nas bilheterias de nossos teatros.

A prática da meia-entrada é antiga no Brasil, iniciando-se nos anos 1950/1960 não por força de lei, e sim em ação promocional dos produtores culturais como política de incentivo.

Nos anos 1990, começam a surgir as leis regionais (estaduais e municipais) dando o direito à meia-entrada aos estudantes sem, contudo, contemplar a fonte pagadora do subsídio, transferindo o ônus da política pública aos artistas, produtores, e especialmente ao cidadão comum, já que para cobrir o benefício de alguns, houve aumento proporcional nos preços dos ingressos da inteira.

A falsificação de carteirinhas estudantis tornou-se uma prática comum e aceita pela sociedade, contribuindo para aumentar as distorções nos preços.

Com a desordem, os espetáculos atingiram 80% ou mais de meia-entrada; o que na aparência seria um benefício deixou de existir: a meia teve o preço dobrado, e a inteira se tornou inviável ao poder aquisitivo do cidadão comum.

O Estatuto do Idoso incorporou mais um contingente entre os beneficiários assim como algumas leis regionais, expandindo o desconto para doadores de sangue, professores e outras categorias, novamente sem que o Estado arque com os custos desta política pública.

Tudo isso impede a profissionalização do setor e afasta possíveis investidores, que se sentem inseguros, em um mercado tão desregularizado.

FUTURO

Mas, temos que nos preparar para o futuro. A medida que o país se desenvolve, aumentando suas riquezas, a população aumenta sua renda e ganha qualidade de vida, gerando aumento do consumo de atividades turísticas e culturais.

Um estudo de 2006, da PriceWaterhouse Coopers, indicou que a receita da indústria do entretenimento até 2011, entre os países do BRIC (Brasil, Rússia, Índia e China), será de US$ 2 trilhões. Mas qual será a parte do Brasil?

PROPOSTAS

1. Aumento do orçamento da pasta da Cultura

A cultura tem o último orçamento da União, não atinge sequer a 1% do orçamento geral. A proposta mínima aceitável é de 2%.

2. Lei Geral do Teatro

Atualmente em tramitação no Senado Federal, essa lei criará a Secretaria Nacional do Teatro, primeiro passo para a Agência Nacional do Teatro, como no caso do cinema (Ancine). A gestão dessa secretaria será feita por profissionais do setor, visando políticas de longo prazo, que não sejam manipuladas por interesses políticos. Assim esperamos a realização de uma política de Estado, e não de governo. Essa Lei mantém os benefícios da Lei Rouanet e amplia mecanismos de investimentos.

3. PROFISSIONALIZAÇÃO DO SETOR

É preciso treinar e preparar os profissionais do nosso setor, para estarem aptos aos desafios que virão, no que diz respeito a administração, planejamento e gestão de projetos. Essas áreas estão muito defasadas em relação a qualidade da produção do produto teatral, considerando artistas e técnicos.

4. NOVAS LINHAS DE CRÉDITO

Criação de novas linhas de crédito junto a Caixa Econômica Federal, Banco Nacional de Desenvolvimento Econômico e Social (BNDES), Banco do Brasil, com prazos e custos compatíveis com a indústria teatral, para se diminuir a dependência do Estado.

5. REGULAMENTAÇÃO DA LEI DA MEIA-ENTRADA

Pretende-se limitar a quantidade de meia-entrada nos espetáculos, proporcionando, em consequência, o estabelecimento de ingressos com preços mais baixos e mais acessíveis à população em geral, atraindo assim o interesse de possíveis investidores.

6. REGULARIZAÇÃO INTEGRAL DA LEI ROUANET

As regras de utilização da lei devem ser reestabelecidas, impedindo a concorrência do Estado, via associações de amigos de órgãos públicos. Regularização dos três mecanismos da lei com transparência e diálogo com a sociedade.

GT DE APOIO À INDÚSTRIA DO LIVRO

O apoio à indústria do livro

Rosely Boschini, Sergio Windholz**, Marcílio Pousada***,
Samuel Seibel****, Sônia Jardim*****,
Marcus Gasparian******, Rui Campos*******
e Roberto Feith*********

---

* Câmara Brasileira do Livro, ** Companhia das Letras, *** Livraria Saraiva, **** Livraria da Vila, ***** Sindicato Nacional dos Editores de Livros, ****** Livraria Argumento e Editora Paz & Terra, ******* Livraria da Travessa, ******** Editora Objetiva.

OBJETIVO GERAL

CONSIDERANDO QUE UM mesmo livro pode ser lido por várias pessoas, as bibliotecas representam a alternativa mais barata e mais abrangente para a democratização do acesso ao livro e promoção da leitura. Nesse contexto, é preciso garantir recursos públicos para a construção de novas bibliotecas públicas, reforma das já existentes, investimentos na estrutura física e tecnológica das bibliotecas. E também a aquisição de livros, contratação de bibliotecários e programas de treinamento para esses profissionais.

OBJETIVOS ESPECÍFICOS

1. AUMENTAR O NÚMERO DE BIBLIOTECAS PÚBLICAS

A oferta de um número maior de bibliotecas ou de títulos disponíveis para a população deve estar associada a estratégias para atrair o público para as bibliotecas. É premente investir na qualidade de atendimento, dos profissionais, dos serviços prestados e do projeto arquitetônico. São fatores fundamentais para que o usuário possa se sentir bem naquele espaço e, mais que isso, deve ser um local onde o leitor tenha uma experiência prazerosa com o livro, com o conhecimento e a cultura.

Implantar o conceito de biblioteca para todas as idades e com finalidades diversas, significa, em outras palavras, que a biblioteca deve ser um espaço social, um ponto de encontro, com atividades culturais para crianças, jovens e adultos, computadores com acesso à internet via rede ou sem fio (permitindo que as pessoas levem seus laptops) e salas de reunião para palestras, aulas ou estudo, entre outras atividades.

2. Atualização do acervo das bibliotecas existentes

Como ocorre em qualquer área, as bibliotecas também devem acompanhar a constante evolução do conhecimento, em todos os campos de estudo. Para atrair o público e estimular sua frequência, é preciso haver novidades. Deste modo, é fundamental investir na renovação do acervo das bibliotecas, tornando os livros e outros materiais de pesquisa disponíveis para o estudante e o autodidata.

Além disso, é preciso apoiar campanhas de alfabetização, fornecer livros adequados aos novos leitores e implantar o conceito de que a biblioteca é depositária do acervo da inteligência e da história de sua comunidade, da região, do Brasil e, mesmo, do mundo.

3. Dobrar de imediato o acervo das bibliotecas existentes

Em 2007, o governo comprou cerca de 129 milhões de livros, dos quais apenas seis milhões de exemplares foram destinados a bibliotecas. Torna-se mais que necessária, portanto, a ampliação significativa do acervo, principalmente nas bibliotecas públicas, que são utilizadas pela população em geral. É preciso avaliar o que já existe, definir — recuperar e ampliar — e comprar o acervo, em um planejamento de curto (imediato), médio e longo prazos.

Hoje, são três os tipos básicos de biblioteca no Brasil, e em todas são necessários investimentos consideráveis para mudar o cenário atual:

- Escolares — há um programa razoavelmente estruturado. Para essas bibliotecas, seria necessário aumentar os recursos, treinar bibliotecários e transformar a biblioteca em um espaço valorizado pelo público.
- Universitárias — não há um programa regular, mas deveria existir, para ajudar a resolver o problema da fotocópia nas universidades.
- Públicas — são controladas pelo Ministério da Cultura (MinC), com compras irregulares nos últimos anos, e em valores muito baixos, longe de um projeto estruturado que atraia o público.

4. Incentivo à compra de livros regionais por meio de editoras e livrarias locais

Criar uma identidade entre o acervo disponível e o usuário é fundamental para incentivar o hábito da leitura e do uso frequente da biblioteca. O usuário que não se identifica com o espaço e com o conteúdo dos livros disponíveis dificilmente será um frequentador da biblioteca local.

5. Investimento em capacitação dos bibliotecários (22 mil no país) para atuarem como mediadores no desenvolvimento do leitor e da leitura

Investir na qualidade de atendimento, dos profissionais e dos serviços prestados, por meio de programas de formação e reciclagem profissional.

6. Investimento na formação/atualização de professores

O governo já ultrapassou o desafio da inclusão da criança na escola. O novo desafio é melhorar o nível da qualidade da educação e alcançar índices satisfatórios. Para tal é fundamental investir na formação e reciclagem profissional dos professores. Com o conhecimento das dificuldades financeiras que estes profissionais possuem, com salários defasados, é necessário que o governo forneça os meios para tal, inclusive livros para a biblioteca do professor. Há duas alternativas para isto: um programa centralizado de compra de um acervo básico de livros ou um programa descentralizado, em que a escolha seria realizada individualmente pelo professor nas livrarias, de acordo com suas necessidades específicas. A operacionalização disto poderia ser feita através de um vale-livro, nos moldes do vale-transporte ou vale-refeição.

7. Respeito ao direito autoral para o estímulo à criação intelectual e a disseminação do conhecimento no país

Os livros são meios de circulação do conhecimento e como tal devem ser valorizados. A indústria editorial se respalda no respeito ao direito autoral, assim é de fundamental importância o combate, com o apoio do governo, às cópias ilegais, particularmente nas centrais de fotocópias nas universidades e nos sites que permitem *download* sem pagamento de direitos autorais, para que não ocorra com a indústria editorial o mesmo fenômeno dos CDs e DVDs.

8. Maneiras de fortalecer o mercado varejista do livro

Possuímos poucas livrarias no Brasil, a maior parte centralizada nos grandes centros, funcionando como verdadeiros polos culturais. Devemos buscar alternativas de financiamento e de fortalecimento do mercado varejista do livro, inclusive analisando experiências de iniciativas de sucesso em outros países.

JUSTIFICATIVAS

- O livro e a leitura representam o direito à cidadania e consolidam o senso de pertencimento à sociedade — inclusão social —, além de melhoria na qualidade de mão de obra e aprimoramento profissional e cultural das pessoas.
- Dados do Indicador de Analfabetismo Funcional (INAF) 2007 revelam que, no Brasil, 7% da população de 15 a 64 anos são analfabetos absolutos e 32% de analfabetos funcionais.
- Segundo a pesquisa Retratos da Leitura no Brasil (2007), a mãe é quem mais influencia o gosto pela leitura (49%). Em seguida o professor, com 33%, e o pai, com 30%. Ou seja, a família representa quase 80% no processo de formação de um leitor.
- O dado de que o brasileiro compra apenas 1,1 livro por ano é outro indicativo de que o acesso ao livro por meio de bibliotecas e o incentivo às livrarias são fatores cruciais para a promoção da leitura.
- O número de livros lidos durante o período escolar é de 3,4 habitantes/ano, enquanto que, fora da escola, o índice de leitura cai para 1,3 habitante/ano. Esses dados da pesquisa Retratos da Leitura no Brasil demonstram que a biblioteca tem papel fundamental na promoção da leitura, uma vez que o índice é maior onde há espaço para ler (no caso a escola) e menor onde não existem bibliotecas (fora da escola). Cabe ao poder público, portanto, promover o acesso valorizando e investin-

do nas bibliotecas e em mão de obra especializada, no caso, os bibliotecários, conscientizando-os ainda da relevância de sua atuação como mediadores entre o livro e o leitor.

- No Brasil, 3 em cada 4 pessoas não frequentam bibliotecas e 33% da população não sabe se existe ou afirmam não existir uma biblioteca na sua comunidade.
- Segundo o Instituto Brasileiro de Geografia e Estatística (IBGE), existe cerca de 4,8 mil bibliotecas públicas no Brasil, o que significa que mais de mil municípios brasileiros não contam com o serviço.
- No Brasil existe uma biblioteca para cada 35 mil habitantes, enquanto na França a proporção é de uma biblioteca pública para cada grupo de 2,5 mil pessoas.
- Projeções de entidades ligadas ao setor indicam que o país precisaria de pelo menos 15 mil novas bibliotecas.
- Associado ao baixo número de bibliotecas no país, as livrarias, que são consideradas outro espaço de leitura para a população, também estão longe de uma quantidade satisfatória para atender a demanda da população. Para se ter um panorama dessa situação no Brasil, somente na cidade de Buenos Aires há mais livrarias que em todo o território brasileiro.
- Além de o número de livrarias ser baixo no Brasil, existe uma forte concentração em alguns estados. Segundo o Anuário Nacional de Livrarias 2008, há 2.767 livrarias no Brasil, sendo 53% delas concentradas nos estados de São Paulo e Rio de Janeiro. As regiões Norte e Centro-Oeste representam, respectivamente, 5% e 4% do total de livrarias no país. Isso reforça ainda mais a tese de que é preciso criar novas bibliotecas e pontos de aquisição de livros para a população.

GT DE APOIO À MÚSICA (MPB E MÚSICA CLÁSSICA)

Apoio à música: pontos importantes

Carlos "KK" Mamoni Júnior*

* Presidente da Associação Brasileira dos Empresários Artísticos, Abeart.

NA OPINIÃO DA Associação Brasileira dos Empresários Artísticos (Abeart), os pontos importantes a serem abordados pelo GT da Música durante a edição extraordinária do Fórum Nacional são:

1. Regulamentação da profissão

Na área cultural, a música gera números extremamente expressivos e relevantes para o mercado de trabalho do Brasil, porém, continua como uma das únicas forças de trabalho cujos profissionais não são regulamentados como profissões oficialmente definidas, ou seja, com classificação do tipo de serviço regulamentado pela CLT, trazendo com isso, insegurança e informalidade. Assim, é necessário, um grande estudo junto aos profissionais da música, artistas, empresas prestadoras de serviço etc., para que possamos definir as categorias e as qualificações para sua organização perante os órgãos competentes do nosso país.

2. Meia-entrada

Hoje ainda há problemas para se definir o que seja a "meia-entrada" e a quem cabe este benefício. Mas após anos de discussão sobre o tema, estamos próximos de um acordo que possa normatizar essa situação em relação ao mercado cultural brasileiro. Tramita no Senado Federal um projeto que propõe a criação de um Conselho Plural, formado pelas principais entidades geradoras de cultura do cenário nacional, como teatro, cinema, música, produtores culturais, empresários artísticos, artistas, casas de espetáculos, além dos estudantes, UNE e Ubes, e do próprio governo, atuando como regulador e mediador. Este

Conselho autorizará a emissão das carteiras de estudante oficiais, feitas em papel especial pela Casa da Moeda, além da definição de um parâmetro para a concessão do benefício (estipulado após estudos e discussões) em 40% para todo e qualquer espetáculo ou evento realizado com venda de ingressos no território nacional. Dessa forma, torna-se viável o cálculo do preço do *ticket* médio de cada evento e assim viabiliza-se finalmente a redução do preço do ingresso para a população em geral e também para os estudantes — pois no cenário atual do mercado, os estudantes pagam o valor inteiro do ingresso e os cidadãos comuns, o dobro.

3. Isenção de impostos

Toda a cadeia produtiva da música e, em especial, os produtores culturais, que produzem seus próprios espetáculos e/ou shows, empregam centenas de pessoas, contudo, não recebem nenhum tipo de incentivo ou desconto em relação à carga tributária aplicada no Brasil, como, os livros que são isentos do ICMS. Além disso, os produtores culturais também podem oferecer descontos especiais de meia-entrada a estudantes e idosos e, em alguns casos, outras profissões como professores, sem que exista uma contrapartida por parte do governo federal. Portanto, solicitamos uma discussão ampla que aborde o tema Isenção Fiscal para os produtores culturais (teatro, música etc.).

4. Turismo cultural

Vários aspectos dos projetos culturais são abordados em inúmeras discussões, todavia, é comum deixar de lado a cultura quando se trata de Turismo. A cultura também é um grande gerador de conteúdo para o incentivo ao turismo, criando atrações diferenciadas para cada cidade, como complemento ou como atrativo principal para o fechamento de uma viagem. Em pesquisas realizadas, a música foi escolhida pelo brasileiro como a "paixão nacional" com percentagem superior a alcançada pelo futebol, tido até agora como a grande paixão do brasileiro.

Como cultura nacional, a música ainda representa um grande ativo para o próprio brasileiro e para a exportação, além de ser um instrumento de difusão de nossa cultura em outros países.

Música e políticas públicas
Luiz Fernando Benedini*

---
* Diretor-executivo da Orquestra Sinfônica Brasileira, OSB.

CONSIDERAÇÕES PRELIMINARES

AGENTES DA CULTURA, governantes e financiadores não distinguem ou, simplesmente, confundem, dois aspectos inerentes à questão cultural: um de ordem antropológica e outro de ordem sociológica.

O aspecto antropológico supõe a dinâmica do grupo humano e a constituição de suas identidades, dele decorrendo as diferentes e necessárias trocas simbólicas entre os indivíduos.

O aspecto sociológico trata da trama das relações sociais e os apelos institucionais, dele decorrendo a maioria das políticas de governo e as diretas demandas do setor.

Por suas características, o aspecto antropológico tende a permanecer mais abstrato, não obstante, nele se origina a formação do gosto pessoal, um processo que ocorre menos no âmbito da escolaridade formal e mais na possibilidade de exposição do indivíduo às manifestações da cultura, sobretudo na infância e na adolescência.

Cabe ressaltar que a insuficiência da referida formação do juízo de gosto leva ao que se pode chamar de "exclusão cultural", distinta das reconhecidas formas de exclusão social, pois também atinge indivíduos pertencentes a segmentos havidos como privilegiados no concernente às condições econômicas. Por esta razão, a cultura é uma responsabilidade de cunho transversal em qualquer governo, e não apenas da área específica.

Em contrapartida, o aspecto sociológico tende a demonstrar-se mais pragmático, caracterizado pelo circuito organizacional de produção, distribuição e circulação no chamado meio cultural, bem como pelas interações do setor de criação artística com outros setores da produção social.

O predomínio da noção de mercado e sua ênfase ideológica e comportamental no consumo que norteia o capitalismo contemporâneo criam nas relações surgidas entre os setores, uma hegemonia de patrocinadores sobre os patrocinados, segundo a recorrente inversão que leva à formulação de projetos conforme os interesses de empresas, e não conforme o de criadores ou produtores artístico-culturais.

Portanto, o aspecto antropológico, se empobrecido, pode implicar no esvaziamento da própria demanda de consumo dos bens culturais em seus diferentes segmentos populacionais, enquanto o aspecto sociológico, se hipertrofiado, tende a acarretar o atendimento de interesses circunstanciais que nem sempre correspondem aos dos próprios agentes do setor.

NECESSIDADES E DEMANDAS

A cultura, considerada como uma área de gestão política e como outras dimensões da organização social, possui tanto necessidades — faltas essenciais que, em caráter material ou imaterial, instituem a condição humana — quanto demandas — manifestações explícitas do que aparentemente percebe-se como algo necessário.

Não raramente, algumas necessidades, embora fundamentais, sequer são formuladas como demandas, enquanto outras, apesar da intensidade de seus apelos, nem sempre correspondem a necessidades efetivas, demonstrando-se, assim, sua vacuidade ou mera circunstancialidade no contexto do consumismo.

Não por acaso, o acesso ou o próprio perfil dos bens culturais tende a restringir-se nos tempos atuais ao efêmero e à redundância, como características de formas de exclusão ocorrentes em âmbitos ora econômicos, ora culturais, ou em ambos. Isto decorre do empobrecimento da formação do gosto e ao alargamento da massificação, malgrado a riqueza de trocas simbólicas inerentes à condição humana.

POLÍTICAS PÚBLICAS

Se, em tese, políticas públicas são atributos do Estado, elas se constituem, em efetivo, como premissas de governos. A partir desse ponto, evidencia-se a delicadeza da questão no caso brasileiro, em que circunstâncias históricas produziram, junto ao senso comum, fusões e confusões recorrentes a respeito de tais instâncias. Da mesma forma, a noção de governo, não raro, se embaraça com a dos atores políticos ali investidos ou é por estes pretensamente apropriada.

No âmbito da cultura brasileira, é inevitável a indagação — intensificada nas últimas duas décadas —, sobre o papel das políticas públicas na produção cultural, que inclui todo um universo de expressões e de manifestações advindas de diferentes saberes ou consolidadas em fazeres diversos, reconhecíveis ambos como formadores de especificidades ou de identidades antropológicas presentes no país.

Ao mesmo tempo, surge um questionamento quanto à função e à responsabilidade do Estado em suas distintas instâncias no que tange às práticas culturais e às condições de sua apropriação pela população em geral. Isso determina posturas setoriais cujas demandas são apresentadas aos governos de forma pouco sistemática ou até sem conexão com as de outros setores também envolvidos, porém menos organizados, gerando controvérsias e contradições que tendem a inviabilizar as disposições sugeridas.

Como em quaisquer políticas públicas, uma política cultural deve supor a capacidade de seus gestores de identificar e de antecipar problemas, bem como de prever e de formular procedimentos de solução.

Entretanto, como toda política deve corresponder a um planejamento, a base deste precisa ser um levantamento quantitativo e qualitativo da produção, da distribuição e do consumo de bens culturais entre os diferentes segmentos sociais, dados que, em geral, no Brasil inexistem ou são imprecisos. Quando disponíveis, pouco correspondem a realidade da sociedade civil e mais ao que é referencial à lógica de mercado.

A rigor, no caso do Estado brasileiro, uma sinopse histórica demonstra que a cultura, do ponto de vista prático e efetivo, independente de quaisquer juízos quanto à pertinência ou impropriedade do estabelecido, apenas foi objeto de maior atenção no primeiro governo Vargas (1930-1945), em algumas fases da ditadura militar — em específico em parte das gestões Médici (1969-1974) e Geisel (1974-1979) — e no período inicial do governo Sarney (1985-1990), seguindo-se um grande esvaziamento no governo Collor (1990-1992), com pequena recuperação no governo Itamar Franco (1992-1995) e pouco tanto nos governos Fernando Henrique Cardoso (1995-2002) quanto nos governos de Luiz Inácio Lula da Silva.

Em análise mais exaustiva, seria oportuno demonstrar porque políticas públicas são ações de caráter intencional que decorrem de demandas apresentadas ou que visam ao atendimento de necessidades detectadas, implicando objetivos e viabilizando, em geral, a determinação de metas, evidenciando o seu caráter conjuntural.

FINANCIAMENTO DA PRODUÇÃO CULTURAL

O financiamento é apenas um dos mecanismos de consecução de políticas públicas, que a ele não se limitam e, por conseguinte, exigem correspondências educacionais, assistenciais, administrativas e comerciais.

Nos últimos 20 anos, ocorreu uma clara restrição da participação do Estado no fomento das atividades culturais do país nas esferas federal, estadual e municipal, apesar da predominância de investimentos no setor mediante recursos decorrentes de benefícios propiciados pelas leis de incentivo, cuja base está na renúncia fiscal.

É da natureza e da intenção das próprias leis de incentivo a permissão de que o setor privado possa decidir e definir em que produtos, eventos ou manifestações aqueles recursos serão investidos, cabendo às instâncias governamentais avaliar e acompanhar as respectivas prestações de contas apresentadas pelos beneficiários.

Tal legislação, aliás, é um artifício que, no Brasil, surgida como fator de aperfeiçoamento e de multiplicidade, foi transformada em regra hegemônica, causando a absoluta redução orçamentária estatal — em todas as instâncias — para o setor da cultura. Todavia pela essência da legislação de incentivo, as políticas culturais em cada uma das instâncias de administração necessitam ser contrapostas e, por sua abrangência, a cultura deve ser uma responsabilidade transversal de governo, e não apenas da área específica.

O SETOR MUSICAL

A cadeia produtiva da música, a exemplo de outros campos da produção social, implica três vertentes de observação, conforme sejam as questões referentes: aos agentes, aos meios ou aos efetivos produtos. Decorre daí a noção de patrimônio, enquanto conjunto maior de bens culturais, que extrapola o âmbito das manifestações e implica também as condições e as relações.

São agentes do setor cultural e, em particular, da área da música, aqueles cujas atividades que, direta ou indiretamente, envolvem instrumentistas, cantores, regentes, compositores e arranjadores, além de técnicos, produtores, artesãos, editores, fabricantes, reparadores e até mesmo comerciantes. Isto demonstra a necessidade de serem estabelecidas políticas específicas nas áreas trabalhista, educacional, comercial e também financeira.

Os meios da área da música são todos os insumos e espaços que direta ou indiretamente envolvem instrumentos, materiais de reposição, partituras, teatros, salas de concerto e estúdios. O que demonstra a necessidade de serem estabelecidas políticas específicas nas áreas: industrial, de importação e exportação, dentre outras.

Os produtos da área da música se definem como tudo o que decorre direta ou indiretamente das atividades de seus agentes a partir de seus respectivos meios, o que dá ao conceito de bem cultural uma razoável abrangência, envolvendo desde eventos e espetáculos até os suportes audiovisuais. Isto evidencia a necessidade de serem estabelecidas políticas específicas na área da divulgação e de difusão, em programas de formação de plateias, além da necessária interação com as entidades do setor educacional, das instituições do setor comercial, das empresas industriais e do setor de serviços.

Inexistem, no Brasil, políticas públicas voltadas para área da música enquanto setor social, apesar do reconhecido peso que têm os produtos musicais no âmbito da indústria cultural. Apresenta-se assim um quadro que, em vários aspectos, denuncia situações agônicas, tais como a importação e produção de instrumentos como a da formação de músicos sinfônicos, regentes e compositores, além da absoluta ausência de informação consistente e condizente com a questão do gosto no contexto da educação formal, sobretudo nas redes escolares e no acesso aos bens musicais por todos os segmentos da população brasileira.

ENCAMINHAMENTOS PROVISÓRIOS

Na área da música e, em particular, na caracterizada como música de concerto, percebem-se algumas necessidades cujas demandas têm sido, em geral, desconsideradas, somando-se a outras que, em regra, são reconhecidas como urgentes, embora impliquem a interação ou colaboração de diferentes segmentos políticos, sociais e administrativos, tanto públicos quanto privados, para sua consecução, tais como:

1. Programas subsidiados para que amplos segmentos da população, sobretudo alunos da rede oficial e estudantes universitários, tenham acesso aos espetáculos sinfônicos, de câmara e de música cênica.
2. Interação com emissoras de rádio e de televisão, em especial as públicas, para documentação e veiculação de espetáculos sinfônicos, de câmara e de música cênica.
3. Subsídio à criação sinfônica, de câmara e de música cênica a autores (compositores e escritores) brasileiros, visando à criação e renovação de repertórios.
4. Interação de orquestras sinfônicas, de grupos de câmara e de companhias de música cênica (ópera e balé) com instituições de ensino formal específico (conservatórios, academias e escolas de música das universidades) para maior produtividade na formação profissional tanto de instrumentistas, cantores, regentes e compositores quanto de administradores e produtores musicais, lutiês, técnicos de palco e musicógrafos.
5. Interação com as áreas científicas das universidades (incluídas as pós-graduações) para pesquisa e desenvolvimento de protótipos instrumentais tanto de sopros quanto de cordas que, a médio prazo, permitissem o implemento dessas produções no Brasil, com a inclusão, por exemplo, de matérias-primas (madeiras e outros insumos) cuja compatibilidade já está reconhecida, porém ainda sem a efetiva experimentação que avalizasse um direcionamento mais comercial.
6. Criação de incubadoras musicais — ou seja, locais com condições de excelência técnica, artística e pedagógica — com a interação de orquestras, entidades de ensino/pesquisa e projetos de cunho social para o aperfeiçoamento das condições de produção de música no Brasil.
7. Criação de centros de referência musical para difusão de informações relativas a todos os aspectos da produção musical brasileira, contemplando agentes diretos (intérpretes e autores) e indiretos (técnicos, professores e pesquisadores), meios em sentido estrito (instrumentos,

insumos etc.) e em sentido amplo (espaços, salas, estúdios etc.), produtos (obras, partituras, fonogramas, material audiovisual etc.), bem como a malha existente em setores afins, tais como o comércio, a indústria e os meios de comunicação.

8. Interação das instituições profissionais (orquestras etc.) com os projetos sociais e as universidades para superação das respectivas deficiências no concernente à produção musical no país.
9. Programas de capacitação de educadores musicais, interagindo as instituições profissionais da área e as instituições educacionais correspondentes.
10. Produção de uma tecnologia educacional voltada para a área da música com a participação dos meios de comunicação públicos.
11. Ações pedagógicas para esclarecimento de parlamentares das três esferas de poder sobre a organização, as necessidades e as demandas do setor da música de concerto.
12. Ações pedagógicas para esclarecimento de investidores da esfera privada e pública sobre as características da atividade musical de concerto, suas necessidades e as prováveis demandas de público a ela correspondentes.
13. Proposição, com base nas leis de incentivo fiscal, de instruções normativas que, sem prejuízo do tesouro e com o aporte das instituições financeiras, ampliassem o conceito da renúncia fiscal e permitissem a destinação de percentuais de tributos arrecadados em operações financeiras e de investimento acionário.
14. Fomento à interação do setor profissional sinfônico com a indústria cinematográfica e audiovisual nacional para incentivo à criação de novos segmentos profissionais de músicos que, sem estarem limitados às práticas de repertório, tivessem a necessária proficiência técnica e artística para a realização de trilhas, incluindo autores, intérpretes e diretores.
15. Adequação da legislação trabalhista às peculiaridades profissionais e necessidades dos artistas, com a correspondente reformulação das respectivas entidades de classe do setor.

Algumas considerações sobre a indústria da música

*Roberto Carvalho**

---
* Presidente da Associação Brasileira de Música Independente, ABMI.

A PROPALADA CRISE na indústria mundial da música forçou produtores fonográficos de todos os portes a adotar uma visão mais abrangente sobre suas bases de faturamento. O rápido declínio na venda de produtos físicos, CDs e DVDs, acendeu o alerta quanto à necessidade de explorar ao máximo todos os ativos de uma gravadora. Por um lado, impôs-se o difícil e intrincado acompanhamento dos novos modelos de negócio surgidos no mundo digital. Por outro, receitas antes consideradas como acessórias adquiriram importância maior. Entre estas receitas destacam-se os editoriais, relativas à administração das obras musicais, as receitas de licenciamentos de fonogramas para sincronização em meios audiovisuais e as receitas sobre execução pública. Deste modo, muitas gravadores de menor porte abriram suas próprias editoras para administrar as obras de autores menos conhecidos, e o instrumento da gestão coletiva tornou-se particularmente relevante para coletar e distribuir receitas advindas da execução pública.

No Brasil, há obstáculos bem característicos para atingir estas receitas. O licenciamento de fonogramas para sincronização em televisão é praticamente inexistente. Devido ao caráter oligopolista da TV, convencionou-se entre as emissoras que o uso de um fonograma qualquer não requer o pagamento de direitos de sincronização a seus titulares, mas apenas os direitos devidos ao Escritórios Central de Arrecadação e Distribuição (Ecad) sobre sua comunicação ao público. Esta prática restringe quase exclusivamente, a possibilidade de licenciar fonogramas para sincronização audiovisual às obras cinematográficas, um segmento com problemas de sobrevivência como indústria cultural no país.

No âmbito da execução pública, o principal meio gerador de receitas é o rádio. Mas o rádio apresenta dois problemas endêmicos que nunca foram enfrentados, um deles — a prática do "jabá" — se autoalimenta, tornando-se uma prática rigorosamente perversa. O jabá, ou *payola* em inglês, consiste no pagamento em dinheiro ou em espécie, para que emissoras toquem de forma repetitiva uma determinada música. Isto gera duas distorções: a primeira, que a música tocada diversas vezes gera mais receitas de execução pública realimentando o jabá, tornando-o mais barato; a segunda, que a repetição impede o acesso do público ouvinte a um repertório mais diversificado. E a diversidade, ao lado da qualidade, é talvez a principal virtude da música brasileira.

O outro problema endêmico é haver pouco mais de 50% do conjunto de emissoras de rádio e televisão do Brasil que simplesmente não pagam direitos de execução pública. Aqui há um perigoso subterfúgio: sob a desculpa, fundamentada ou não, de que o Ecad tem problemas de administração, muitas emissoras deixam de cumprir a lei que determina o pagamento destes direitos, prejudicando autores, intérpretes, músicos e produtores fonográficos. O Ecad é uma sociedade de gestão coletiva com fundamentos legais, e inserida no contexto de sociedades similares nos principais países do mundo. Se tal sociedade tem problemas, que se ataquem os problemas *per se*, mas isto não pode tornar-se desculpa para o não pagamento de direitos definidos em lei.

PROPOSTAS

Considerando que as emissoras de rádiotelediffusão são concessões públicas renováveis periodicamente, cabem aqui duas propostas:

1. Que a renovação das concessões de emissoras de rádiotelediffusão somente sejam efetuadas mediante uma prova de quitação com os direitos de execução pública.
2. Mediante instrução normativa do Ministério das Comunicações, as emissoras de rádio que não forem exclusivamente noticiosas, ficam obrigadas a veicular um repertório mínimo de 1.500 músicas diferentes em sua grade semanal.

CONSEQUÊNCIAS

Desta maneira, aumentará as receitas para todos os titulares de direitos na música e a difusão de uma maior diversidade do repertório nacional, restringindo em boa medida a prática do jabá.

CONSIDERAÇÕES SOBRE A PROMOÇÃO DE EXPORTAÇÃO DA MÚSICA BRASILEIRA

O único mecanismo formal de promoção de exportação de música do país é o Plano Setorial Integrado (PSI) da Música realizado pela Apex. Este plano, bianual, recebe de vários setores da cadeia produtiva críticas cada vez mais constantes. A principal delas é que o gestor do plano vem sendo há muito tempo uma Oscip de pouca representatividade no setor, pouco transparente e afastada dos problemas atuais da indústria da música, e que sobrevive exclusivamente da gestão deste PSI. Outra crítica frequente é a falta de comunicação institucional entre o núcleo de formulação do plano e os Ministérios da Cultura Turismo e Relações Exteriores e as associações de produtores fonográficos.

PROPOSTA

Propõem-se substituir o gestor do PSI da Apex por uma organização realmente representativa e ativamente inserida na cadeia produtiva da música. Que se inclua na formulação do plano as associações de produtores fonográficos e os ministérios citados.

CONSEQUÊNCIAS

Haverá, portanto, um maior aproveitamento das ações de promoção de exportação de música e uma potencialização destas iniciativas através de ações conjuntas com os ministérios citados.

Apoio à produção de música gravada

*Paulo Rosa**

---
* Presidente da Associação Brasileira de Produtores de Discos, ABPD.

O MERCADO DE música gravada no Brasil teve seu apogeu na segunda metade dos anos 1990; favorecido pelo momento, quando substituiu-se o formato de fixação das gravações sonoras em suportes físicos, que passaram definitivamente naquela época, dos tradicionais e (até o início daquela década) preponderantes discos de vinil, para os "compact discs" (CD's), dando início ao chamado "ciclo digital" da música.

Segundo estatísticas de vendas relativas ao ano de 1997, reportadas à Associação Brasileira de Produtores de Disco (ABPD) pelas maiores companhias operando no país, o faturamento destas empresas produtoras musicais ao setor varejista em geral, ultrapassou a marca de R$ 1,3 bilhão, com mais de 100 milhões de unidades vendidas naquele ano. O Brasil ocupava então a sexta posição entre os maiores mercados de música no mundo, atrás apenas de França, Alemanha, Inglaterra, Japão e Estados Unidos em ordem crescente, de acordo com a International Federation of Phonographic Industry (IFPI).

Vale ressaltar a enorme participação de música brasileira no total das vendas de música no Brasil, na ordem de 80% em 1997, o que demonstra tanto a preferência do público local por consumir música nacional, como também o esforço e dedicação das empresas produtoras em produzir nas últimas quatro ou cinco décadas música composta e interpretada por autores e artistas brasileiros.

Em meados da década de 1960, criou-se um mecanismo fundamental para os investimentos em produção e promoção de música brasileira. Trata-se do crédito fiscal relativo ao então Imposto sobre Circulação de Mercadorias (ICM), que permitia que as empresas produtoras abatessem do valor do ICM a pagar sobre suas vendas ao comércio varejista, o valor integral dos pagamentos feitos a autores, músicos e artistas intérpretes brasileiros a título de direitos autorais e conexos. Com a Constituição de 1988, a transformação do ICM em Imposto sobre Circulação de Mercadorias e Serviços (ICMS) e a obrigatoriedade de incentivos no âmbito daquele imposto passarem pelo crivo do recém-criado Conselho Nacional de Política Fazendária (Confaz), o crédito passou a ser limitado em 70% do imposto a pagar, permanecendo por mais de uma década. Até 2001, quando por decisão daquele colegiado, o percentual de crédito que poderia ser utilizado foi gradualmente reduzido, primeiro a 60%, depois a 50% e finalmente a 40%, que pode ser utilizado até 31/12/2009, quando expira o Convênio firmado pelo Confaz. Ainda é um importante instrumento para os produtores de música brasileira, mas perdeu relevância nos últimos anos e, pior, está em vias de ser extinto no final de 2010.

Voltando ao mercado brasileiro de música, as condições do setor deterioraram-se significativa e dramaticamente a partir do ano 2000. O faturamento das empresas fonográficas em sua totalidade sofre sucessivas reduções e até o ano de 2007, o mercado representa, em valores nominais, menos de 30% do verificado em 1997, sem aplicar-se neste caso nenhum índice de inflação que melhor compare o valor do faturamento em moeda local de 1997, com os atuais níveis de receita. Em 2007, o faturamento líquido dos produtores de música ao comércio varejista reduziu-se a apenas R$ 313 milhões, que para melhor comparação, devem ser acrescidos de R$ 25 milhões relativos às receitas decorrentes de vendas digitais através da internet e telefonia móvel, perfazendo um total de R$ 338 milhões, comparados aos R$ 1,3 bilhão de faturamento em 1997.

As principais causas para este encolhimento do mercado fonográfico no Brasil foram:

1. Pirataria de CDs, e após 2003, também de DVDs musicais, vendidos quase que livremente no comércio ambulante informal a preços irrisórios.
2. Disponibilidade ilegal em redes de compartilhamento de arquivos (P2P), de conteúdo musical gratuito para *download* por milhões de usuários das referidas redes.
3. Consequentes alterações no comportamento do consumidor de música, percepção de gratuidade ou de baixo valor atribuído, concorrência

crescente com outras formas de entretenimento e lazer (internet, *games*, celulares etc.).

As consequências para setor foram duríssimas e podem ser resumidas a:

1. Menos investimento em produção e promoção de música brasileira, diminuindo vez mais os novos artistas lançados pelas companhias por ano.
2. Fechamento de milhares de pontos de venda e o quase desaparecimento de lojas especializadas em música. O eixo de distribuição em pontos de venda desloca-se gradativamente para supermercados e lojas de departamento, com perda em receita (preços mais baixos) e em diversidade (menos títulos à disposição do consumidor).
3. Empresas produtoras se viram forçadas a reduzir suas atividades, elenco de artistas contratados e quadro de funcionários.

PROPOSTAS PARA O SETOR

1. Redução de carga tributária:

   - Apoio à tramitação da Proposta de Emenda à Constituição (PEC) 98/07 que cria "imunidade tributária" para a música gravada em CDs, DVDs e arquivos digitais contendo música (seja internet ou telefonia móvel).
   - Redução ou mesmo isenção de PIS/Cofins sobre operações diretamente ligadas à comercialização de música no atacado e no varejo, por meios físicos (CDs e DVDs) ou digitais (internet e telefonia móvel).
   - Alternativamente, volta do "Crédito fiscal" de que gozavam produtores fonográficos aos níveis anteriores ao ano de 2001 (70% do ICMS a pagar).

2. Maior eficiência e eficácia na repressão ao comércio de CDs e DVDs piratas em todo o Brasil.

3. Definição através de legislação apropriada ou mesmo autorregulamentação, do papel a ser cumprido pelos provedores de internet (de acesso e conteúdo), na prevenção de violações à propriedade intelectual na música e, principalmente, com relação às redes P2P.
4. Criação de linhas de financiamento especiais para a produção de música gravada e a abertura de negócios legítimos no campo da produção, promoção e distribuição de música.
5. Fomento da cultura relativa a "propriedade intelectual" e "direitos autorais" nas escolas e universidades brasileiras.

O desenvolvimento cultural e o Programa Música em Ação

*Annelise Godoy**

---
* Diretora-executiva da Philarmonia Brasileira.

OBSERVEMOS ALGUNS PONTOS fundamentais para o desenvolvimento atual do setor da cultura em nosso país.

1. Rever o impacto da Lei de Incentivo à Cultura e sua atual estrutura, para todos os processos de mercado e de desenvolvimento de produção.

O ano de 2008 apresentou um resultado de R$ 1 bilhão em incentivos, e o mercado do entretenimento é o que mais cresce no Produto Interno Bruto (PIB) do país. Portanto, todo o sistema e suas respectivas regras deveriam ser revistas e reorganizadas, tanto nas questões legislativas quanto executivas.

Um montante desta ordem exige a revisão de critérios de atuação que certamente ultrapassam as limitações da especialidade e da função prioritária do Ministério da Cultura (MinC), sendo essencial pensar em uma Comissão de Desenvolvimento do Mercado Cultural que envolva os Ministérios da Indústria e Comércio, da Comunicação e da Fazenda e seus especialistas para cada setor.

Há, por exemplo, as seguintes questões que estão historicamente mal resolvidas, encaminhadas pelo MinC e, de certa forma, pelo próprio setor da cultura:

a) Produção de livro e CD
   A lei de incentivo à cultura "apoia" a confecção do produto artístico-cultural (livro/CD), porém não traz o desenvolvimento para questões primordiais de distribuição, venda, exportação e qualificação do produto final, gerando uma grande quantidade de produtos retidos ou mal distribuídos, desvalorizando a aplicação do erário público e tornando o mercado frustrado no seu reconhecimento.

O Ministério da Indústria e Comércio poderia oferecer toda a estrutura técnica e logística para estas operações, ingerindo diretamente nas relações "produção x mercado".

A mesma dificuldade se aplica no grande gargalo de discussão entre a produção da área de cinema e de espaços culturais, que utilizam regras, tributos e intervenções não associados aos interesses de uma política pública para a cultura, causando muitas vezes a perda de grande parte deste erário público disponibilizado.

b) Temas de Difusão dos Conteúdos Culturais
A produção cultural que cresce de maneira exponencial somente terá sucesso real quanto a sua valorização e percepção caso haja uma intermediação efetiva do Ministério das Comunicações, o qual gere de fato as instâncias de relacionamento e demanda do sistema de comunicação vigente no país.

c) Análise de resultados financeiros pós-eventos para avaliação de autossustentablidade
Esta especialidade mais adequada ao Ministério da Fazenda, sinalizaria o limite e a aplicação efetiva dos recursos públicos em todo o seu processo.

O propósito da Lei de Incentivo, há 15 anos, é o de estimular os produtores a atingirem um padrão de autossustentação no mercado, por isso chama-se "Incentivo".

Assistimos, ao longo destes anos, produtores reiterarem seguidamente seus pedidos de projetos, com os mesmos valores ou superiores, apesar de haver a cada ano um superávit de resultado em bilheteria ou ações de captação privada, que é de fato lucro direto de produção.

Assim, ao não integralizar o resultado no próprio investimento, o recurso incentivado transformou-se em uma verba permanente do fluxo de caixa financeiro do produtor, sustentando suas operações, sem que seja exigido autossuficiência.

Este raciocínio vicia o mercado, tanto o produtor quanto o investidor, que passa a não imprimir um esforço de desenvolvimento do bem cultural e de suas relações de visibilidade, democratização e visão empresarial, por não ter riscos de produção.

Todavia, os produtores e artistas sofrem aplicações de tributações que são injustificáveis diante de um sistema que por princípio beneficia melhor os investidores que não se responsabilizam pelo processo do que os atuantes diretos ao seu favor.

Estas questões também poderiam ser melhor apoiada e desenvolvida com a sensibilização e apoio dos especialistas da Fazenda.

2. Rever os critérios e estrutura de análise dos projetos incentivados, considerando a realidade do crescimento das solicitações feitas especialmente nestes últimos anos em que ocorreu um salto superior a 30 vezes de projetos apresentados.

O Ministério da Cultura não tem condições de manter a estrutura como está, causando fortes danos aos processos e perdas de oportunidades de mercado pela uma condição insuficiente de análise e de velocidade de um mercado cada vez mais crescente.

3. Trazer à discussão as questões de autossustentação do mercado privado da cultura, gerando um projeto de apoio efetivo ao crescimento e desenvolvimento do setor.

Apesar de ser um dos setores do mercado nacional que mais cresce no país, não há ainda uma política ou atitude sólida de apoio aos produtores como: formação educacional e profissional do setor, representações eficientes sindicais e associativas.

O mercado é disputado entre os produtores de assuntos efetivamente culturais, de eventos e de apoio a empreendimentos públicos.

A falta de critérios que identifiquem as diferenças e as diversas condições de trabalho, traz para o sistema condições equivocadas de relacionamento com os investidores, com os setores de desenvolvimento de projetos, com os artistas e com os próprios produtores.

A produção cultural desenvolvida por organismos públicos ou semipúblicos, Oscips, fundações e institutos deveriam ter regras distintas das atividades de fim privado. Estes "setores" não poderiam competir no mercado de investimento cultural.

Os organismos privados oferecem condições diferentes de atuação dos organismos públicos, não melhores ou piores, mas totalmente distintas, portanto deveriam ser tratados em diretrizes e benefícios distintos.

Disponibilizar "Leis de Incentivo à Cultura" ao setor público é criar um sistema hipócrita de reinvestimento do próprio sistema público, terceirizado, com distorção dos usos dos recursos e dos bens públicos, que empobrece as perspectivas de desenvolvimento do setor da cultura e canibaliza a potencialidade do setor privado.

4. Rever a atuação do MinC e do Ministério Educação (MEC), para a criação de um processo eficiente de desenvolvimento humano e cultural do país. Os investimentos no setor da cultura só poderão entrar em um verdadeiro processo de democratização quando a educação fizer parte do processo de formação do indivíduo, dando a ele mais discernimento e condições de apreciação dos conteúdos culturais de qualidade.

5. Criar uma plataforma de atuação, com o Itamaraty, para o desenvolvimento de uma política pública e clara para a internacionalização e difusão da música popular de qualidade e da música clássica como patrimônio nacional e produto de propaganda da imagem do que há de melhor, mais consistente e mais brasileiro em nosso país, já percebido mundialmente como nosso melhor produto nacional.

Haveria ainda outros assuntos a serem discutidos, mas estes cinco pontos são bastante abrangentes quanto a uma política mais ampla e regional, e pretendem contribuir de alguma forma para um verdadeiro plano de governo.

ANEXO

PROPOSTA-BASE

Conteúdo de discussão e aprovação para o 2º Encontro Nacional para uma Política para a Música Clássica.
Material de apoio ao plano nacional para política cultural do setor.

PROGRAMA MÚSICA EM AÇÃO

O Programa Música em Ação baseia-se na resultante de um diálogo aprofundado com as lideranças do setor da música, especialmente clássica e acadêmica, através de duas ações específicas: o Primeiro Encontro Nacional para uma Política de Internacionalização da Música Clássica Brasileira, realizado em 1 e 2 de dezembro de 2005, que reuniu 50 personalidades do setor, cujas propostas foram agrupadas para o desenvolvimento de um documento formal a ser considerado no processo, que se soma a 55 entrevistas dirigidas realizadas entre setembro e novembro de 2006, para uma avaliação do mercado, através de uma encomenda da Petrobras. Ambos projetos foram desenvolvidos pela Philarmonia Brasileira Produções Artísticas.

Este programa apresenta um painel de expectativa e a proposta de um conjunto de projetos, programas, atividades e eventos na área da música, em relação a sua aplicação no ensino fundamental (retorno à escola), criação de mecanismos de difusão e desenvolvimento do setor para serem empreendidos pelo Estado (em âmbito federal, estadual e municipal) e pela sociedade.

A prioridade do Programa Música em Ação é construir um novo paradigma de qualidade, tanto da atividade da música como um todo, relativo à performance, ensino, pesquisa, acervo e tecnologia quanto à ampliação da capacidade do ouvinte e trazer a música de qualidade para o dia a dia do brasileiro.

Neste primeiro momento, está aqui compilado, um projeto amplo que pretende sistematizar e criar recursos de divulgação das ações em prol da música e do "aprender a ouvir" a ser considerado como essência para a constituição de um Plano Nacional de Políticas Culturais para o meio da música, como um todo e, em especial ao segmento da música clássica ou de concerto.

Acreditamos que à partir destes estudos e propostas, criam-se condições para o intercâmbio e a sinergia entre ações similares e potencializam-se recursos públicos e privados, priorizando-se algumas ações macro que se tornem o motor para o desenvolvimento, nos próximos anos, de uma Política de Estado para a Música, não somente diante do mercado nacional, mas também para sua difusão e participação meritória no mercado internacional.

O Programa Música em Ação pretende trazer à música, em toda a sua diversidade, como uma ferramenta de desenvolvimento humano, valorização das competências, o respeito e a ampliação da autoestima e oferecer uma ampliação na condição de discernimento e senso crítico dos indivíduos, além de promover a acessibilidade de padrões de referência e qualidade no fazer musical, hoje ausente do ambiente social.

BREVE PANORAMA DO SETOR

O setor hoje apresenta diferentes relações de eficiência, mercado e estímulo.

Tomamos três capitais fundamentais do cenário para uma breve exposição.

Há uma diferença de percepção bastante significativa entre as pessoas destas diferentes cidades. São Paulo demonstra um otimismo latente, alegando que isto ocorre devido à construção de um ambiente favorável, que, quase por unanimidade, é reputado a existência do projeto da Osesp nestes últimos anos.

Ocorre também em razão de uma maior entrada de produções através de investimentos privados, apoiando ainda mais as realizações e os projetos. As questões que tratam dos problemas gerais do meio são igualmente identificadas por São Paulo, porém com previsões mais entusiastas.

O Rio de Janeiro, apesar de ter os programas mais difundidos e conhecidos do mercado, apresenta uma visão menos positiva quanto às realizações. Há ainda uma grande referência quanto ao processo histórico da perda econômica do Estado e da transferência da capital do país. Contudo, é claro o entendimento que a cultura é uma vocação da cidade, ao lado do turismo, e que a música clássica é parte importante desta revitalização não só cultural, mas social, para a região. Há um consenso que o Rio de Janeiro hoje está muito mais ativo em termos de quantidade de eventos do que na qualidade de sua execução.

As relações trabalhistas e o plantel reduzido de músicos envolvidos com o sistema de orquestras também reforçam os problemas de qualidade e ativação do setor. Os mesmos fazendo muito e não muito bem.

Brasília já se coloca de maneira um pouco diferente: otimista como o Rio de Janeiro, mas sem muitos parâmetros devido a sua história recente no cenário cultural. Isto, porém, sem massa crítica, quanto à apreciação das atividades existentes. A cidade não apresenta um calendário cultural e suas atividades são extremamente limitadas neste setor. Outro fator de surpresa é que as atividades culturais de Brasília se colocam circunscritas apenas ao cenário local, sem muito aspirar à imagem e visão de produto cultural nacional, de grande apelo político-social, como o esperado para uma capital do país. Desta forma, seus apoios privados são escassos e pouco fazem pelo seu desenvolvimento.

Em relação ao meio orquestral, São Paulo desenvolveu com a Osesp um novo paradigma para o setor. De forma oposta, as demais atividades utilizam de recursos efetivos do Estado, o que faz com que haja tanto um estímulo para a exigência de atitude similar dos demais governos, o que tem sido muito longe da realidade do resto do país.

De fato a forma de gestão mais "neoliberal ou privada" do Estado de São Paulo, igualmente gerou grande estímulo para a profissionalização local e busca de captação de outros recursos para a Osesp, o que também abriu portas para uma nova atitude de investimento para o setor.

Esta atitude mais agressiva de gerenciamento do "negócio" orquestra não é seguida pelo resto do país, com exceção da Orquestra Sinfônica Brasileira, que demonstra bons resultados com a captação de recursos privados, comunicando a arrecadação de R$ 15 milhões no mercado, especialmente se posicionando como uma orquestra que traz consigo a "marca do Brasil".

Nos demais Estados há ainda uma visão extremamente arraigada a conceitos de "recursos plenamente públicos", ou de apoios e modelos públicos, depositando todas as expectativas de apoio no governo e nas estatais (especialmente Petrobras e Banco do Brasil).

Este sentimento intensifica a crítica sobre o modelo de captação privada e inibe o desenvolvimento de gestões mais saudáveis e que melhor se relacionam com o mercado.

Tudo passa a ser culpa de investidores mal informados e que fazem uso das leis como privilégios mercadológicos e não culturais, sabendo-se que também não imprimem um olhar sobre si mesmos e de seus dispositivos administrativos mais profissionalizados para dialogar com este modelo de relacionamento de mercado. Deste modo, as dificuldades se intensificam para o setor, como um todo, devido às diferentes realidades de cada região, ao padrão de investimento consignado e da forma pouco profissionalizada de gerenciamento das atividades.

O fortalecimento das atividades está "conceitualmente" preso às questões econômicas, deixando de gerar um olhar sobre as atitudes necessárias para uma fluidez junto ao mercado e a uma revisão das estruturas organizacionais mais pró-ativas e que busquem autonomia e discussão sobre o modelo de mercado.

Contudo, também há uma visão extremamente distorcida sobre o posicionamento geral do setor da cultura do país, que não distingue as ações e os investimentos voltados para *ações, programas e processos de desenvolvimento do setor* x *atividades que envolvem à indústria cultural ou do entretenimento*.

Abaixo são utilizados fragmentos do Panorama da Economia da Música, a partir da publicação "Cadeia Produtiva da Economia da Música", de 2004, realizado pela Pontifícia Universidade Católica do Rio de Janeiro, como apoio da análise.

> O fluxo econômico da cultura no Brasil gera valores equivalentes a 1% do Produto Interno Bruto (PIB). No Brasil, ainda não houve um entendimento profícuo entre interesses públicos e privados, de forma a fazer da população a maior beneficiada. É o que se depreende da baixa audiência do que é proposto pelos órgãos especializados das áreas governamentais, e do flagrante sucesso mercadológico das realizações levadas a efeito pelas empresas que integram e fazem a indústria cultural. Falta criar o espaço onde ambas instâncias possuam atuar em benefício da sociedade.
>
> Este fluxo da cultura no Brasil demonstra que é necessário que o poder público resgate suas funções normativas, doutrinárias e de planejamento setorial. Até porque, num país da dimensão do Brasil, a TV aberta é a única fonte de cultura e entretenimento de boa parte da população, atingindo 98% dos municípios brasileiros, superando as bibliotecas públicas (79%), estádios ou ginásios (76%), clubes e associações recreativas (70%) e videolocadoras (64%).

Os indicadores de infraestrutura cultural relacionados na Pesquisa de Informações Básicas Municipais do IBGE (1999 a 2001), demonstram que somente 8% dos municípios brasileiros detêm 100% dos 17 equipamentos culturais como: bibliotecas públicas, estádios ou ginásios, clubes e associações recreativas, videolocadoras, lojas de discos, CDs e fitas, bandas de música, livrarias, rádios AM e FM, provedores de internet, unidades de ensino superior, salas de teatro, museus, cinemas, geradoras de TV, *shopping centers* e orquestras.

Esta fonte de informação do IBGE demonstra que existe uma barreira para a livre circulação de conteúdo musical no Brasil. No país, somente 8% dos municípios possuem emissoras de TV, 7% com TV a cabo, 23% com provedores de internet, 49% com lojas de CDs e DVDs, 38% com rádios FM, 21% com rádios AM, 19% com salas de teatro e 8% com salas de cinema. Ou seja, existe uma centralização excessiva da produção e da veiculação do conteúdo.

As verbas orçamentárias governamentais para cultura, por outro lado, estão concentradas nas mãos de pessoas de renda média e alta, preferencialmente nos grandes centros urbanos. Não por acaso, a sociedade debate, nos últimos anos, o alto volume de realizações de projetos incentivados pelas Leis Rouanet e do Audiovisual, nas cidades do Rio de Janeiro, São Paulo e outras capitais.

Sendo as emissoras de TV aberta e por assinatura, provedores de internet, lojas de CDs e DVDs, rádios FM e AM, salas de teatro e de cinema na sua maioria atividades controladas pela iniciativa privada no Brasil, pode-se também afirmar que a economia da cultura carece da presença do Estado no que se refere à normatização e planejamento das atividades setoriais.

O próprio MinC apresenta um crescimento de R$ 53 milhões em 2002 para R$ 105 milhões em 2005 somente para este setor, com crescente volume de público e venda de bilheteria e a Petrobras apresenta números cada vez mais significativos de investimentos.

O Escritório Central de Arrecadação e Distribuição (Ecad), apesar de apresentar o mercado da música clássica com apenas 2% de participação, não considera a arrecadação por execução como forma de avaliar o setor, o que distorce a sua dimensão e nega a sua força atual.

O mercado nacional não apresenta estudos, pesquisas consolidadas, projeções de mercado, análise de público de forma qualificada, sistemas integrados de informação, ou seja, é quase impossível aferir valores e perspectivas de negócios e de produção, dada a falta de informações consistentes.

O mercado da música clássica envolve milhões de euros na Europa. Agora é um valioso momento global para difusão de talentos, composições e da própria cultura brasileira através deste setor, para ampliar a visão do mundo de um Brasil muito mais diversificado e competente no setor da alta cultura e do conhecimento aplicado.

O Programa Música Ação pretende alinhar suas diretrizes às bases estruturais do MinC, dentro de seu plano de diretrizes macro. Para tanto, prevemos quatro eixos estratégicos, baseadas nos fundamentos das diretrizes e estruturação já realizadas pelo plano nacional do livro e leitura (www.pnll.gov.br):

- Democratização do acesso.
- Fomento do setor da música e formação do ouvinte.
- Valorização da música e difusão.
- Apoio ao desenvolvimento da economia do setor.

DEMOCRATIZAÇÃO DO ACESSO

Implantação de um sistema físico de difusão

Faz-se necessária, ao lado do esforço que se realiza pelo setor do livro (www.pnll.org), até como ferramenta adicional aos seus propósitos de desenvolvimento humano:

- *Implantação de um sistema de fonoteca e CD-oteca municipais e escolares* — com acervos mínimos recomendados pela Unesco, incluindo todos os tipos de gêneros. Nestes ambientes é necessário o apoio de equipamentos que ofereçam uma condição de "ouvir" com qualidade, com materiais informativos quanto à contextualização histórica das obras e dos compositores, a execução, os intérpretes, descritivo do gênero e suas referências históricas, além de computadores conectados à internet que atualizem as informações. Apoio à abertura de fonotecas comunitárias (periferias urbanas, hospitais, creches, igrejas, zonas rurais, clubes de serviços, ONGs etc.).
- Criação e apoio à *constituição de Salas de Apreciação Musical e fonotecas circulantes* (ônibus, vans, peruas, trens, barcos etc.) — Ativi-

dades de eventos musicais em parques, centros comerciais, aeroportos, estações de metrô, trem e ônibus. *Projetos musicais em hospitais, asilos, penitenciárias, praças e consultórios pediátricos.* Atividades de apreciação musical e desenvolvimento de formações de grupos musicais com crianças de rua. Ambientes sonorizados, com qualidade, conforto e apoio informativo nos locais de trabalho.

- *Criação de um selo de qualidade promovido em acordo com o MinC, MEC e representantes da sociedade, que estabeleça critérios quanto aos CDs e gravações que devam ser priorizados nos programas governamentais para distribuição CDs*, tanto de música popular quanto clássica — Projetos de educação para a cidadania a partir da música nas áreas da saúde, meio ambiente, trânsito, trabalho, juventude etc. *Distribuição de CDs, que não sejam do mercado da indústria cultural, isto é, que possuam o Selo de Certificação do setor, em cestas básicas.*
- *Circuito nacional de feiras da música, incluindo ações de apoio a distribuidores independentes e campanhas de estímulo ao "ouvir qualidade" nas livrarias e lojas de discos* — Programas de informação e inclusão de CDs simplificados em jornais e revistas nas escolas. Coedições de CDs em formatos especiais produzidos para atender portadores de necessidades especiais. Atividades de apreciação musical e programas de apresentação musical junto a comunidades tradicionalmente excluídas (comunidades indígenas, quilombolas etc.).

Implantação de um sistema de difusão e manutenção de acervos de partituras e informações — estrutura de tecnologia e suporte

- Constituir uma boa *estrutura para acervos, interligados por uma plataforma digital*, de padrões catalográficos que sejam "lidos" no mundo todo. No bojo da evolução para a Web Semântica, novos padrões e metodologias são propostos para ampliar a interoperabilidade. Já existe plataformas disponíveis, inclusive baseadas em *software* livre. Propõe-se, a aplicação desses padrões a acervos musicais brasileiros, como forma de possibilitar que os mesmos sejam cada vez mais acessíveis, agora e no futuro quando imperarão essas novas tecnologias.
- *Um acervo físico e virtual da produção de mais de 300 anos da música clássica do Brasil*, no intuito de tornar acessível e de fácil consulta para

o público em geral, bem como para especialistas, músicos, maestros, gestores, produtores, entre outros, no âmbito nacional e internacional.
- Desenvolver uma campanha que possa conscientizar que a divulgação do acervo musical brasileira depende de sua preservação, registro e programação. *Desenvolver ações ligadas a programadores das mídias eletrônicas e impressas em todo o país*, para uma mudança de atitude e veiculação dentro dos critérios de qualidade de conteúdo a serem estabelecidos.
- Programa de *divulgação dos sites existentes*, através das redes escolares, educacionais em geral e jornais, e não somente suas construções.
- Estabelecer uma política nacional para a divulgação da música clássica brasileira, *através de edições, gravações, concertos e, especialmente, divulgação e distribuição*.
- *Produzir e apoiar a informação para professores de instrumento quanto ao repertório brasileiro*, para ser utilizado como exemplo no ensino, pois esta produção é impressionante. Visar a construção de um *verdadeiro processo de valorização do patrimônio nacional musical através da música*, tendo o retorno da música nas escolas como seu ponto de partida.
- *Difundir os benefícios do aprendizado de música nas escolas, como ferramenta de ajuda no desenvolvimento neurológico da criança*, baseado em estudos sérios, como apoio para a implantação do ensino da música nas escolas.
- *A internet deve ser considerada um dos meios fundamentais de difusão da música clássica brasileira*, seja na forma de partituras, seja na forma de gravações. As diversas iniciativas em curso, muitas oriundas de projetos patrocinados pela Petrobras, adotam uma abordagem convencional, e geram portais que não favorecem a interoperabilidade. Precisam ser difundido de forma sistêmica e de grande alcance.
- Desenvolver um *sistema de mapeamento* das atividades musicais existentes: quantas orquestras sinfônicas e camerísticas profissionais ou amadoras existentes no Brasil.
- Criação de um *programa de formação de gestores culturais* qualificados para a música clássica, que possam promover nacionalmente a atividade musical pública e privada, ampliando a condição de acesso da população.

FOMENTO DO SETOR DA MÚSICA E FORMAÇÃO DO OUVINTE

O processo necessário para o fortalecimento da música clássica e a indústria cultural está na compreensão e atuação quanto a diferença do que é ação cultural e o que é entretenimento, tendo isto como base de uma política cultural de fomento para o setor.

É certo que boa parte do sistema que envolve a atividade da música clássica, assim como de outras linguagens, deveria prever ações economicamente sustentáveis, sejam elas providas pelo Estado, por ajustes nas Leis de Incentivo, no maior comprometimento do Congresso Nacional, via instituições culturais, públicas ou privadas ou na maior compreensão do seu valor pela sociedade.

Os investimentos são necessários para a constituição permanente de processos que apoiam o desenvolvimento do setor quanto a sua estrutura, formação, competência e organização. Estes investimentos devem ser gerados por procedimentos lineares, sem compromisso com as demandas mercadológicas ou com regras de oportunidade ou interesses pontuais.

Estes recursos que sustentam e difundem a produção da música de concerto através da performance de qualidade e de eventos podem ser também oriundos dos sistemas de Leis de Incentivo, porém com ajustes que efetivamente promovam o desenvolvimento da produção e dos talentos nacionais.

Ações que Envolvem Diretamente o Estado

É importante haver programas e projetos estaduais e municipais que incentivam o aprimoramento do "ouvir", da apreciação e do fazer musical. A promoção de cursos para formar mediadores de apreciação musical otimizará e ampliará a utilização das fonotecas e ambientes públicos que oferecem música de qualidade. Não se pode esquecer da atualização continuada de professores. Mas as ações públicas permanentes de trabalho com a música devem envolver diversos segmentos da sociedade. Para isso, contribui a instalação e apoio às fonotecas e CD-otecas e outros locais para a apreciação musical. Isto consolidará a política pública da música nos estados e municípios.

Estas ações necessitam que seja estabelecida, na lei, as demandas para o insumo a atividades de fomento e formação de novos públicos.

O MinC e as secretarias de estado e município, junto aos grandes investidores e ao mercado da indústria cultural devem difundir a diferença entre as atividades culturais formadas por processos e as atividades que constituem eventos, muito mais voltadas à indústria cultural ou do entretenimento.

As atividades de processo necessitam de padrões e modelos diferenciados de relacionamento e suporte, pois muitas destas atividades não geram produtos finais imediatos, mas substanciam todo o sistema inerente do setor. Estas atividades são:

- Criação e manutenção de acervos
- Programas de recuperação e edição de partituras
- Projetos de fomento e manutenção de orquestras jovens e de aprimoramento profissional
- Bolsas de estudos
- Projetos experimentais
- Projetos de educação musical e difusão de obras
- Produção e distribuição de CDs de relevância patrimonial histórica
- Pesquisas e empreendimentos voltados à conciliação de dados
- Publicações acadêmicas e de interesse específico
- Manutenção de espaços públicos voltados ao atendimento do setor, entre outras ações

Campanhas de difusão devem apoiar a desmistificação de "verdades e conceitos" sobre o setor da música clássica, especialmente sobre o seu atual envelhecimento e desinteresse da população. Existem claros estudos e relatos que apontam o rejuvenescimento do público e o crescimento gradual nas salas de concerto e nos ambientes em que se oferece música diferenciada, para uma plateia cada vez mais integrada e ávida por este tipo de informação musical.

A responsabilidade de formação de público *hoje depende de um esforço adicional das orquestras e dos próprios músicos.* A área da "performance" acaba sendo fortemente pressionada para apresentar repertórios extremamente clássicos ou para promover ações didáticas, pois não há corresponsabilidade por parte do setor da educação em gerar este conhecimento ou contato com este tipo de música.

A massificação das mídias mantém um nível extremamente baixo de qualidade das músicas amplamente divulgadas pelas rádios e emissoras de TV e que engrossam a dificuldade da exposição de um universo mais elaborado e que exige uma dedicação na formação do indivíduo.

É necessário o reposicionamento do setor quanto ao interesse popular e efetivo da sociedade, *através da geração de maior difusão de obras da música de concerto nas rádios, TVs e na mídia impressa*, estimulando inclusive artigos em forma de crítica, para apoiar o discernimento e maior entendimento dos eventos.

FORMAÇÃO DE PÚBLICO

É fundamental para o setor *a promoção da formação musical* no período da infância, para geração de talentos e de maior qualidade, com programas de capacitação de educadores, especialistas da música dentro de propostas pedagógicas consistentes e outros mediadores do relacionamento da música com o indivíduo. A promoção do contato da música clássica ainda no âmbito educacional é fundamental para o desenvolvimento do setor, geração de novos públicos e maior difusão das obras e das atividades existentes.

Portanto, é necessário *promover ações educacionais, de formação de uma audiência mais crítica e garantia de espaços culturais* adequados como premissas para qualificação do público e sua ampliação.

Programas para fomentar a apreciação musical devem contar com festivais escolares, atividades de formação de grupos musicais na escola, clubes da música, mediadores de apreciação musical, apresentações de performances e grupos musicais, *oficinas* de música para crianças e jovens, *encontros* com compositores, músicos e intérpretes e um banco de dados de projetos de estímulo à música — com avaliação e formatação para sua replicação.

Projetos especiais serão elaborados junto a universidades e centros de formação de professores, com cursos com estratégia de fomento à música e de estudantes que se preparam para o magistério em formação musical. Para uma ampla utilização, também, dos meios de educação a distância na formação de promotores de apreciação musical nas escolas, bibliotecas/fonotecas e comunidades.

Além do apoio de pesquisas acadêmicas, *diagnósticos* sobre a situação e a distribuição da música clássica no país ajudará em *pesquisas sobre hábitos de "ouvir"* e consumo de CD, além de fornecer uma base de conhecimento sobre experiências inovadoras e bem-sucedidas com a música. Outros estudos, aprofundados e nacionais, sobre a cadeia produtiva da música e projetos/programas serão úteis para a política pública setorial. Também não se espera estar limitado à estudos de âmbito apenas acadêmico.

Na formação de um público amplo, espera-se o apoio à publicação de livros, para possibilitar a compreensão do universo musical, o estudo da música e codesenvolvimento do aprendizado musical; e pesquisa por meio de programas de financiamento de instituições oficiais.

MAPEAMENTO

Precisamos estudar as estratégias políticas e a organização da informação. Sem esse dois pilares, pouco poderá ser construído. É preciso concentrar as informações criando banco de dados segundo um levantamento para apurar os números dos músicos no Brasil, dos ambientes facilitadores da música, pontos de venda, modelos comerciais do setor, dos investimentos no setor fonográfico brasileiro, dos investimentos das políticas públicas etc. Disponibilizando um portal de projetos, programas, ações e calendário de atividades e eventos da área.

Na área de políticas públicas, precisamos mapear todas as produções musicais da cultura brasileira, dos primórdios até hoje. Editoração, revisão e geração de arquivos para impressão da literatura musical.

As propostas de divulgação de pesquisas devem abranger todas as ações realizadas na área da música, catalogando e disponibilizando as ações já existentes, e devem ampliar e manter seus laboratórios regionais para recuperação de acervo, segundo novas *linhas de pesquisa para preservação*.

Em termos de preservação, definir maiores investimentos para a microfilmagem do que na digitalização.

O tesouro nacional de preservação do acervo da música está, em muitos casos, sob o risco de perda permanente, logo, espera-se *uma ação emergencial junto às instituições que guardam arquivos históricos para, ao menos, realizarem o acondicionamento adequado desse material.*

Para uma efetiva melhora desses acervos é importante realizar *seminários nacionais sobre o tratamento arquivístico,* visando também à possibilidade de maior intercâmbio de informações, nacional e internacionalmente, à discussão sobre suportes de armazenamento de som e imagem (microfilme, meios digitais etc.), à troca de experiências no tratamento e gerência dos arquivos.

É necessário definir prioridades para as produções realizadas e que o governo garanta acervos como o da Orquestra da Rádio e Televisão Cultura que ainda é o melhor exemplo de ação de produção musical que priorizou o repertório brasileiro, a revisão de seu acervo e sua constituição.

Também *discutir a questão de distribuição* que impede uma melhor difusão e devolução para a sociedade dos investimentos realizados.

Ações de apoio dirigido ao setor:

- Prêmios para identificar, reconhecer e valorizar as diferentes práticas existentes.
- Concursos sobre experiências inovadoras na promoção do setor da música.
- Prêmios para ações de fomento à música desenvolvidas na escola, na biblioteca, na comunidade, na empresa etc.

VALORIZAÇÃO DA MÚSICA E DIFUSÃO

Difusão para ampliação do setor

O mundo todo já tem seu repertório desgastado, um quadro que pode ser alterado com a *renovação de seus repertórios com a produção brasileira* ganhariam novo fôlego.

Precisamos *estimular a participação de todas as esferas públicas para difundir a cultura de qualidade,* criando *estratégias de difusão interna e externa,* incentivos para edições, gravações e apresentações de fundamentos para o setor.

É preciso *difundir as características próprias dos produtos da música,* ressaltando a *dimensão da música como valor agregado* de cultura e não entretenimento.

Essas ações serão possibilitadas pelo relacionamento permanente com as esferas públicas, com o apoio do Estado, além da interface com o meio privado, incentivando outros projetos, como *o banco de partituras da Associação Brasileira de Música (ABM)*.

É importante exigir programações para espaços específicos para a música brasileira, a fim de *ampliar a sua execução e a dos compositores contemporâneos*, especialmente os brasileiros.

Para difundir a compreensão da música como um negócio a ser lapidado por profissionais, é preciso propor um grupo competente e profissional que auxilie o governo, diretamente através do Ministério da Cultura.

As campanhas institucionais de valorização da apreciação musical da aquisição de música de qualidade, das fonotecas, da participação do universo da música clássica na televisão, rádio, jornal, internet, revistas *outdoors*, cinema e outras mídias geram a publicação de histórias da música e de suas especificidades, com dicas de personalidades e pessoas anônimas da comunidade sobre a música formadoras de opinião sobre os valores da apreciação da boa música.

AÇÕES PARA CONVERTER O FOMENTO ÀS PRÁTICAS SOCIAIS DA MÚSICA EM POLÍTICA DE ESTADO

É importante haver:

- Reformulação da Câmara Setorial da Música.
- Formulação de políticas nacionais, estaduais e municipais.
- Marcos legais (Leis do livro federal, estaduais e municipais; decretos e portarias). Realização de fóruns, congressos, seminários e jornadas para propor agendas sobre a música.
- Pesquisas e estudos sobre políticas públicas da música, da formação musical e de público e dos ambientes públicos de apreciação.
- Estruturação da área de formulação, coordenação e execução da política setorial.
- Criação de fundos e agências para financiamento e fomento à música.
- Criação de grupos de apoio junto a parlamentares e formadores de opinião.

Estímulo a produção musical, edições e gravações, além de outras mídias dedicadas à valorização da música e do meio musical

- Publicações de catálogos especializados, suplementos especiais, seções revistas, jornais, portais e sites na internet sobre o meio musical.
- Resenhas e críticas em jornais e revistas sobre os lançamentos fonográficos e concertos.
- Programas permanentes e especiais na TV e no rádio.

APOIO AO DESENVOLVIMENTO DA ECONOMIA DO SETOR

Apoio à cadeia produtiva

Toda a cadeia produtiva da música precisa de linhas de financiamento — isto significa apoio para produtores, músicos independentes, formações camerísticas e orquestrais estabelecidas, editoras e selos, distribuidoras, livrarias e lojas de discos e gráficas, além de:

- Programas governamentais de aquisição.
- Programas de apoio às micro, pequenas empresas e produtoras.
- Fóruns sobre políticas da música e da distribuição.
- Programas de formação para produtores, lojistas e trabalhadores do mercado musical.
- Programas para ampliação das tiragens e barateamento do preço do CDs.
- Programas de apoio a produção musical independente.
- Definir o perfil do produtor profissional, apoiar sua profissionalização e estabelecer funções e regras de relacionamento com o meio.
- Apoiar o desenvolvimento da formação acadêmica para esta atividade.
- Estabelecer regras, taxas e comissionamentos para o setor.

Apoio à distribuição, circulação e consumo de bens da cultura musical

A política para fomentar a abertura de fonotecas e lojas de discos e para apoiar as existentes contam com a disponibilização de:

- Fonotecas em praças públicas.
- CDs em bancas de jornal.
- Programas de formação de produtores-empreendedores.
- Apoio e financiamento ao setor da música culta e de qualidade.
- Programas de apoio à abertura de pontos alternativos de venda.
- Programas de educação continuada aos trabalhadores de lojas de música.
- Programas de apoio aos correios e sistemas alternativos de distribuição.

A princípio deve-se rever a lei de incentivo quanto ao largo apoio a séries internacionais de concertos, sem participação proporcional de grupos e músicos brasileiros e difundir os "sucessos" obtidos de forma pontual, em "*cases* positivos" que possam influenciar ou renovar o meio como um todo.

Apoio à cadeia criativa

Espera-se que haja:

- Instituição e estímulo para a concessão de prêmios nas diferentes áreas e bolsas de criação musical para apoiar os compositores.
- Apoio à circulação de compositores, músicos e intérpretes por escolas, bibliotecas/fonotecas, feiras etc.
- Apoio à publicação de novos compositores.
- Investimentos reais nos jovens instrumentistas que serão os principais responsáveis pelo crescimento do setor.

Direitos do setor

A questão de distribuição impede uma melhor difusão e devolução para a sociedade das arrecadações já realizadas. Para resguardar a produção, deve-se criar fóruns permanentes sobre direitos autorais e *copyright* restritivo e não restritivo. Além de ser revista a defesa dos direitos do compositor em todas as circunstâncias.

O mercado da música clássica dentro dos sistemas de arrecadação e de direitos autorais ainda é muito incipiente e precisa de uma atuação consistente e definitiva sobre a revisão da estrutura de arrecadação e pagamento do Ecad, sua estrutura societária, sua forma de prestação de contas.

Com o respaldo de uma regulamentação do artigo da Constituição Federal que trate dos critérios de concessão de rádio e TV e de programação compatível com os interesses de formação de público, com aspectos educacionais e culturais, isto irá promover o fim desse verdadeiro monopólio do setor de comunicação.

A promoção de uma difusão para mudar o padrão das emissoras de todo o país irá obstruir a reprodução de produtos das *majors*, ou seja, as rádios do interior dos estados que repetem a programação das capitais ou dos grandes centros dando mais poder a aplicação do "jabá".

O Creative Commons vai no fluxo oposto aos interesses dos direitos dos compositores, o que implica abrir fóruns de discussão da questão junto ao mercado e fortalecer as instituições existentes para terem mais respaldo do meio (pois somente 11% dos músicos têm elo formal).

Dados do IBGE apontam que só 10,9% dos compositores, músicos e cantores têm vínculo formal de trabalho. A maioria (71,4%) trabalha por conta própria ou sem registro (13,9%).

O músico é visto pela sociedade como prestador de serviço, e não como trabalhador. Na média, 40% dos músicos de orquestra têm contratos formais e são estáveis. Os demais são contratados via dotação orçamentária, mantendo uma estrutura equivocada de direito trabalhista e de multiplicação de funções, baixo rendimento qualificado e afunilamento do mercado.

Por isso necessita de uma mudança e de uma regulamentação do sistema de contratação, apoio e direitos trabalhistas do setor, atuando diretamente na organização e efetivação da transparência de gestão dos Sindicatos dos Músicos e da Ordem dos Músicos do Brasil (OMB).

Não pode-se esquecer de discutir as questões do sistema tributário em todas as instâncias para melhor atender a realidade do músico, compositor e intérprete no país.

É necessária a criação de um órgão fiscalizador da distribuição de pagamentos e contratações, via Leis de Incentivo ou diretamente, dos efetivos internacionais, para que os recursos aplicados sejam devidamente tributados e retornados ao setor. Também é importante o apoio do sistema legislativo quanto aos entraves tributários e de trânsito que produtos estrangeiros fundamentais para a qualificação do setor, tais como importação de encordoamento e peças estruturais para instrumentos, equipamentos, instrumentos específicos e materiais de apoio ao sistema.

Um sistema formal e realístico de discussão das diversas questões do meio será possível por meio de uma revisão de todo o cenário e da estrutura das Câmaras Setoriais.

POLÍTICA DE INTERNACIONALIZAÇÃO DA MÚSICA CLÁSSICA

A divulgação internacional da música brasileira precisa de inúmeros apoios, como:

- Participação em feiras internacionais.
- Programas de exportação de CDs e produtos musicais e apoio quanto ao um sistema integrado para exportação de valores musicais, apresentações, espetáculos e eventos.
- Difusão da literatura musical e dos compositores brasileiros no exterior.
- Edição e revisão de obras importantes que estão fora de circulação.

A história da música erudita brasileira, do período colonial aos dias de hoje, constitui um segmento fundamental do patrimônio cultural de nosso povo. Mesmo assim, são raríssimas as oportunidades de termos seu universo de produção discutido com profundidade. A oportunidade de estabelecer um processo contínuo de discussão do assunto é fundamental para a organização e desenvolvimento do setor.

O 2º Encontro Nacional que ocorre em 1 de dezembro de 2006, na sede do Grupo *O Estado de São Paulo*, propiciará a oportunidade de formalizar questões e linhas conceituais de atuação quanto a assuntos de grande relevância — desde acervo, difusão, legislação, direitos autorais, sistematização de apoios e incentivos, assim como o estímulo à execução da música clássica em território nacional e, de forma determinada, seus vínculos com o mercado internacional.

Sabe-se que as principais orquestras europeias e americanas buscam novos conteúdos musicais em suas programações. A qualidade da produção nacional justifica esta mobilização e o empenho concentrado quanto a sua real e efetiva projeção e organização interna para atender às exigências deste grande mercado, que certamente gerará novas divisas, não somente institucionais ao país, mas diretamente a todas as atividades interligadas ao assunto.

Da mesma forma que a música popular brasileira tem respeitável entrada no mercado internacional, visamos o alargamento do espaço do mercado da produção clássica brasileira a partir de ações pragmáticas que a coloquem em evidência e dê condições para uma maior eficiência em todo o seu processo.

QUARTA PARTE

CULTURA EM FAVELAS E APOIO DAS UNIVERSIDADES AO DESENVOLVIMENTO CULTURAL

DESENVOLVIMENTO CULTURAL EM FAVELAS: DEPOIMENTOS

O Centro Comunitário dos Morros Pavão-Pavãozinho (Cidade do Rio de Janeiro)

*Pe. José Roberto Devellard**

---

* Pároco da Igreja da Ressurreição: Centro Comunitário no Pavão-Pavãozinho (Cidade do Rio de Janeiro).

O CENTRO COMUNITÁRIO (com 600 m² de área construída) foi criado para responder às necessidades sociais dos Morros Pavão-Pavãozinho, uma vez que o Morro do Cantagalo já possuía a assistência da Paróquia Nossa Senhora da Paz, em Ipanema. Construída posteriormente, a Capela da Anunciação, no Morro do Pavão-Pavãozinho, também presta, há 35 anos, diversos tipos de serviços sociais à Comunidade, uns de forma permanente e outros que atendem às necessidades imediatas. Interagindo com o Centro Comunitário, duas missionárias da Congregação Religiosa Donum Dei que, há 17 anos vivem com a comunidade local.

ATIVIDADES QUE FUNCIONAM NO CENTRO COMUNITÁRIO:

- Atendimento às crianças de 0 a 5 anos
  As crianças são pesadas quinzenalmente com acompanhamento das mães pelo método da Pastoral da Criança.

- Coral
  Grupo de crianças e adolescentes que têm aulas de canto, com ensaios regulares três vezes por semana e que recebem uma educação integral. O coral já gravou três CDs pela Gravadora Universal e, duas vezes por ano, participa de Colônia de Férias na Casa de Retiro do Carmo, no distrito de Bacaxá, município de Saquarema.

- Atendimento às famílias carentes
São distribuídas, com critério, 250 cestas básicas às famílias carentes da comunidade. Também é feito um trabalho de assistência e formação para essas famílias.

- Curso de corte e costura
Oferece formação e oportunidade para o mercado de trabalho; com duas aulas semanais.

- Aulas de alfabetização
Aulas noturnas para alfabetização de adultos, de segunda à sexta-feira.

- Aulas de inglês
Crianças, jovens e adultos recebem aulas de inglês com monitoramento de alunos da Pontifícia Universidade Católica do Rio de Janeiro (PUC-Rio).

- Cooperativa de artesanato
Trabalhos manuais desenvolvidos por um grupo de pessoas são vendidos em bazares e feiras na Igreja da Ressurreição, em Copacabana. A renda obtida destina-se a compra de material para uso na própria cooperativa, além de ser distribuído como renda extra para os participantes da cooperativa.

- Reforço escolar
As crianças recebem acompanhamento individual de reforço escolar, afim de combater a defasagem escolar.

- Curso de merendeiras
Curso de profissionalização para adultos, cujo objetivo é prepará-los para o ingresso em escolas e restaurantes.

- Grupo Jovem
Formação integral de jovens, por meio de palestras, cursos, atividades diversas, incluindo programa na Rádio Comunitária local.

- Terceira Idade
Equipe da Pastoral da Terceira Idade visita idosos que não podem mais se locomover. Eles recebem assistência espiritual e ajuda material — como remédios e outras necessidades diversas.

- Cursos de parceria
Com participação da Fundação da Infância e Adolescentes (FIA), adolescentes são preparados profissionalmente para o mercado de trabalho. O curso recebe adolescentes de várias comunidades do Rio de Janeiro. Por motivos técnicos, o curso de informática é ministrado na igreja.

- Atendimento preventivo para mulheres
Todos os anos em parceria com a Federação das Indústrias do Estado do Rio de Janeiro (Firjan), mulheres são assistidas com atendimento de prevenção ao câncer de mama. No ano de 2008, 635 mulheres foram atendidas.

- Bazar de roupas
As roupas doadas à Igreja da Ressurreição, uma vez por mês, são vendidas a preços simbólicos às famílias mais pobres da comunidade.

- Balé clássico
O Centro Comunitário divulga curso de balé clássico ministrado por professores da Academia de Dalal Aschar. O curso tem duas aulas semanais e apresentação duas vezes por ano. As alunas que se destacam são encaminhadas para cursos preparatórios.

- Ambulatório e farmácia
Até 2007, havia atendimento médico com clínico geral, pediatria, enfermeira para curativos e dentista — desenvolvido por voluntários, durante muitos anos. Nos últimos cinco anos, em parceria com o estado, cabia ao Centro as contas da manutenção do local (luz, telefone etc.), enquanto o estado pagava os profissionais de saúde. Com a mudança de governo, o projeto foi desfeito sem nenhuma explicação.

NOVOS CURSOS

- Acompanhamento de idosos
  Uma parceria com o estado para responder a demanda da zona sul, onde a população idosa é bastante numerosa.

- Artesanato
  Formação de novas turmas.

As pessoas atendidas pelo Centro Comunitário são de diversas religiões, pois ainda que haja a formação cristã desenvolvida na capela, respeita-se o credo religioso de cada pessoa assistida.

Todos os anos o Centro Comunitário da Capela da Anunciação, em conjunto com a Igreja da Ressurreição, realiza a Festa de Natal para 600 crianças carentes de 5 a 12 anos de idade. A festa do Natal das Crianças dos Morros do Pavão-Pavãozinho acontece há 22 anos, tornando-se uma tradição para a comunidade.

Hoje, preocupa-nos as soluções propostas pelo Plano de Aceleração do Crescimento (PAC), que até o momento, nada palpável nos foi apresentado. O projeto do PAC prevê uma estrada que passaria por nosso Centro Comunitário. Apesar de o Centro atender, à população local, e de se tratar de uma área particular, com registro de imóveis, e de sua importância como Centro Comunitário para a população nos Morros do Pavão-Pavãozinho (essa importância já é do conhecimento dos órgãos responsáveis pelas obras), aguardamos as resoluções e respostas deles.

Rio de Janeiro, Favela Pavão-Pavãozinho: Capela da Anunciação.

Vista sobre Copacabana da Favela Pavão-Pavãozinho, Rio de Janeiro, RJ.

Sala de aula do Centro Comunitário Pavão-Pavãozinho, Rio de Janeiro, RJ.

Coral da Anunciação, Favela Pavão-Pavãozinho.

Via Sacra pelo Morro Pavão-Pavãozinho, Rio de Janeiro, RJ.

A "Livroteca" Comunitária Guardiões do Pina, Recife (em palafita)

Kcal Gomes*

---

* "Traficante de Livros", músico e poeta. Livroteca Comunitária Guardiões do Pina, em palafita (Recife).

HÁ MAIS DE 15 anos venho, por conta própria, juntando livros. Para mim, cada um deles é uma carta de alforria: nos ensina a abrir portas para a liberdade.

Tinha em mente um objetivo, um sonho comunitário: dispor de um espaço de cultura (leitura, música, poesia, teatro, desenho, entretenimento) destinado principalmente às crianças pobres do lugar onde nasci — a Favela do Bode, muito pobre, em parte constituída de palafitas.

A Favela do Bode localiza-se no Pina, um bairro do Recife situado entre o agitado centro da cidade e a praia de Boa Viagem, com seus hotéis e apartamentos de luxo.

No "Porto", um local da favela que fica num barranco coberto de cascas de marisco nos fundos da Bacia do Pina, nasceu, em maio de 2007, a Livroteca — sustentada por paus de palafita, na beira do mangue.

O Porto é um dos lugares mais pobres da região, no qual as canoas dos apanhadores de marisco, sururu e unha-de-velho descarregam a coleta diária. Ela é comprada logo adiante, a preço vil, por atravessadores (as outras atividades da comunidade são um pequeno comércio local e o tráfego de drogas).

As crianças do Porto do Bode são os principais frequentadores da Livroteca, também chamada de Centro de Integração Artística (CIA) do Pina. Ela abre todos os dias, das 8:00 às 17:00 horas e atende cerca de 70 crianças (e mais alguns adolescentes e adultos). São muitas as atividades: oficinas de leitura; "contação" de histórias com dramatização; ensaios de canto ao violão (as crianças já se organizam em pequeno orfeão) e muitas brincadeiras. Minha esposa Val e mais alguns amigos ajudam na organização dessas tarefas, nas quais, meu próprio filho é uma das crianças participantes.

A "infraestrutura" da CIA do Pina continua muito precária. Limita-se a uma espécie de galpão, com piso de madeira sobre o mangue e teto baixo de zinco. Além de fazer muito calor, os livros encontram-se amontoados no chão e encostados às paredes, devido à falta de estantes.

Decorridos dois anos, a Livroteca tornou-se um ponto de referência local, o entusiasmo continua e seguimos em frente. Há propostas da prefeitura do Recife e do ministro Juca Ferreira, que nos visitou no ano passado, prometendo um computador com mezinha própria e 500 livros!

Para mim, estar no Fórum foi de grande valia e agradeço a atenção. Parabenizo a organização e os temas abordados e espero que minha contribuição tenha sido positiva — porque ser útil me faz feliz.

"O Porto", Favela do Bode, Recife: a Livroteca é a terceira palafita à esquerda.

Fachada e único acesso ao interior da Livroteca Guardiões do Pina.

Interior da Livroteca (Kcal Gomes ao violão).

APOIO DA UNIVERSIDADE AO DESENVOLVIMENTO CULTURAL: DEPOIMENTOS

A cultura está dentro da universidade

Pe. Jesus Hortal, S. J.*

* Reitor da Pontifícia Universidade Católica do Rio de Janeiro.

A PRIMEIRA QUESTÃO que me ocorre é a própria conceituação de cultura e, consequentemente, a relação entre educação e cultura. Segundo uma aproximação simplista, poderíamos definir educação como processo e cultura como produto. Observa-se o emprego da expressão "pessoa culta" para nomear aquele que, através da educação, acumulou um grande saber. Não é, porém, tão simples distinguir as duas realidades, porque nunca há uma cultura acabada; ela está continuamente em evolução. Essa dificuldade é ilustrada, por exemplo, no fato de nosso Ministério da Educação, que era Ministério da Educação e Cultura, ter conservado a sigla MEC, quase como para indicar que não deveriam ser separadas ambas as áreas. Por esta razão, não aceito dois fatos: que a universidade deva dar um "apoio" ao desenvolvimento cultural — a cultura está dentro da universidade, é gestada nela; e não é desenvolvida em paralelo com a educação — nem a ideia de uma "agenda cultural" para a universidade. A ação da universidade está permeada de cultura. Pode haver e é preciso que haja ações qualificadas de "culturais", mas elas não esgotam a vida cultural da universidade, que se manifesta em todas as suas atividades.

A própria Constituição Federal nos faz encarar a educação como o grande processo gerador da cultura. De fato, o artigo 5º indica como metas do processo educativo, ao afirmar que ela visa "ao pleno desenvolvimento da pessoa, seu preparo para o exercício da cidadania e sua qualificação para o trabalho". Ensino, pesquisa e extensão, que são tarefas iniludíveis de qualquer universidade, devem visar essas três finalidades. Ora, o desenvolvimento pleno da pessoa inclui necessariamente a dimensão cultural. Por tanto a universidade não se pode limitar a uma "agenda", mas deve viver mergulhada na cultura e na sua produção.

Examinando detidamente a vida universitária, exemplifica-se algumas ações que incidem diretamente no campo cultural. Não há universidade que não possua uma biblioteca. Ademais, muitas das grandes bibliotecas são universitárias. Elas constituem um verdadeiro repositório de cultura, que atualmente, com os recursos técnicos mais modernos evolui para o conceito mais amplo de "midioteca", proporcionando acesso à cultura global e a todas as suas manifestações.

No âmbito da pesquisa universitária, um dos campos focalizados é o da sociologia da cultura, que analisa o fenômeno cultural e mostra as suas causas e tendências.

Dentro do ensino universitário, há múltiplos cursos de artes plásticas, de música, de artes cênicas ou de design. As universidades promovem e organizam corais, orquestras, cine-fóruns e outras atividades que, normalmente são qualificadas de "cultura".

É também muito comum que as universidades tenham centros culturais, tanto os dedicados a exposições e outros eventos artísticos, quanto os que se dedicam à difusão da cultura filosófica e literária. Na Pontifícia Universidade Católica do Rio de Janeiro, por exemplo, há dois centros desse tipo: o Solar Grandjean de Montigny e o Centro Loyola de Fé e Cultura, este último centrado no diálogo entre a academia e a visão transcendente projetada pela fé.

É também notável a ação dos estudantes, que com imaginação e entusiasmo organizam seus próprios eventos culturais.

Destaco ainda a atuação da universidade em projetos sociais de cultura. Patrocinamos a ação de múltiplas comunidades carentes para desenvolverem seus próprios meios de comunicação, oral e escrita. Temos também uma incubadora cultural de empresas, que atua em variados campos.

Dessa enumeração quase telegráfica de atividades, pode deduzir-se que a universidade não "apoia" a cultura. Ela própria desenvolve a sua cultura e incentiva, de muitos modos os membros de sua comunidade a mergulhar nela. Insisto: a universidade não está fora da cultura, mas dentro dela — ela é um verdadeiro ator cultural.

Cultura e universidade: a ideia de cidadania cultural

*Mauricio José Laguardia Campomori**

---
* Diretor de Ação Cultural da Universidade Federal de Minas Gerais.

EM FINS DE 2005, eleita a nova Reitoria da Universidade Federal de Minas Gerais (UFMG), fomos chamados a elaborar o planejamento institucional da área de cultura para a gestão que se iniciaria em março de 2006.

O primeiro problema com que nos deparamos é que a despeito da imediata e natural tendência de se associar as ideias de cultura e universidade, como se fossem sinônimos, uma pergunta formulada pelo filósofo e professor Ricardo Fenati que não parava de nos incomodar: *"Cultura e Universidade são compatíveis?"* Para elaborar uma resposta, a fim de guiar nosso planejamento, precisaríamos, inicialmente, discutir o quê em nossa tradição universitária, é habitual compreender como cultura.

Aceitamos sem dificuldade que a arte é uma forma de cultura. Aceitaríamos, com a mesma rapidez, que a hipótese darwinista, por exemplo, fosse um dado cultural. Apesar de estarmos em um espaço de culto à universalidade do conhecimento — quase sempre prepondera o mais tradicional e conservador senso comum, que aponta para uma mesma e insistente contraposição entre o campo das ciências e o campo das artes (ou do pensamento não-científico; em outras palavras, da cultura). Essa tendenciosa oposição entre ciência e cultura acaba por estabelecer duas instâncias desigualmente valoradas. Ao que classificamos como ciência, são associadas as ideias de objetividade, verdade, comutatividade, consenso, entre outros. Para a cultura são outros os valores admitidos: subjetividade, relatividade, variedade, imponderabilidade. Conclui-se que sendo os valores associados ao campo científico justamente aqueles que as estruturas operacionais e de avaliação conseguem assimilar com mais facilidade, são evidentes os prejuízos para a ideia da cultura no âmbito da universidade.

Na formulação do nosso plano, a cultura afigurava-se como ponto de destaque no conjunto de propostas para os próximos 4 anos da universidade, além da importância que a economia da cultura já possuía naqueles momentos e, sabidamente, viria a possuir, devido principalmente a percepção, do grupo que estruturava a candidatura, de que apenas no horizonte largo, vasto e polissêmico da ideia de cultura se poderia criar pactos mais duradouros e substantivos interna e externamente. Internamente entre professores, alunos e funcionários; externamente entre a universidade e a sociedade. A chapa recém-eleita utilizara como *slogan* de campanha a frase "Utopia com os pés no chão". Em nossa visão, seriam exatamente esses pactos os elementos capazes de resguardar os direitos da utopia diante das intermináveis agruras e incertezas do cotidiano.

A partir do princípio que a universidade pública é um representante do Estado, iniciou-se o projeto com a recusa de dois modelos de política cultural apesar de que, submetidos ao longo do tempo às mais variadas situações conjunturais, acabaram consolidados no imaginário e na prática dos órgãos que planejam e executam programas públicos de cultura: o modelo populista e o modelo neoliberal. Nossa postura não era inédita: Marilena Chauí,[1] quando esteve à frente da Secretaria Municipal de Cultura de São Paulo, na gestão Luíza Erundina, havia tentado algo semelhante. E o caminho por ela apontado nos parecia muito pertinente.

Por um lado, recusar a tradição populista porque ela conduz à ideia de que se deva exercer, necessariamente, um papel pedagógico sobre a população. Em geral esse processo ocorre pela apropriação da cultura popular que, depois de formatada e transformada, é devolvida como *verdade* àquela população. Esta operação é centrada em um tipo de divisão entre cultura de elite e cultura popular — a primeira, opressora e a segunda, expressão autêntica dos oprimidos. Chauí afirmava que nesse quadro, gradualmente, a cultura de elite torna-se demonizada, à medida que a cultura popular adquire uma aura messiânica. Em nosso caso, a universidade, como órgão público de cultura, surgiria como um típico agente de salvação sociopolítica, através da função pedagógica da cultura popular — e sua missão redentora — propondo que a comunidade oprimida se reconheça nos meios e mensagens que lhe são

---

[1] A filósofa e professora Marilena Chauí relata sua experiência à frente da Secretaria Municipal de Cultura de São Paulo no livro *Cidadania cultural — o direito à cultura*, publicado em 2006 pela Editora Fundação Perseu Abramo.

devolvidos pelo Estado. Cada vez mais nos parecia óbvio evitar este tipo de configuração da universidade.

Do outro lado, recusar o modelo neoliberal, cada vez mais visível e influente desde meados da década de 1980, a exemplo das teorias sobre a participação do Estado na economia, preconiza a diminuição do papel do Estado no plano da cultura até sua redução a um mínimo indispensável. Mínimo esse que cabe quase que tão somente o encargo estatal com o patrimônio histórico (desempenhando o papel bem definido de índice de uma grandeza oficial que celebra a si mesma). Dentro desse modelo, tudo é colocado a serviço de conteúdos e padrões definidos pela indústria cultural e seu mercado. Acredita-se não apenas na capacidade da iniciativa privada como parceira principal das atividades culturais, mas também e principalmente como modelo de gestão. A realização prática dessa ideologia é a compra de serviços culturais oferecidos por empresas que administram a cultura a partir dos critérios do mercado, o que inevitavelmente acaba por alimentar privilégios e exclusões. Dentro desse modelo surgem, por exemplo, as leis de incentivo à cultura. Hoje, impregnado pela lógica do modelo neoliberal, o próprio Estado, através de suas empresas e autarquias, costuma ser o maior beneficiário da aplicação das leis, concorrendo com o mercado pelos recursos da sua própria renúncia fiscal. A manifestação pública mais comum desse modo é o que predomina ao nosso redor: a cultura do efêmero, ligada ao mercado de consumo da estação, do que está na moda, do que é *in*, celebrando a realidade como espetáculo, e os espetáculos entendidos como eventos isolados, de mero entretenimento. Nesse contexto, consagra-se o já consagrado, e a espetacularização atinge os domínios dos aspectos intimistas da vida privada na qual a subjetividade é, mera e rasteiramente, substituída por narcisismo.

Havia ainda um terceiro modelo que envolve risco, que em nosso caso não poderia ser evitado integralmente. Esse seria o modelo da cultura oficial produzida pelo Estado. Difícil evitá-lo porque a universidade pública, como parte do Estado, pode legitimamente se ver na qualidade de sujeito cultural e, portanto, de produtor de cultura. Em nosso caso específico, um produtor de cultura que gera números significativos, como pode ser verificado no Quadro 1 que descreve os programas permanentes realizados pela UFMG em números de 2007.

QUADRO 1

ATIVIDADES CULTURAIS PROMOVIDAS E
PRODUZIDAS PELA UFMG EM 2007

	Oficinas (atividade até 30 h)	Exposições	Espetáculos (música, teatro, dança, palestras)	Público
Espaço Expositivo Reitoria	-	4	-	12.436
Festival de Inverno	52	6	62	36.953
Festival de Verão	20	2	6	6.812
Quarta doze e trinta	-	-	34	8.487
Tarde no Campus	-	-	16	3.630
Cine 0800	-	-	16	746
Centro Cultural	4	8	49	18.452
Conservatório	-	-	86	21.606
Museu de História Natural	-	8	4	12.780
Totais	**76**	**28**	**273**	**121.902**

O objetivo principal, portanto era evitar a produção de uma tal cultura oficial, determinando para a comunidade formas e conteúdos culturais definidos pelo grupo dirigente, com a finalidade de reforçar sua própria ideologia, legitimando-a através da cultura. Essa antiga tradição teve seus momentos mais altos durante o Estado Novo e na ditadura dos anos 1960/1970, usa a cultura como instrumento justificador do regime político e, pela distribuição dos recursos e pela encomenda de trabalhos, passa a submetê-la ao controle de quem está no poder.

A alternativa frente a esses modelos e seus riscos foi tentar consolidar outros dois conceitos: a defesa intransigente da diversidade cultural e a ideia de cultura como direito.

A DIVERSIDADE CULTURAL

A construção desta nova base ocorre à partir do esclarecimento da ideia de diversidade cultural, colocada no pluralismo que a sociedade brasileira reflete. Somos uma síntese intercultural, não apenas um mosaico de culturas. Em última análise, somos o produto de tradições diversas e vivas que compõem, juntas, no nosso imaginário e no nosso modo de viver, uma identidade cultural brasileira. Por definição, somos um território de diversidade cultural e a singularidade brasileira consiste em aceitar — mais do que outros — a diversidade e buscar transformá-la em um valor universalizado.

Este processo não é simples, sequer equilibrado. Se, por um lado, vivemos um momento em que emergem novas possibilidades de interação entre as diversas culturas e a diversidade de suas expressões, um tempo de novas tecnologias, de internet como veículo de democracia, um momento que vislumbra novas maneiras de circulação dos bens, serviços, símbolos e conteúdos culturais. Por outro lado, também é um momento em que as desproporções em termos da escala ou da resistência das culturas, assim como da difusão das mensagens e dos produtos culturais, são imensas. A globalização, neste aspecto, revela uma preocupante tendência à homogeneização cultural, quando não à hegemonia pura e simples em certos setores culturais.

Ocorre-me aqui um exemplo que pode ser significativo: somos hoje, todos, bastante conscientes da necessidade de preservar a natureza. Sabemos também quão importante é preservar a diversidade biológica, como forma de garantir a renovação e a sobrevivência de todas as formas de vida. Posso me arriscar a dizer que a cultura é a natureza do homem. Nesse sentido, a diversidade cultural seria o próprio reflexo da necessidade abrangente da múltipla diversidade de vidas na natureza, a fim de que essa possa se renovar e sobreviver. A diversidade cultural pode ser vista, portanto, como a nossa biodiversidade, aquela que deve ser preservada para não se perder o rumo em um mundo que caminha para se tornar cada vez mais desprovido dos conteúdos, valores, símbolos, identidades e sentidos que nos dizem respeito.

CULTURA COMO DIREITO

Uma breve análise da ideia dos direitos do homem revela que, após as conquistas dos direitos individuais à liberdade e à vida (de primeira geração) e dos direitos sociais, econômicos e culturais (de segunda geração), emergem no final do século XX os direitos de terceira geração, inspirados nos valores da solidariedade. Como produto da ação de diversos movimentos sociais nas últimas décadas do século XX, surge um conjunto de direitos referentes à dignidade humana, cuja característica marcante são os seus titulares serem formados por grupos sociais e não por pessoas, individualmente e, portanto, são chamados de "direitos difusos". Esses direitos buscam garantir condições para que tais grupos sociais possam existir e se desenvolver integralmente, sem serem subjugados ou discriminados.

Os direitos de terceira geração buscam também garantir a qualidade da vida humana, regularizando a intervenção na natureza e a utilização de patrimônios universais. Eles definem, também, bens culturais e naturais como patrimônios da humanidade. Embora os detentores dos direitos de terceira geração ou do direito de solidariedade sejam grupos sociais, sua violação compromete o conjunto da sociedade. Por exemplo, não há sociedade livre, se mulheres, crianças, negros ou homossexuais são reprimidos dentro dela. Da mesma forma, a preservação das obras de arte de um museu europeu e de uma cidade histórica brasileira são importantes para a história não apenas de um grupo cultural, mas de toda a humanidade. São direitos de toda a humanidade.

De modo geral, esses são os conceitos que tentamos colocar em prática ao longo desses últimos 3 anos na UFMG. Finalizo externando três convicções, as quais procuramos transformar em guia para a prática cotidiana.

1. Apesar de ser difícil atribuir valor ao retorno social das políticas culturais (como se quiséssemos calcular uma rentabilidade social da cultura), confiamos que as contribuições da cultura para a realidade social são maiores que as que em geral se percebem no universo político.
2. A preservação das diversas identidades culturais e das formas expressivas de interesse geral depende da intervenção do Estado. A lógica do mercado é sedutora, mas se as políticas culturais coubessem apenas ao mercado, grande parte das formas expressivas hoje existentes desapareceria.
3. As políticas culturais locais e que consideram a noção de diversidade são, ultimamente, um contraponto aos processos de exclusão e focalizam a luta contra a pobreza, a violência e outros problemas que afrontam a sociedade. Se a ideia de diversidade cultural não soluciona a violência e a pobreza, sua contribuição para a solução desses problemas é sempre significativa, fomentando a recuperação das identidades, desenvolvendo em cada conjunto da população a autoestima e a valorização daquilo que dispõe em termos de cultura.

QUINTA PARTE

APOIO DA MÍDIA À CULTURA E RESPONSABILIDADE CULTURAL

APOIO DA MÍDIA AO DESENVOLVIMENTO CULTURAL: DEPOIMENTOS

Mídia e desenvolvimento cultural: um parto de dor

*Rodrigo de Almeida**

---
* Diretor-executivo do *Jornal do Brasil*.

HÁ UMA DRAMATICIDADE, ineditismo e inquietação no processo de mudança enfrentado pela mídia — um enfermo em crise, debilitado, entorpecido, confuso, incapaz de enxergar, por ora, a trilha a perseguir em meio a um turbilhão de alterações da sociedade, da economia e da cultura. Se discordo do jornalista e observador da imprensa Alberto Dines, para quem o intermediário entre a sociedade e a realidade é hoje um paciente "clinicamente morto"[1], concordo com seu diagnóstico de que, enquanto a realidade muda com velocidade cada vez maior, a mídia descumpre sua obrigação de servir à sociedade, ajudando-a a definir melhor seus padrões de discernimento. E descumpre essencialmente porque nada discute, em público, sobre si. (Discordo daquele vaticínio fúnebre porque, não obstante a flagrante crise e o inevitável impasse, há luzes alternativas em formação no horizonte.) Não raro, como lembra Dines, a sociedade acaba se movendo apenas condicionada por "lances passionais", entorpecida pela estrutura narrativa dos folhetins televisivos.

A constatação acima configura uma primeira e fundamental premissa para os propósitos deste artigo, segundo o tema sugerido pelo ex-ministro João Paulo dos Reis Velloso: o papel da imprensa, ou da mídia (entendida como conjunto dos meios de comunicação), para o desenvolvimento cultural do Brasil. Se há um modelo em crise, como imaginar os caminhos capazes de conduzir o jornalismo, os jornalistas e/ou colaboradores públicos a contribuir de algum modo para a cultura do país? Terreno difícil, complexo, perturbador. A questão não é linear e suas respostas, se sublinhadas pelo simplismo, trafegarão numa trilha perniciosa e enganosa. Mas tentemos.

---

[1] Dines, Alberto. "Diagnóstico inútil, o paciente está morto". *Observatório da Imprensa* (www.observatoriodaimprensa.com.br), 18/11/2008.

Da premissa inicial deriva uma segunda proposição imediata: a crise é tripartite — possui natureza econômica, tecnológica e conceitual. Mais ainda, não se restringe ao campo nacional; estende-se além-fronteiras e abarca companhias, economias e realidades situadas nos países mais desenvolvidos. Por exemplo, na primeira quinzena de dezembro de 2008, quando duas grandes empresas de comunicação dos Estados Unidos ofereceram uma mostra formidável das dificuldades presentes e futuras. De um lado, o conglomerado Tribune Co. — que publica, entre outros, o *Los Angeles Times* e o *Chicago Tribune* — tornou-se a primeira editora a pedir concordata. De outro, a New York Times Co., que publica o *The New York Times* — o mais respeitado jornal do mundo — informou que estuda hipotecar sua sede em Manhattan para pagar uma dívida milionária.

Maus presságios para os americanos, péssimos sinais emitidos para os brasileiros. A principal diferença entre aqueles e estes, no entanto, reside no fato de que, no Brasil, a mídia não discute a mídia — por isso a relevância de debates como este Fórum.

No dia seguinte ao anúncio dos problemas financeiros que atormentam dois dos maiores grupos jornalísticos do mundo, um editorial publicado simultaneamente no *Jornal do Brasil* e na *Gazeta Mercantil* (ambos editados pela Companhia Brasileira de Multimídia) buscou enfrentar o problema e discutir as explicações, implicações, dificuldades e dúvidas surgidas com tamanha crise.[2] As mudanças situam-se em três frentes. Primeira frente, na "veloz aproximação" entre a chamada mídia jornalística e as novas tecnologias de informação, forçando o progressivo desaparecimento das distâncias entre imprensa escrita, telecomunicações e entretenimento. Segunda, o chamado "meio de entrega da informação": o editorial lembrava que antes o jornal competia com outros jornais; em seguida, com o rádio, a televisão e a internet; e hoje enfrenta a concorrência de uma vasta galeria de equipamentos "capazes de fazer a seleção natural da notícia e do entretenimento", como *kindles*, elevadores, poltronas de avião, telas instaladas em táxis, celulares, entre outros.

A terceira mudança está na forma de produção de conteúdo, em que os modelos de mídia colaborativa, ou *wiki*, parecem ser os mais relevantes. (Neste modelo, os *blogs* certamente são os mais comuns e importantes, e

---

[2] "Nova e velha crise no meio da crise". Editorial publicado em 10/12/2008 no *Jornal do Brasil* · na *Gazeta Mercantil*.

ajudam a multiplicar as fontes de produção e de acesso a conteúdos diversos, que escapam à mídia tradicional.) O editorial do *JB* e da *Gazeta Mercantil*, por fim, concluiu: "No limite, velha e nova mídia interagem numa sucessão de continuidade e ruptura", lembrando que, "se num país como os Estados Unidos esse processo é complicado, imagine no Brasil, onde a concorrência é imperfeita, as características oligopolistas predominam e o uso dos mercados acionários como fonte de capitalização ainda se revela incipiente".

A extensão da citação é necessária porque sintetiza as premissas às quais recorro para ingressar diretamente no campo de análise sobre a combinação entre "continuidade e ruptura" do "velho" com o "novo" modelo que torna ainda mais complexas as exigências e as necessidades depositadas sobre a mídia, notadamente em prol do desenvolvimento cultural do país. Isso implica, também, discutir não só os padrões atuais do jornalismo brasileiro como, em particular, analisar o estado da arte da cultura do país. Se não há respostas claras ou definitivas sobre o caminho a seguir, quem sabe as críticas e dúvidas expostas ajudem a iluminar alguma parcela do presente e do futuro.

CULTURA E DESENVOLVIMENTO: ENTRE A POLÍTICA E A ECONOMIA

Hoje, só alguns poucos míopes ou insensatos tardarão a perceber a relevância da cultura para o desenvolvimento das nações a começar pelo peso crescente da produção, da circulação e do consumo de bens e serviços culturais na economia. Se já era uma constatação presente em estudos e análises imediatamente após a II Guerra Mundial, a partir da década de 1970, a chamada economia da cultura tornou-se um campo mobilizador de pesquisadores, até que, nos anos 1990, diversos órgãos internacionais de cooperação compreenderam a cultura como um vetor de desenvolvimento. (BID, Pnud, OEA e Unesco, entre outros, passaram a incluir questões relacionadas ao assunto em seu escopo de ação.)

Segundo dados do Ministério da Cultura, o Banco Mundial estima que a economia da cultura responde por 7% do PIB global.[3] Ao lado da economia do conhecimento (ou da informação), integra o que se convencionou chamar

---

[3] Dados disponíveis em http://www.cultura.gov.br/site/categoria/politicas/economia-da-cultura/

de economia nova, uma vez que seu modo de produção e de circulação de bens e serviços é altamente impactado pelas novas tecnologias. Somadas, essas áreas exibem o mérito de ter, na capacidade criativa, um elo tão ou mais importante do que o porte de capital. Trata-se, portanto, de um setor estratégico para qualquer país — rico ou pobre, desenvolvido ou não.

As atividades culturais, ressalte-se, constituem um dos setores mais dinâmicos da economia mundial, com impacto significativo e crescente sobre a geração de renda e emprego e sobre a formação do capital humano das sociedades. Os ativos intangíveis, baseados em criatividade, ideias, conceitos e valores geradores de direitos de propriedade intelectual (marcas, patentes, direitos autorais) que estão no centro das disputas competitivas. No Brasil, em particular, a facilidade de absorção de novas tecnologias, a criatividade e vocação para inovação, a disponibilidade de profissionais de alto nível em todos os segmentos da produção cultural e a boa aceitação de nossos produtos culturais em diferentes mercados formam uma virtuosa conjugação de astros — terreno fértil para uma estratégia de modernização e desenvolvimento do país, desde que analisado de fato.

Nem tudo, porém, é competição, mercado, renda, emprego e outras categorias escancaradamente econômicas. Cultura diz respeito a bem-estar e identidade — forças motrizes de qualquer comunidade, sociedade ou nação. Cultura pode e deve ser entendida como um conjunto de características distintas espirituais, intelectuais e afetivas que caracterizam uma sociedade ou um grupo social. Abarca, além das artes e das letras, os modos de vida, os sistemas de valores, as tradições e as crenças.[4] Parece ainda ilusória, contudo, a ideia de que a transformação da sociedade brasileira se dará pela cultura, mesmo que se ouçam enfáticas defesas, por organismos internacionais como a Unesco, de que a diversidade cultural é ponto central para o desenvolvimento humano e, portanto, para o desenvolvimento das nações em um mundo globalizado. O Brasil, exibe uma vistosa diversidade cultural, uma eloquente riqueza cultural, um patrimônio tangível e intangível que amplia as possibilidades de crescimento social. Até aqui, porém, não vejo mais do que isto: possibilidades. O ceticismo tem a ver com a política e com a mídia.

---

[4] A definição é da Unesco, conforme as conclusões da Conferência Mundial sobre as Políticas Culturais (Mondiacult, México, 1982), da Comissão Mundial da Cultura e Desenvolvimento (*Nossa Diversidade Criativa*, 1995) e da Conferência Intergovernamental sobre Políticas Culturais para o Desenvolvimento (Estocolmo, 1998).

Chamam a atenção, por exemplo, os números da pesquisa lançada pelo Ministério da Cultura e IBGE, *Pesquisa de Informações Básicas Municipais*, referentes a 2006. São dados relativos à presença da cultura nas 5.564 cidades brasileiras. O investimento público em cultura, nos municípios, ainda é bastante restrito. Não ultrapassa a média de 0,9% do orçamento total das prefeituras — proporção, praticamente idêntica ao orçamento do MinC frente ao Orçamento da União. Recife é, atualmente, uma das poucas cidades onde esse índice é mais elevado: próximo ao recomendado pela Unesco (2%).

A pesquisa contempla valores relativos a equipamentos e ações culturais. A presença de lojas de discos e DVDs cresceu 74% em 7 anos; o número de salas de cinema cresceu 20%, apesar de estarem presentes em apenas 8,7% das cidades. Já as videolocadoras estão em 82% das cidades brasileiras. O número de salas de espetáculo cresceu 55%; o de museus 41% e o de bibliotecas 17%. As rádios comunitárias estão em 49% dos municípios, superando as FMs (em 34%) e as AMs (em 21%); e a TV está em 95,2% dos municípios. A atividade cultural mais presente nos municípios é o artesanato (64,3%), seguida pela dança (56%), bandas (53%) e a capoeira (49%).[5] Os números confirmam que um dos principais gargalos no desenvolvimento da economia da cultura é a concentração e ou baixa capilaridade dos equipamentos culturais, que dificulta a circulação e o acesso a produtos e serviços. Dificuldade que é parcialmente suprida pelos festivais, hoje uma das mais dinâmicas formas de difusão cultural no país (49% das cidades contam com festival de cultura popular, 39% com festival de música, 36% com festival de dança, 26% com festival de teatro e 10% com festival de cinema).

O problema político do desenvolvimento, neste campo, reside, entre outros fatores, na capacidade de estratégia de capilarização e dinamização da distribuição, circulação e divulgação de produtos e serviços culturais. Há, porém, um aspecto mais grave, identificado há bastante tempo por observadores internos e externos: a farta distribuição aos congressistas de concessões de radiodifusão. O rádio sempre foi e continuará sendo um instrumento pleno de desenvolvimento da cultura e do conhecimento. Na edição de 23 de

---

[5] Estes e outros números citados por Porta, Paula: "Economia da cultura: um setor estratégico para o país". Disponível em: http://www.cultura.gov.br/site/wp-content/uploads/2008/04/texto-sobre-o-prodec-paula-porta.pdf

outubro de 2008, a revista *The Economist* identificou duas grandes falhas na mídia e na sociedade brasileira: a obrigatoriedade do diploma para o exercício profissional do jornalismo e a farta distribuição aos congressistas de concessões de radiodifusão. Aos propósitos deste artigo, dispenso o primeiro debate e sublinho o segundo. O redator da revista elogia a qualidade do jornalismo brasileiro (se comparado com o mexicano e o argentino):

> "(...) much of Brazil's journalism is good and robustly independent, particularly when compared with the media in Mexico or Argentina" — mas ataca as concessões de canais de radiodifusão a parlamentares: "The biggest flaw in the Brazilian media concerns the ownership of radio stations and provincial newspapers. According to Donos da Mídia, a monitoring group, 271 politicians (defined as state or federal legislators or mayors) are either directors or partners in media companies. Surprisingly, the two states with the highest incidence of politician-proprietors are Minas Gerais and São Paulo in the developed south-east. No diploma can guarantee reporting that is independent of these mini-Berlusconis."[6]

(O dado referente a Minas e São Paulo deve espantar aqueles que enxergam no Nordeste brasileiro a concentração dos males do acasalamento entre política e mídia. Mas passemos.)

Esse é um dos pecados originais da mídia brasileira e, nele, embute-se boa parte das distorções e desvios que a comprometem. Mas os culpados não são só esses "mini Berlusconis" designados pela revista. A mídia e o governo também os aceita e convive com eles — salvo parcas e honrosas exceções, resigna-se diante das evidências. (Três anos atrás, segundo o *Observatório da Imprensa*, o Instituto Projor entregou à Procuradoria Geral da República um cruzamento de dados, comprovando que mesmo integrantes da Comissão de Ciência e Tecnologia, Comunicação e Informática da Câmara dos Deputados, encarregada de verificar as concessões, são concessionários de radiodifusão. A Procuradoria, no entanto, arquivou o estudo.)

Portanto, há uma enorme conjugação de astros: uma cultura à espera de uma maior desconcentração, especialmente do ponto de vista da associação com o desenvolvimento e com a economia, e uma mídia engolfada por

---

[6] *The Economist*, 23/10/2008. Disponível em http://www.economist.com/displaystory.cfm?story_id=12474610

uma crise econômica, tecnológica e conceitual, carente de credibilidade e com plena dificuldade de avançar na compreensão de uma realidade. Há um componente político e econômico a se destacar: mesmo com toda a lama e gana da crise financeira internacional, o Brasil está emergindo para o desenvolvimento econômico, um salto à frente singular na História. Mas a mídia enxerga de maneira hostil este salto. A quase totalidade da elite intelectual a rejeita. Para resumir num só ataque, a qualidade da imprensa brasileira, como jornalismo informativo e interpretativo, decaiu consideravelmente, se comparada com a qualidade da imprensa antes do golpe de 1964.

Há quem diga que, possivelmente, foram os 21 anos ditatoriais a principal causa da deterioração tanto do jornalismo quanto da qualidade da representação política. Paga-se o preço, em cultura e inteligência, pelo arbítrio típico dos regimes autoritários. Não há nada de nostalgia ou negativismo em observar que o jornalismo já não é como antes. Bastaria um panorama histórico para revelar que, no campo da cultura, grandes publicações e autores do passado têm hoje pouco equivalentes. É mais do que uma perda de espaço — posto que os grandes jornais brasileiros não se dedicam pouco à cultura, em comparação com seus congêneres europeus e norte-americanos. A maioria destes últimos não edita cadernos diários de artes e espetáculos. Em compensação, as grandes cidades da Europa e dos Estados Unidos contam com um número razoável de publicações semanais dedicadas especificamente à programação de eventos culturais. É o caso da *Pariscope*, em Paris, da *Time Out*, em Nova York, ou do *Guia del Ocio*, em Barcelona.

Mais do que uma perda de espaço, trata-se de uma perda de consistência e ousadia e, por tabela, uma perda de influência. O foco recai aí, inevitavelmente, sobre o capital humano presente nas redações e nas páginas publicadas (impressas ou não): nem a evolução gráfica das publicações impressas, nem o progresso tecnológico, no caso das televisões, ajudaram a estimular um similar investimento na mão de obra jornalística. Deu no que deu. Haveria por que ampliar a extensão desse julgamento a muitas esferas da imprensa, em particular ao jornalismo político e à cobertura econômica. Ao que nos cabe, porém, fiquemos na cultura. Aqui, como ali, sobram motivos para temores, desgostos e aflições.

JORNALISMO CULTURAL: MODOS DE USAR

Em tese, caberia ao chamado jornalismo cultural o papel mais direto, na mídia, de contribuição para o desenvolvimento cultural do país. Não se pode pensar, contudo, em um jornalismo cultural, mas em múltiplas formas de fazê-lo. Do jornalismo literário do início da imprensa aos *fanzines* e *flyers* das diversas tribos urbanas de hoje, passando pelos *web sites* de cultura na internet, há um amplo espectro a considerar.

Um dos entraves para uma melhor compreensão do jornalismo cultural sobre essa missão atrelada ao desenvolvimento do país é a precariedade com que se discutem os critérios pelos quais se decide noticiar ou não determinado assunto. Se excetuarmos os casos mais óbvios — a morte de um escritor ou a premiação do Nobel, por exemplo — não existem muitos critérios para estabelecer o que noticiar ou não numa primeira página de um caderno cultural. Ou melhor, há critérios demais. Parece difícil pensar especificamente no que é importante ou jornalístico "em si", pois a notícia, no caso, está impregnada de valor. A solução abarca vários modos, mas em geral caminham para dois critérios: do prestígio e do mercado.

Entra-se, assim, num outro problema, acertadamente diagnosticado pelo jornalista Marcelo Coelho, o do público:

> Parece-me que o jornalismo cultural (...) cada dia aposta num público diferente e acaba sofrendo com uma heterogeneidade enorme nas suas pautas, na sua própria identidade. (...) Há uma balcanização, uma especialização total dos cadernos culturais no dia-a-dia, o que não ocorre em nenhuma outra parte do jornal. Pois, se eu estou lendo o caderno de política, posso detestar o Maluf e gostar do PT, ou vice-versa, mas a notícia em si, sobre qualquer um dos dois, me interessa igualmente. Aqui, no jornalismo cultural, o leitor se especializa totalmente, e quem gosta de *grunge* não tem nada a ler, na página seguinte, ou do lado, sobre o balé municipal, imagino eu. A questão não é de ecletismo ou não, é de legibilidade.[7]

Prudentemente, Coelho exime do problema os suplementos semanais, seja literários ou dominicais, como o "Mais!", da *Folha de S. Paulo*, e o

---

[7] Coelho, Marcelo. "Jornalismo cultural", artigo presente na coletânea *Um país aberto: reflexões sobre a Folha de S. Paulo e o jornalismo contemporâneo*. São Paulo: Publifolha, 2003.

"Cultura", do *Estado de São Paulo* (e eu acrescentaria o "Ideias & Livros", do *Jornal do Brasil*, e o "Prosa & Verso", de *O Globo*, entre outros). Embora tais suplementos escapem do vício de origem dos cadernos diários de cultura — a sofreguidão da heterogeneidade de suas pautas, o que afeta a própria identidade — eles escancaram um outro mal, a polarização: ora o jornalismo cultural estampa, no caso dos cadernos de "variedades", textos curtos e superficiais, presos à agenda do mercado, ora os suplementos revelam-se entregues às universidades e às falsas erudições. Nos dois casos é nítido o déficit de inteligência e conhecimento. Ambos alimentam preconceitos mútuos, privilégios e chatices. Nos dois casos, exceções desmontam a regra (sempre há luz em algum horizonte).

Os diversos tipos de jornalismo cultural não podem ser analisados fora do contexto em que foram criados e que, reciprocamente, ajudaram a criar. A grande geração de escritores e de professores de humanidades e literatura do modernismo aos anos de 1950 do século passado tinha seu encontro semanal no "Suplemento Literário" do *Estadão*, com editores como Sérgio Milliet e Decio de Almeida Prado. Um dos mais importantes momentos culturais do Brasil, vivido no Rio de Janeiro do neoconcretismo, da Bossa Nova e do Cinema Novo, encontrou ressonância no "Caderno B" do *Jornal do Brasil* — o principal responsável pelo desenvolvimento da percepção no país de que um jornal só seria completo se tivesse um caderno separado de cultura diariamente. (O "Suplemento Dominical" do *JB*, igualmente reunia trunfos notáveis.) Há outros exemplos: a inquietação dos anos 1960 e 1970 por meio do *Pasquim* de Millôr Fernandes, Jaguar, Ziraldo e Henfil, e o caldo cultural envolto por um mercado e por uma indústria cultural dispersos, fragmentados e privados, via "Ilustrada", da *Folha de S. Paulo*.

No extremo, deixou um jornalismo a serviço de uma ideia aristocrática-popular da cultura, nostálgica das experiências que 1964 viera a interromper, para uma tendência que, nos anos 1980, se invertera, com aquela concepção desmantelada por outra, sua oposta, que legitimava a cultura internacional de massas. Tratava-se de uma militância internacionalista em busca da legitimação da cultura de massas que marcaria os anos mais engajados da "Ilustrada". Disto resultou uma característica marcante da imprensa brasileira no acompanhamento que fez da cultura do país: a falta de preparo e empenho na abordagem de manifestações nascidas, produzidas e frutificadas fora do chamado eixo Rio-São Paulo — em geral, quando retratadas, com estranhamento. Ou, para usar as palavras de Lena Frias, "um dos riscos (...) é nos tornarmos exóticos dentro da nossa própria cultura", para arrematar em seguida: "O bom jornalismo cultural deve repudiar essa inclinação perversa de nos mostrar exóticos dentro daquilo que realmente somos".[8] Não raro, estados "periféricos" foram tratados, por longos e tenebrosos anos, como "desertos culturais", ignorados, provavelmente, por não estarem cadastrados na pasta do *establishment* da indústria cultural.

E agora? Hoje, por fim, tem-se um dilema. A vida cultural e o jornalismo mudaram muito. O processo de segmentação, de tribalização artística e comportamental, acentuou-se incrivelmente, numa rotina que atordoa: quanto menos tempo para ler, mais atividades de natureza diferente para noticiar. O mundo, insista-se, conspira contra o ciclo econômico de produção de um jornal. A multiplicidade em dispersão das manifestações culturais de hoje encontra no ultrafragmentado mundo da internet seu maior espelho e tradução.

CAMINHOS ABERTOS: DA MULTIRREGIONALIDADE À REVISÃO DO TEMPO

Nem tudo a ser exposto aqui entra no campo das perturbações aflitivas. Não está escrito nas estrelas que entramos numa espiral descendente, sem rumo e sem volta. Longe disso. Se, pelo lado governamental, cresce a preocupação com a necessidade de descentralização da cultura (em particular, das políticas de fomento, dos incentivos aos produtores e da democratização no acesso a bens e serviços culturais), por outro lado são cada vez mais evidentes as tentativas, ainda que tímidas, de ampliação da cobertura cultural. A própria internet oferece condições para essa "desconcentração" do espectro cultural abrangido pela mídia.

Recorro a anotações sugeridas por um amigo, o jornalista, compositor e produtor cultural Flávio Paiva: para ele, caso essa tendência se confirme como uma política editorial, a contribuição da imprensa para a diversidade cultural brasileira e, consequentemente, para o desenvolvimento do país se dará de forma muito mais efetiva e transformadora. A transição de mercados, lembra, forçada pelas espetaculares mudanças em curso — já registradas aqui — passa pela valorização dos valores intangíveis da cultura. Será aí,

---

[8] Frias, Lena. "Mídia e cultura brasileira". Artigo presente no livro *Cultura brasileira ao vivo — cultura e dicotomia*, organizado por Candido Mendes Almeida. Rio de Janeiro: Imago, 2001.

portanto, que as expressões de multirregionalidade exibirão um valor singular da nova ordem. Um ganho incalculável para o desenvolvimento e para a cultura brasileira.

Convém lembrar que, em geral, quando o adjetivo "brasileiro" é usado para definir um modelo ou uma essência, ou para validar o caráter e a autenticidade de uma manifestação artística ou cultural ("tal obra é típica ou essencialmente brasileira", por exemplo), o que está em jogo é uma prática normativa das mais restritivas. A cultura de um país não pode reduzir-se ao reconhecimento do que já se definiu como característico daquele país, sob o risco de entrar num processo de esgotamento que é o contrário da arte. A esta cabe buscar expandir os limites e as possibilidades de identidade do país e da língua em que é feita, e não estreitá-los.

Num país com déficit de identidade nacional (cujas origens são políticas, econômicas e sociais), a tendência à redução e ao consequente populismo cultural, na tentativa de definir uma tradição que delimite essa identidade, é uma ameaça constante. Como escreveu Maria Rita Kehl,[9] o Brasil é um país que se considera, tradicionalmente, órfão de pai. Não prezamos nossos antepassados portugueses. Não respeitamos a elite governante. Não temos grandes heróis entre os fundadores da sociedade, capazes de fornecer símbolos para nossa autoestima ou ideais identificatórios para as massas. Nossos "heróis nacionais" não são figuras históricas ligadas a algum mito de fundação desta sociedade, mas personalidades emergentes do mundo dos esportes e da música popular — muito mais próximos, portanto, da posição de irmãos mais habilidosos e mais espertos, do que de um pai exemplar (totêmico) ligado a um mito das origens. Reza a interpretação popular que os portugueses aqui chegaram não para civilizar, mas para usufruir e, sobretudo, para usurpar. Com boa dose de ironia, fundou-se o mito da "pátria-mãe gentil" (que Caetano Veloso chamou de "mátria", pedindo a seguir: "quero fratria!"), que tudo autoriza, tudo tolera, "tudo dá".

São outras conversas sobre o "jeito brasileiro". A caminho de encerrar estas reflexões, importaria muito mais explicitar algumas sugestões, capazes de abrir caminhos mais vistosos rumo a um jornalismo mais eficaz e producente em seu caráter informativo e interpretativo — sem o quê alcançará sua

---

[9] Kehl, Maria Rita. "A fratria órfã: o esforço civilizatório do rap na periferia de São Paulo". Em *Nenhum Brasil existe*, organizado por João Cezar de Castro Rocha. Rio de Janeiro: Topbooks/UniverCidade, 2003.

desejável contribuição para o desenvolvimento não só cultural como político e econômico do país. Neste terreno, porém, ocupo muito mais o papel de reclamador cultural do que um proponente. Tenho muito mais dúvidas e incertezas do que prognósticos repletos de convicção. Dessas interrogações e inquietações, no entanto, podem brotar curas ou, pelo menos, lenitivos destinados a nosso paciente enfermo — em crise, debilitado, entorpecido e confuso, as expressões usadas nas primeiras linhas deste artigo.

O primeiro ponto, eixo central de qualquer análise sobre desenvolvimento cultural, deveria passar pela educação. Educação do leitor, educação do consumidor de cultura e de jornais, educação do internauta e, por fim, educação dos próprios jornalistas, hoje autores cada vez menos capazes de escrever textos de refinada qualidade. Se o leitor estranhou que o tema não ganhasse espaço até aqui, considere esta passagem um pedido de remissão: este não é um caminho ou uma ação a sugerir, mas uma precondição para qualquer modelo, projeto ou esperança de desenvolvimento — seja ele cultural, econômico ou social.

O segundo ponto final é, provavelmente, o aspecto distintivo da descentralização do olhar sobre a cultura e a vida nacionais. É difícil imaginar de onde emergiram as primeiras tentativas, mas há de serem lembradas as tentativas do sítio *no*, entre os anos 2000 e 2002, e mais recentemente das revistas *Brasileiros*, *Carta Capital* e *Piauí* — para citar uns poucos exemplos. Mostram que é possível dedicar mais tempo e dinheiro a reportagens mais profundas capazes de cobrir o território brasileiro como um todo, fugindo dessa tola e cega ênfase que se dá a São Paulo, Rio de Janeiro e Brasília. Há um ensinamento elementar, mas muitas vezes ignorado, de que o jornalismo é um serviço público, que lida com o interesse do cidadão e que, portanto, deveria ser exercido por instituições e empresas que tivessem fé pública.

Um terceiro diz respeito mais propriamente ao jornalismo cultural: facilitar o complexo e complicar o fácil — expressão já ouvida em algum lugar. Significa que, diante das expressões mais complexas do espírito humano (na filosofia, na música, nas artes plásticas, na poesia ou onde for) cabe ao jornalismo tentar torná-las mais acessíveis ao homem comum ou, pelo menos, ao indivíduo medianamente informado que nos lê. Por outro lado, diante das expressões mais banais da cultura de massas, inseri-las criticamente no contexto histórico-cultural que as fundamenta e que lhes oferece sentido.

O quarto ponto a sublinhar diz respeito à gigantesca, complexa e aparentemente interminável transformação tecnológica enfrentada pela mídia. Do ponto de vista do modelo de negócios, essa mudança ainda é uma questão aberta — todas as benesses informativas trazidas pela internet e por outras plataformas de produção e absorção de conteúdo não se traduziram em ganhos financeiros para companhias e empresários que as dirigem. Mas também é verdade que, do ponto de vista do desenvolvimento cultural, há alguns caminhos abertos possíveis. Lá pelos idos de 1999 e 2000, os manuais da imprensa que davam certo na *web* brasileira rezavam que ela devia publicar textos curtos, com pouca informação e com a máxima frequência possível. Era a fórmula do jornalismo em tempo real, que chegou a produzir equações que subordinavam a substância da notícia a parâmetros esotéricos como o intervalo máximo de publicação obrigatória — uns falavam em dois minutos; outros, em três. Os anos seguintes, contudo, mostraram que, mais do que o tamanho dos textos, importava que fossem bem escritos e capazes de contar uma boa história. A primazia do imediatismo e da informação fugaz continua presente na internet, mas ao lado dela está também a análise, a interpretação, o prazer do texto e da qualidade da informação. Essa convivência torna mais complexa a vida das publicações impressas, mas também abre uma trilha luminosa e instigante.

Desse ponto deriva outro, o quinto e último ponto, agora relacionado ao "paradoxo da aceleração do tempo": o jornalismo, em particular o jornalismo cultural, os educadores e as artes em geral precisam resistir à voragem das notícias de "última hora" na internet ou à tirania da cobertura jornalística televisiva 24 horas "ao vivo". O arquiteto japonês Yoshio Taniguchi, contratado há mais de 10 anos para encontrar uma solução ao Museu de Arte Moderna de Nova York (o MoMA): acomodar tanto o público quanto o acervo em constante expansão. A reforma do museu resultou de uma sugestiva alternativa proposta por Taniguchi: precisamos desacelerar a velocidade da assimilação de informações, necessitamos valorizar a ruminação lenta dos conteúdos.

Voltamos, assim, ao ponto de partida, com sabor de uma história que se repete. Os turbilhões do progresso, ocasionando a atmosfera de desintegração que o *Manifesto Comunista*, de Marx, descreveu como imortal "tudo o que é sólido desmancha no ar", e que Schumpeter definiu como "destruição criadora", têm se repetido monotonamente em cada um dos avanços do capitalismo sobre novas fronteiras tecnológicas, geográficas e institucionais. Fica implícita a ideia de que, com frequência, é preciso destruir para construir, ou de que a construção se faz construindo, qualquer que seja a ordem mais apropriada. O fato é que o progresso, se há progresso, não é indolor. Antes de configurar-se como uma constatação resignada da inevitabilidade da crise, trata-se da convicção de que, apesar das dores e dissabores aí contidos, os impasses presentes poderão resultar em ganhos futuros. Que seja este: o desenvolvimento.

Cultura, alavanca do desenvolvimento
*Luiz Paulo Horta**

* Subeditor de Opinião de *O Globo*.

CULTURA COMO ALAVANCA do desenvolvimento?

Sim, com certeza. Mas como fazer?

Cada área possui suas características próprias. Quando se fala em música de concerto, não se pode prescindir do apoio do Estado.

A música de concerto não se trata de algo esotérico, que o povo não possa compreender. Esta é uma forma de elitismo às avessas. Achamos que o povo só pode entender a música "mais fácil". E isso não é verdade.

Mas a música de concerto, ao contrário da popular, não anda sozinha. Seus mecanismos são mais complexos. E ela não é vista pela mídia como parte da cultura de massa — o que significa que, em termos de cobertura, encontra-se um pouco à margem.

No Brasil, um caso espetacular de apoio à cultura, em relação à música de concerto, ocorreu em São Paulo a partir do projeto de construção e instalação da Sala São Paulo. Não só se construiu, ali, uma grande sala de concertos, como possibilitou condições efetivas de funcionamento à Orquestra Sinfônica de São Paulo, sob a direção de John Neschling. Foi um grande investimento e tornou-se palco para orquestras, projetos de gravação, edição de partituras, projetos didáticos e assim por diante. O interior do estado mobiliza-se para assistir a uma série de concertos que é inovadora na qualidade e na escolha do repertório. Isso é fazer cultura.

O gasto nem é tão alto assim, quando comparado a outros projetos ambiciosos. Mas ali se criaram novas plateias. E a música de concerto tem um enorme o potencial de educação, de sensibilidade, de elevação espiritual — que é necessária no mundo mecanizado e barulhento de hoje.

A partir do apoio oficial, a iniciativa privada também deve contribuir; e há exemplos disso. No Rio de Janeiro, a Vale assiste à Orquestra Sinfônica

Brasileira. A Petrobras, um caso à parte, ajuda à orquestra Petrobras Sinfônica, portanto colabora para o desenvolvimento cultural do Rio de Janeiro.

A longo prazo, um importante apoio a esses projetos seria a efetivação da ideia de devolver o ensino de música às escolas públicas. Com base em um movimento similar, que Villa-Lobos, 60 anos atrás, revolucionou o panorama musical brasileiro.

O jornalismo e a pluralidade da cultura*

*Marcelo Beraba***

---
* Texto sem revisão do autor.
** Diretor da sucursal Rio de *O Estado de São Paulo*.

A IMPRENSA ESCRITA tem uma longa tradição em receber e expressar as manifestações e tendências culturais. Os cadernos culturais dos grandes jornais são antigos, alguns com mais de meio século. Antes deles, todos os jornais já abrigavam em suas páginas temas sobre cultura. Embora essa abrangência seja uma tradição e esteja dentro do projeto jornalístico desde sua origem, é evidente que a produção diária de cultura em jornal enfrenta sempre um conflito. É a tentativa de conciliar aspectos diferentes de uma cultura diversa: erudita, popular, regional, nacional, a produção cultural de fora e a interna. É um exercício não exclusivo do jornalismo impresso, sequer da própria área de cultura. Toda a produção jornalística diária passa necessariamente por processos de seleção, mas no âmbito cultural evidenciam-se as opções de cada jornal em função do seu projeto editorial.

Este artigo não pretende abordar a maneira jornalística pela qual deve-se cobrir a área de cultura. Mas nos focaremos em um caso específico, o jornal *O Estado de São Paulo*, o qual dirijo, para tratarmos da questão da cultura e sua cobertura.

Além do diretor de redação de conteúdo do jornal, há seis editores executivos. Eles estão acima dos editores, segundo uma escala hierárquica, formando uma espécie de ministros da direção geral do jornal. Um desses editores executivos, com força interna, é Laura Greenhalgh, responsável por todos os produtos do jornal voltados para a área de cultura, ou seja: um caderno diário, o "Caderno 2", um caderno dominical com foco na produção literária e editorial do país, o "Caderno Cultura", e o "Caderno Aliás", também dominical e que procura retratar semanalmente o noticiário dos últimos dias, procurando um tratamento mais reflexivo ao buscar o apoio de intelectuais, escritores e acadêmicos para fazer essa reflexão através de artigos ou entrevistas. Mais ou menos, essa é a estrutura que um jornal como *O Estado de São Paulo* possuiu para tratar a questão da cultura.

Para exemplificar essa complexidade da tentativa de conciliar um projeto editorial na área de cultura, alinhavei alguns pontos do projeto editorial do "Caderno 2" — um caderno com produção diária, ampla e diversificada sobre a produção cultural do Brasil. Primeiro, objetiva dar voz a todas as manifestações culturais de forma a contemplar os mais variados interesses dos leitores nessa área — ou seja, uma busca consciente de pluralidade e diversidade. Segundo, realizar uma cobertura abrangente, séria, ética e crítica de todas as vertentes da chamada política cultural, de forma a contemplar, nas páginas do jornal e sem ranços oficialistas, todas as linhas de atuação das autoridades municipais, estaduais e federais no campo da cultura, isto significa, um reconhecimento de que o papel dos estados, municípios e do governo federal é cada vez maior no financiamento e execução de políticas culturais. Terceiro, não se submeter a pautas produzidas e impostas pela chamada indústria cultural e suas assessorias de imprensa, que terminam por pasteurizar todos os cadernos culturais do país. Quarto, não deixar que a pauta seja escrava da agenda cultural, mas não desprezar essa agenda pura e simplesmente sem saber tirar proveito inteligente da programação artística das instituições. Quinto, mesclar nas páginas de uma mesma edição temas da dita "alta cultura", além dos assuntos culturais mais acessíveis — para que o caderno não seja considerado nem elitista nem preconceituoso. Sexto, abordar temas retrospectivos de maneira que o caderno vire referência histórica e fonte constante de pesquisa — ao refletir sobre o passado cultural do país e do mundo e, ao mesmo tempo, procurar antecipar tendências, retratar com profundidade e com abordagens diferentes todos os modismos, avançar em temas culturais que estejam em voga, elucidar questões culturais polêmicas, encarar e analisar a arte como manifestação da vida cotidiana dos leitores.

Esses pontos, uma espécie de cardápio, servem de orientação interna, estruturando a dificuldade de executá-lo no dia a dia. Evidencia também a nossa tentativa de tentar conciliar — e essa é uma obrigação do jornalismo impresso diário —, além de abrigar e trazer para o seio do jornal, essa diversidade, pluralidade e as várias formas de manifestação cultural.

O apoio a oferecer é a nossa crítica
Plínio Fraga*

* Diretor da sucursal Rio da *Folha de S. Paulo*.

A PALAVRA JORNALISMO deveria ser ligada somente a dois adjetivos: bom ou mau. O termo "jornalismo cultural" seria apenas uma deturpação, na maior parte das vezes para justificar por que o bom jornalismo nem sempre supera o mau jornalismo. Assim como "jornalismo investigativo" é uma redundância que acoberta falhas rotineiras de produção de reportagem, o "jornalismo cultural", por diversas vezes, é apenas um rótulo usado para "licenças poéticas" que desandam para a subliteratura, em prejuízo da apuração rigorosa, da explanação clara, da exposição crítica e equilibrada.

O primeiro caderno cultural diário dos jornais brasileiros completou 50 anos recentemente. A "Folha Ilustrada" — como conta o jornalista Marcos Augusto Gonçalves no recém-lançado *Pós-tudo — 50 anos de cultura na Ilustrada* — surgiu idealizada pelo então proprietário da *Folha*, José Nabantino Ramos, para "evitar que os homens se apoderassem do jornal e as mulheres ficassem de mãos abanando, sem nada para ler".

As chamadas revistas ilustradas já eram tradição na imprensa europeia quando começaram a aparecer no Brasil. A "Folha Ilustrada" surge a partir da praticidade na transmissão e recepção de imagens trazida pelas máquinas de telefoto. As fotos de celebridades bem abertas nas páginas foram uma das suas marcas iniciais. Somada à frase que inspirou a concepção do primeiro caderno cultural brasileiro — evitar que as mulheres ficassem com as mãos abanando — pode-se depreender que pairasse sobre o caderno uma aura de banalidade, que até hoje persegue a maioria das publicações do gênero.

O Brasil vive uma situação peculiar: os números de circulação crescem, enquanto no mundo todo desabam. Há uma razão clara: nosso contingente de 5 milhões de leitores é quase ridículo perto dos 180 milhões de habitantes do país. A ampliação da circulação dos jornais brasileiros se deve principalmente à entrada dos consumidores das classes C, D e E no mercado, graças aos anos de crescimento econômico mais significativo. Os jornais, para grande parte dessa população, são por muitas vezes o único contato acessível de leitura.

Este crescimento causa impacto na forma com o qual o jornalismo tenta atraí-los. No caso dos cadernos culturais, a espetacularização da vida privada e a roda da fortuna das celebridades tornaram-se fios condutores de um jornalismo que só pode ser adjetivado como ruim.

O desafio às regras e ao poder da vigorosa indústria do entretenimento está no cerne da discussão dos caminhos do chamado, aqui a contragosto, "jornalismo cultural". Um dos grandes desafios da imprensa é ser crítica com o processo de verticalização da indústria cultural, em que um mesmo grupo produz, por exemplo, um filme, faz sua divulgação, exibe-o e depois ainda o avalia por meio de um jornal da mesma *holding*.

Um artigo publicado em 2006 no "Caderno Mais!", escrito pelo filósofo alemão Jürgen Habermas, apontava como a principal capacidade do intelectual na esfera pública o "faro vanguardista para a relevância". Dizia que o intelectual deve intervir quando o cotidiano sai dos trilhos e irritar-se sobre desenvolvimentos críticos quando os outros ainda se detêm na pasmaceira habitual.

Para exercer tal papel, escreveu Habermas, o intelectual deve ter virtudes como a sensibilidade diante de lesões da infraestrutura social, a antecipação dos perigos da vida política comum, o senso do que falta e poderia ser diferente, a imaginação para projeção de alternativas e "um pouco de coragem para a polarização, a manifestação inconveniente, o panfleto".

Tais linhas norteadoras também podem e devem ser estendidas aos artistas e, especificamente, aos jornalistas. A imprensa tem como dever incomodar o poder, inclusive o dos grandes grupos de entretenimento. Não pode ser subjugada a eles.

É preciso equilibrar o interesse imediato do leitor consumidor de cultura — com toda a gama de prestação de serviços envolvida — com temas relevantes no debate cultural — já que centramos em um setor específico do jornalismo.

O tema proposto para este encontro de hoje é o "apoio da imprensa ao desenvolvimento cultural". É preciso definir melhor este apoio para não ser entendido como a transformação do jornalismo em um instrumento pedagógico-cultural. Isso não significa que o jornalismo não possa sê-lo, mas limitá-lo a tal função é diminuí-lo.

Em artigo recente na *Folha*, o jornalista Alcino Leite Neto, ex-editor da "Ilustrada", esboçou ideias para um novo rumo: "desafiar as regras e o poder da indústria do entretenimento, que passou a exercer um domínio sufocante sobre a pauta dos cadernos; submeter os novos mitos e negócios da cultura à investigação jornalística; restabelecer o valor intelectual e polêmico da crítica contra a opinião impressionística que prolifera na internet; desfazer-se da burocracia e da sensação de que tudo já foi feito, retomando o entusiasmo pelo debate; recuperar o gosto pela liberdade — este combustível que permite ao jornalismo cultural criar e destruir valores e inflamar a opinião pública".

Assim, fazendo minhas as palavras do Alcino, encerro dizendo que o apoio que a imprensa pode dar ao desenvolvimento cultural é criticá-lo — para que de fato caminhe à frente, em vez de aderir a modismos ou ceder a interesses econômicos menores e imediatos.

APOIO DA TELEVISÃO AO
DESENVOLVIMENTO CULTURAL

Televisão pública e cultura

*Tereza Cruvinel**

---
* Presidente da Empresa Brasil de Comunicação, EBC.

ESTE FÓRUM ENCONTRA-SE consolidado como um dos mais relevantes espaços da esfera pública para a discussão das grandes questões nacionais, cujos debates sempre acompanhei, nos últimos anos, como jornalista política.

Antes ainda do início de minha carreira no jornalismo, trabalhei no Instituto de Pesquisa Aplicada (Ipea), um centro de excelência para a reflexão sobre os problemas do Brasil e a formulação de políticas públicas transformadoras. Neste tempo, João Paulo do Reis Velloso ocupava o Ministério do Planejamento, ao qual o Ipea era vinculado. Depois, lutei pela redemocratização e acabei trilhando outros caminhos, mas a passagem pelo Ipea foi fundamental para minha formação intelectual e política. Hoje venho na condição de presidente da Empresa Brasil de Comunicação (EBC), criada em 2007, com a missão de implantar e gerir a TV Pública e outros canais igualmente públicos, formadores do Sistema Público de Comunicação.

Quero também cumprimentar o ministro e os demais organizadores do Fórum pela inclusão do tema da cultura, na certeza de que os temas de ordem simbólica integrarão também as edições convencionais. O desenvolvimento não mereceria este nome se, proporcionando avanços sociais e materiais, aumento de consumo ou de renda, não proporcionasse também aos incluídos a oportunidade de fruir os bens culturais, além dos benefícios da educação formal. Não há desenvolvimento sem cultura.

O SISTEMA PÚBLICO DE COMUNICAÇÃO

Antes de falar sobre a contribuição que este sistema pode e deve dar ao desenvolvimento cultural, cabe mais uma vez distingui-lo de um sistema estatal ou governamental de comunicação.

A TV Pública, é uma televisão que, mesmo sendo financiada majoritariamente com recursos públicos, como todo serviço público, é controlada pela sociedade civil, do ponto de vista editorial, em sua programação e em seus conteúdos. Tal como em outros países onde os canais públicos foram bem-sucedidos, ela se realiza pela ação de um conselho de representantes da sociedade com poderes efetivos. No caso da EBC, o Conselho Curador é presidido pelo eminente economista Luiz Gonzaga Belluzzo.

Este sistema gerido pela EBC, composto pela TV Brasil, a TV Pública, oito emissoras de rádio e uma agência de notícias, não surge para competir com os canais privados, mas para complementá-los, oferecendo uma programação diferenciada daquela oferecida por veículos privados, nos quais a linha editorial é determinada por seus controladores e o financiamento, baseado na publicidade, determina em grande parte a busca de audiência e a natureza dos conteúdos. Não sem motivo que os constituintes brasileiros de 1988, ao lançarem os pilares da nossa democracia, previram, no artigo 223 da nossa Constituição Federal, a existência de complementaridade entre os sistemas privado, estatal e público. Passaram-se 20 anos até que, em 2007, fosse proposta a criação de uma empresa encarregada de realizar aquela previsão. Na época, os constituintes objetivavam o desenvolvimento cultural e o aperfeiçoamento da democracia, propiciando maior oferta, diversidade e pluralidade de meios de informação e comunicação.

A televisão comercial brasileira prestou e presta grandes serviços à sociedade brasileira. Foi decisiva, por exemplo, para nossa integração. Mas vivendo em função da audiência, fonte da publicidade que a financia, é impedida por sua própria natureza de oferecer uma programação com as características da que só pode ser oferecida pela TV Pública: uma natureza exclusivamente informativa, cultural, artística, científica e formadora da cidadania. É o que fazem as TVs Públicas nas democracias mais maduras, como as da Europa Central, onde TVs como a BBC inglesa e a RAI italiana, foram pioneiras e hoje convivem com a TV comercial, oferecendo uma programação complementar e diferenciada.

A TV PÚBLICA E O DIREITO À CULTURA

O direito à informação e à cultura são tão importantes como os demais direitos humanos. Estes são dois compromissos fundamentais da TV Pública. Pelo direito à informação, a TV Brasil deve oferecer um jornalismo de interesse exclusivamente público, livre de influência governamental, mas também distanciado dos interesses do mercado. Isento na oferta de informação, equilibrado e pluralista no trato das opiniões. É o que temos feito por meio de nossos telejornais e de nossos programas de natureza jornalística, como o *Caminhos da Reportagem*. Um jornalismo que contribua para o debate das grandes questões nacionais, como o nosso programa *Três a Um*. Que ajude a fixar o conhecimento histórico, representado pelo programa *De Lá para Cá*, com Ancelmo Góis.

A educação formal, pela exibição de conteúdos propriamente pedagógicos, não é finalidade precípua da TV Pública. Mas ela pode contribuir, oferecendo conteúdos relacionados com a difusão do conhecimento e da ciência. Além de programas como *Telecurso 1º e 2º Graus*, a TV Brasil prepara, para lançar em breve, programas sob a forma de gincanas de conhecimento, como o *Tô Sabendo*, voltado para concludentes do ensino médio que prestarão vestibular. Em breve, vamos estrear o programa de Ziraldo, dedicado à difusão da leitura infantil.

Difundir uma programação para crianças com qualidade, formadora e não apenas entretenedora, é uma importante missão da TV Pública. A TV Cultura de São Paulo foi pioneira neste compromisso, ao lançar séries como *Rá-Tim-Bum* e *Vila Sésamo*. A antiga TVE do Rio de Janeiro, que hoje compõe a rede TV Brasil, seguiu a mesma trilha, produzindo *A Turma do Pererê* e *Um Menino Muito Maluquinho*, que agora estão na gravação das respectivas segundas séries.

Grande parte da programação é dedicada à difusão da cultura em geral e em sua diversidade. Acreditamos que televisão comercial, por sua natureza, difunde-se para o todo o país, através de suas redes, conteúdos culturais muito laterais, oriundos do eixo Rio-São Paulo, que muitas vezes massacram e alienam as genuínas expressões culturais das diferentes regiões do Brasil. Se não são nocivos, pelo menos, é certo que não contribuem para o fortalecimento de uma identidade nacional pluralista, em um país multicultural como o nosso.

Por isso, já no início de nossas transmissões, em 2008, apresentamos uma visão diferenciada do carnaval, em suas manifestações pouco conhecidas, do interior do país e de regiões a que a televisão comercial dedica pouca atenção. Uma festa popular como o São João, no Nordeste, tão importante para a identidade sociocultural daquelas regiões, ganhou transmissões ao vivo a partir de cinco estados nordestinos. Da mesma forma, mostramos o Círio de Nazaré e o Boi Manaus.

Produzimos uma faixa musical com todos os sons do Brasil, do choro à moda de viola, também preocupada com a diversidade, mesmo que a indústria cultural aliene algumas das nossas formas de diversidade musical, um dos mais ricos patrimônios culturais.

Temos o único programa da televisão brasileira dedicado exclusivamente ao teatro, *Arte com Sérgio Britto*, e o único que discute a própria televisão, o *Ver TV*, com Laurindo Leal Filho, agora *Ouvidor* da TV Brasil.

Valorizar a diversidade étnica da população brasileira, contribuir para sua compreensão e a superação de preconceitos e posturas estigmatizantes, é uma preocupação da programação da TV Pública. Neste sentido, abrimos uma janela de exibição para documentários que tratam exclusivamente do legado indígena, denominado *Oriente do Oriente*, e outra dedicada exclusivamente à questão da afrodescendência e da cultura negra, o *Doc-África*.

POLÍTICAS DE FOMENTO CULTURAL

A EBC e a TV Brasil contribuem, para a estratégia de desenvolvimento cultural quando se associam à implementação de políticas de fomento às atividades culturais, sejam elas desenvolvidas pelo Ministério da Cultura e outros órgãos públicos, sejam lideradas por entidades da sociedade civil e terceiro setor.

A produção audiovisual hoje é um dos setores de ponta da área da cultura no mundo, em função da convergência de tecnologias digitais. Internet, televisão, telefone celular, computadores e câmeras se somam na construção da grande plataforma digital em torno da qual tende a se organizar a sociedade contemporânea. É também por meio dos recursos audiovisuais, cada vez mais acessíveis, que os cidadãos têm oportunidades mais universais de expressão, além do valor econômico crescente, na medida em que gera oportunidades de emprego e renda. A indústria audiovisual, como um todo, representa, por exemplo, 6% do PIB dos Estados Unidos. Estamos longe disso, em nosso país, mas a tendência de crescimento do setor é nítida.

Neste sentido, a TV Brasil é parceira de um conjunto de políticas e iniciativas dinamizadoras do audiovisual, assegurando sobretudo oportunidades de expressão para aqueles que estão fora das grandes corporações de produção e radiodifusão.

O *Doc-TV* é um programa pioneiro, nascido na TV Cultura de São Paulo e adotado pelo Ministério da Cultura (MinC) e pelas demais televisões não comerciais, numa parceria que tem produzido grandes resultados. Trata-se de um concurso público, voltado para todas as regiões do país, que seleciona, pelo menos, um projeto de documentário em cada estado do Brasil. O MinC propicia 80% dos recursos para seu financiamento e a televisão pública, estadual ou federal, outros 20%. Uma vez produzidos, todos os documentários são exibidos em rede pelo conjunto das televisões do campo público.

Na mesma linha, estão concebidos o *Doc-CPLP* e o *Doc-Íbero América*, através de parcerias internacionais com países de língua portuguesa e do mundo ibérico, respectivamente.

Recentemente nos associamos ao MinC e à TV Cultura de São Paulo para o lançamento do programa *AnimaTV*, que selecionará, através de editais, um conjunto de propostas de séries de animação infantojuvenil. A EBC-TV Brasil aportará uma parte dos recursos para o desenvolvimento de 18 pilotos e duas séries de animação infantojuvenil para televisão, estimulando um setor no qual a grande criatividade dos artistas brasileiros nunca contou com um programa de incentivo.

Um dos mais importantes programas de fomento cultural legado da gestão do ex-ministro Gilberto Gil, é o Pontos de Cultura, que propicia, capacita e ajuda a financiar grupos de produção cultural em periferias, favelas e localidades isoladas. Nessas regiões, com poucos recursos técnicos, como um computador com gravadora de CD e DVD, câmera e acesso à internet, jovens produtores encontram oportunidades de inclusão pela expressão cultural.

Em parceria com o MinC, a TV Brasil divulgado a produção dos Pontos de Cultura através de programas como o *Cultura Ponto a Ponto*, o *Amálgama Brasil* e o *Ponto Brasil*.

A REDE PÚBLICA E A DIVERSIDADE

Um importante instrumento para captação e registro da diversidade cultural brasileira é a Rede Pública de Televisão em construção, associação entre a TV Brasil, as emissoras educativas estaduais, as emissoras universitárias e as comunitárias.

Estas emissoras, pela proximidade com as mais diferentes regiões, captam e registram com um olhar e um foco, locais diferentes daqueles que seriam utilizados pelo produtor dos grandes centros. Através da rede, a TV Pública brasileira não apenas alcançará os mais diferentes pontos do país, ao passo que constitui e amplia seus próprios canais, como também promoverá o intercâmbio de conteúdos revelador da diversidade.

A ALTA CULTURA

Além das iniciativas relacionadas com a cultura popular, a alta cultura também tem e deve ter espaços no sistema público de comunicação. A música erudita tem no programa *A Grande Música*, da TV Brasil, a única janela permanente de divulgação da música clássica. A Rádio MEC FM é também a única emissora de rádio brasileira a tocar exclusivamente música clássica. Carecemos ainda de um programa dedicado a mostrar os museus brasileiros e as artes plásticas, por exemplo. Também é ausente, um bom programa de divulgação da nossa literatura, embora ela perpasse por outros tópicos da grade atual. Em 2008, investimos muito na valorização de Machado de Assis, no centenário de sua morte, e na divulgação de Guimarães, no cinquentenário de sua obra *Grande sertão: veredas*. Temos clareza de que o caminho a percorrer ainda é longo.

CAMPANHAS EDUCATIVAS DIVERSAS

Uma das missões da TV e dos canais públicos é contribuir para a formação crítica do cidadão, dando-lhe instrumentos para o exercício consciente da cidadania. Deste modo, as campanhas educativas são os instrumentos de que faremos uso crescente, abordando temas desde a divulgação e a importância da preservação do patrimônio material e imaterial à adoção de condutas individuais construtivas. Estas últimas vão do estímulo à doação de órgãos à educação para o trânsito, da campanha de defesa dos direitos dos portadores de deficiências à educação para o consumo consciente, por exemplo.

INTERATIVIDADE

A revolução tecnológica produziu um profundo impacto sobre a postura dos consumidores de informação. O velho fluxograma pelo qual haveria um emissor, o meio e a mensagem, e na ponta, um passivo receptor, está defasado. O cidadão contemporâneo será cada vez mais um produtor de conteúdos, interagindo com os meios e com os centros de produção.

Com a internet, os *blogs* e os *chats* se transformaram em espaços nos quais o cidadão-leitor-consumidor ganha direito à expressão. Com a TV digital, as oportunidades de interatividade se multiplicam, e progressivamente haverá, em todo o mundo, uma televisão em que o telespectador pode selecionar os conteúdos, gerir suas preferências e participar da produção.

Na TV Brasil, no telejornal *Repórter Brasil*, há um quadro denominado *O Outro Olhar*, através do qual exibimos reportagens ou registros realizados por telespectadores ou cidadãos que puderam produzi-los, seja por estarem diante de um acontecimento extraordinário, seja por terem tido a iniciativa de registrar uma situação cujo compartilhamento pode ser considerado de interesse público. Com a ampliação das possibilidades da internet e da televisão digital, há uma revolução no modo de fazer televisão.

A TV Pública, mais que qualquer outra, terá a obrigação de utilizar a interatividade para assegurar a maior e mais ampla participação dos cidadãos em sua gestão. Trata-se do canal da sociedade civil, não do governo ou do estado. Por isso, entende-se que a TV Pública, além de aumentar a diversidade na oferta de conteúdos culturais e informativos, deverá aproveitar a oportunidade de aprofundamento da rica experiência democrática que vivemos.

A televisão aberta deve contribuir para o progresso cultural

*Luis Erlanger**

---
* Diretor de Comunicação da Rede Globo.

Sou OBRIGADO A advertir que, na qualidade de jornalista militante, sou um especialista de generalidades, posso sustentar, em média, até um minuto de conversação sobre os mais incríveis temas. Mas profissionais da minha profissão raramente são profundos conhecedores de um tema único.

Assim, como representante da TV Globo, e com a experiência recolhida em 13 anos de televisão brasileira, trago ao debate algumas ideias.

Quando cheguei à TV Globo, existia uma cobrança sobre a televisão aberta (praticamente a única gratuita no mundo democrático): ser o reflexo da sociedade brasileira. E justamente por seu caráter universal, precisa ter uma programação não segmentada; pois ela é para todos.

No caso da TV Globo, temos em média 50% de participação no mercado, resultado de uma escolha diária, minuto a minuto, do telespectador brasileiro, alcançando, inclusive, audiências inimagináveis fora do Brasil, com dezenas de milhões de espectadores.

É preciso lembrar que a televisão aberta no Brasil é exploradora de concessão pública, mas não pela natureza de sua matéria-prima — comunicação social —, como costumam equivocadamente argumentar.

Jornais e revistas, por exemplo, também lidam com a opinião pública e não precisam de autorização do Legislativo. A televisão aberta depende da autorização do governo, porque utiliza um bem limitado, o espectro, para transmissão de sinais. É a mesma lógica da concessão de linhas de ônibus para cidades com suas vias de transporte limitadas.

Desta maneira há uma grande diferença entre a concessão estatal de natureza pública (as chamadas TVs oficiais educativas) e as de natureza privada, como a TV Globo.

Ademais, é inegável o valor público que a televisão aberta privada brasileira desempenha.

Recentemente, na renovação da concessão da BBC, o Parlamento inglês questionou as justificativas para taxar os cidadãos britânicos, com o objetivo de garantir o enorme orçamento desta emissora estatal. Foram então criados indicadores, como: a importância para a unidade nacional, preservação da língua, programas educacionais e culturais etc.

Mesmo sendo privada, a TV Globo tem as pontuações maiores nessa medição. Ela procura estimular o interesse pela cultura, mas sabe que tem um papel complementar, pois está inserida em um país onde sequer medimos cultura entre as categorias de atividade econômica e onde o foco está na intervenção ao conteúdo; quando não existe sequer uma estrutura de distribuição para as manifestações culturais: teatros, cinemas, bibliotecas etc.

Portanto, a televisão aberta pode e deve — respeitada a liberdade de expressão e programação — contribuir para o desenvolvimento cultural e até mesmo social do país. Mas essa é a função intransferível do Estado, que tem como missão constitucional garantir um bom ensino público.

Afinal, como diz o *slogan* da Fundação Roberto Marinho: "Educação é tudo".

Televisão por assinatura: a cobertura que a cultura merece*

*Marcelo Lins***

---
* Texto sem revisão do autor.
** Editor-chefe da Globo News.

REPRESENTO UM SEGMENTO mais especializado, digamos, uma subdivisão da televisão: a chamada TV por assinatura, a TV paga, que já foi a cabo e que hoje em dia é muito mais do que isso. Nesta área, represento a Globo News, o principal canal de jornalismo da TV paga no Brasil, disputando com qualidade, com outras internacionais. Por esta razão, decidi restringir-me a este veículo, uma vez que há outros que artigos para tratar da cobertura da cultura pelos meios de comunicação em geral.

Esta cobertura se pauta por dois objetivos muito claros.

Primeiro, o desafio de cobrir o máximo possível, com pluralidade e precisão, os temas ligados à cultura — ainda que a definição adotada de cultura seja muito ampla, como já vimos aqui em várias das intervenções. Segundo, o equilíbrio do desafio de cobrir, todos os temas com profundidade, neutralidade e equilíbrio, dentro de uma sociedade que é também movida por interesses dos mais diversos, sem esquecer o interesse comercial.

A princípio parece que há uma má cobertura da cultura na televisão; ou que se cobre aquém do que ela merece. Para comprovar, observei alguns programas que costumo acompanhar. Na década de 1990, tive a oportunidade de trabalhar no conglomerado BBC por 2 anos, na BBC Brasil, na qual já passaram Antônio Callado e Ivan Lessa, por exemplo. Observa-se que havia a disponibilidade de financiamentos sem maiores restrições, o que possibilitava, entre outras coisas, a montagem de equipes específicas para, por 1 ou 2 anos, serem responsáveis por um determinado tema, elaborando um programa específico, a ser veiculado uma vez, e, eventualmente, vendido em diversos locais e países.

Mesmo diante de canais como a BBC Internacional, com 24 horas de jornalismo, a TV 5 francesa, outro canal de jornalismo, a RAI internacional, a RTP de Portugal, nos orgulhamos da nossa cobertura cultural na televisão, especificamente em um canal de jornalismo como Globo News.

O programa *Starte* — por exemplo, apresentado pela poetisa, dramaturga e atriz, Bianca Ramoneda, com toda sua bagagem e ideias que produz — é único na televisão. Nos últimos 3 anos, fizemos coberturas diárias e ao vivo no *Jornal das 10* (o jornal que eu edito), com matérias e entrevistas com convidados importantes, por exemplo, o da Festa Literária Internacional de Paraty (Flip) foi uma cobertura de muito peso. Obviamente o desafio e a pretensão de cobrir a cultura se reflete em todos os outros temas: economia, política, no âmbito internacional etc. Além dos canais já mencionados, na CNN e na Fox News, embora menos cotada, a cobertura de cultura tornou-se um momento de descanso, tal é a instabilidade do mundo de hoje. Isso pode mudar? Isso deve mudar? Não sabemos. A TV aberta e por assinatura se impõem este desafio. Mas o que isso representaria na nossa audiência final? Particularmente me proponho ao desafio.

Não nos enganemos. O que fazemos hoje em termos de cobertura de cultura na televisão por assinatura, como Luis Erlanger muito bem disse da TV Globo e Tereza Cruvinel, das TVs públicas, é tentar abranger inúmeras propostas. Contudo, nos últimos anos, há uma certa malemolência, devido a um repertório das assessorias de imprensa, que nos pautam; das culturas das efemérides, que nos obrigam a entrar no calendário e pensar: será que essa matéria sobre o Bacalhau do Batata, em Olinda na quarta-feira de cinzas, vista há 5 anos, estará diferente da matéria que verei neste próximo carnaval? Precisamos fugir disso! Eis uma boa oportunidade de mudança, de uma sociedade na qual o individualismo é incentivado, muitas vezes, da forma menos saudável. Deve-se incentivar a criatividade de cada indivíduo, de cada colega nosso, na busca de novas formas de abordar os mesmos temas: o carnaval, o Natal, as festas culturais e outras manifestações.

Essa mudança mais do que uma agenda que exige comprometimento. Não podemos perder o senso crítico dos conflitos do dia a dia, nem a pretensão inicial do que falamos de início, de que a cultura merece. É importante ter em vista os objetivos, e morrer tentando alcançá-los.

Responsabilidade cultural das empresas: proposta da Petrobras*

*Eliane Costa**

---
* Texto sem revisão da autora.
** Gerente de Patrocínios da Petrobras.

GRANDE PARTE DA ação da gerência de patrocínios, engloba a questão da cultura e a ação da Petrobras nessa área. A expressão responsabilidade social está mais do que discutida e repetida. Já a responsabilidade cultural, possui os mesmos objetivos sociais de inclusão (assim como a inclusão digital que tem consequências de impacto social), mas de modo específico, ela ocorre pela via da cultura. Há uma rede de inclusões, todas necessárias, que convergem para o desenvolvimento da nossa sociedade.

A ação da Petrobras na cultura tem exatamente esse mote da responsabilidade cultural. Há 30 anos, a empresa começava a trabalhar na cultura. Cresci com este ideal, pois desde a década de 1970 trabalho nesta empresa, estando na gerência do patrocínio cultural desde 2003.

Desde a década de 1980, a Petrobras patrocina eventos culturais, dentre eles a exposição de Rodin e também a Orquestra Petrobras Sinfônica, este último o nosso maior patrocínio na área da cultura. Na década de 1990, com a retomada do cinema brasileiro, a Petrobras foi uma grande parceira, patrocinando por exemplo *Carlota Joaquina*, que foi o marco da retomada do cinema nacional. Ainda na década de 1990, houve grandes patrocínios voltados para a visibilidade da marca. Essa ação veio evoluindo ao longo dos anos e desta maneira a responsabilidade cultural ganhou força trabalhando não somente do ponto de vista empresarial na visibilidade da marca, mas também na questão da reputação e do valor simbólico dessa marca, como decorrência das opções de escolhas que a Petrobras faz e de suas ações na cultura. Hoje, a marca Petrobras é um dos ativos financeiros mais importantes da companhia.

Em 2001, adotou-se uma política de editais de seleção pública. O Programa Petrobras Cultural foi antecedido em 2000-2001 por programas segmentados, como os de arte cênica, música, curta-metragem e artes visuais. Esses programas inauguraram um feitio interessante, com a seleção de projetos para patrocínio por meio de editais, facultando o acesso democrático à verba e envolvendo a sociedade civil. Desta forma, quem escolhe os projetos de música são pessoas da área de música, quem escolhe os projetos de cinema são pessoas do cinema, e assim por diante.

Em 2003, foi criado o Programa Petrobras Cultural (PPC), englobando todos os editais segmentados e ampliando a ação da Petrobras não só para aquelas quatro áreas iniciais, mas para todos os segmentos da cultura brasileira. Houve um crescimento, no sentido de trazer maior estruturação para essa ação na cultura, substituindo um balcão de patrocínio por uma política com diretrizes e estratégias bem definidas, atuando de forma integrada não apenas na produção, porque hoje financiamento é o grande gargalo da cultura brasileira em todos os setores. A Petrobras é parceira na produção, difusão e nos acervos, tanto os acervos do patrimônio material quanto do imaterial brasileiro, além de objetivar às futuras plateias, ações na formação de novos frequentadores, técnicos e talentos para a cultura.

A ação da Petrobras se caracteriza como uma percepção da cultura com esse foco na responsabilidade, trabalhando para a inclusão de novos hábitos na formação de público futuro.

Trabalhamos com dois grandes balizadores. O primeiro é o próprio planejamento estratégico da companhia, que pela própria natureza e história da Petrobras, coloca rentabilidade ao lado da responsabilidade social e do compromisso com o crescimento do país representando para a cultura, uma opção por ações de patrocínio visando não apenas um valor de mercado da mídia, mas de infraestrutura para a cultura, de vitalização de acervos e educação. Essa sintonia com o planejamento estratégico define a maneira da Petrobras atuar na cultura que não é, como todos sabem, optando pelos grandes shows ou pelos grandes nomes, mas trabalhando com o edital de seleção pública e permitindo então, o atendimento a toda essa diversidade característica da cultura no Brasil.

Por fim, uma sintonia com as políticas públicas considerando a responsabilidade cultural, que é uma das propostas da Petrobras. Acompanhamos o trabalho do Plano Nacional de Cultura, das modificações da Lei Rouanet, uma lei pela qual entende-se que mudanças são necessárias. Criada em 1991, ela é e foi responsável por boa parte do desenvolvimento cultural brasileiro, e que hoje faculta aos patrocinadores, às empresas patrocinadoras o aporte de até 4% do seu lucro líquido. Contudo, observa-se o fato do governo federal ter aberto no passado R$ 1 bilhão de renúncia fiscal para a cultura, pois hoje poucas empresas ainda atuam aportando dinheiro à cultura. Suponha um cenário, de tal forma concentrado que, as seis maiores patrocinadoras da cultura correspondem a quase 50% do total aportado em cultura pelos patrocinadores, pelos dados desde 2000. Desses maiores patrocinadores citados, a Petrobras responde por quase 70% marcando uma forte presença estatal, seguido do Banco do Brasil e da Eletrobrás. Essa concentração não interessa, a nenhum dos agentes da cena cultural: nem patrocinadores, nem produtores culturais. Seria muito interessante que as empresas adotassem e vestissem essa camisa da cultura brasileira porque isso significa construir um valor para sua marca, trazendo reputação para sua ação no crescimento e no desenvolvimento.

A cultura é desenvolvimento tanto quanto crescimento econômico e deve ser da responsabilidade também das empresas usando os vários mecanismos que existem e com os novos fundos setoriais. Apesar de haver a Lei Rouanet e a Lei do Audiovisual, quanto mais houver a descentralização e o engajamento empresarial à cultura, todos ganhamos: patrocinadores, público, artistas e empresas.

ANEXO

O ÍNDICE DE DESENVOLVIMENTO SOCIAL, IDS, 1970-2008

O IDS: análise da evolução social do Brasil (atualização para 2008)

Roberto Cavalcanti de Albuquerque e Antonio Pessoa***

---

* Diretor-técnico do Instituto Nacional de Altos Estudos, Inae-Fórum Nacional. Ex-secretário de Planejamento da Secretaria de Planejamento da Presidência da República.
** Economista. Professor da Faculdade Boa Viagem (Recife, PE).

ANTECEDENTES

O INTERESSE DO Fórum Nacional pelos indicadores sintéticos de desenvolvimento remonta a 1989.

Naquele ano, teve início parceria entre o Fórum e o Instituto de Pesquisa Econômica Aplicada (Ipea) com o objetivo de examinar, em profundidade, a questão social brasileira e formular políticas públicas capazes de enfrentá-la.[1]

A equipe de trabalho constituída para esse fim considerou útil aplicar ao Brasil a metodologia, ainda incipiente, de construção de índices compósitos de desenvolvimento socioeconômico. Ela vinha sendo desenvolvida desde os anos 1960 pelo Instituto de Pesquisa para o Desenvolvimento Social das Nações Unidas (United Nations Research Institute for Social Development, Unrisd), com sede em Genebra.[2]

Os primeiros estudos resultantes dessa parceria institucional foram apresentados em novembro de 1990 no III Fórum Nacional (Rio de Janeiro), sendo, posteriormente, publicados no livro *A questão social do Brasil*.[3] O mais relevante dentre eles (no que respeita aos indicadores sintéticos) intitulou-se "A situação social do Brasil: um balanço de duas décadas".[4] Esse *paper* apresentou, pela primeira vez, os Índices de Desenvolvimento Humano (IDHs) para o Brasil, suas regiões e estados,[5] abarcando o período 1970-1988.[6] E foi além deles ao estimar, para o mesmo período, dois

---
[1] Essa parceria foi fruto do convênio, de 1989, entre o Ipea e o Instituto Brasileiro de Mercado de Capitais (Ibmec), que então abrigava o Fórum Nacional.
[2] Entre outros estudos patrocinados pelo Inrisd, foram examinados *The level of living index* e *Contents and measurement of socioeconomic development* (ver Drewnowski & Scott e Mcgranahan, D.V. *et al.*).
[3] O organizador do livro foi João Paulo dos Reis Velloso, coordenador do Fórum Nacional (cf. Velloso, org.).
[4] Cf. Albuquerque & Villela.
[5] Neste texto, a expressão "estados" inclui o Distrito Federal, ou seja, refere-se às 27 unidades da Federação.
[6] O IDH fora divulgado pelo Programa das Nações Unidas para o Desenvolvimento, Pnud, em meados de 1990 (ver UNDP, 1990). Nessa ocasião, os estudos do Fórum Nacional e o Ipea já se encontravam bastante avançados (eles foram apresentados, conforme visto, em novembro desse mesmo ano).

novos índices: o Índice de Desenvolvimento Relativo (IDR), e o Índice do Nível de Vida, (INV).[7]

Esse último indicador, o INV, já é um índice de desenvolvimento bastante completo, sendo integrado por cinco componentes: saúde, habitação, educação, participação econômica e lazer e informação. Ele pode ser considerado o precursor do Índice de Desenvolvimento Social (IDS), concebido, em sua primeira versão, em 2004 e apresentado no Minifórum Especial de setembro de 2008.[8]

Em 2008, foi apresentada no XX Fórum Nacional uma nova versão do IDS para o período 1970-2007, com repercussão em todo o país.[9]

O ÍNDICE DE DESENVOLVIMENTO SOCIAL, IDS, 1970-2008

A presente atualização do IDS cobre o período 1970-2008. Sendo essencialmente um indicador que mede, em termos relativos, o nível do desenvolvimento social, ele foi calculado para os anos de 1970, 1980, 1991, 2000 (com base principalmente nos Censos Demográficos correspondentes), 2005, 2006 e 2007, o cálculo foi apoiado, sobretudo, nas Pesquisas Nacionais por Amostra de Domicílios (Pnads), relativas a esses anos. Tendo sido estimado para 2008 mediante extrapolação de sua tendência evolutiva recente. Seus valores variam hipoteticamente entre 0 e 10 e são apresentados com dois algarismos decimais.

O IDS enseja, ao mesmo tempo, visão de síntese e análises desagregadas do desempenho e da estrutura sociais. Ele é integrado pelos seguintes componentes:

1. saúde — representado pelos subcomponentes esperança de vida ao nascer e taxa de sobrevivência infantil (o complemento para 100 da taxa de mortalidade infantil);

---

[7] O Ipea divulgou esses dois índices e o IDH no ano de 1991 em estudo intitulado "A situação social: o que diz o passado e o que promete o futuro" (ver Albuquerque, 1991). O relatório completo desses estudos — contendo um Índice Geral de Desenvolvimento (IGD) com 22 variáveis econômicas, 60 sociais e 8 políticas, estimado para 1970-1988 — foi publicado, também pelo Ipea, em 2003 (cf. Albuquerque, coord., 1993). O IGD foi apresentado no IV Fórum Nacional (Rio de Janeiro, 1991) e divulgado no livro *Estratégia social e desenvolvimento* (cf. Velloso, coord., 1992).
[8] Veja-se, para o IDS de 2004, o estudo intitulado "A questão social: balanço de cinco décadas e agenda para o futuro" (Albuquerque, 2005).
[9] Cf. Albuquerque (2008).

2. educação — representado pelos subcomponentes taxa de alfabetização e pela média de anos de estudo (ou escolaridade média) da população;
3. trabalho — representado pelos subcomponentes taxas de atividade e de ocupação;
4. rendimento — representado pelos subcomponentes PIB per capita e coeficiente de igualdade (o complemento para 1 do coeficiente de Gini); e
5. habitação — representado pelos subcomponentes disponibilidades domiciliares de água, energia elétrica, geladeira e televisão.[10]

O IDS, I: VISÃO DE SÍNTESE

A Tabela 1 apresenta, por ordem decrescente, os IDS relativos ao Brasil, regiões e estados calculados para 2007.

Considera-se que os IDS de 2007 (coluna 3) iguais ou superiores a 8,50 refletem situações de alto desenvolvimento social; os menores que 8,50 e iguais ou maiores que 7,50, situações de médio-alto desenvolvimento social; e os menores que 7,50 e iguais ou maiores que 5,00, situações de médio-baixo desenvolvimento social. Os IDS inferiores a 5,00 retratam situações de baixo desenvolvimento social.

Estão na dianteira do desenvolvimento social brasileiro o Distrito Federal (IDS de 9,16) e os estados de Santa Catarina (8,91) e São Paulo (8,87); na retaguarda, Alagoas (6,23), Maranhão (6,65) e Paraíba (6,67). Entre as regiões, o Sul tem o IDS mais alto (8,72) e o Nordeste, o mais baixo (6,92). O Brasil, com IDS de 8,05, situa-se, em ordem decrescente, na 14º posição.

A Tabela 1 permite também comparar a ordem dos PIBs per capita (apresentados, em PPC$ de 2006,[11] na coluna 4) e a ordem dos IDS. Esse confronto ocorre na coluna 5. Nela, os valores positivos (por exemplo, o de Santa Catarina, que é igual a 3) resultam de IDS relativamente mais alto e PIB per capita relativamente mais baixo; os valores negativos (por exemplo, Rio de Janeiro -5), de IDS relativamente mais baixo e PIB per capita relativamente

---

[10] Ver, para os procedimentos de cálculo do IDS, o Anexo Metodológico. E para os dados do IDS para 1970-2007 e seus componentes, o Anexo Estatístico.
[11] Ou seja, em "dólares internacionais", unidade de conta que reflete a paridade de poder de compra (PPC), em determinado ano, entre o real no Brasil e o dólar nos Estados Unidos. Cf. The World Bank (2007).

mais alto (os zeros — por exemplo, o caso do Nordeste — indicam o mesmo lugar nas ordens para os dois indicadores).

TABELA 1

O ÍNDICE DE DESENVOLVIMENTO SOCIAL, IDS, 2007 E 2008: BRASIL, REGIÕES E ESTADOS

Ordem do IDS	Brasil, Regiões e Estados	IDS 2007	PIB 2007 per capita (US$ PPC, 2006)	Ordem do PIB per capita menos ordem do IDS	IDS 2008 (estimativa)
ALTO DESENVOLVIMENTO SOCIAL (IDS de 2007 igual ou maior que 8,50)					
1	Distrito Federal	9,16	27.847	0	9,24
2	Santa Catarina	8,91	12.119	3	8,91
3	São Paulo	8,87	15.375	-1	9,00
4	Rio Grande do Sul	8,72	11.311	4	8,75
5	**Sul**	8,72	11.038	4	8,76
6	**Sudeste**	8,61	13.184	-2	8,69
7	Paraná	8,59	10.140	3	8,62
MÉDIO-ALTO DESENVOLVIMENTO SOCIAL					
(IDS de 2007 menor que 8,50 e igual ou maior que 7,50)					
8	Rio de Janeiro	8,40	13.625	-5	8,48
9	Espírito Santo	8,33	12.016	-3	8,26
10	**Centro-Oeste**	8,33	11.908	-3	8,42
11	Minas Gerais	8,24	8.504	3	8,27
12	Mato Grosso do Sul	8,18	8.203	3	8,20
13	Goiás	8,18	7.714	3	8,28
14	**BRASIL**	8,05	9.828	-3	8,13
15	Roraima	7,97	7.057	2	8,04
16	Mato Grosso	7,97	9.431	-4	8,05
17	Rondônia	7,66	6.881	1	7,98
18	Amapá	7,63	6.834	1	7,61
19	Tocantins	7,59	5.894	3	7,69
MÉDIO-BAIXO DESENVOLVIMENTO SOCIAL					
(IDS de 2007 menor que 7,50 e igual ou maior que 5,00)					
20	Amazonas	7,49	9.275	-7	7,26
21	Sergipe	7,40	5.951	0	7,56
22	**Norte**	7,37	6.262	-2	7,39
23	Rio Grande do Norte	7,24	5.205	2	7,45
24	Acre	7,16	5.629	-1	7,25
25	Pará	7,15	4.792	2	7,19
26	Ceará	7,09	4.317	3	7,16
27	Bahia	7,08	5.232	-3	7,14
28	**Nordeste**	6,92	4.607	0	7,00
29	Pernambuco	6,85	4.991	-3	6,85
30	Piauí	6,71	3.218	3	6,81
31	Paraíba	6,67	4.181	-1	6,58
32	Maranhão	6,65	3.569	0	7,00
33	Alagoas	6,23	3.958	-2	6,43

FONTES: Ver Anexo Metodológico.

A Tabela 1 traz ainda a estimativa feita para os IDS de 2008 (última coluna).

O Gráfico 1 apresenta, com fundamento nos IDS relativos a 2007, a escala do desenvolvimento social do país. A Tabela 2 apresenta a evolução do IDS ao longo do período 1970-2007.

Entre 1970 e 2007, o IDS do Brasil cresceu à média anual de 2,1%. Nesse mesmo período, o IDS do Nordeste avançou relativamente mais (a 3,5% a.a.), embora tenha partido de patamar bem mais baixo. Seguem-lhe os IDS do Centro-Oeste (2,5%), Norte (2,4%), Sul (1,9%) e Sudeste (1,5%), ocorrendo, nesses anos, acentuada redução das disparidades regionais de desenvolvimento social.

As performances dos estados apresentam maior dispersão. Enquanto o IDS do Rio Grande do Norte cresceu a 5,0% e o do Piauí a 4,8% anuais; os dos estados do Rio de Janeiro e São Paulo evoluíram a 1,2% e a 1,3%, respectivamente.

A década de 1970 apresentou melhor desempenho relativo, com crescimento anual do IDS de 4,1% para o Brasil, se comparados com 2,3% em 2000-2007 e 1,0% em 1980-2000, um período de baixo crescimento médio anual da economia. As performances das regiões e estados seguem, em geral, esse mesmo padrão.

GRÁFICO 1

BRASIL: A ESCALA DO DESENVOLVIMENTO SOCIAL, 2007

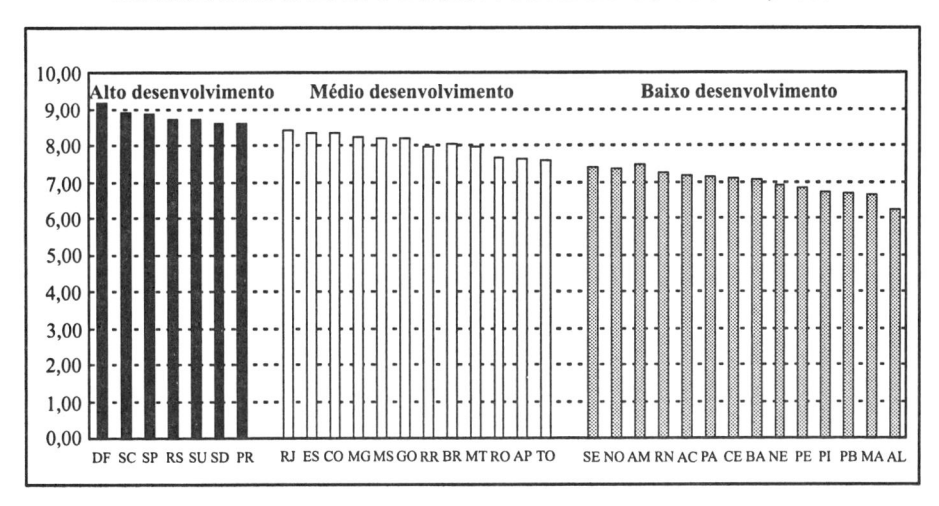

TABELA 2

TENDÊNCIAS DO IDS, 1970-2007: BRASIL, REGIÕES E ESTADOS

Ordem do IDS	Brasil, Regiões e Estados	IDS, Anos							Crescimento Médio Anual (%)			
		1970	1980	1991	2000	2005	2006	2007	1970-1980	1980-2000	2000-2007	1970-2007
	ALTO DESENVOLVIMENTO SOCIAL (IDS de 2007 igual ou maior que 8,50)											
1	Distrito Federal	5,36	7,45	8,30	8,13	9,00	9,08	9,16	3,4	0,43	1,7	1,5
2	Santa Catarina	4,16	6,39	7,46	7,91	8,85	8,91	8,91	4,4	1,1	1,7	2,1
3	São Paulo	5,57	7,15	7,90	7,86	8,61	8,75	8,87	2,5	0,5	1,8	1,3
4	Rio Grande do Sul	4,89	6,83	7,63	7,84	8,59	8,69	8,72	3,4	0,7	1,5	1,6
5	**Sul**	4,30	6,30	7,35	7,68	8,57	8,67	8,72	3,9	1,0	1,8	1,9
6	**Sudeste**	4,87	6,63	7,50	7,57	8,36	8,52	8,61	3,1	0,7	1,9	1,5
7	Paraná	3,80	5,73	7,07	7,49	8,37	8,55	8,59	4,2	1,3	2,0	2,2
	MÉDIO-ALTO DESENVOLVIMENTO SOCIAL (IDS de 2007 menor que 8,50 e igual ou maior que 7,50)											
8	Rio de Janeiro	5,42	6,87	7,63	7,52	8,18	8,33	8,40	2,4	0,5	1,6	1,2
9	Espírito Santo	3,66	5,83	7,01	7,34	8,27	8,39	8,33	4,8	1,2	1,8	2,2
10	**Centro-Oeste**	3,38	5,38	6,85	7,16	8,14	8,24	8,33	4,8	1,4	2,2	2,5
11	Minas Gerais	3,35	5,52	6,69	7,07	8,01	8,20	8,24	5,1	1,2	2,2	2,5
12	Mato Grosso do Sul	2,80	4,61	6,91	7,01	8,01	8,17	8,18	5,1	2,1	2,2	2,9
13	Goiás	2,86	5,05	6,61	6,94	7,82	8,07	8,18	5,8	1,6	2,4	2,9
14	**BRASIL**	3,74	5,60	6,66	6,87	7,82	7,98	8,05	4,1	1,0	2,3	2,1
15	Roraima	3,05	5,20	6,04	6,47	7,50	7,90	7,97	5,5	1,1	3,0	2,6
16	Mato Grosso	3,56	4,85	6,23	6,89	8,00	7,88	7,97	3,1	1,8	2,1	2,2
17	Rondônia	3,31	4,73	5,54	6,48	7,35	7,35	7,66	3,6	1,6	2,4	2,3
18	Amapá	3,26	5,18	6,19	6,56	7,43	7,65	7,63	4,7	1,2	2,2	2,3
19	Tocantins	1,98	3,88	4,54	5,55	7,28	7,50	7,59	6,9	1,8	4,6	3,7
	MÉDIO-BAIXO DESENVOLVIMENTO SOCIAL (IDS de 2007 menor que 7,50 e igual ou maior que 5,00)											
20	Amazonas	3,33	5,39	6,08	6,30	7,62	7,72	7,49	4,9	0,8	2,5	2,2
21	Sergipe	2,16	4,05	5,66	5,76	7,00	7,23	7,40	6,5	1,8	3,6	3,4
22	**Norte**	3,05	4,82	5,56	6,16	7,22	7,35	7,37	4,7	1,2	2,6	2,4
23	Rio Grande do Norte	1,19	3,38	5,19	5,68	6,69	7,04	7,24	11,1	2,6	3,5	5,0
24	Acre	2,62	4,44	5,36	5,77	6,68	7,07	7,16	5,4	1,3	3,1	2,8
25	Pará	3,17	4,75	5,32	5,84	6,92	7,11	7,15	4,1	1,0	2,9	2,2
26	Ceará	1,51	3,30	4,99	5,50	6,73	7,02	7,09	8,1	2,6	3,7	4,3
27	Bahia	2,42	4,22	5,22	5,52	6,86	7,01	7,08	5,7	1,3	3,6	2,9
28	**Nordeste**	1,92	3,71	5,05	5,42	6,65	6,83	6,92	6,8	1,9	3,5	3,5
29	Pernambuco	2,13	3,94	5,40	5,58	6,61	6,84	6,85	6,4	1,8	3,0	3,2
30	Piauí	1,18	3,44	4,70	4,95	6,41	6,62	6,71	11,3	1,8	4,5	4,8
31	Paraíba	1,27	3,05	4,86	5,33	6,52	6,77	6,67	9,1	2,8	3,3	4,6
32	Maranhão	2,15	3,49	4,40	4,79	6,33	6,33	6,65	5,0	1,6	4,8	3,1
33	Alagoas	1,91	3,42	4,84	4,79	5,89	6,03	6,23	6,0	1,7	3,8	3,3

FONTES: Ver Anexo Metodológico.

O Gráfico 2 traça a evolução, para o Brasil e suas regiões, do IDS ao longo do período 1970-2007.

GRÁFICO 2
BRASIL: EVOLUÇÃO DO IDS, 1970-2007

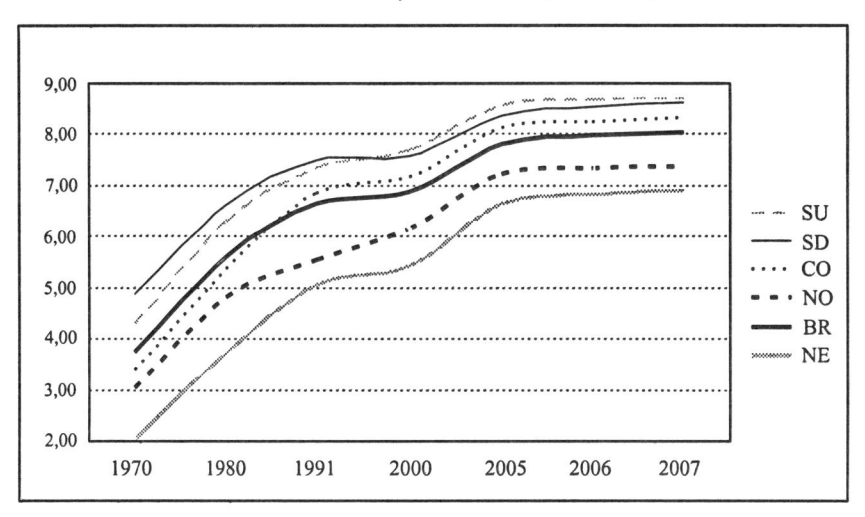

O IDS, II: ANÁLISE DOS COMPONENTES

As Tabelas 3 a 7 apresentam, de forma resumida, os dados considerados mais relevantes relativos aos cinco componentes e doze subcomponentes do IDS.

SAÚDE: CONVERGÊNCIA

O componente ou Índice de Saúde (IS), para o país, regiões e estados (2007), bem como os subcomponentes esperança de vida ao nascer e taxa de sobrevivência infantil constam da Tabela 3, mantida a ordenação decrescente segundo o IDS adotada desde a Tabela 1.[12]

Os três líderes em saúde são o Rio Grande do Sul (IS de 9,95), Santa Catarina (IS de 9,94) e o Distrito Federal (IS de 9,92). Os lanterninhas são Alagoas (IS de 7,71), Maranhão (8,11) e Pernambuco (8,24). O Sul é a região com maior IS (9,84) e o Nordeste tem o menor deles (8,54). No *ranking* geral, o Brasil está em 15º lugar (IS de 9,31).

---

[12] Essa mesma ordem é observada nas Tabelas 1 a 7, 9 e 10.

TABELA 3
O COMPONENTE SAÚDE (E SUBCOMPONENTES)
DO IDS: BRASIL, REGIÕES E ESTADOS

Ordem do IDS	Brasil, Regiões e Estados	Componente Saúde		Ordem do IDS menos Ordem do IS	Subcomponentes, 2007	
		Índice (IS) 2007	Crescimento* 1970-2007		Esperança de Vida (anos)	Sobrevivência Infantil (por 100)
	ALTO DESENVOLVIMENTO SOCIAL (IDS de 2007 igual ou maior que 8,50)					
1	Distrito Federal	9,92	2,4	-2	75,3	98,32
2	Santa Catarina	9,94	1,7	0	75,3	98,39
3	São Paulo	9,77	1,8	-2	74,2	98,45
4	Rio Grande do Sul	9,95	1,4	3	75,0	98,65
5	**Sul**	9,84	1,7	1	74,7	98,39
6	**Sudeste**	9,70	2,0	-1	74,1	98,23
7	Paraná	9,68	1,9	-1	74,1	98,14
	MÉDIO-ALTO DESENVOLVIMENTO SOCIAL (IDS de 2007 menor que 8,50 e igual ou maior que 7,50)					
8	Rio de Janeiro	9,49	1,9	-5	73,1	98,04
9	Espírito Santo	9,61	1,9	-2	73,7	98,11
10	**Centro-Oeste**	9,61	2,1	-1	73,7	98,11
11	Minas Gerais	9,72	2,3	5	74,6	97,96
12	Mato Grosso do Sul	9,64	1,9	3	73,8	98,20
13	Goiás	9,54	2,1	1	73,4	98,06
14	**BRASIL**	9,31	2,5	-1	72,7	97,57
15	Roraima	8,98	2,5	-6	69,9	98,09
16	Mato Grosso	9,47	1,8	2	73,1	97,96
17	Rondônia	9,08	2,2	-2	71,2	97,63
18	Amapá	8,94	2,1	-5	70,4	97,61
19	Tocantins	9,01	3,2	-2	71,3	97,27
	MÉDIO-BAIXO DESENVOLVIMENTO SOCIAL (IDS de 2007 menor que 7,50 e igual ou maior que 5,00)					
20	Amazonas	9,09	2,2	2	71,6	97,41
21	Sergipe	8,78	5,0	-5	70,9	96,62
22	**Norte**	9,11	2,2	5	71,6	97,50
23	Rio Grande do Norte	8,68	43,1	-4	70,4	96,52
24	Acre	8,94	2,1	0	71,4	96,93
25	Pará	9,19	2,2	9	72,0	97,56
26	Ceará	8,78	7,1	1	70,3	97,03
27	Bahia	8,97	3,3	5	72,0	96,66
28	**Nordeste**	8,54	5,4	-1	69,7	96,44
29	Pernambuco	8,24	12,0	-2	68,3	96,16
30	Piauí	8,59	2,9	2	68,9	97,18
31	Paraíba	8,37	30,0	1	69,0	96,20
32	Maranhão	8,11	2,9	0	67,6	96,08
33	Alagoas	7,71	14,5	0	66,8	95,00

FONTE: Ver Anexo Metodológico.

A coluna 5 da Tabela 3 revela que as condições de saúde são relativamente melhores que o nível de desenvolvimento social medido pelo IDS no Pará, Minas Gerais, Bahia e Norte, mas relativamente piores em Roraima, Sergipe, Amapá e Rio de Janeiro (são esses os casos extremos).

As duas últimas colunas da Tabela 3 trazem os subcomponentes do IS para 2007: a esperança de vida ao nascer, em anos, e a taxa de sobrevivência infantil (o complemento para 100 da taxa de mortalidade infantil).

O Gráfico 3 apresenta a escala da saúde para o Brasil, regiões e estados em 2007.

Educação: rápido crescimento

A Tabela 4 retrata segundo a mesma sistemática da Tabela 3 o componente educação do IDS, bem como seus subcomponentes, para 2007.

O Índice de Educação (IE), 7,39 para o Brasil em 2007, situa o país quanto à educação, em posição semelhante (14ª) à obtida segundo o IDS, cujo valor demonstrado na coluna 5 da Tabela 3 é igual a 0. As melhores classificações do IE são obtidas pelo Distrito Federal (nota 9,93), Rio de Janeiro (8,91) e São Paulo (8,90). As piores cabem a Alagoas (4,38), Piauí (4,72) e Paraíba (4,96). O IE regional mais alto é o do Sudeste (8,47), sendo o mais baixo aquele observado para o Nordeste (5,39).

No período de 1970-2007, o crescimento do IE foi bastante elevado. Ele evoluiu, no Brasil, a 2,3% ao ano. As maiores taxas estaduais de crescimento foram obtidas pelo Tocantins (9,8% anuais), Maranhão (8,9%) e Acre (7,5%); as menores, pelo Rio de Janeiro (1,7%), Distrito Federal (1,8%) e São Paulo (1,9%). Repete-se na educação, embora menos intensamente, a convergência interespacial dos níveis de desenvolvimento já observada na saúde, reduzindo-se significativamente as disparidades entre os estados. O Gráfico 4 ilustra bem esse fenômeno ao demonstrar que as taxas de crescimento tendem a decrescer à medida que se elevam os IEs.

A mesma tendência para mais convergência verifica-se entre as regiões, em que o Sudeste e o Sul apresentam crescimentos médios anuais de 2,0% e 2,4% e o Nordeste e o Norte, 3,6% e 2,9% respectivamente.[13]

---

[13] O Centro-Oeste também obteve bom crescimento no IE: 3,2%.

GRÁFICO 3
BRASIL, REGIÕES E ESTADOS: A ESCALA DA SAÚDE, 2007

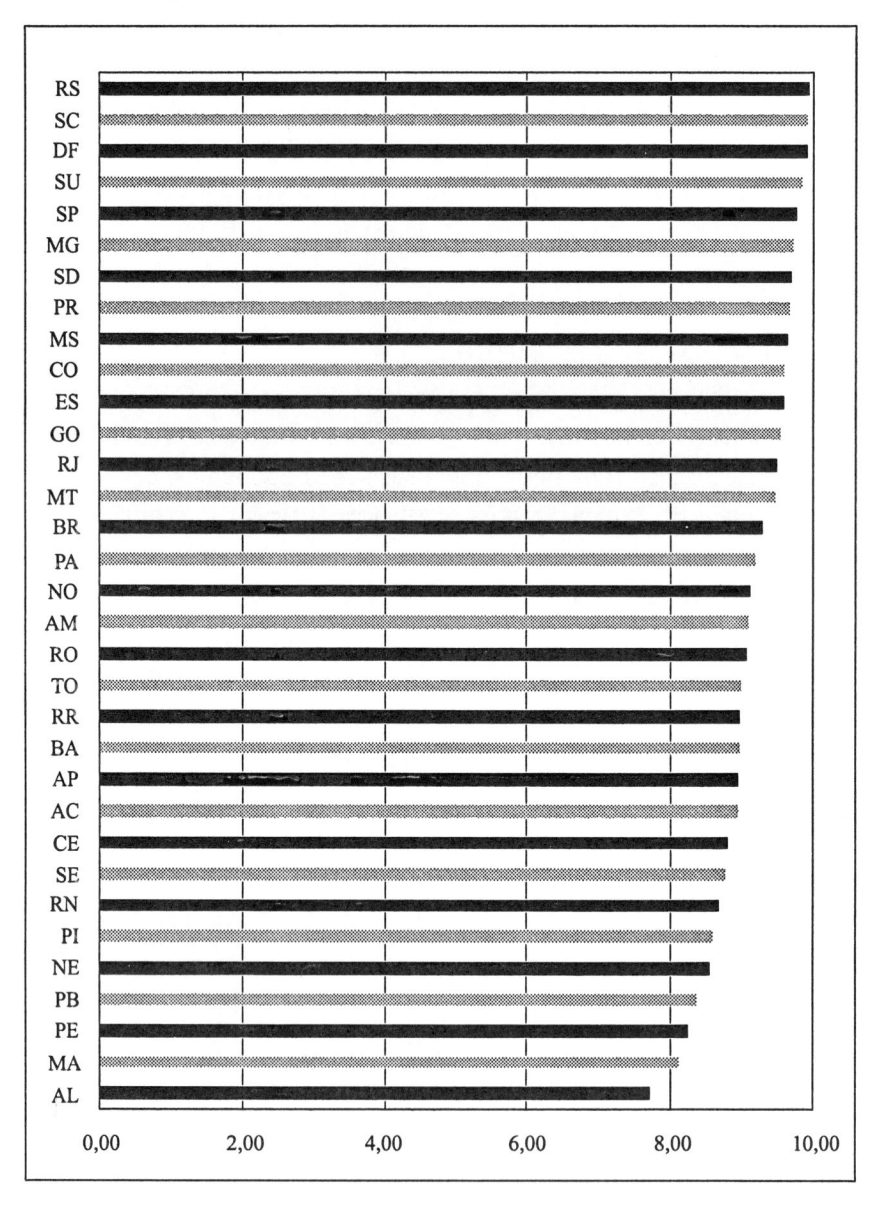

TABELA 4

O COMPONENTE EDUCAÇÃO (E SUBCOMPONENTES) DO IDS: BRASIL, REGIÕES E ESTADOS

Ordem do IDS	Brasil, Regiões e Estados	Componente Educação Índice (IE) 2007	Crescimento* 1970-2007	Ordem do IDS menos Ordem do IE	Subcomponentes, 2007 Taxa de Alfabetização (%)	Média de Anos de Estudo
ALTO DESENVOLVIMENTO SOCIAL (IDS de 2007 igual ou maior que 8,50)						
1	Distrito Federal	9,93	1,8	0	96,35	8,7
2	Santa Catarina	8,29	2,5	-3	95,63	7,4
3	São Paulo	8,90	1,9	0	95,40	7,9
4	Rio Grande do Sul	8,01	1,9	-5	94,99	7,2
5	**Sul**	8,12	2,4	-2	94,56	7,3
6	**Sudeste**	8,47	2,0	2	94,26	7,6
7	Paraná	8,06	3,1	-1	93,47	7,3
MÉDIO-ALTO DESENVOLVIMENTO SOCIAL (IDS de 2007 menor que 8,50 e igual ou maior que 7,50)						
8	Rio de Janeiro	8,91	1,7	6	95,65	7,9
9	Espírito Santo	7,59	2,8	-3	91,57	7
10	**Centro-Oeste**	7,73	3,2	0	91,95	7,1
11	Minas Gerais	7,32	2,6	-5	91,11	6,8
12	Mato Grosso do Sul	7,35	3,5	-3	91,64	6,8
13	Goiás	7,45	3,9	0	91,19	6,9
14	**BRASIL**	7,39	2,3	0	90,01	6,9
15	Roraima	7,65	3,1	4	90,29	7,1
16	Mato Grosso	6,77	3,6	-2	89,94	6,4
17	Rondônia	6,66	2,6	-2	90,34	6,3
18	Amapá	8,17	3,0	12	93,25	7,4
19	Tocantins	6,43	9,8	-2	85,86	6,3
MÉDIO-BAIXO DESENVOLVIMENTO SOCIAL (IDS de 2007 menor que 7,50 e igual ou maior que 5,00)						
20	Amazonas	7,24	2,8	3	92,0	6,7
21	Sergipe	6,05	5,0	-3	83,2	6,1
22	**Norte**	6,60	2,9	2	89,2	6,3
23	Rio Grande do Norte	5,77	4,0	-2	80,3	6,0
24	Acre	6,22	7,5	2	84,1	6,2
25	Pará	6,19	2,5	2	88,3	6,0
26	Ceará	5,68	3,6	-1	80,8	5,9
27	Bahia	5,47	3,4	-1	81,6	5,7
28	**Nordeste**	5,39	3,6	-1	80,0	5,7
29	Pernambuco	5,71	2,6	3	81,5	5,9
30	Piauí	4,72	5,8	-2	76,6	5,3
31	Paraíba	4,96	3,9	0	76,5	5,5
32	Maranhão	5,06	8,9	2	78,6	5,5
33	Alagoas	4,38	4,1	0	74,8	5,1

FONTE: Ver Anexo Metodológico.

GRÁFICO 4
ESTADOS (E DF): CRESCIMENTO MÉDIO ANUAL
DO ÍNDICE DE EDUCAÇÃO (IE), 1970-2007

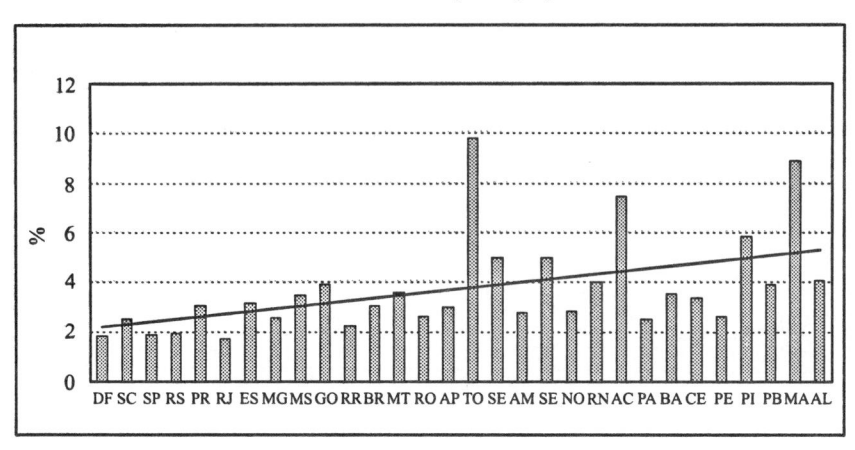

Note-se, ainda, que os estados do Amapá e do Rio de Janeiro se classificam muito melhor pelo IE que pelo IDS (refletindo seja o peso demográfico relativamente alto dos municípios do Rio de Janeiro e Macapá, seja uma "baixa produtividade" da educação quando medida pelo desempenho social correspondente), o contrário ocorrendo com o Rio Grande do Sul e Minas Gerais.

As colunas 6 e 7 da Tabela 4 apresentam os valores obtidos pelos dois componentes do IE para 2007: a taxa de alfabetização e a média de anos de estudo.

TRABALHO: DESEMPENHO INSTÁVEL

A Tabela 5 apresenta o componente trabalho e seus subcomponentes: as taxas de atividade e de ocupação.

Em 2007, o Índice de Trabalho (IT) do Brasil foi de 7,62. Por regiões, a primazia está com a região Sul (8,68), seguida pelo Centro-Oeste (8,04), Norte (7,31), Sudeste (7,44) e Nordeste (7,27). Por estados, os três primeiros colocados foram Santa Catarina (8,87), Piauí (8,73) e Rio Grande do Sul (8,63).

O IT cresceu, no país, apenas 1,7% ao ano entre 1970 e 2007. Essa evolução foi um pouco mais robusta, entre as regiões, no Nordeste (2,2% a.a.), mais débil no Sudeste (1,5%). Variando bastante entre os estados em decorrência de desempenhos labéis, muitas vezes influenciados por fatores conjunturais atuando localmente.

A taxa de ocupação, o segundo subcomponente do IT e que responde por grande parte de sua trajetória volátil, merece exame mais detido. De um lado, são fracas suas interações com os demais componentes e subcomponentes do IDS. Por outro lado, ela retrata o problema do desemprego ou a desocupação, que tem mantido posição central nos debates sobre a questão social brasileira desde meados dos anos 1980.

A variável taxa de ocupação — de que a desocupação, ou desemprego em sentido amplo é o complemento para 1 — é tipicamente uma medida de desempenho associada ao nível da atividade produtiva.[14] O que varia, portanto, de acordo com as conjunturas econômicas erráticas do país, são as regiões e estados.

O Gráfico 5 apresenta a evolução da taxa de desocupação para o país e regiões em 1970-2007.

Para o Brasil, esse indicador decresceu de 9,9% em 1970 para 2,6% em 1980 (nível de desemprego possivelmente de natureza apenas friccional). Mas, numa espécie de movimento circular, elevou-se para 5,4%, em 1991, e 15,4%, em 2000. Caindo novamente para 9,3%, em 2005 e 8,4%, em 2006 (mas com aumento marginal para 8,6% em 2007).

RENDIMENTO: EXPANSÃO LENTA, DESIGUALDADE ELEVADA

O componente rendimento e seus subcomponentes constam da Tabela 6.

O Índice de Rendimento (IR), assume no Brasil o valor de 6,70, com o do Sudeste sendo 7,66, o do Sul, 7,39, o do Centro-Oeste, 7,00, o do Norte, 5,81, e o do Nordeste, 4,84.

Os campeões do IR são o Distrito Federal, com 8,66 (devido ao fato de seu PIB per capita ser quase o dobro do segundo maior, o paulista), São Paulo (8,17) e Santa Catarina (7,95). Os lanterninhas são o Piauí (3,76), Alagoas (4,14) e Maranhão (4,31).

---

[14] Veja-se, para as correlações entre crescimento econômico e evolução da taxa de ocupação, "A questão social: balanço de cinco décadas...", Albuquerque (2005).

GRÁFICO 5
BRASIL E REGIÕES: EVOLUÇÃO DA TAXA DE DESOCUPAÇÃO, 1970-2007

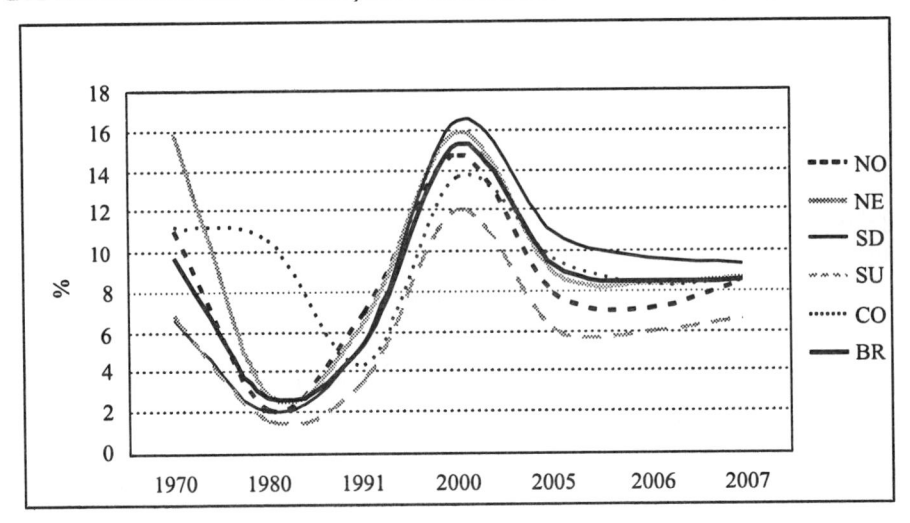

TABELA 5
O COMPONENTE TRABALHO (E SUBCOMPONENTES)
DO IDS: BRASIL, REGIÕES E ESTADOS

Ordem do IDS	Brasil, Regiões e Estados	Componente Trabalho		Ordem do IDS Menos Ordem do IT	Subcomponentes, 2007	
		Índice (IT) 2007	Crescimento* 1970-2007		Taxa de Atividade (%)	Taxa de Ocupação (%)
ALTO DESENVOLVIMENTO SOCIAL (IDS de 2007 igual ou maior que 8,50)						
1	Distrito Federal	7,40	1,3	-20	64,19	87,80
2	Santa Catarina	8,87	1,8	1	67,23	93,43
3	São Paulo	7,56	1,3	-14	62,60	90,48
4	Rio Grande do Sul	8,63	1,7	-1	66,19	93,09
5	**Sul**	8,68	1,6	2	66,25	93,35
6	**Sudeste**	7,44	1,5	-13	61,73	90,68
7	Paraná	8,63	1,5	3	65,75	93,57
MÉDIO-ALTO DESENVOLVIMENTO SOCIAL (IDS de 2007 menor que 8,50 e igual ou maior que 7,50)						
8	Rio de Janeiro	6,38	1,3	-23	56,91	89,44
9	Espírito Santo	7,53	1,7	-9	63,51	89,32
10	**Centro-Oeste**	8,04	1,9	-2	64,32	91,56
11	Minas Gerais	8,01	2,0	-2	63,47	92,25
12	Mato Grosso do Sul	8,36	5,3	4	64,29	93,50
13	Goiás	8,13	2,3	3	64,34	92,07
14	**BRASIL**	7,62	1,7	-2	62,03	91,41
15	Roraima	8,07	2,0	4	65,34	90,61
16	Mato Grosso	8,15	1,3	7	64,39	92,10
17	Rondônia	8,38	2,0	10	64,74	93,12
18	Amapá	6,19	1,9	-14	59,63	85,37
19	Tocantins	8,52	2,0	13	64,90	93,80

cont.

TABELA 5
cont.

Ordem do IDS	Brasil, Regiões e Estados	Componente Trabalho		Ordem do IDS Menos Ordem do IT	Subcomponentes, 2007	
		Índice (IT) 2007	Crescimento* 1970-2007		Taxa de Atividade (%)	Taxa de Ocupação (%)
MÉDIO-BAIXO DESENVOLVIMENTO SOCIAL (IDS de 2007 menor que 7,50 e igual ou maior que 5,00)						
20	Amazonas	6,09	1,5	-13	56,36	88,24
21	Sergipe	7,22	2,0	-6	60,50	90,66
22	**Norte**	7,31	1,8	-3	60,17	91,55
23	Rio Grande do Norte	7,37	4,5	0	60,54	91,54
24	Acre	7,98	1,8	10	61,90	93,75
25	Pará	7,38	1,7	3	59,61	92,53
26	Ceará	7,43	3,1	6	60,15	92,28
27	Bahia	7,36	1,9	3	61,47	90,46
28	**Nordeste**	7,27	2,2	2	60,11	91,36
29	Pernambuco	6,40	2,0	-1	58,10	88,25
30	Piauí	8,73	11,0	28	63,88	96,15
31	Paraíba	6,74	2,8	3	56,37	92,13
32	Maranhão	7,97	1,7	17	62,46	93,09
33	Alagoas	6,47	1,5	4	54,67	92,33

FONTE: Ver Anexo Metodológico.

O IR cresceu, no país, a 1,7% ao ano entre 1970 e 2007, refletindo duas tendências pesadas: o baixo crescimento do PIB dos últimos 20 anos e o agravamento, até fins dos anos 1990, das desigualdades de renda. O IR do Nordeste (2,2%), do Centro-Oeste (1,9%) e o do Norte (1,8%) cresceram mais que o do país. O Sul cresceu a apenas 1,6% anuais e o Sudeste, epicentro da crise econômica, avançou a 1,4% ao ano. Entre os estados, estiveram na dianteira o Piauí (11%), Mato Grosso do Sul (5,3%) e o Rio Grande do Norte (4,5%). Atrasaram-se mais o Rio de Janeiro, o Distrito Federal, São Paulo e Mato Grosso, todos eles com crescimento de apenas 1,3% ao ano.

O coeficiente de igualdade, que integra o componente rendimento, nada mais é do que o complemento para 1 do coeficiente de Gini (calculado para a renda domiciliar per capita). Cabe examiná-lo mais detidamente (embora apenas para as regiões), dada sua indiscutível importância para o desenvolvimento social.

O Gráfico 6 traça a evolução desse indicador para o Brasil e regiões no período 1970-2007. Note-se que, em 1970, o valor mais baixo do coeficiente de igualdade era o brasileiro (3,61), o mais alto (4,57), foi na região Norte com uma economia ainda dominantemente extrativista. A tendência revelada no Brasil foi de relativo agravamento da desigualdade até fins dos anos 1990 e de queda gradual desde então.[15]

TABELA 6
O COMPONENTE RENDIMENTO (E SUBCOMPONENTES) DO IDS: BRASIL, REGIÕES E ESTADOS

Ordem do IDS	Brasil, Regiões e Estados	Componente Rendimento Índice (IR) 2007	Crescimento* 1970-2007	Ordem do IDS Menos Ordem do IR	Subcomponentes, 2007 PIB per Capita ($PPC de 2006)	Coeficiente de Igualdade
ALTO DESENVOLVIMENTO SOCIAL (IDS de 2007 igual ou maior que 8,50)						
1	Distrito Federal	8,66	1,3	0	27.847	3,90
2	Santa Catarina	7,95	1,9	-1	12.119	5,39
3	São Paulo	8,17	1,3	1	15.375	4,98
4	Rio Grande do Sul	7,44	1,5	-2	11.311	4,97
5	**Sul**	7,39	1,6	-3	11.038	4,98
6	**Sudeste**	7,66	1,4	2	13.184	4,80
7	Paraná	7,02	1,8	-2	10.140	4,77
MÉDIO-ALTO DESENVOLVIMENTO SOCIAL (IDS de 2007 menor que 8,50 e igual ou maior que 7,50)						
8	Rio de Janeiro	7,51	1,3	3	13.625	4,53
9	Espírito Santo	7,43	2,0	2	12.016	4,79
10	**Centro-Oeste**	7,00	1,8	0	11.908	4,29
11	Minas Gerais	6,68	2,0	-3	8.504	4,85
12	Mato Grosso do Sul	6,20	1,6	-6	8.203	4,37
13	Goiás	6,39	1,9	-2	7.714	4,78
14	**BRASIL**	6,70	1,6	2	9.828	4,47
15	Roraima	6,25	1,6	2	7.057	4,86
16	Mato Grosso	6,92	1,8	5	9.431	4,85
17	Rondônia	6,26	1,4	0	6.881	4,95
18	Amapá	6,21	1,3	2	6.834	4,91
19	Tocantins	5,57	4,5	-3	5.894	4,55

cont.

---

[15] Tal como concebido o coeficiente de igualdade também pode variar de 0 a 10. À medida que seu valor se eleva, maior é o grau de igualdade na distribuição da renda. A grande maioria dos países apresenta coeficientes de igualdade superiores a 5 (ou seja, coeficientes de Gini inferiores a 0,500). O Brasil, entretanto, como sabido, vem exibindo desde 1970, valores de Gini superiores a 0,5, de que resultam em coeficientes de igualdade inferiores a 5. É importante, ademais, ressaltar que os dados sobre rendimento utilizados nesse estudo são, consistentemente com os demais dados de base demográfica, os produzidos pelos censos de 1970 a 2000. Os cálculos dos coeficientes de Gini e dos CIs obtidos para 1970 e 1980 resultaram de tabulações especiais feitas pelo Ipea em 1991-2 — cf. Albuquerque (1993). Os coeficientes de Gini delas obtidos para o Brasil em 1970 e 1980 foram 0,639 e 0,620, respectivamente, tendo-se registrado, no período, queda de 37,7% para 36,3% na participação, na renda total, dos 5% mais ricos e aumento de 6,7% para 7,5% na participação dos 40% mais pobres. As estimativas para 1991 e 2000 também foram elaboradas pelo Ipea (fonte: Ipeadata). Elas correspondem ao conceito de renda domiciliar per capita, de que geralmente resultam, no caso brasileiro, Ginis mais elevados do que os calculados com base no rendimento das pessoas ou mesmo das famílias — devido ao fato de os domicílios pobres terem maior número de pessoas sem rendimento. A renda domiciliar per capita é o conceito mais consistente para os fins deste estudo. Cf., a propósito dessa questão, é certo que examinando apenas os casos das rendas pessoal e familiar, Rocha, p. 35-9. Os CIs relativos a 2005, 2006 e 2007 foram calculados a partir das Pnads respectivas (microdados).

TABELA 6
cont.

Ordem do IDS	Brasil, Regiões e Estados	Componente Rendimento		Ordem do IDS Menos Ordem do IR	Subcomponentes, 2007	
		Índice (IR) 2007	Crescimento* 1970-2007		PIB per Capita ($PPC de 2006)	Coeficiente de Igualdade
MÉDIO-BAIXO DESENVOLVIMENTO SOCIAL (IDS de 2007 menor que 7,50 e igual ou maior que 5,00)						
20	Amazonas	6,59	1,6	3	9.275	4,50
21	Sergipe	5,64	1,9	-1	5.951	4,61
22	Norte	5,81	1,7	1	6.262	4,66
23	Rio Grande do Norte	5,16	3,0	-2	5.205	4,40
24	Acre	4,92	1,4	-3	5.629	3,90
25	Pará	5,28	1,6	2	4.792	4,79
26	Ceará	4,83	3,0	-3	4.317	4,53
27	Bahia	5,20	1,9	3	5.232	4,44
28	Nordeste	4,84	2,1	0	4.607	4,36
29	Pernambuco	5,07	1,8	3	4.991	4,41
30	Piauí	3,76	3,3	-3	3.218	4,08
31	Paraíba	4,36	3,1	1	4.181	4,06
32	Maranhão	4,31	1,7	1	3.569	4,45
33	Alagoas	4,14	1,6	1	3.958	3,95

FONTE: Ver Anexo Metodológico.

GRÁFICO 6

BRASIL E REGIÕES, EVOLUÇÃO DA TAXA DE IGUALDADE, 1970-2007

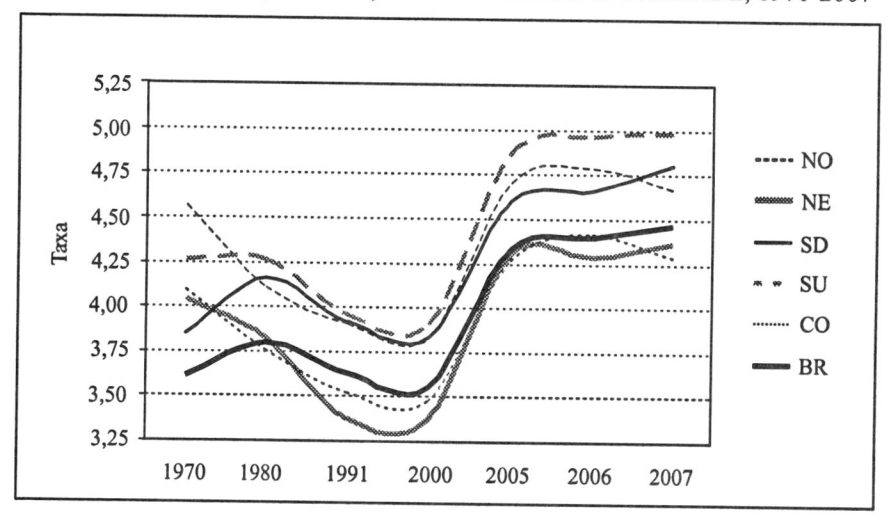

Entre 1970 e 1980, o coeficiente de igualdade para o país elevou-se para 3,80,[16] refletindo essencialmente, o ocorrido no Sudeste (elevação de 3,85 para 4,16). Ele, porém, decresceu no Norte (de 4,57 para 4,11), no Centro-Oeste (de 4,09 para 3,76) e no Nordeste (de 4,04 para 3,82), mantendo-se estável no Sul (em 4,26).

O período que medeia entre 1980 e 2000 foi de grande agravamento das desigualdades para o país (com o coeficiente de igualdade caindo em 2000 para 3,55) e, em maior ou menor graus, para as regiões. O período entre 2000-2005, ao contrário, presenciou melhora significativa nesse indicador, que se elevou no país de 3,55 para 4,33, no que foi acompanhado, com maior ou menor intensidade, pelas regiões. Entre 2005 e 2007, porém, ao passo que os coeficientes de igualdade do Brasil, Sudeste e Sul tenham se elevado consistentemente, os do Norte e Centro-Oeste cresceram entre 2005-2006, mas caíram em 2006-2007. E o do Nordeste se reduziu em 2005-2006, mas se elevou em 2006-2007.

Cabe lembrar que o coeficiente de igualdade (ou o coeficiente de Gini, seu complemento para 1) são indicadores de estrutura, e não de desempenho. Como tais, eles comumente espelham legados fortemente enraizados na sociedade, que refletem tendências pesadas o suficiente para inibir ou retardar quaisquer alterações mais abruptas nas características do organismo social que eles espelham.

Com efeito, se nos últimos anos houve crescimento real nos rendimentos dos mais pobres, por outro lado, houve declínio na renda dos menos pobres e mais ricos. Isto significa que o baixo crescimento não gerou espaço de manobra suficiente no processo de redução da desigualdade que fosse concomitante ao aumento das rendas de todos os grupos sociais; aumentos maiores no caso das rendas mais baixas, menores no caso dos rendimentos mais altos. Processo esse, porventura, mais apto a amainar o potencial de tensão e conflito do tecido social já esgarçado pelo desemprego, pobreza e violência — além de ser capaz de injetar dinamismo à economia, engendrando um círculo socialmente virtuoso de crescimento.[17]

---

[16] É importante ressaltar que alguns autores encontram entre 1970/1980, uma discreta elevação no coeficiente de Gini para o Brasil, quando considerado o rendimento das pessoas com renda e não, como nesse estudo, a renda domiciliar per capita. Entre eles, Bonelli e Sedlacek há variação no Gini de 0,57 em 1970 para 0,58 em 1980, comparada com variação de 0,50 para 0,57 na década de 1960 e Barros e Mendonça (Gini de 0,56 em 1970 e de 0,59 em 1980).

[17] Cf. Albuquerque (2008).

HABITAÇÃO: MELHORIA QUALITATIVA

A Tabela 7 traz os dados do último componente do IDS e respectivos subcomponentes, que medem as condições de habitação (disponibilidade domiciliar de água canalizada, energia elétrica, geladeira e televisão).

O exame desse componente revela que o Brasil, suas regiões e a grande maioria dos estados obtiveram notas muito elevadas em 2007. No país, o Índice de Habitação (IH), alcançou 9,27 nesse ano, tendo obtido 9,77 no Sudeste, 9,55 no Sul, 9,27 no Centro-Oeste, 8,54 no Nordeste e 8,01 no Norte. Entre as unidades da Federação, os campeões foram São Paulo (9,96), Distrito Federal (9,88) e Rio de Janeiro (9,71); os lanterninhas, Pará (7,70), Acre (7,74) e Maranhão (7,81).[18]

Não surpreende, portanto, que o IH tenha sido o componente do IDS que exibiu a mais elevada taxa de crescimento entre 1970 e 2007: 3,0% anuais no país, 8,4% no Nordeste, 5,8% no Norte, 5,4% no Centro-Oeste, 3,7% no Sul e 2,0% no Sudeste. Entre os estados, os maiores crescimentos ocorreram no Maranhão, Piauí e Acre, que partiram em 1970 de condições de habitação muito precárias; os menores no Rio de Janeiro, São Paulo e Distrito Federal.

As diferenças de ordem observadas entre o IDS e o IH constam da coluna 5 da Tabela 7.

Com relação aos subcomponentes, há uma virtual universalização da disponibilidade domiciliar de energia elétrica e o alto percentual dos domicílios que possuem televisão.

O Gráfico 7 apresenta, para as regiões e estados, os "déficits" e "superávits" habitacionais relativos, construídos a partir da coluna 5 da Tabela 7. Ocorre déficit quando a região (ou o estado) está mais bem colocada na ordem do IDS que na ordem do IH (exemplo: o estado de Santa Catarina, o 2º pelo IDS e o 8º pelo IH); há superávit na situação inversa (como o Rio de Janeiro, o 8º estado pelo IDS e o 4º pelo IH).

---

[18] Essas notas elevadas devem-se em boa medida à efetividade das políticas públicas de abastecimento d'água e eletrificação (inclusive rural).

TABELA 7

O COMPONENTE HABITAÇÃO (E SUBCOMPONENTES) DO IDS: BRASIL, REGIÕES E ESTADOS

Ordem do IDS	Brasil, Regiões e Estados	Componente Habitação Índice (IH) 2007	Crescimento* 1970-2007	Ordem do IDS menos Ordem do IH	Subcomponentes, 2007 Disponibilidade domiciliar (em %) de:			
					Água	Energia	Geladeira	Televisão
ALTO DESENVOLVIMENTO SOCIAL (IDS de 2007 igual ou maior que 8,50)								
1	Distrito Federal	9,88	1,9	-1	93,7	100,0	97,5	98,9
2	Santa Catarina	9,50	3,8	-6	79,4	99,8	99,1	97,6
3	São Paulo	9,96	1,7	2	96,7	99,9	98,4	98,2
4	Rio Grande do Sul	9,58	2,8	-1	85,3	99,5	97,1	96,8
5	**Sul**	9,55	3,7	-2	84,8	99,4	97,2	96,3
6	**Sudeste**	9,77	2,0	3	91,8	99,8	96,9	97,5
7	Paraná	9,55	5,4	1	87,4	99,2	96,1	94,9
MÉDIO-ALTO DESENVOLVIMENTO SOCIAL (IDS de 2007 menor que 8,50 e igual ou maior que 7,50)								
8	Rio de Janeiro	9,71	1,5	4	86,9	99,9	98,4	98,4
9	Espírito Santo	9,47	3,9	0	83,0	99,8	96,1	95,8
10	**Centro-Oeste**	9,27	5,4	-4	80,8	98,7	93,7	93,9
11	Minas Gerais	9,46	3,9	1	86,8	99,2	92,5	95,6
12	Mato Grosso do Sul	9,36	6,5	0	82,4	99,3	94,5	94,1
13	Goiás	9,36	7,8	2	81,6	99,3	94,5	95,0
14	**BRASIL**	9,27	3,0	-1	83,3	98,2	90,8	94,5
15	Roraima	8,90	7,9	-3	83,9	95,5	84,8	88,4
16	Mato Grosso	8,52	8,2	-7	67,0	95,7	88,3	87,5
17	Rondônia	7,90	6,7	-12	39,8	96,2	89,8	89,4
18	Amapá	8,63	7,0	-3	63,6	98,7	85,4	95,4
19	Tocantins	8,44	9,2	-6	77,8	91,6	81,5	84,2
MÉDIO-BAIXO DESENVOLVIMENTO SOCIAL (IDS de 2007 menor que 7,50 e igual ou maior que 5,00)								
20	Amazonas	8,44	5,3	-6	65,4	95,2	82,1	92,8
21	Sergipe	9,29	7,1	8	89,6	98,4	85,7	93,8
22	**Norte**	8,01	5,8	-6	55,9	94,1	80,9	88,5
23	Rio Grande do Norte	9,22	9,6	7	88,0	98,6	84,7	93,7
24	Acre	7,74	26,2	-8	53,0	89,3	82,7	83,9
25	Pará	7,70	4,7	-8	49,2	93,5	77,4	87,3
26	Ceará	8,73	11,0	6	78,8	97,1	78,8	91,6
27	Bahia	8,37	7,9	0	76,3	94,6	73,9	87,9
28	**Nordeste**	8,54	8,4	6	75,7	95,7	77,9	89,7
29	Pernambuco	8,83	4,8	10	76,0	99,0	81,8	93,3
30	Piauí	7,76	28,4	-1	65,2	88,8	74,6	80,7
31	Paraíba	8,94	8,7	14	78,7	98,6	81,7	95,3
32	Maranhão	7,81	65,5	2	64,3	90,2	74,3	82,4
33	Alagoas	8,45	8,1	9	70,7	97,1	76,6	91,3

FONTE: Ver Anexo Metodológico.

GRÁFICO 7
REGIÕES E ESTADOS: "DÉFICIT" (-) E
"SUPERÁVIT" (+) HABITACIONAIS, 2007

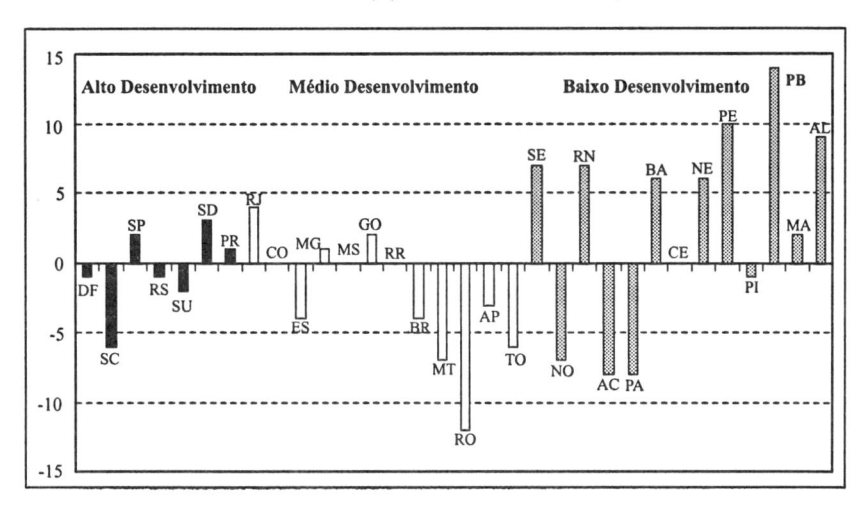

O Brasil possui a 14ª posição no IDS e a 15ª no IH. Dentre as regiões, o Sul apresenta o maior equilíbrio entre o IDS e o IH, enquanto o Norte e o Nordeste registram os maiores desequilíbrios (-6 e 6, respectivamente).

O ÍNDICE DO CAPITAL HUMANO (ICH)

A partir do componente educação do IDS, tornou-se possível construir um Índice do Capital Humano (ICH) para o Brasil, suas regiões e estados no período 1970-2007 (com estimativa para 2008).

O ICH resulta do produto desse componente (o Índice de Educação) e da população de 15 anos e mais, sendo, portanto, uma variável estoque. Ele reflete tanto a dimensão demográfica do país, regiões e estados, quanto a "qualidade" desse subconjunto de pessoas, aferida por seu nível de escolaridade. É expresso, no período de 1970-2007 por um número índice que varia de 0 a 100.[19]

A Tabela 8 apresenta os ICHs de 2007 para o Brasil, suas regiões e estados, ordenados, como as tabelas anteriores, por ordem decrescente do IDS.

---

[19] Para o cálculo do ICH, ver o Anexo Metodológico.

Como nessa tabela, o ICH do Brasil é igualado a 100, tanto os ICHs das regiões quanto os dos estados podem ser expressos em percentuais dele. Assim, o ICH do Sudeste equivale a 50,56% do nacional em 2007, o do Nordeste, a 19,30%, o do Sul, a 16,51%, o do Centro-Oeste, 7,44%, e o do Norte, 6,55%. No caso dos estados, o maior ICH é o de São Paulo (27,54%), seguido pelo Rio de Janeiro (10,63) e Minas Gerais (10,46%). Os menores ICHs ficaram com Roraima (0,20%), Acre (0,26%) e Amapá (0,32%).

O ICH do país cresceu a 4,95% anuais entre 1970 e 2007, crescimento este explicado pela expansão da população a partir de 15 anos e mais, que evoluiu a 2,7% ao ano (o componente educação cresceu a 2,2% anuais). Entre as regiões, o maior crescimento, no período, foi obtido pelo Norte (7,45% a.a.) por causa do componente demográfico (a população de 15 anos e mais evoluiu a 4,4% ao ano, expansão em grande parte devida a migrações internas para a região, mais do que o âmbito educacional (2,9%). Seguem-se, em ordem decrescente de expansão: o Centro-Oeste, com 7,12% anuais (explicados mais pelo crescimento da população); o Nordeste, com 6,07% (explicados mais pela evolução do Índice de Educação, que cresceu a 3,5% anuais, a expansão da população regional, de 2,4% ao ano, tendo sido inferior à brasileira); o Sul, com 4,66% (devidos mais ao componente educacional); e o Sudeste, com 4,49% (em razão do crescimento demográfico que refletiu, em parte, migrações inter-regionais).

Por estados, os maiores crescimentos do ICH em 1970-2007 foram obtidos por Rondônia (11,1% a.a) e Roraima (10,6%) explicados, sobretudo, pelas migrações, e pelo Tocantins (10,0%), que, transformado em estado (1988), vivenciou forte expansão da educação. Os menores crescimentos ocorreram no Rio de Janeiro (3,7%), Rio Grande do Sul (3,9%) e São Paulo (4,7%).

A Tabela 9 apresenta a evolução dos ICHs do país, suas regiões e estados para o período 1970-2007 (com o ICH do Brasil igualado a 100 em cada ano). Notem-se em particular os crescimentos deles por períodos, em geral, mais elevados na década de 1970 (7,3% ao ano no caso brasileiro), menores nos dois períodos seguintes (3,8% a.a. em 1980-2000 e 5,0% em 2000-2007 para o Brasil).

TABELA 8

O ÍNDICE DO CAPITAL HUMANO, ICH (DERIVADO DO IDS): BRASIL, REGIÕES E ESTADOS

Ordem do IDS	Brasil, Regiões e Estados	Índice do Capital Humano		PIB 2007 (PPC$ de 2007) Brasil=100	Ordem do IDS Menos Ordem do ICH	Subcomponentes (Crescimento*, 2007)		ICH 2008 Brasil = 100 (estimativa)
		Índice (ICH), 2007 Brasil = 100	Crescimento* 1970-2007			População, 15 anos ou mais	Educação (Componente do IDS)	
	ALTO DESENVOLVIMENTO SOCIAL (IDS de 2007 igual ou maior que 8,50)							
1	Distrito Federal	1,75	6,67	3,78	-19	4,9	1,7	1,76
2	Santa Catarina	3,72	5,60	3,93	-11	3,0	2,6	3,69
3	São Paulo	27,54	4,70	33,87	0	2,9	1,7	27,46
4	Rio Grande do Sul	6,61	3,90	6,62	-5	2,1	1,8	6,51
5	**Sul**	16,51	4,66	16,32	0	2,2	2,4	16,49
6	**Sudeste**	50,56	4,49	56,78	4	2,6	1,9	50,24
7	Paraná	6,13	5,21	5,77	-4	2,0	3,1	6,09
	MÉDIO-ALTO DESENVOLVIMENTO SOCIAL (IDS de 2007 menor que 8,50 e igual ou maior que 7,50)							
8	Rio de Janeiro	10,63	3,66	11,62	2	2,1	1,5	10,43
9	Espírito Santo	1,92	5,90	2,23	-10	3,0	2,8	1,93
10	**Centro-Oeste**	7,44	7,12	8,71	2	3,8	3,2	7,47
11	Minas Gerais	10,46	4,92	9,06	4	2,3	2,6	10,41
12	Mato Grosso do Sul	1,22	7,07	1,03	-13	3,5	3,4	1,23
13	Goiás	3,12	6,63	2,41	-3	3,3	3,8	3,15
14	**BRASIL**	100,00	4,95	100,00	13	2,7	2,2	100,00
15	Roraima	0,20	10,55	0,15	-18	7,2	3,1	0,21
16	Mato Grosso	1,36	8,38	1,49	-6	4,7	3,5	1,29
17	Rondônia	0,71	11,09	0,55	-12	8,2	2,7	0,76
18	Amapá	0,32	8,70	0,22	-13	5,5	3,0	0,31
19	Tocantins	0,58	10,04	0,41	-11	3,4	6,4	0,60
	MÉDIO-BAIXO DESENVOLVIMENTO SOCIAL (IDS de 2007 menor que 7,50 e igual ou maior que 5,00)							
20	Amazonas	1,54	7,36	1,65	-1	4,4	2,8	1,43
21	Sergipe	0,85	7,62	0,64	-7	3,0	4,5	0,88
22	**Norte**	6,55	7,45	5,06	12	4,4	2,9	6,59
23	Rio Grande do Norte	1,24	6,60	0,87	-1	2,6	3,9	1,24
24	Acre	0,26	9,64	0,20	-8	3,8	5,6	0,28
25	Pará	2,93	6,75	1,87	8	4,1	2,6	3,00
26	Ceará	3,25	6,12	1,95	11	2,5	3,5	3,30
27	Bahia	5,34	5,96	4,07	15	2,5	3,4	5,34
28	**Nordeste**	19,30	6,07	13,13	24	2,4	3,5	19,54
29	Pernambuco	3,42	4,80	2,34	15	2,1	2,7	3,38
30	Piauí	1,01	7,57	0,54	4	2,5	4,9	1,09
31	Paraíba	1,26	5,75	0,84	8	1,9	3,8	1,26
32	Maranhão	2,06	9,00	1,21	14	2,7	6,1	2,24
33	Alagoas	0,91	6,59	0,66	6	2,6	3,9	0,98

FONTE: Ver Anexo Metodológico.

O Gráfico 8 traça a trajetória dos ICH do Brasil e das regiões no período em exame.

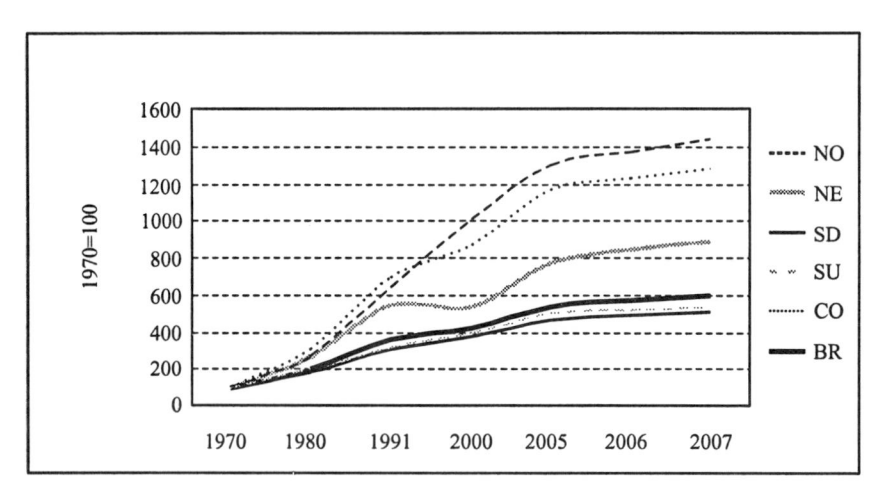

GRÁFICO 8
BRASIL E REGIÕES: EVOLUÇÃO DO CAPITAL HUMANO, 1970-2007

Os ICHs, por representarem "dimensões" (demográficas e econômico-sociais), não se pautam pela ordem dos IDS (ver a coluna 6 da Tabela 9), que exprimem "níveis" de desenvolvimento. Daí serem muito baixas as correlações de ordem entre esses dois índices.[20]

No entanto, quando se comparam o ICH e o PIB por estados ou regiões, verifica-se elevada correlação entre eles. (Em 2006, o grau de concordância entre as ordens das duas variáveis foi alto e direto, com o coeficiente de correlação, R, igual a 0,960 para os estados e 0,900 para as regiões.)[21]

Mas é interessante observar (Gráficos 9 e 10) as diferenças entre os valores do ICH e do PIB regionais e estaduais, quando apresentados como porcentagens dos nacionais, diferenças essas indicativas da maior ou menor utilização do capital humano como fator de produção (ou de diferenciais de produtividades relativas).

---

[20] Ver, para as correlações, Albuquerque (2008).
[21] Idem.

TABELA 9

TENDÊNCIAS DO ICH, 1970-2007: BRASIL, REGIÕES E ESTADOS

Ordem do IDS	Brasil, Regiões e Estados	ICH, Anos (Brasil =100)							Crescimento Médio Anual (%)				ICH 2008 (BR=100) (Estimativa)
		1970	1980	1991	2000	2005	2006	2007	1970-1980	1980-2000	2000-2007	1970-2007	
	ALTO DESENVOLVIMENTO SOCIAL (IDS de 2007 igual ou maior que 8,50)												
1	Distrito Federal	0,96	1,49	1,65	1,72	1,75	1,73	1,75	12,08	4,56	5,20	6,67	1,76
2	Santa Catarina	2,96	3,38	3,37	3,73	3,82	3,76	3,72	8,68	4,31	4,97	5,60	3,69
3	São Paulo	30,04	28,30	26,85	28,70	28,28	27,63	27,54	6,63	3,86	4,39	4,70	27,46
4	Rio Grande do Sul	9,59	8,48	7,25	7,30	6,93	6,71	6,61	5,95	3,01	3,54	3,90	6,51
5	Sul	18,30	17,77	16,39	17,19	16,93	16,53	16,51	6,95	3,62	4,40	4,66	16,49
6	Sudeste	59,47	54,33	51,19	52,62	51,22	50,89	50,56	6,30	3,63	4,41	4,49	50,24
7	Paraná	5,60	5,88	5,77	6,12	6,19	6,17	6,13	7,80	4,00	5,02	5,21	6,09
	MÉDIO-ALTO DESENVOLVIMENTO SOCIAL (IDS de 2007 menor que 8,50 e igual ou maior que 7,50)												
8	Rio de Janeiro	16,82	14,45	12,64	11,33	10,85	10,83	10,63	5,65	2,54	4,06	3,66	10,43
9	Espírito Santo	1,38	1,68	1,75	1,91	2,03	1,91	1,92	9,40	4,48	5,06	5,90	1,93
10	Centro-Oeste	3,49	5,31	6,75	7,12	7,49	7,40	7,44	11,86	5,33	5,66	7,12	7,47
11	Minas Gerais	10,58	9,84	9,84	10,66	10,55	10,51	10,46	6,49	4,21	4,73	4,92	10,41
12	Mato Grosso do Sul	0,58	0,96	1,16	1,23	1,24	1,21	1,22	12,75	5,10	4,87	7,07	1,23
13	Goiás	1,74	2,59	2,71	2,88	3,05	3,09	3,12	11,63	4,36	6,20	6,63	3,15
14	BRASIL	100,00	100,00	100,00	100,00	100,00	100,00	100,00	7,27	3,79	5,01	4,95	100,00
15	Roraima	0,03	0,05	0,13	0,15	0,19	0,19	0,20	13,81	9,40	9,28	10,55	0,21
16	Mato Grosso	0,41	0,66	1,18	1,33	1,47	1,42	1,36	12,40	7,50	5,30	8,38	1,29
17	Rondônia	0,09	0,23	0,59	0,72	0,68	0,67	0,71	17,98	9,96	4,95	11,09	0,76
18	Amapá	0,09	0,11	0,17	0,30	0,32	0,34	0,32	9,94	9,01	6,06	8,70	0,31
19	Tocantins	0,10	0,28	0,34	0,48	0,57	0,57	0,58	18,77	6,57	8,11	10,04	0,60
	MÉDIO-BAIXO DESENVOLVIMENTO SOCIAL (IDS de 2007 menor que 7,50 e igual ou maior que 5,00)												
20	Amazonas	0,67	0,84	1,17	1,50	1,65	1,66	1,54	9,85	6,82	5,40	7,36	1,43
21	Sergipe	0,33	0,53	0,74	0,70	0,81	0,81	0,85	12,42	5,22	7,86	7,62	0,88
22	Norte	2,74	3,69	4,87	6,49	6,54	6,50	6,55	10,51	6,76	5,14	7,45	6,59
23	Rio Grande do Norte	0,69	1,00	1,26	1,15	1,24	1,23	1,24	11,21	4,53	6,12	6,60	1,24
24	Acre	0,05	0,13	0,20	0,24	0,22	0,24	0,26	17,85	7,01	5,99	9,64	0,28
25	Pará	1,56	1,97	2,27	2,98	2,82	2,86	2,93	9,80	5,95	4,74	6,75	3,00
26	Ceará	2,16	2,56	3,04	2,62	3,03	3,20	3,25	9,10	3,92	8,29	6,12	3,30
27	Bahia	3,75	4,96	5,46	4,63	5,28	5,33	5,34	10,31	3,44	7,15	5,96	5,34
28	Nordeste	13,06	17,22	20,01	16,52	18,73	19,07	19,30	10,28	3,58	7,37	6,07	19,54
29	Pernambuco	3,60	3,74	4,00	3,24	3,41	3,45	3,42	7,68	3,06	5,79	4,80	3,38
30	Piauí	0,41	0,82	1,07	0,76	0,90	0,93	1,01	15,08	3,41	9,31	7,57	1,09
31	Paraíba	0,95	1,30	1,55	1,04	1,23	1,25	1,26	10,65	2,67	7,86	5,75	1,26
32	Maranhão	0,51	1,39	1,78	1,60	1,90	1,89	2,06	18,65	4,52	8,85	9,00	2,24
33	Alagoas	0,51	0,83	1,10	0,64	0,77	0,85	0,91	12,53	2,45	10,44	6,59	0,98

FONTE: Ver Anexo Metodológico.

Da comparação entre os valores do ICH e do PIB (colunas 3 e 5 da Tabela 8) pode-se constatar que os estados e regiões com alto desenvolvimento social sobretudo o Centro-Oeste e o Rio de Janeiro, com os ICHs elevados dentre os de médio-alto desenvolvimento, além de Mato Grosso,[22] têm maior

---

[22] A economia de Mato Grosso assenta-se basicamente no uso da terra (os cerrados) como fator de produção. Sua expansão tem sido concomitante a grande ampliação da fronteira agrícola.

participação no PIB do país do que em seu capital humano. O contrário (ICH maior do que PIB) ocorre tanto com os demais estados que apresentam níveis de desenvolvimento social médio-alto quanto com as duas regiões (Norte e Nordeste) e todos os estados com desenvolvimento social médio-baixo.

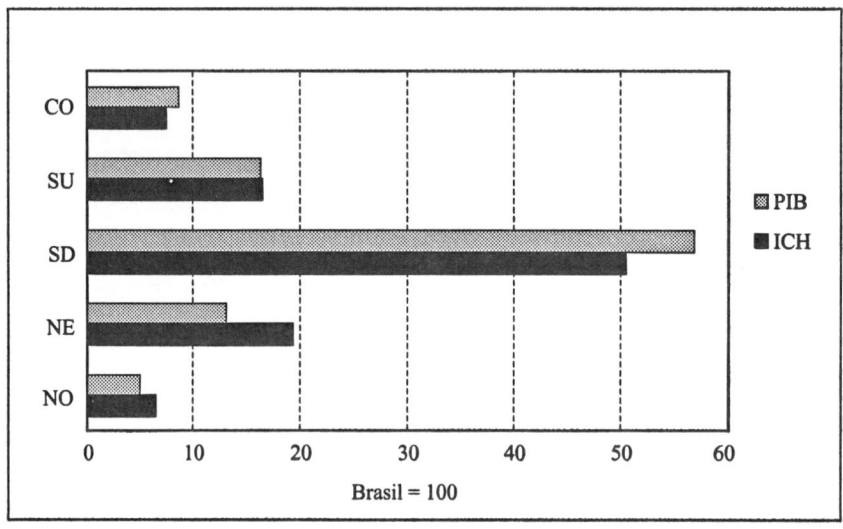

GRÁFICO 9
REGIÕES: DIMENSÕES RELATIVAS DO ICH E PIB, 2007

Reveste-se de interesse aprofundar um pouco mais o confronto entre o ICH e o PIB, tendo em vista, principalmente, os avanços recentes da teoria econômica que consideram o capital humano um dos fatores de produção.[23]

Isto é intentado nas Tabelas 10 e 11 e Gráficos 11 e 12, que trazem alguns indicadores relativos às duas variáveis e para o Brasil e regiões.

Observe-se, inicialmente, ter sido elevada a correlação entre os ICHs e os PIBs para as regiões brasileiras no período 1970-2006: R foi 0,945, com o coeficiente determinação, R_2, sendo 0,893.[24]

---

[23] Trata-se da chamada economia do conhecimento, cuja origem está nos avanços analíticos, devidos a Paul M. Romer e Robert. E. Lucas Jr. (cf. Romer e Lucas JR.), segundo os quais o conhecimento (e o progresso técnico) são, explicitamente, um novo fator de produção (além do capital e do trabalho). Em 1998-9, o Banco Mundial dedicou seu Relatório Anual a "esse novo modo de ver o desenvolvimento" (ou seja, da perspectiva do conhecimento). Ver The World Bank (1989). O Fórum Nacional tratou, com primazia no país, desse assunto no XIV Fórum Nacional (2002), resultando no livro laureado com o Prêmio Jabuti de Economia de 2003. Cf. Velloso (2002).
[24] Cf. Albuquerque (2008).

GRÁFICO 10
ESTADOS: DIMENSÕES RELATIVAS DO ICH E PIB, 2007

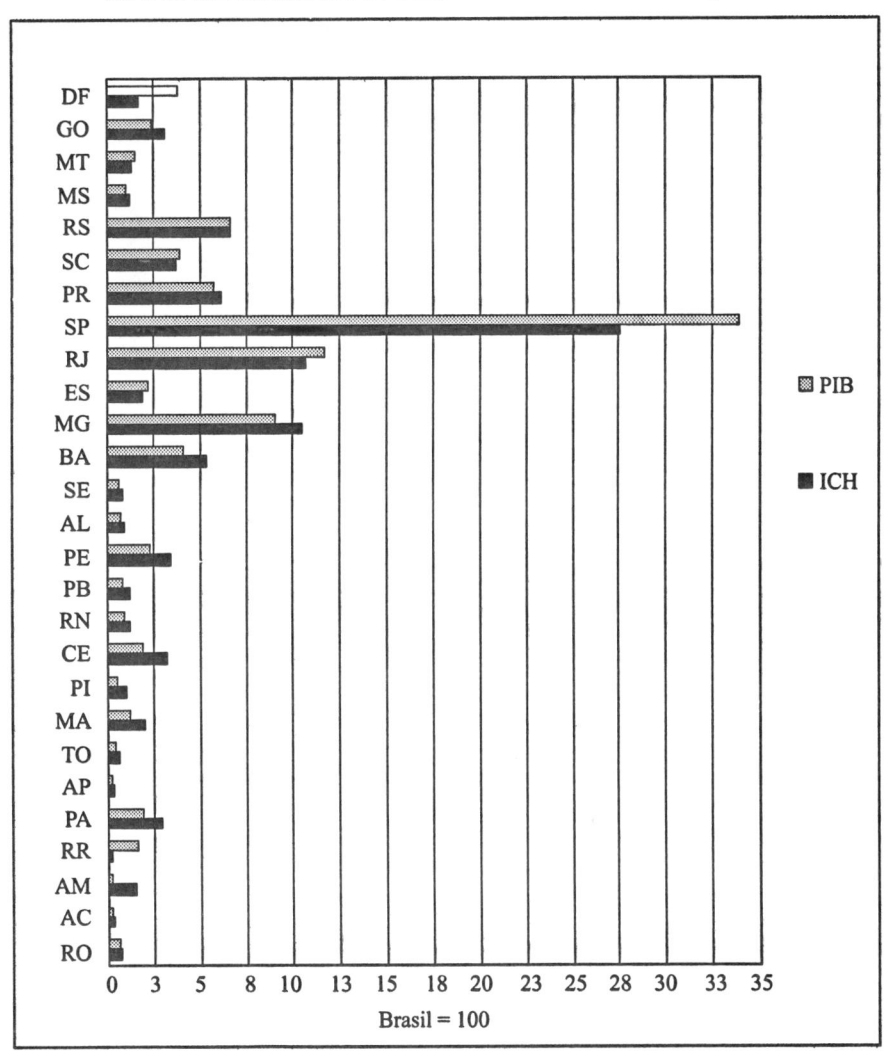

Atente-se, em seguida, para o Gráfico 11, que apresenta a evolução do ICH e do PIB para o Brasil no período 1970-2007 (1970=100). Nele pode-se ver que, na década de 1970, o crescimento do PIB do Brasil superou o do ICH, ou seja, a relação incremental capital humano/produto (ICH/PIB) foi menor que 1 (foi 0,8 — Tabela 11). Nas décadas seguintes, porém — de baixo crescimento médio do PIB, mas elevada, embora decrescente a expansão do capital humano (medido pelo ICH) —, ocorreu o oposto: a relação ICH/

PIB foi 1,8 em 1980-2000 e 1,5 em 2000-2007. Em todo o período (1970-2007), essa mesma relação foi 1,2.

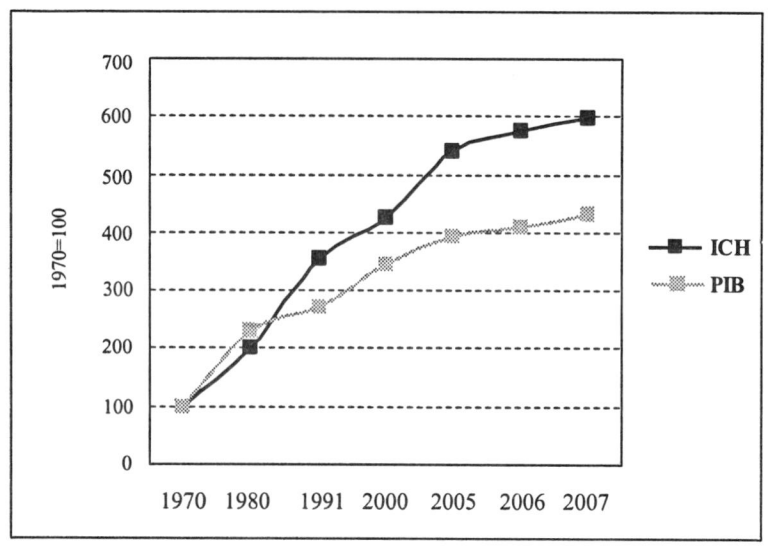

GRÁFICO 11
BRASIL: EVOLUÇÃO DO ICH E PIB, 1970-2007

Esse comportamento está compatível ao que efetivamente sucedeu na década de 1970: intenso uso produtivo do capital humano, que se confirma pelos elevados e crescentes níveis de ocupação prevalecentes.[25] O oposto ocorreu no país em 1980-2000: elevada subutilização do capital humano representada pelo aumento da desocupação. Verificou-se uma tendência para gradativa redução do desemprego ao longo dos primeiros anos do século atual (2000-2007), com a economia nacional sinalizando aceleração do crescimento.

---

[25] O ministro Mario Henrique Simonsen costumava dizer que o Brasil foi, nos anos 1970, "uma fábrica de empregos".

TABELA 10
BRASIL E REGIÕES: EVOLUÇÃO DO ICH E DO PIB, 1970-2007

	1970 = 100						
	1970	1980	1991	2000	2005	2006	2007
NO ICH	100	274	639	1.015	1.300	1.374	1.442
NO PIB	100	332	555	688	851	904	953
NE ICH	100	266	547	538	776	840	886
NE PIB	100	234	309	384	440	460	485
SD ICH	100	184	307	376	465	491	508
SD PIB	100	218	242	303	340	355	374
SU ICH	100	196	319	399	500	519	540
SU PIB	100	232	277	361	391	400	422
CO ICH	100	308	694	873	1.167	1.227	1.284
CO PIB	100	330	441	639	934	955	1.007
BR ICH	100	202	356	425	540	574	598
BR PIB	100	229	270	344	394	410	432
	1970 = 100						
	1970	1980	1991	2000	2005	2006	2007
		Crescimento Médio Anual (%)					
		1970-80	1980-00	2000-07	1970-07		
NO ICH		10,51	6,76	5,14	7,45		
NO PIB		12,76	3,71	4,76	6,28		
NE ICH		10,28	3,58	7,37	6,07		
NE PIB		8,86	2,52	3,38	4,36		
SD ICH		6,30	3,63	4,41	4,49		
SD PIB		8,08	1,67	3,07	3,63		
SU ICH		6,95	3,62	4,40	4,66		
SU PIB		8,80	2,23	2,24	3,97		
CO ICH		11,86	5,33	5,66	7,12		
CO PIB		12,69	3,36	6,71	6,44		
BR ICH		7,27	3,79	5,01	4,95		
BR PIB		8,63	2,06	3,33	4,04		

FONTE: Ver Anexo Metodológico.

TABELA 11
BRASIL E REGIÕES: RELAÇÕES ENTRE O ICH E O PIB, 1970-2007

	Crescimento Médio Anual (%): PIB menos ICH			
	1970-1980	1980-2000	2000-2007	1970-2007
Norte	2,2	-3,0	-0,4	-1,2
Nordeste	-1,4	-1,1	-4,0	-1,7
Sudeste	1,8	-2,0	-1,3	-0,9
Sul	1,8	-1,4	-2,2	-0,7
Centro-Oeste	0,8	-2,0	1,1	-0,7
Brasil	1,4	-1,7	-1,7	-0,9

	Relação Incremental ICH/PIB (Capital Humano/PIB)			
	1970-1980	1980-2000	2000-2007	1970-2007
Norte	0,8	1,8	1,1	1,2
Nordeste	1,2	1,4	2,2	1,4
Sudeste	0,8	2,2	1,4	1,2
Sul	0,8	1,6	2,0	1,2
Centro-Oeste	0,9	1,6	0,8	1,1
Brasil	0,8	1,8	1,5	1,2

FONTE: Ver Anexo Metodológico.

O Gráfico 12 ilustra de modo diverso esse mesmo fenômeno ao apresentar, também para as regiões, os diferenciais de crescimento médio anual entre o PIB e o ICH. Quando eles são positivos (nos anos 1970, exceto no

GRÁFICO 12
BRASIL E REGIÕES: CRESCIMENTO DO PIB
MENOS CRESCIMENTO DO ICH
(ANUAL, 1970-2007)

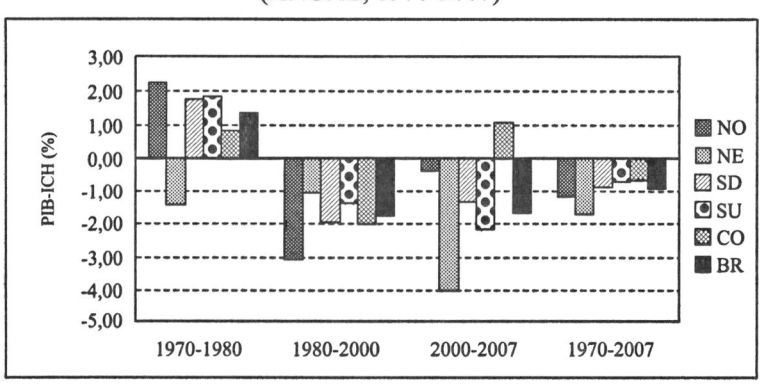

Nordeste), é o PIB cresce mais do que o ICH, o que sugere intensa utilização do capital humano. Quando negativos, é o ICH que cresce mais que o PIB, indicando capacidade ociosa dos recursos humanos (desemprego, subutilização da mão de obra, subremuneração do trabalho).

É esta última a situação do Brasil e de todas as suas regiões em 1980-2000. Ela se projeta, embora atenuada, sobre o Brasil e regiões em 2000-2007, exceto no caso do Centro-Oeste, onde é o uso abundante da terra que comanda o crescimento econômico.

Na média do período 1970-2007, o ICH cresce sempre mais do que o PIB tanto no Brasil como em todas as suas regiões.

Além da preocupação com um Brasil de recursos humanos qualitativamente escassos, talvez, deva-se acrescentar uma outra inquietude: a gerada por um país onde o capital humano que se qualifica carece de oportunidades para exercer eficazmente as habilidades adquiridas e de obter com elas rendimentos compatíveis.

ANEXO METODOLÓGICO

O ÍNDICE DE DESENVOLVIMENTO SOCIAL, IDS

O cálculo do Índice de Desenvolvimento Social (IDS), envolveu, como etapa preliminar, a construção de base de dados para os anos 1970, 1980, 1991, 2000, 2005, 2006 e 2007. As informações necessárias foram obtidas, principalmente, nos Censos Demográficos de 1970, 1980, 1991 e 2000, nas Pesquisas Nacionais por Amostra de Domicílios (Pnads) de 1997-2006 — em especial as de 2005, 2006 e 2007, e também, no Sistema de Contas Nacionais (atualizado em 2008), todos eles produzidos e divulgados pelo Instituto Brasileiro de Geografia e Estatística (IBGE).[26]

Esse conjunto de informações ensejou a construção, para os 7 anos, de um IDS semelhante ao elaborado para o Fórum Nacional em 2004 e 2008.[27]

O IDS é um índice sintético que agrega, em uma só unidade de medida de valor relativo, vários indicadores sociais, integrados segundo metodologia que se desdobra em três etapas.

Na primeira, estima-se, para cada indicador, I_i, chamado subcomponente, com relação a cada situação social (país, regiões, estados), j, uma medida do grau de atendimento de uma necessidade ou objetivo, I_{ij}, definida como:

$$I_{ij} = 1 - \frac{\max_j I_{ij} - I_{ij}}{\max_j I_{ij} - \min_j I_{ij}}$$

Na segunda etapa, constrói-se para cada componente, C_i, com relação a cada situação social, j, uma medida de atendimento, C_{ij}, que resulta de média simples ou ponderada das medições do grau de atendimento relativas a cada indicador ou subcomponente:

$$C_{ij} = \frac{1}{n} \sum_{j=1}^{n} I_{ij}$$

Na terceira etapa, obtêm-se os índices sintéticos desejados, os IDS_{ij}, médias simples de seus componentes, os quais são considerados medidas sinté-

---

[26] Foram também de utilidade as Sínteses dos Indicadores Sociais: IBGE (2003-2008).
[27] Cf. Albuquerque (2005 e 2008).

ticas do grau de atendimento do conjunto das necessidades sociais retratadas pelos seus diversos componentes e subcomponentes:[28]

$$IDS_{ij} = \frac{1}{n}\sum_{i=1}^{n} C_{ij}$$

Tradicionalmente, os índices sintéticos de desenvolvimento são apresentados com três algarismos significativos (por exemplo: 0,865). Desde 2008, entretanto, tendo em vista melhor legibilidade, eles (e seus componentes) são expressos no intervalo entre 0 e 10, equivalendo a uma espécie de nota, variando hipoteticamente entre 0 e 10, com duas casas decimais (exemplo: 8,65).

O novo IDS, calculado para o Brasil, as grandes regiões e as 27 unidades da Federação, é bastante complexo e abrangente, sendo integrado pelos seguintes componentes e subcomponentes:

1. O componente saúde (também chamado Índice de Saúde — IS), representado por dois subcomponentes: a expectativa de vida ao nascer, em anos (peso 0,6); e a taxa de sobrevivência infantil (100 menos a taxa de mortalidade infantil — entre 0 e 1 ano — por 100 nascidos vivos), com peso 0,4.
2. O componente educação (ou Índice de Educação — IE), representado por dois subcomponentes: a taxa de alfabetização da população a partir de 15 anos e mais (com peso 0,2) e a média de anos de estudo dessa mesma população (peso 0,8);[29]
3. O componente trabalho (ou Índice de Trabalho — IT), representado por dois subcomponentes: a taxa de atividade (população economicamente ativa, PEA/população a partir de 10 anos), com peso 0,4; e a população ocupada (população ocupada/PEA), com peso 0,6.
4. O componente rendimento (ou Índice de Rendimento — IR), representado pelo PIB per capita, expresso em logaritmo (peso 0,8) e pelo

---

[28] Os índices sintéticos de desenvolvimento estão, portanto, sempre normalizados. Eles expressam um valor relativo, no sentido espacial e temporal, e só têm sentido no âmbito da escala de referência que foi utilizada em sua construção.

[29] Valorizam-se relativamente mais, portanto, os dados de escolaridade do que a mera alfabetização.

coeficiente de igualdade, correspondente a 1 menos o coeficiente de Gini (peso 0,2)[30].

5. O componente habitação (ou Índice de Habitação — IH), representado por quatro subcomponentes; os percentuais de domicílios com: (1) abastecimento de água com canalização interna; (2) energia elétrica; (3) geladeira; e (4) televisão, todos eles com pesos iguais.

No cálculo do IDS, os cinco componentes têm pesos iguais. Os valores máximos e mínimos são os efetivamente observados, para cada indicador ou subcomponente, na base de dados especialmente construída para a estimação do IDS.

O ÍNDICE DO CAPITAL HUMANO (ICH)

O Índice do Capital Humano — ICH, foi construído a partir da base de dados utilizada para o cálculo do IDS.

Ele difere dos demais índices sintéticos de desenvolvimento por representar uma variável-estoque, o capital humano (semelhante ao capital em sentido material, que também é um estoque de bens de produção, máquinas e equipamentos, infraestrutura).

Seu cálculo é bastante simples. Ele é o produto de dois componentes:

1. A população a partir de 15 anos, uma variável demográfica, significando um "estoque" de pessoas, em dado momento do tempo, residente em determinado espaço (o país, uma região, um estado).
2. Um índice representativo do grau de conhecimento ou de qualificação média dessa população, representado pelo componente educação do IDS, ou Índice de Educação (que varia, necessariamente, de 0 a 10, conforme visto).

---

[30] Os dados relativos aos PIBs per capita foram reestimados de modo a incorporar as últimas versões do PIB divulgadas pelo IBGE, bem como a Contagem da População de 2007. Seus valores são expressos em PPC$ de 2006 ("dólares internacionais"). Cf. The World Bank (2007). Eles estão convertidos em logaritmos de modo a incorporar a hipótese da utilidade marginal decrescente do rendimento. O coeficiente de igualdade (CI) foi calculado a partir dos dados do rendimento domiciliar per capita obtidos diretamente dos censos demográficos e das Pnads de 2005-2007 (microdados).

Em virtude da variável demográfica escolhida, o ICH representa o capital humano potencial, utilizável economicamente, e não o capital humano, efetivamente, utilizado no processo produtivo (que seria representado pela população ocupada).

O ICH é expresso por um número relativo de tamanho, com o capital humano do Brasil em determinado ano (2007) sendo igualado a 100.

Na bibliografia apresentada ao final deste estudo estão incluídas outras fontes utilizadas na formação do banco de dados que possibilitou o cálculo do IDS e do ICH.

ANEXO ESTATÍSTICO

Tabela I
ÍNDICE DE DESENVOLVIMENTO SOCIAL (IDS)

País, Regiões, Estados	1970	1980	1991	2000	2005	2006	2007
BRASIL	3,74	5,60	6,66	6,87	7,82	7,98	8,05
Norte	3,05	4,82,	5,56	6,16	7,22	7,35	7,37
Rondônia	3,31	4,73	5,54	6,48	7,35	7,35	7,66
Acre	2,62	4,44	5,36	5,77	6,69	7,07	7,16
Amazonas	3,33	5,39	6,08	6,30	7,62	7,72	7,49
Roraima	3,05	5,20	6,04	6,47	7,50	7,90	7,97
Pará	3,17	4,75	5,32	5,84	6,92	7,11	7,15
Amapá	3,26	5,18	6,19	6,56	7,43	7,65	7,63
Tocantins	1,98	3,88	4,54	5,55	7,28	7,50	7,59
Nordeste	1,92	3,71	5,05	5,42	6,65	6,83	6,92
Maranhão	2,15	3,49	4,40	4,79	6,33	6,33	6,65
Piauí	1,18	3,44	4,70	4,95	6,41	6,62	6,71
Ceará	1,51	3,30	4,99	5,50	6,73	7,02	7,09
Rio Grande do Norte	1,19	3,38	5,19	5,68	6,69	7,04	7,24
Paraíba	1,27	3,05	4,86	5,33	6,52	6,77	6,67
Pernambuco	2,13	3,94	5,40	5,58	6,61	6,84	6,85
Alagoas	1,91	3,42	4,84	4,79	5,89	6,03	6,23
Sergipe	2,16	4,05	5,66	5,76	7,00	7,23	7,40
Bahia	2,42	4,22	5,22	5,52	6,86	7,01	7,08
Sudeste	4,87	6,63	7,50	7,57	8,36	8,52	8,61
Minas Gerais	3,35	5,52	6,69	7,07	8,01	8,20	8,24
Espírito Santo	3,66	5,83	7,01	7,34	8,27	8,39	8,33
Rio de Janeiro	5,42	6,87	7,63	7,52	8,18	8,33	8,40
São Paulo	5,57	7,15	7,90	7,86	8,61	8,75	8,87
Sul	4,30	6,30	7,35	7,68	8,57	8,67	8,72
Paraná	3,80	5,73	7,07	7,49	8,37	8,55	8,59
Santa Catarina	4,16	6,39	7,46	7,91	8,85	8,91	8,91
Rio Grande do Sul	4,89	6,83	7,63	7,84	8,59	8,69	8,72
Centro-Oeste	3,38	5,38	6,85	7,16	8,14	8,24	8,33
Mato Grosso do Sul	2,80	4,61	6,91	7,01	8,01	8,17	8,18
Mato Grosso	3,56	4,85	6,23	6,89	8,00	7,88	7,97
Goiás	2,86	5,05	6,61	6,94	7,82	8,07	8,18
Distrito Federal	5,36	7,45	8,30	8,13	9,00	9,08	9,16

TABELA II
ÍNDICE DE DESENVOLVIMENTO SOCIAL (IDS) — COMPONENTE SAÚDE

País, Regiões, Estados	1970	1980	1991	2000	2005	2006	2007
BRASIL	3,76	5,69	7,72	8,40	9,14	9,24	9,31
Norte	4,15	6,74	7,68	8,50	8,98	9,04	9,11
Rondônia	4,15	6,72	7,65	8,43	8,89	9,01	9,08
Acre	4,19	6,75	7,67	8,44	8,75	8,87	8,94
Amazonas	4,19	7,07	7,63	8,34	8,90	9,02	9,09
Roraima	3,62	6,32	7,37	8,23	8,81	8,92	8,98
Pará	4,21	6,63	7,42	8,45	9,01	9,12	9,19
Amapá	4,17	6,78	7,74	8,53	8,74	8,88	8,94
Tocantins	2,83	5,86	7,16	8,12	8,82	8,94	9,01
Nordeste	1,56	3,47	6,58	7,69	8,36	8,46	8,54
Maranhão	2,81	4,46	6,56	7,26	7,84	8,01	8,11
Piauí	2,90	5,12	7,30	7,59	8,36	8,52	8,59
Ceará	1,23	2,26	6,31	7,85	8,55	8,69	8,78
Rio Grande do Norte	0,20	1,83	6,04	7,82	8,45	8,59	8,68
Paraíba	0,28	1,56	5,62	7,29	8,12	8,27	8,37
Pernambuco	0,68	2,47	6,20	7,27	7,98	8,14	8,24
Alagoas	0,53	2,24	5,78	7,14	7,40	7,60	7,71
Sergipe	1,76	4,45	7,14	7,82	8,56	8,70	8,78
Bahia	2,73	5,14	7,32	7,94	8,79	8,90	8,97
Sudeste	4,86	6,59	8,37	8,89	9,57	9,64	9,70
Minas Gerais	4,20	6,47	8,23	8,85	9,55	9,67	9,72
Espírito Santo	5,13	7,53	8,41	8,79	9,45	93,54	9,61
Rio de Janeiro	4,96	6,49	8,15	8,56	9,29	9,43	9,49
São Paulo	5,26	6,58	8,44	9,04	9,62	9,71	9,77
Sul	5,736	7,45	8,59	9,15	9,73	9,77	9,84
Paraná	5,025	6,79	8,07	9,01	9,50	9,61	9,68
Santa Catarina	5,88	7,40	8,66	9,27	9,78	9,87	9,94
Rio Grande do Sul	6,83	8,38	9,06	9,31	9,80	9,91	9,95
Centro-Oeste	4,62	6,87	8,24	8,85	9,49	9,56	9,61
Mato Grosso do Sul	5,05	7,09	8,30	8,90	9,47	9,58	9,64
Mato Grosso	5,11	7,10	8,20	8,65	9,31	9,42	9,47
Goiás	4,44	6,50	8,11	8,84	9,37	9,48	9,54
Distrito Federal	4,15	7,19	8,36	8,74	9,78	9,87	9,92

TABELA III
ÍNDICE DE DESENVOLVIMENTO SOCIAL (IDS)
— COMPONENTE EDUCAÇÃO

País, Regiões, Estados	1970	1980	1991	2000	2005	2006	2007
BRASIL	3,25	4,81	6,50	6,21	6,96	7,24	7,39
Norte	2,30	3,66	5,27	5,95	6,32	6,46	6,60
Rondônia	2,52	2,99	5,44	5,88	6,03	6,11	6,66
Acre	0,83	2,93	5,27	5,28	5,08	5,63	6,22
Amazonas	2,60	3,94	6,13	6,48	7,31	7,50	7,24
Roraima	2,49	4,30	6,31	5,73	6,90	7,35	7,65
Pará	2,44	3,74	4,96	5,68	5,77	6,02	6,19
Amapá	2,72	4,47	6,64	7,77	7,90	8,26	8,17
Tocantins	0,65	2,59	3,99	4,71	5,95	6,14	6,43
Nordeste	1,49	3,05	4,84	3,83	4,92	5,22	5,39
Maranhão	0,57	2,24	4,02	3,35	4,37	4,62	5,06
Piauí	0,80	2,47	4,36	2,99	4,02	4,32	4,72
Ceará	1,59	2,96	4,85	3,94	5,01	5,48	5,68
Rio Grande do Norte	1,43	3,15	5,18	4,49	5,43	5,54	5,77
Paraíba	1,26	2,88	4,84	3,28	4,50	4,75	4,96
Pernambuco	2,17	3,68	5,53	4,41	5,36	5,71	5,71
Alagoas	1,06	2,67	4,57	2,59	3,55	4,07	4,38
Sergipe	1,20	2,96	5,05	4,38	5,28	5,60	6,05
Bahia	1,60	3,19	4,75	3,87	5,08	5,34	5,47
Sudeste	4,27	5,69	7,38	7,36	8,06	8,33	8,47
Minas Gerais	2,84	4,40	5,89	6,17	6,89	7,19	7,32
Espírito Santo	2,73	4,77	6,42	6,44	7,58	7,41	7,59
Rio de Janeiro	5,10	6,56	8,58	7,81	8,52	8,80	8,91
São Paulo	4,68	5,94	7,64	7,81	8,61	8,75	8,90
Sul	3,40	5,16	6,77	7,01	7,84	7,98	8,12
Paraná	2,60	4,49	6,37	6,67	7,66	7,94	8,06
Santa Catarina	3,25	5,26	6,90	7,21	8,13	8,26	8,29
Rio Grande do Sul	4,13	5,69	7,06	7,19	7,88	8,00	8,01
Centro-Oeste	2,43	4,60	6,88	6,48	7,44	7,60	7,73
Mato Grosso do Sul	2,10	3,59	5,82	5,78	7,06	7,22	7,35
Mato Grosso	1,87	4,16	6,32	6,34	6,91	6,93	6,77
Goiás	1,89	4,04	6,39	6,05	7,00	7,28	7,45
Distrito Federal	5,40	7,16	9,71	8,72	9,63	9,80	9,93

TABELA IV
ÍNDICE DE DESENVOLVIMENTO SOCIAL (IDS)
— COMPONENTE TRABALHO

País, Regiões, Estados	1970	1980	1991	2000	2005	2006	2007
BRASIL	4,44	6,36	6,29	5,54	7,64	7,71	7,62
Norte	4,02	5,77	5,25	5,01	7,83	7,66	7,31
Rondônia	4,07	6,98	6,63	6,57	8,73	8,28	8,38
Acre	4,34	6,08	5,85	5,23	7,74	8,51	7,98
Amazonas	4,16	6,05	4,42	4,12	7,26	6,93	6,09
Roraima	4,03	6,46	5,87	5,88	7,63	8,67	8,07
Pará	4,33	5,59	5,18	4,97	7,82	7,63	7,38
Amapá	3,27	5,04	4,59	4,04	6,44	6,21	6,19
Tocantins	4,29	6,08	5,54	5,40	8,79	8,79	8,52
Nordeste	3,22	5,63	5,32	4,61	7,51	7,43	7,27
Maranhão	4,71	6,26	5,41	5,08	8,33	7,70	7,97
Piauí	0,79	5,78	5,62	5,39	9,01	8,85	8,73
Ceará	2,36	5,70	5,84	4,97	7,78	7,67	7,43
Rio Grande do Norte	1,63	5,22	5,15	4,07	6,49	6,82	7,37
Paraíba	2,40	5,25	5,32	4,71	7,30	7,44	6,74
Pernambuco	3,18	5,79	5,08	4,10	6,75	6,88	6,40
Alagoas	4,27	5,48	5,08	4,06	6,50	6,60	6,47
Sergipe	3,57	5,47	5,38	4,67	7,17	7,39	7,22
Bahia	3,95	5,45	5,16	4,58	7,67	7,51	7,36
Sudeste	4,95	6,77	6,59	5,64	7,25	7,48	7,44
Minas Gerais	3,95	6,29	6,56	5,82	8,02	8,28	8,01
Espírito Santo	4,33	6,18	6,72	6,44	8,10	8,38	7,53
Rio de Janeiro	4,71	6,18	5,93	5,13	6,15	6,28	6,38
São Paulo	5,70	7,32	6,86	5,70	7,23	7,47	7,56
Sul	5,25	6,91	7,31	6,82	8,81	8,83	8,68
Paraná	5,65	6,85	7,16	6,55	8,57	8,67	8,63
Santa Catarina	4,91	6,59	7,26	7,21	9,12	9,11	8,87
Rio Grande do Sul	4,99	7,11	7,47	6,86	8,85	8,83	8,63
Centro-Oeste	4,22	5,55	6,80	6,31	7,85	7,84	8,04
Mato Grosso do Sul	1,56	2,85	7,74	6,23	7,99	8,23	8,36
Mato Grosso	6,05	5,36	5,86	6,38	8,36	7,87	8,15
Goiás	3,49	6,28	6,70	6,37	7,77	7,92	8,13
Distrito Federal	5,52	7,36	7,16	6,20	7,26	7,22	7,40

TABELA V
ÍNDICE DE DESENVOLVIMENTO SOCIAL (IDS)
— COMPONENTE RENDIMENTO

País, Regiões, Estados	1970	1980	1991	2000	2005	2006	2007
BRASIL	4,15	5,66	5,42	5,59	6,42	6,54	6,70
Norte	3,40	4,73	4,78	4,65	5,62	5,79	5,81
Rondônia	4,61	4,90	4,21	4,76	5,65	5,72	6,26
Acre	3,47	3,99	3,77	3,80	5,06	4,90	4,92
Amazonas	4,83	4,40	5,06	4,21	5,79	6,03	5,87
Roraima	3,74	5,43	5,71	5,86	6,29	6,33	6,89
Pará	3,26	4,56	4,39	3,74	5,14	5,32	5,28
Amapá	4,48	5,03	4,80	4,17	5,93	6,44	6,29
Tocantins	1,22	2,59	2,60	2,83	5,46	5,55	5,57
Nordeste	2,30	3,58	3,40	3,66	4,64	4,71	4,84
Maranhão	2,54	3,16	2,42	2,24	4,40	3,89	4,31
Piauí	1,12	2,05	2,27	2,55	3,55	3,65	3,76
Ceará	1,59	2,97	3,26	3,37	4,38	4,76	4,83
Rio Grande do Norte	1,73	3,67	3,76	3,94	4,62	5,10	5,16
Paraíba	1,40	2,82	3,23	3,51	4,20	4,57	4,36
Pernambuco	2,78	3,96	4,06	4,03	4,69	4,82	5,07
Alagoas	2,64	3,77	3,46	2,96	4,31	3,91	4,14
Sergipe	2,96	3,72	4,42	3,91	5,29	5,35	5,64
Bahia	2,76	4,31	3,77	4,07	5,20	5,16	5,20
Sudeste	5,35	6,80	6,40	6,54	7,31	7,44	7,66
Minas Gerais	3,39	5,56	5,33	5,63	6,41	6,51	6,68
Espírito Santo	3,69	5,42	5,58	6,06	6,93	7,21	7,43
Rio de Janeiro	5,88	7,03	6,45	6,76	7,27	7,38	7,51
São Paulo	6,36	7,67	7,25	7,04	7,76	7,89	8,17
Sul	4,56	6,18	5,99	6,29	7,16	7,27	7,39
Paraná	3,93	5,63	5,80	6,05	6,82	7,00	7,02
Santa Catarina	4,27	6,58	6,46	6,76	7,83	7,85	7,95
Rio Grande do Sul	5,06	6,57	6,36	6,67	7,14	7,22	7,44
Centro-Oeste	3,94	5,48	5,20	5,56	6,90	7,03	7,00
Mato Grosso do Sul	3,86	5,70	5,21	5,44	6,28	6,38	6,20
Mato Grosso	3,72	4,80	4,77	5,27	7,13	6,75	6,92
Goiás	3,30	4,75	4,98	4,92	5,94	6,43	6,39
Distrito Federal	6,45	7,38	7,37	7,50	8,66	8,73	8,66

TABELA VI
ÍNDICE DE DESENVOLVIMENTO SOCIAL (IDS)
— COMPONENTE HABITAÇÃO

País, Regiões, Estados	1970	1980	1991	2000	2005	2006	2007
BRASIL	3,10	5,49	7,37	8,60	8,91	9,17	9,27
Norte	1,38	3,22	4,81	6,70	7,34	7,80	8,01
Rondônia	1,18	2,05	3,76	6,78	7,42	7,62	7,90
Acre	0,29	2,47	4,23	6,09	6,78	7,46	7,74
Amazonas	1,58	4,28	6,32	7,22	8,03	8,37	8,44
Roraima	1,12	4,41	6,36	8,24	8,43	8,85	8,90
Pará	1,64	3,22	4,64	6,35	6,87	7,43	7,70
Amapá	1,23	4,48	6,57	7,88	8,37	8,62	8,63
Tocantins	0,92	2,27	3,43	6,68	7,39	8,08	8,44
Nordeste	1,01	2,83	5,11	7,30	7,81	8,33	8,54
Maranhão	0,12	1,32	3,60	6,01	6,71	7,42	7,81
Piauí	0,27	1,78	3,96	6,20	7,12	7,74	7,76
Ceará	0,79	2,59	4,71	7,38	7,95	8,47	8,73
Rio Grande do Norte	0,95	3,05	5,80	8,07	8,48	9,15	9,22
Paraíba	1,02	2,73	5,30	7,83	8,48	8,81	8,94
Pernambuco	1,83	3,81	6,14	8,10	8,27	8,66	8,83
Alagoas	1,03	2,96	5,33	7,21	7,67	7,99	8,45
Sergipe	1,30	3,64	6,30	8,04	8,71	9,10	9,29
Bahia	1,06	3,00	5,09	7,12	7,58	8,16	8,37
Sudeste	4,94	7,29	8,77	9,41	9,61	9,73	9,77
Minas Gerais	2,40	4,86	7,46	8,89	9,15	9,36	9,46
Espírito Santo	2,43	5,24	7,90	9,00	9,32	9,42	9,47
Rio de Janeiro	6,42	8,10	9,04	9,35	9,66	9,75	9,71
São Paulo	5,84	8,21	9,31	9,70	9,83	9,92	9,96
Sul	2,59	5,78	8,07	9,13	9,31	9,51	9,55
Paraná	1,77	4,90	7,99	9,14	9,30	9,54	9,55
Santa Catarina	2,50	6,10	8,00	9,08	9,37	9,48	9,50
Rio Grande do Sul	3,43	6,41	8,18	9,15	9,27	9,50	9,58
Centro-Oeste	1,70	4,39	7,14	8,57	9,02	9,19	9,27
Mato Grosso do Sul	1,42	3,85	7,49	8,68	9,22	9,43	9,36
Mato Grosso	1,03	2,81	5,98	7,84	8,28	8,41	8,52
Goiás	1,20	3,70	6,86	8,52	9,02	9,23	9,36
Distrito Federal	5,25	8,17	8,91	9,47	9,65	9,77	9,88

REFERÊNCIAS BIBLIOGRÁFICAS

ALBUQUERQUE, Roberto Cavalcanti de (1991). *A situação social*: o que diz o passado e o que promete o futuro. [S.l.]: Ipea, p. 387-410.

_____, coord. (1993). *O Brasil social*: realidades, desafios, opções. Rio de Janeiro: Ipea (Série Ipea), 139.

_____ (2005). A questão social: balanço de cinco décadas e agenda para o futuro. In: VELLOSO; ALBUQUERQUE, coords., p. 63-177.

_____ (2008). O IDS, 1970-2007: ferramenta de análise da evolução social do Brasil, suas regiões e estados. In: VELLOSO, coord., p. 543-99.

_____; VILLELA, Renato (1991). A situação social no Brasil: um balanço de duas décadas. In: VELLOSO, org., p. 23-104.

BARROS, Ricardo Paes de; MENDONÇA, Rosane (1993). Geração e reprodução da desigualdade de renda no Brasil. Ipea, v. 2, p. 471-90.

BONELLI, Regis; SEDLACEK, Guilherme Luís (1989). Distribuição de renda: evolução no último quarto de século. In: SEDLACEK; PAES DE BARROS, eds., p. 7-24.

DREWNOWSKI, Jan; SCOTT, Wolf (1966). *The level of living index*. Report 4, UNRISD (United Nations Research Institute for Social Development).

IBGE, Instituto Brasileiro de Geografia e Estatística (1970-2000). *Censos Demográficos de 1970, 1980, 1991 e 2000*. Rio de Janeiro.

_____ (1977). *Séries Retrospectivas 1977*. Rio de Janeiro.

_____ (2003). *Estatísticas do século XX*. Rio de Janeiro.

_____ (1995-2007). *Pnads (Pesquisas Nacionais por Amostra de Domicílios)*. Rio de Janeiro.

_____ (2003-2008). *Síntese de Indicadores Sociais*. Rio de Janeiro.

_____ (2007). *Contagem da população 2007*. Rio de Janeiro.

_____ (2007). *Sistema de contas nacionais*. Rio de Janeiro [n. 19, 20 e 21].

_____ (2008). *Contas regionais do Brasil, 2003-2006* [Contas nacionais, 25).

_____ (2006-2008). www.ibge.gov.br.

IPEA, Instituto de Pesquisa Econômica Aplicada (1991). *Perspectivas da economia brasileira — 1992*. Brasília.

_____ (1993). *Perspectivas da economia brasileira — 1994*. Rio de Janeiro, 2v.

_____ (2004-2008). Disponível em: www.ipeadata.org.br.

LUCAS JR., Robert. E. (1988). On the mechanics of economic development. *Journal of Monetary Economics*, v. 22, n. 1, jul.

MCGRANAHAN, D.V. *et al.* (1972). *Contents and measurement of socioeconomic development*. Nova York: Preager [a staff study of the UNRISD].

PAIVA ABREU, Marcelo de (2003). O Brasil no século XX: a economia. In: IBGE, p. 333-42.

PNUD, Programa das Nações Unidas para o Desenvolvimento (2007). *Relatório de desenvolvimento humano 2007/2008*. Coimbra: Almedina.

REIS, Estáquio; BLANCO, Fernando; MORANDI, Lucienne; MEDINA, Mérida; PAIVA ABREU, Marcelo de (2003). Século XX nas contas nacionais. In: IBGE, p. 493-523.

ROCHA, Sonia (2003). *Pobreza no Brasil: afinal, de que se trata?* Rio de Janeiro: FGV Editora.

ROMER, Paul M. (1986). Increasing returns and long-run growth. *Journal of Political Economy*, v. 94, n. 5, p. 1.002-37.

SEDLACEK, Guilherme Luís; PAES DE BARROS, Ricardo, eds. (1989). *Mercado de trabalho e distribuição de renda:* uma coletânea. Rio de Janeiro: Ipea [Série Monográfica, 35].

THE WORLD BANK (1989). *World Development Report 1998-9 — Knowledge for development*. Oxford-Washington D.C.

_____ (2007). *World development indicators database*. www.worldbank.com.

TOLOSA, Hamilton (1993). A pobreza absoluta. In: ALBUQUERQUE, coord., p. 189-212, 1993.

UNDP, United Nations Development Programme (1990). *Human Development Report 1990*. Nova York: Oxford University Press.

VALLE E SILVA, Nelson do; OLIVEIRA BARBOSA, Maria Ligia (2003). População e estatísticas vitais. In: IBGE, p. 31-57.

VELLOSO, João Paulo dos Reis, org. (1991). *A questão social no Brasil*. São Paulo: Nobel. (Fórum Nacional).

_____, coord. (1992). *Estratégia social e desenvolvimento*. Rio de Janeiro: José Olympio. (Fórum Nacional).

_____ (2002). *O Brasil e a economia do conhecimento*. Rio de Janeiro: José Olympio. (Fórum Nacional).

_____ (2008). *O Brasil e a economia criativa: um novo mundo nos trópicos*. Rio de Janeiro: José Olympio. (Fórum Nacional).

_____; ALBUQUERQUE, Roberto Cavalcanti de, coords. (2005). *Cinco décadas de questão social e os grandes desafios do desenvolvimento sustentado*. Rio de Janeiro: José Olympio (Fórum Nacional).

Este livro foi impresso nas oficinas da
Distribuidora Record de Serviços de Imprensa S.A.
Rua Argentina, 171 – Rio de Janeiro, RJ
para a
Editora José Olympio Ltda.
em agosto de 2009

*

77º aniversário desta Casa de livros, fundada em 29.11.1931